中国地质大学“十五”规划教材
中国地质大学“211 工程”专项资助教材

国土资源学

吕贻峰　主　编
李江风　王占岐
汪华斌　刘　伟　副主编

中国地质大学出版社

内容简介

资源的国情教育是高等院校义不容辞的责任，该教材面向土地资源及相关专业，简要介绍了我国国土资源的现状及其发展演化趋势，详细论述了国土资源调查、评价、开发、保护和管理的基本理论和方法。

该教材内容丰富，思想新颖，基本上反映了当前我国有关资源科学研究的最新成果。语言流畅，通俗易懂，适合大专院校学生及相关专业人员学习和参考。

图书在版编目(CIP)数据

国土资源学/吕贻峰主编. —武汉：中国地质大学出版社，2001.8(2019.10 重印)
ISBN 978-7-5625-1621-7

Ⅰ.国…
Ⅱ.吕…
Ⅲ.国土资源-中国-教材
Ⅳ.F129.9

中国版本图书馆 CIP 数据核字(2009)第 017701 号

国土资源学

吕贻峰 主编
李江风 王占岐 汪华斌 刘 伟 副主编

责任编辑：赵颖弘 责任校对：杨 霖

出版发行：中国地质大学出版社(武汉市洪山区鲁磨路 388 号) 邮政编码：430074
电话：(027)67883511 传真：67883580 E-mail：cbb @ cug.edu.cn
经 销：全国新华书店 http://www.cugp.cn

开本：787 毫米×1 092 毫米 1/16 字数：436 千字 印张：17
版次：2001 年 8 月第 1 版 印次：2019 年 10 月第 8 次印刷
印刷：荆州市鸿盛印务有限公司 印数：13001—14000 册

ISBN 978-7-5625-1621-7 定价：35.00 元

《国土资源学》编辑委员会

前 言

国土资源是人类赖以生存和发展的物质基础,是国富民强的重要物质条件。资源的掠夺与保护历来是民族战争的起因与目标,因此,资源对国家的兴衰至关重要。

世界工业革命带来的前所未有的经济繁荣,是建立在对资源的大规模利用和高强度开发基础上的,然而,事物终于不可避免地走向了反面。由于人类向大自然索取过多,我们赖以生存的这个星球上的土地、矿产、能源、森林、水源、海洋等自然资源受侵蚀的速度明显加快,从而降低了地球的承载能力,不断地在改变着地球的环境质量。当人类跨入 20 世纪以后,由于工业化国家的高度发展的需要,广大发展中国家的工业化和对经济发展目标的追求,使得自然资源的消耗和环境破坏更加普遍和严重,终于引起了全世界的关注。从 1968 年开始多次召开保护资源与环境的世界大会,发表了许多著名的论著和宣言,其中最为重要的是 1992 年举行的举世瞩目的联合国环境与发展大会,签署了著名的《21 世纪议程》,提出了在全世界范围内实施“既可满足当代人类需求,又不对后代人满足其需求构成危害的全球可持续发展战略”,成为世界各国社会、经济、环境协调发展的总方针,也是处理自然资源开发利用与保护矛盾的基本原则。

我国地域辽阔,资源丰富,种类齐全,资源总量位居世界前列,这一直是国人引以自豪的资本。但和全世界的资源环境发展趋势一样,随着人口的急剧增加,对自然资源需求量的不断扩大和开发能力的不断加强,加上不合理开发利用造成的浪费和破坏,已明显出现资源的日益减少和生态环境的恶化,“资源大国”、“地大物博”在人们头脑中形成的盲目乐观意识被严酷的现实所震撼:我国的人均资源占有量很低,几种主要资源,如矿产资源、土地资源、水资源、森林资源等,人均占有量仅及世界人均占有量的 1/2、1/3、1/4、1/9。从这种意义上看,我国目前在世界上是一个资源相对贫乏的国家。但我国经济实力还不强,现阶段的主要目标仍然是大力开发资源以加快经济发展,因此,资源的供需矛盾将会愈加突出。我国政府针对我国人口数量过大、资源日趋不足、环境状况不断恶化等基本国情,在 1992 年世界环境发展大会之后,在全球率先制定了《中国的 21 世纪议程》,把可持续发展确定为我国的基本国策,使之成为规划管理、开发保护国土资源的指导方针,并建立资源节约型国民经济发展体系。

资源的国情教育是高等院校义不容辞的责任。该教材面向各相关专业,力求使学生系统了解我国国土资源的现状及其发展演化趋势,初步掌握国土资源调查、评价、开发、保护和管理的基本理论和方法。

该教材共分七章,约40多万字。编写分工如下:绪论及第一章:吕贻峰;第二章第一、二节:吕贻峰,第三节:刘伟,第四、六节:王占岐,第五、七节:刘伟、简文星,第八节:李江风;第三章:渠丽萍、张丽琴;第四章:吕贻峰、朱江洪、高燕;第五章:王占岐;第六章:汪华斌、刘建华;第七章:张吉军。最后,全书由吕贻峰统稿和编纂。

该教材是在中国地质大学教务处的直接指导和帮助下完成的。由于教材内容涉及面广,时间短,难度相对较大,加上笔者的知识结构和水平有限,错误及不足、疏漏之处在所难免,敬请专家、学者及同行和广大读者指正。

该教材在编写过程中,还得到了许多领导、相关专家和同行的指导和帮助。国土资源部部长田凤山百忙之中为本教材写了序。中国科学院自然资源综合考察委员会陈百明研究员对教材初稿进行了深入细致的审查,提出了宝贵的修改意见。在此,一并表示衷心的感谢。

编者

2000年11月

目　录

第一章 绪 论

第一节 资源及国土资源的概念

一、资源与自然资源

(一) 资源 (Resources)

在《辞海》中将资源定义为资财的来源，并特指天然的财源。一般认为，资源是指在一定的技术、经济条件下，能为人类利用的一切物质、能量和信息。这其中既包括现在正为人类所使用的物质，也包括现在虽然还未被人类所利用，但将来即可为人类服务的物质——潜在资源。

在经济学中，资源是作为生产实践的自然条件和物质基础提出来的，具有实体性，但随着社会、经济、科学技术的发展，其内涵和外延已有明显变化。资源除了自然物质外，还包括人力及其劳动的有形和无形积累，如资金、技术、设备、知识、信息等，出现资源概念的通用化或泛化的趋势。综合各家观点，可将资源分为四大类：

(1) 自然资源

属于完全的自然物，没有人类劳动的参与，如矿产资源、土地资源、生物资源等。

(2) 经济资源

以自然资源为对象，经人类劳动后的产物，可分为生活资料和生产资料，如原材料、机器、设施、能源、交通等。

(3) 社会资源

以非物质形式作用于人类生产活动过程中的资源，如经营管理、组织形式、劳动力、资本、市场、人才、法律、政策、道德等。

(4) 知识资源

是从社会资源中分化出来的，主要指科学、技术、文化、信息等。

从自然资源发展到经济资源、社会资源，又延展到知识资源，这种定义上的发展实质上是人类社会不断发展的必然结果。可以说，社会发展阶段不同，资源的地位和作用亦不一样。自然资源是发展中国家的战略资源，而发达国家的战略资源是经济、社会资源，特别是人力和资本，后工业化国家的战略资源则是信息资源。

(二) 自然资源 (Natural Resources)

自然资源是指人类可以利用、天然形成的物质和能量，是人类生存的物质基础、生产资料和劳动对象。

英国《大百科全书》对自然资源的定义为：“对人类可以利用的自然生成物及生成这些成分的源泉的环境的功能，前者如土地、水、大气、岩石、矿物、生物及其群集的森林、草场、矿产、陆地、海洋等，后者如太阳能、地球物理的环境机能（气象、海洋现象、水文地理现象）、生态学的环境机能（植物的光合作用、生物的食物链、微生物的腐蚀分解作用等)、地球科学的循环机能（地热现象、化石燃料、非金属矿物生成作用等)。”

《辞海》中对自然资源的概念解释为：“自然资源，一般指天然存在的自然物（不包括人类加工制造的原材料)，如土地资源、矿产资源、水利资源、生物资源、海洋资源等，是生产的原材料和布局场所。随着社会生产力的提高和科学技术的发展，人类开发利用自然资源的广度也不断增加。”

综合对自然资源的各种解释，可以概括出如下两点：

①自然资源是一切能够为人类生存、发展、社会进步需要而被利用的自然物质和能量。

②自然资源的概念和内涵是随着社会、科学技术的发展和人类认识水平的提高而不断加深和拓宽的。

二、国土和国土资源

（一）国土（Land）

国土是指一个国家主权管辖的地域空间，也就是指全国人民赖以生产和生活活动的场所，包括领土、领海、领空和对近海专属经济区、大陆架具有开发其资源权利的区域。

国土对于一个国家来说是极其重要的，它既是人民生活的场所，进行各项经济建设和文化活动的基地，也是发展生产所需要的各种原料和能源的源地。国土的面貌也不是一成不变的。自从有了人类以来，人们在自己的土地上不断地利用自然资源，改造自然环境，创造越来越多的物质财富和精神财富，因而国土也是人类与自然之间关系发展变化的综合体现，从这个意义上说，国土既是一个政治、行政的概念，又是一个经济、技术和自然的概念。

我国地域辽阔，领土面积为960万平方公里，仅次于俄罗斯（1 707.54万平方公里）和加拿大（997.613 9万平方公里)，位居世界第三位。领海面积，据我国政府1958年9月4日宣布的领海宽度以12海里计算为35万余平方公里；领空则包括领土和领海范围的上空。至于领空的高度，目前国际上尚无明确的规定。

（二）国土资源（Territorial Resources）

国土资源是指存在于国土领域内的所有资源，这是广义的概念，它包括自然资源和社会经济资源。狭义的国土资源主要指一国领土范围内的自然资源。国土资源学侧重于自然资源的研究，而把社会经济领域作为国土资源开发、管理和保护的基本前提和经济基础。该教材所述及的国土资源是指自然资源。

1. 国土资源开发

国土资源开发是指用垦殖、开采、工程建设等手段，使那些尚未被很好利用的国土资源在国民经济建设中发挥其应有的作用；或者采用新的技术手段，使资源利用程度大为提高，为已经利用的资源开辟新的用途。国土资源开发包括土地开发、矿产开发、流域开发、海洋开发、区域开发等。

2. 国土资源利用

国土资源利用是指对已开发的国土资源，更加充分发挥其潜力，发挥其经济作用、社会作用，使其地尽其力，物尽其用，特别强调国土资源的综合利用，对各种国土资源多途径的使用及其深加工等。国土资源的可持续利用是可持续发展战略的资源利用方式，其核心思想是在不损及后代人满足其需求的自然物质基础的前提下，来满足当代人的需要。

3. 国土资源保护

国土资源保护是指采取立法、行政、经济、科学技术等手段，保护国土资源，保护环境，维护良好的生态平衡。对于那些可更新的资源，如生物资源、水资源等，保护其更新能力，以达到持续利用的目的。对于不可更新的资源，如矿产资源等，在保证国民经济发展需要的前提下，提高其使用价值，延长其利用时间，保持生态平衡，实质上是从动态方面保护自然资源，保护环境，即通过对资源的合理的开发利用，达到生态系统的动态平衡。

4. 国土资源管理

国土资源管理是为实现国土资源可持续利用的战略目标而实施的对国土资源开发、利用、治理、保护等各个环节的组织、协调、立法、监督、奖惩等活动的总称。其管理手段主要有行政管理、经济管理、法制管理和信息化管理。特别是立足于我国陆地和海域与国土资源有关资料的信息化和网络化的“数字国土”，将体现21世纪国土资源信息化管理的新水平。

（三）国土资源的基本特点

国土资源尽管类型多样，各有特点，但也具有明显的共同点，了解这些，对于合理开发和保护自然资源具有重要意义。

1. 整体性

自然资源在自然界中是作为系统存在的，各种资源相互依存、相互制约，构成完整的资源生态系统。利用或改变一种资源或资源生态系统中的某种成分，会在一定程度上影响周围环境甚至整个资源生态系统。正是由于资源作为一种整体而存在，决定了在研究中采取系统理论与系统分析方法的必要性，决定了国土资源学研究的综合性。

2. 稀缺性

物质、空间和运动是无限的，但在一定的时空范围内，就人类与资源的关系而言，又是有限的。虽然地球上蕴藏着极为丰富的资源，但它终究是一个有限的量。随着人口的不断增加和生活水平的提高，资源的稀缺性就愈加明显。资源的稀缺性还表现在资源分布的不均匀性，造成地区性资源短缺。资源的不合理利用是加剧资源短缺的重要因素，因此，实现资源的可持续利用是缓解资源短缺的唯一出路。

3. 层次性

自然资源包括的范围很广，它可以从一种植物的化学成分到物种，从种群、群落到生态系统直到整个生物圈。从矿物的物化结构到矿石，从金属、非金属到全部固体矿产资源，反映矿产资源的系统层次性。从空间范围看，诸如流域、湖盆、山地、平原等可以是一个局部的地段，也可以是一个地区、一个国家，甚至全球，自然资源的分布具有明显的地域差异，这反映资源的空间层次性。从资源形成和演化的时间尺度看，可以是年、月、日、时、分、秒，也可以是百年、千年、万年、百万年的地质时期，这反映了资源的时间层次性。资源的层次性反映资源系统的结构与功能受地域分异规律、自然节律、自然演替与地质循环的制约。因此，对国土资源的研究要有时空尺度和等级水平的概念。

4. 地域性

自然资源的形成与演化，受制于生成它的环境条件——地质、地理和人类活动，因此，资源分布的不均匀性和地域特点十分明显。不同类型的自然资源的地域分布规律有很大差别，同一种资源的分布也有很强的地域性。如矿产资源在我国各地的分布很不均匀，有的矿种的分布十分集中，如煤炭主要在华北和东北，而磷矿则主要集中在西南和中南地区，占全国总量的3/4。农产品中的主要粮食作物水稻主要产于南方，小麦主要产于北方。常说的“南稻北麦、北煤南磷”，就是这种地域性分布特点的概括。针对这种特点，国土资源研究必须坚持因地制宜的原则。资源地理、单项或综合资源区划就成为资源研究的重要内容。

5. 国际性

一般来说，自然资源的开发、保护和管理属于各国自己的主权，应由各国自行解决。但由于有些自然资源是国际共享的（如公海中的自然资源），只有通过国际行动才能达到合理利用和保护的目的。其次，一个国家和地区对自然资源开发利用所造成的后果往往超出一个国家的国界范围而影响世界其他地区。第三，当代自然资源的开发利用已逐渐打破闭关锁国的状态，国际间自然资源开发的合作、贸易和技术交流日益广泛。一个国家资源政策和贸易价格往往会产生世界性的连锁反应。因此，研究自然资源的开发利用，必须放眼世界，及时准确捕捉世界资源开发及产品供需信息和走势，才能作出科学合理的决策。

第二节 国土资源学的研究对象及任务

一、国土资源学的概念

国土资源学是在已基本形成体系的土地学、地质学、生物学、经济学、地理学等及其他应用学科基础上发展起来的。它是自然科学、社会科学和工程技术科学相互结合、相互渗透、多学科交叉联合发展的产物，是一门综合性很强的科学。

学科的缘起和发展与社会发展阶段密切相关。在以传统农业为主的社会经济发展阶段，人类生产力水平低下，对资源的利用与需求囿于个体与小型群体繁衍的极低层次，慑于自然威力而产生出各种自然图腾。但在以工业化或后工业化为主的社会经济发展阶段，人口的剧增、发展的渴望、科技的现代化等强大的驱动力，导致对资源的利用达到空前的程度。资源短缺、资源枯竭、资源掠夺、资源浪费、资源破坏等一系列问题及由此引发的环境生态问题接踵而来，显然解决这些复杂的问题靠单一学科是不行的，纯粹从自然科学的角度也是不够的，必须从自然科学和社会经济科学相结合的跨学科角度进行深入系统的综合研究。因此，国土资源学是在当代综合与交叉的科学潮流推动下，特别是在当今以人口、资源、环境与发展（PRED）为核心的全球性问题促发下，多学科彼此交叉，相互渗透，形成的一个以资源和资源开发利用为核心的横向发展的新学科领域。

国土资源学研究不同类型资源的形成、演化、质量特征与时空规律性，国土资源调查与评价，国土资源开发利用与保护，国土资源的可持续利用，国土资源信息系统与国土资源管理和法规等。其目的是为了更好地开发、利用、保护和管理资源，协调资源与人口、环境和发展之间的关系，促使资源系统和人类-资源关系向着有利于人类社会生存与发展的方向演进。

二、国土资源学研究的对象及任务

（一）国土资源学研究的对象

国土资源学研究的对象是自然资源，它是人类生存与发展的物质基础，具有客观实在性。资源的概念源于经济学，首先是作为生产实践的物质基础提出来的。“资源就是资财的来源，一般是指天然的财源”。或者说，资源是创造人类社会财富的源泉。马克思在《资本论》中引用威廉·佩弟的话说“劳动是财富之父，土地是财富之母”。恩格斯在《自然辩证法》中明确指出“劳动与自然界一起才是财富的源泉。自然界为劳动提供材料，劳动和材料变为财富”。由此可见，自然资源必须通过人类的开发利用才能变为财富。自然资源是客观存在的，只是在社会发展过程中人类才逐步认识到其价值，并创造出使用价值的技术，从而使之成为创造人类社会财富的源泉。从这种意义上讲，资源是人类创造的，它是自然界、人类（劳动力）和文化（科学技术）相互结合的产物。资源是动态的，它依赖于人的成就和行为相应地扩大或缩小，不能同人类需要和人类能力相分离。

广义上的资源分为自然资源和社会资源两大类。社会发展阶段不同，自然资源与社会资源的地位和作用是不一样的。如前所述，自然资源只是发展中国家的战略资源，而发达国家的战略资源是社会资源、信息资源。虽然如此，人类社会的生存和发展仍离不开对自然资源的开发利用，它不仅是人类生存的物质基础，而且是发展社会生产力的基本条件，还是决定地区间关系和国家关系的重要因素。因此，自然资源始终是国土资源学研究的对象。

（二）国土资源学的研究任务

在可预见的时期内，地球上的各种资源仍是人类开发利用的主体。地球的各个不同圈层（大气圈、生物圈、水圈、土圈、岩石圈等）内部有相应的资源。过去，资源科学侧重于各个圈层的单项自然资源的研究，随着社会的发展、人类需求的不断增加、资源利用问题的日益严重，需要对自然资源的整体进行研究。不仅研究资源的形成、演化和时空分布规律，还要研究人类与资源、资源与资源、资源与环境之间的相互作用、相互促进、相互制约的对立统一关系，揭示社会经济发展与资源、环境保护之间协调发展的基本规律，探讨资源合理开发的途径与技术、资源可持续利用与替代途径，以及资源管理的政策、法规与信息技术。就目前而言，国土资源学的主要任务是：

1. 调查研究国土资源现状及其综合评价

为了合理地开发利用国土资源，必须了解其基本状况，包括各类资源的数量、质量、分布及其地区组合特点等，并分析其地区特征和开发利用的现状及存在的问题。根据国民经济发展的需要和科学技术水平，对待开发资源进行质量特征和开发的条件及综合效益评价，制定开发规划，因地制宜，实事实是，科学合理地开发利用国土资源。

2. 研究区域国土资源开发与经济发展

国土资源是以一定的质和量分布在一定地域的，因此，国土资源学的研究离不开具体的时空尺度。探讨区域资源的种类构成、质量特征和经济发展的关系，如何将资源优势转变为经济优势，寻求资源优势互补，解决区域性资源短缺等问题。

3. 研究国土资源开发与保护

国土资源开发利用的目的是为了促进地区经济发展，但不能单纯为追求经济效益破坏资源，损害地区的生态环境，当然也不能因为强调保护资源环境而限制对资源的合理开发。要深入研究资源开发与保护之间的内在联系，按照可持续发展的战略思想，正确处理开发与保护的关系。

4. 研究国土资源规划与管理的原则和方法

国土资源规划是国土资源开发、利用、保护等系列工作的中心环节，也是协调各个环节之间相互矛盾的有力措施。国土资源管理是为保证国土资源开发、利用和保护工作的顺利进行所采取的行政、法制、经济和技术等管理手段。从理论和方法技术上加强对国土资源规划和管理的研究，是国土资源学面临的一项重要任务。

5. 探讨新技术、新方法在国土资源学研究和资源开发利用中的实践及应用

资源科学研究已由定性转向半定量、定量，日益模式化和数量化。随着遥感遥测技术

(RS)、全球定位系统（GPS)、地理信息系统（GIS）和计算机技术的广泛应用，大大提高了资源科学研究的速度和质量。国土资源学研究中新方法、新技术的不断开发和应用将对人类在全球资源开发、利用、保护与管理方面产生深远影响。

第三节 国土资源学的源起与发展

一、国外国土资源的研究与发展概况

20世纪20年代美国政府正式将国土资源的开发和保护作为一项重要任务，逐年扩大耕地面积，加强水土保持。30年代美国开始对田纳西河流域的综合开发和整治，把防洪、发电、航运和治穷致富等目标有机地结合起来，全面规划，统一协调。

第二次世界大战后至50年代，世界面临着共同的困境，各国政府纷纷采取措施促进经济恢复和国家的繁荣。日本政府于1945年11月颁布了《紧急开垦措施要领》，动员全国100万户人家到指定的地区去开垦荒地，1950年又公布了《国土综合开发法》，60年代实行了《国民经济倍增计划》，这些都是日本政府进行宏观地开发国土资源的最初行动。战后法国的区域经济的发展很不平衡，一些先驱者对空间发展的“协调”、“平衡”、“分散”等问题进行了研究，为国土整治做了理论和舆论上的准备。1955年法国政府颁布了《地区活动纲要》后，又制定了《地区活动行政区划》，鼓励中央经济向地方扩散，这标志着法国国土工作的正式起步。荷兰、英国等西欧国家战后也实施了一些国土开发整治行动。

60年代以来，由于社会经济和科学技术的迅猛发展，国土资源开发进入一个新的发展阶段，国土资源学理论得到广泛深入的发展。

法国自60年代起实施《大都市平衡政策》，重点发展各省的中心城市，限制巴黎的发展。70年代后把国土资源开发作为就业政策的基石，制定了一些地区的国土开发整治计划。

日本政府自1962年起实施《全国综合开发计划》(《一全综》)，提出了太平洋带设想，要在全国建立15个新产业城市地区和6个特别整备地带。1969年实施《新全国综合开发计划》(《二全综》)，提出把国土开发地域向全部国土扩展，实现全面均衡化目标。1979年公布《第三次全国综合开发计划》(《三全综》)，其重点是改善生态环境和提高人民生活质量，把经济发展转向落后地区和城镇。1987年通过《四全综》，基本目标是建设多极分散型国土和使各城市圈形成全国网络。

美国在该时期的工作重点是自然资源的利用、治理、环境保护和资源政策。1970年美国国会通过了《国家环境政策法》，要求重大建设项目动工前必须进行环境影响评价。1972年通过了《美国联邦防止水源污染修正案》和《水土资源保持法》等。此外，还利用资源卫星技术对国土资源进行了详细的考察。

前苏联是在全国经济区划的基础上开展国土规划的，即资源开发、工业布局、城镇居民点和各项大型公用工程的建设等综合规划。

二、我国国土资源学的产生与发展历程

我国地域辽阔，资源丰富，人类历史悠久，是世界上资源开发利用最早的国家之一，但又是现代资源科学发展较晚的国家之一。根据发展历程，大致可划分为四大阶段。

（一）零星记述时期

这是一个经历漫长的发展时期，包括从我国有文字记载开始，到近代科学技术传入中国以前。该阶段的特点是人们在开发利用各项自然资源过程中，对于它们的分布、特征、用途以及在管理保护等方面积累了越来越多的经验。这些经验逐渐得到总结并用文字记述，其中一些包含着对自然资源若干规律的深刻见解。最早有关可再生资源的记述，有物候、生物资源、土壤与土地特征及植被分布和生态环境关系等等，可见于春秋时期成书的《管子》一书中。到公元前三四百年的战国时代，对各种可再生资源，尤其是关于水、土、物候、生物等的利用、治理方面的记述，大为增加，如《禹贡》、《周礼》、《山海经》、《淮南子》等著作。随着生产的发展，这类记述一直延续到明清时代。其中有部分记述有较大的参考价值，对世界科学的发展也有重要影响。例如，我国明代大药物学家李时珍在前人千百年完成的各类本草记述的基础上修订完成的《本草纲目》就是光辉事例之一。又如，公元六世纪北魏的贾思勰集前人对黄河流域中下游地区的农业生产条件、农业资源、发展农业生产经验所完成的名著《齐民要术》，不仅是关于该区域农业生产技术的丛书，也是一本关于如何合理利用可再生资源的古代学术著作。在这本著作中，他明确提出了“顺天时，量地利，则用力少而成功多”的资源生态学思想，至今仍有指导意义。

（二）萌芽时期

大体从19世纪末到20世纪初中华人民共和国成立以前。这一时期的特点是在清代半封建社会及半殖民地社会的束缚下，在经历了我国科学发展的黑暗时期以后，随着西方势力与经济、科学、文化的侵入，开始进入了现代科学的引入和创建时期。资源研究进入了科学调查的萌芽阶段。这一时期的调查研究中，从全国看来是少而分散的，主要有两个方面：一方面是由当时政府及有关部门组织的零星资源调查、考察。例如20世纪初成立的“中国科学社”、20年代成立的“中央研究院”、30年代成立的“资源委员会”等以及它们的下属机构，对我国的自然资源进行了调查、观测与初步研究。另一方面，不少外国学者出于种种目的，在当时各国列强殖民主义政府的保护下，在我国不少地区进行了为数不多的资源调查。另外，还有各个地方部门、高等院校有关学科的学者或知识界人士也在十分艰苦的条件下，进行了一些有关自然资源的调查，同时参加撰写和修订了地方志、县志等工作，为后来研究资源的开发和变化提供了珍贵的历史资料。

（三）发展初期

从新中国成立的1949年开始，到1978年全国第三次科学技术发展规划及党的十一届三中全会以前这一阶段，在全国各地大规模开展了资源的科学研究与综合考察；同时，针对当时国家建设之急需，进行了若干重要资源的专题调查研究（如橡胶、热带作物、盐矿）等。

通过这一时期的工作，首先对全国的自然条件与自然资源状况有了比较系统和全面的了解；其次，初步掌握了他们的数量、质量与分布规律，全面填补了我国有史以来对自然资源与自然条件的科学资料，尤其是那些广大的边远省区的空白。在对这些可再生资源进行大量工作的同时，为配合国家工业发展和建设的需要，各产业部门对于非再生性的地下矿产资源与各种燃料能源资源，也进行了大量的工作。为国家制定国民经济发展规划和地区开发方案提供了重要科学依据，发挥了资源考察在国民经济建设中的先行作用。

（四）发展中期

随着我国实行四个现代化的需要，以资源及其利用为中心的科学技术日益显示出极端的重要性。

自1978年全国制定第三次科学技术发展规划以后，将可再生的农业资源调查与因地制宜、合理利用农业资源的农业区划工作，列为全国108项重大科技项目的第一项。截止1983年上半年，全国2 057个县已经完成了1 143个县的县级调查及区划工作，并建成了自然保护区106个，其中既包括各种典型的生态系统，也包括珍稀动物的集中分布区，还有风景如画的自然公园和珍贵的地质剖面，并对今后的自然保护区建立进行了规划。一个以国土整治为中心任务的资源研究正在起步。广义的环境保护工作也正在与国土整治及区域经济规划同步进行。

（五）成熟时期

20世纪七八十年代以来，以人口、资源、环境与发展为核心的全球性问题愈发突出。不管是环境污染、生态危机，还是粮食安全、资源短缺，都可以归结为资源利用问题。前者属于资源的恶性耗费，后者属于资源配置不合理，而更深层次的原因则是资源本身固有的稀缺性和有限性。特别是1992年联合国环境与发展大会的召开，在高层强化了资源、环境与发展问题的全球性及紧迫性，也使得可持续发展的思想得以广泛传播和贯彻实施。我国政府于1992年在全球率先制定了《中国的21世纪议程》，这不仅大大推动了我国对资源合理开发、永续利用的重视，也促进了资源科学的形成和发展。资源科学已从七八十年代的单项或专门自然资源研究走向综合研究，其研究重点转向资源永续利用与社会经济可持续发展，资源生态、资源经济、资源立法与管理成为主要命题。其发展趋势可概括为：①从个体、局部走向一般、整体，日益注重国际合作和全球性问题研究。②从静态分析走向动态预测，区域发展模式与可持续发展等战略性研究日趋活跃。③从自然评价走向注重社会经济分析，以合理化为内容的资源管理研究已正在成为热点。④从定性分析走向定量半定量研究，日益模式化和数量化。⑤从常规手段走向高新技术应用，研究方法和手段日益现代化。

第四节　国土资源学的学科体系与理论基础

一、国土资源学的学科体系

单项自然资源研究在20世纪初期就已获得显著进步，并形成了相对独立的学科体系，如土地资源学、矿产资源学、能源资源学，气候资源学等。随着现代科学综合趋势的发展，资源科学的综合性研究在60年之后开始兴起。资源系统的整体性也决定了资源科学的综合性。当代资源研究的重要特点就是要把开发与保护结合起来，建立资源-生态-经济的理论体系。所谓国土资源开发就是要充分利用人力、财力、生物与非生物资源来满足人类物质和精神生活的需要。所谓保护就是对人类利用的自然资源圈进行合理的管理，以便达到永续利用的目的。这不仅需要研究生态系统的各种自然科学，同时也需要国土资源开发利用的工程技术科学和有关社会科学。因此，国土资源学是自然科学、社会科学和工程技术科学相互交叉、相互渗透、相互结合的多学科横向发展的科学领域。其学科地位如图1-1所示。

二、国土资源学研究的理论基础

国土资源学作为自然科学、社会科学和工程技术科学之间的一门横断性科学，不能否认它与其母体学科（特别是单项自然资源学科）之间的联系和继承关系。因此，其学科的理论

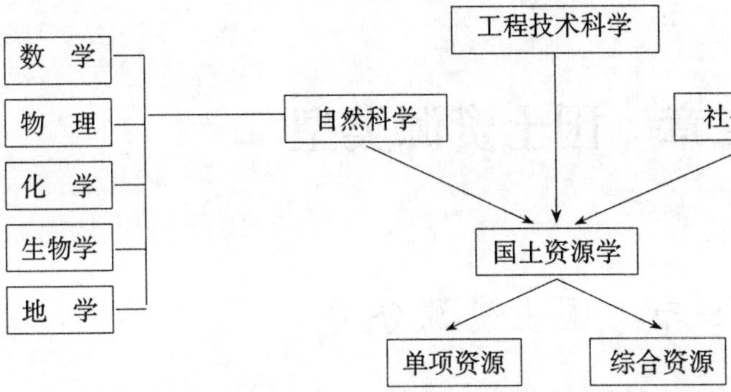

图 1-1　国土资源学学科地位示意图

基础，大多已为其相邻或相关的科学研究所揭示。

（一）物质循环规律

在自然界的各种物质循环中，与资源、环境联系较大的主要有水、碳、氮三大循环。根据这一规律，自然界中的各种物质（资源实体）都按照自身特有的分解与化合机理，遵循其固有的轨道，周而复始地进行不断的循环。作为资源，无疑要考虑资源开发、利用、生产、消费及消费后这一全过程的物质循环与转化物性，利用则只是作为自然物质的资源在地球物质循环中的一个特殊环节。

（二）能量守恒与转化定律

能量守恒与转化定律是关于自然界物质运动的最重要的普遍规律之一。在资源-生态-经济系统中，自然资源都可以用不同形式的能量来表示。能量转化的过程，普遍地发生在自然资源开发与利用过程中，它包括了能量以一种形式到另一种具有特定目的（或更加有用的）形式的转换。从本质上看，资源的开发与利用就是物质与能量在地理环境中的特殊过程。根据这一原理，利用每种资源的特性和能量效益，开展资源互补与替代方面的研究。

（三）地域分异规律

地域分异规律是指自然地理各要素及其综合特征在地表呈现水平分化的现象。由于地球表面纬度不同所引起的气候、地质地貌、水文等自然条件的差异造成自然资源分布的纬度地带性、经度地带性和垂直地带性的区域分异特征。这种制约资源的空间分布规律，对资源区划及区域资源开发具有重要意义。

（四）自然节律规律

自然节律是指自然地理、生物现象随时间变化的规律性，主要是由水热对比变化引起的。自然资源随时间变化，可以是一些类型或现象的消失，新类型、新现象的出现，也可以是数量的增加或减少，质量的优变或劣变。由此，可适时、适地最大限度地利用自然资源。

（五）生态平衡规律

生态平衡规律是指生态系统在漫长的进化过程中形成的、存在其内部各组分间的相互补偿和自动调节的能力，从而使生态系统经常地、反复地保持相对动态平衡。生态系统的组分愈多样，能量流动和物质循环的途径愈复杂，其调节能力愈强；反之则愈弱。但这种调节能力也有一定限度，超越限度，调节则失灵，生态平衡就会失调。由此，我们在保护资源多样性的基础上，充分利用非耗竭性资源，特别是太阳能、潮汐能等恒定资源，节约不可更新资源，维护可更新资源的持续利用。在维持已有平衡的前提下，促使资源生态系统向有利于人类生存与发展的方向移动。

第二章 国土资源类型

第一节 国土资源分类

由于自然资源的广泛性和多宜性，人们对自然资源理解的深度和广度不同，加上人类利用目的和侧重程度的差异，到目前为止还没有一个公认的统一分类系统，常见的自然资源分类主要有以下几种。

1. 按自然资源的物理性质分为物质资源与能量资源两大类

前者主要指原材料资源，如生物资源、水资源、矿产资源等；后者主要指直接太阳能、转化太阳能（水力、风力、潮汐能等）和地球内能（地热等）。

2. 按自然资源的再生性（Reproduction）特征分为可再生资源（Regenerative Resources）和不可再生资源（Non-regenerative Resources）两大类

可再生资源主要指能够不断生长繁衍的生物资源和自然循环中形成的可循环资源。这类资源是可持续利用或再生重被利用，如水、耕地、动物、森林、草场等。不可再生资源是指储量有限、能被用尽而不可能自然再生的资源，如矿产资源，其形成历史长，需要几十万年到上亿年，而被耗尽后，不能再生，只能异地勘查寻找。

3. 按自然资源的限制性特征分为流量资源（Flow-limited Resources）和存量资源（Stock-limited Resources）两大类

流量资源表现为容量限制，如气候资源、生物资源、旅游资源和土地资源等。存量资源其资源量表现为储量限制，如矿产资源、能源等。这种分类进一步说明资源的再生性也是有限度的，超越限度就不能再生；非再生也只是相对人类历史时期而言的，不是指地质时期。

4. 主要根据自然资源本身固有的综合特性即发生起源（Origination）、可更新性（Renewability）、耗竭性（Exhaustibility）、可变性（Multability）、重新使用性（Reusability）等进行分类

如图 2-1，首先按自然资源是否可能耗竭的特征将自然资源分成耗竭性资源和非耗竭性资源两大类。耗竭性资源按其是否可以更新或再生，又分成再生性资源和非再生性资源。再生性资源主要是指各种生物及生物与非生物因素组成的生态系统。再生性资源在正确管理和维护下，可以不断更新和利用。否则，再生性资源就会退化、解体，并有耗竭之虑。非再生性资源主要指各种矿物和化石燃料。其中一些资源，如宝石、黄金、铂等，它们虽然不像太阳能等非耗竭性资源那样能源源不断地供给人类，但却是能重复利用的；另一些资源，如化石燃料（石油、天然气、煤和泥炭等），当它们作为能源进行利用时，遵循热力学第二定律，除了一部分可以继续传递和做功外，总有一部分能量以热的形式耗散。虽然从物质不灭定律来看，地球上的碳、氢、氧的数量并没有变，但它们的形式和位置都发生了变化。尽管从理论上讲它们是可以合成的，但是不论从经济和技术条件看，又几乎都是不可能的。因此，对非再生性资源要注意节约使用，并尽量减少其在开发利用过程中对环境造成的影响。

自然界中还存在着一些资源，它们在目前的社会生产和技术条件下，不会在利用过程中

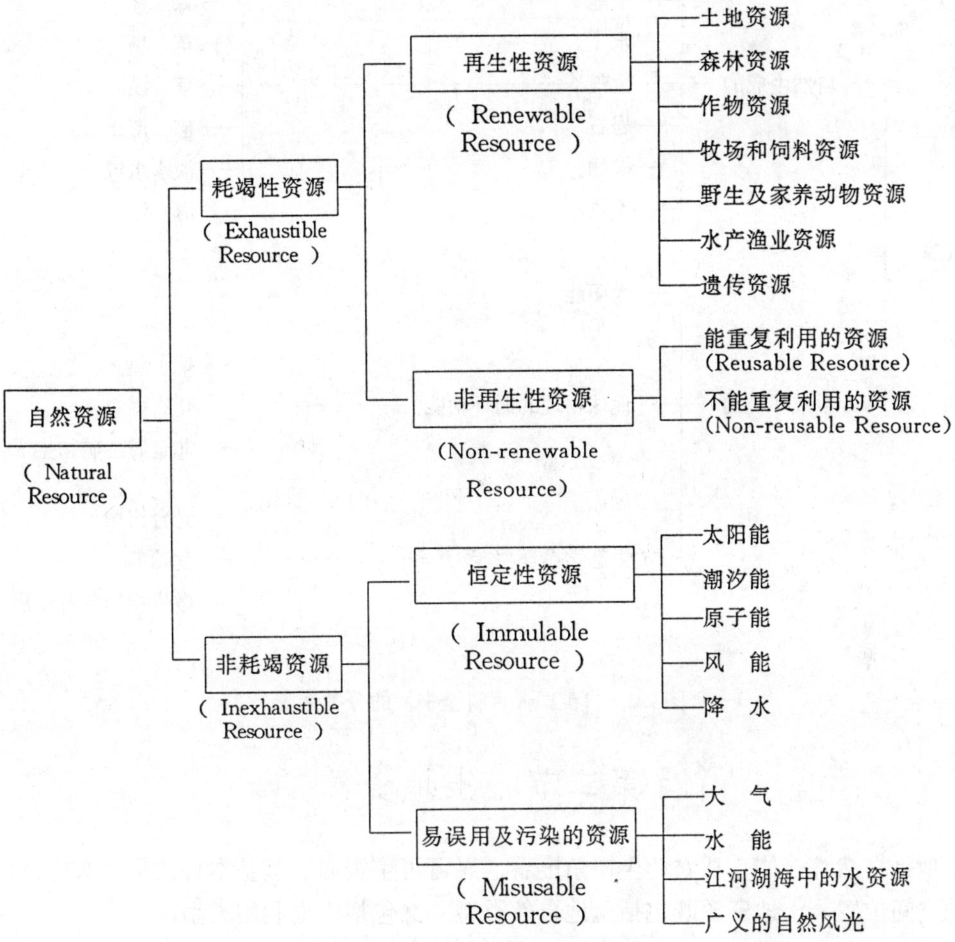

图 2-1 自然资源分类系统

(李文华、沈长江, 1985)

导致明显的消耗。其中又分为恒定性的和在利用过程中由于误用易导致污染及改变的。对于这种非耗竭性资源则要充分利用,同时要发展低污染技术。

图 2-2 是英国《大百科全书》的分类系统,是按自然资源的定义进行划分的。它把自然资源划分为自然生成的及生成环境的两大类。自然生成的包括土地、水、大气、岩石、矿物、生物及其群集的森林、草场、矿产、陆地、海洋等;生成环境的又包括太阳能、地球物理的循环功能及生态学循环功能三类。

5. 按自然资源的形成条件、组合状况、分布规律及其与地理环境各圈层之关系分类

自然资源分为:矿产资源(岩石圈)、土地资源(土圈)、水资源(水圈)、生物资源(生物圈)、气候资源(大气圈)、海洋资源(水圈+岩石圈)、旅游资源(生物圈+岩石圈+水圈+大气圈)。这七类自然资源与国计民生关系最为密切,是国土资源的主体资源。本章主要介绍这七大类资源。

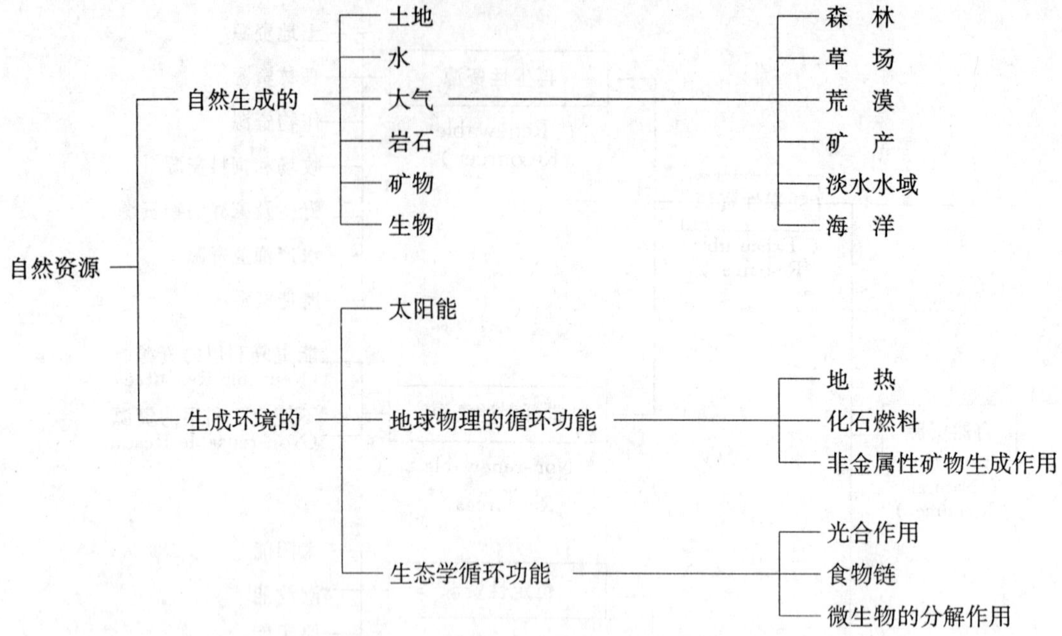

图 2-2 《英国大百科全书》的分类系统

第二节 土地资源

土地是自然综合体，从农业生产角度看，属可再生资源。其基本特征是具有生产能力和固定的空间位置。土地资源既包括土地自然类型，又包括土地利用类型。

一、土地资源的概念

（一）土地（Land）

土地是气候、地貌、岩石、土壤、植被和水文等自然要素组成的自然综合体和人类过去与现在生产劳动的产物。土地是一个垂直系统，可分为表层（地上层）、内层（地表层）、底层（地下层）等三层。土地包括地形、土壤、植被的全部，以及影响它的地表水、浅层地下水、表层岩石和作用于地表的气候条件（石玉林，1986）。

（二）土地资源（Land Resources）

资源是针对人类利用而言，因而，土地资源是指在一定技术条件下和一定时间内可为人类利用的土地。人类在利用土地资源的过程中也包括了改造，所以土地资源既包含了资源的自然属性，也包含了人类利用、改造的经济属性。

1. 土地资源的自然属性

(1) 数量的有限性

土地不能像其他物品一样可以不断地制造出来，它受地域空间的限制，其面积有限。

(2) 位置的固定性

土地分布在地球表面各个不同位置上，永久固定，是真正的不动产。

(3) 不可替代性

土地本身是不能再生产的，其使用价值具有不可替代性。

(4) 持久性

土地作为空间具有不可消失性，而且土地可以重复利用，当然这种利用必须建立在合理开发与保护的基础上。

(5) 生产性

土地具有植物生产能力，可满足植物生长对光、热、水、气、养分等的需要。

2. 土地资源的经济属性

(1) 供给稀缺

土地数量的有限性决定了供给的稀缺性。

(2) 可垄断性

由于土地供给的稀缺性决定了在土地所有、占有和使用上的垄断性。

(3) 土地利用的制约性

土地用途之间的变更要受到土地位置固定性的制约，土地位置决定了土地的土质、气候、水文等利用条件。

(4) 土地的可改良性

土地可以通过一定劳动的投入改变其物理化学性质，如盐碱地治理、荒地的开垦、建设用地的平整等。

二、土地资源的组成要素

土地资源是由地球陆地表面一定立体空间（上至大气对流层下部，下至地壳一定深度）的气候、地貌、土壤、水文、生物等自然要素与人类劳动所组成的自然经济综合体。在土地资源的形成及其长期演变过程中，各种要素以不同方式、从不同侧面、按不同程度独立地或综合地影响着土地资源的综合特征。

（一）气候要素

气候是土地资源重要的组成要素，主要指直接与地球表面产生水热变换的大气对流层下部，这种交换主要是指光、温、水。

1. 光照

指太阳辐射，是由太阳发射的电磁短波辐射穿透大气层到达地球表面，其中一部分被地面吸收变为长波辐射，这是地球表面一切过程的能量基础。到达地球表面的太阳辐射有两部分，一是太阳的平行光线直接投射到地面上，称为太阳直接辐射；另一部分是大气中经过短波散射（天空光）和微粒（水汽、尘埃）散射形成的散射光而投向地面，称为散射辐射。两者合称为总辐射，但对土地资源的影响主要是直接辐射。

太阳辐射能量非常巨大，一年内地球接受太阳辐射量为 7.03×10^{24}kJ，约为 2 000 亿吨煤燃烧所产生的能量。我国太阳总辐射量多在 502.0kJ/cm^2 以上，由于受纬度、海拔高度和云量因素的影响，低纬度区高于高纬度区，高原区高于平原区。在时间上也存在明显差异：一年之中夏季总辐射值最高，冬季最低；一天之内，夜间为零，白天随太阳上升，总辐射逐渐增加，正午达最高值。

在太阳辐射中，包括紫外线及以下的短波波段、紫外线以上的可见光以及红外波段等，其中以可见光为主，占 50%左右，是地球表面光照的主要来源。土地的利用及植物的生长发育与光照强度（一般以日照数表示）、光照长度（日长）和光照质量（可见光、紫外线、红外线的比例）关系十分密切。

2. 热量

太阳的短波辐射到达地面之后，大多转变为长波辐射，这就是地球表面的热量来源。由于地球的形状、地球对太阳的位置以及其行星运行的宇宙因素等，使得热量在地球表面形成了大致与纬度相平行的热量地带，即所谓的寒带、温带、热带等。热量地带与土地资源的生产潜力关系很大，是土地资源及评价的重要因素。

我国的气温在划分东部季风区、西北干旱区及青藏高寒区的背景基础上，分为温带、亚热带和热带三个温度带。根据其温度条件差异，又可进一步细分（表 2-1、图 2-3)。

表 2-1　气候带和亚带的划分指标

（中国农业区划委员会编，《中国自然区概要》，1984）

气候区域	气候带和亚带	指标	参考指标	农业特征
东部季风区域	温带	最冷月气温 < 0℃	低温平均值 < -10℃	有“死冬”
	寒温带 1	> 10℃积温 < 1 700℃	> 10℃日数 < 105 天	一年一熟，早熟作物
	中温带 2	1 700 ~ 3 500℃	106 ~ 180 天	一年一熟，春小麦为主
	暖温带 3	3 500 ~ 4 500℃	181 ~ 225 天	两年三熟，冬小麦为主 苹果、梨
	亚热带	最冷月气温 > 0℃	低温平均值 > -10℃	无“死冬”
	北亚热带 4	> 10℃积温 4 500 ~ 5 300℃	> 10℃日数 226 ~ 240 天	稻麦两熟，有茶、竹
	中亚热带 5	5 300 ~ 6 500℃	241 ~ 285 天	双季稻—喜凉作物， 两年五熟 柑橘、油桐、油茶
	南亚热带 6	6 500 ~ 8 000℃	286 ~ 365 天	双季稻—喜凉或喜温作物，一年三熟 龙眼、荔枝
	热带	最冷月气温 > 15℃	低温平均值 > 5℃	喜温作物，全年都能生长
	边缘热带 7	积温 8 000 ~ 8 500℃	最冷月气温 15 ~ 18℃	双季稻—喜温作物， 一年三熟 椰子、咖啡、剑麻
	中热带 8	> 8 500℃	> 18℃	木本作物为主 橡胶、椰子等 产量高，质量好
	赤道热带 9	> 9 000℃	> 25℃	可种赤道带、热带作物
西北干旱区域	干旱中温带 10	> 10℃ 积温 1 700 ~ 3 500℃	> 10℃ 日数 100 ~ 180 天	可种冬小麦
	干旱暖温带 11	> 3 500℃	> 180 天	可种长绒棉
青藏高寒区域	高原寒带 12	> 10℃日数不出现	最热月气温 < 6℃	“无人区”
	高原亚寒带 13	< 50 天	6 ~ 12℃	牧业为主
	高原温带 14	50 ~ 180 天	12 ~ 18℃	农业为主

在上述气候分区内，积温是影响土地资源生产潜力最重要的热量指标。≥0℃的温度一般代表了耐寒作物，如冬小麦、莜麦、马铃薯等的生理活性的起始温度；≥10℃的温度一般代表了喜温作物，如玉米、棉花等的生理活性的起始温度。两者各自的积温数分别代表了两

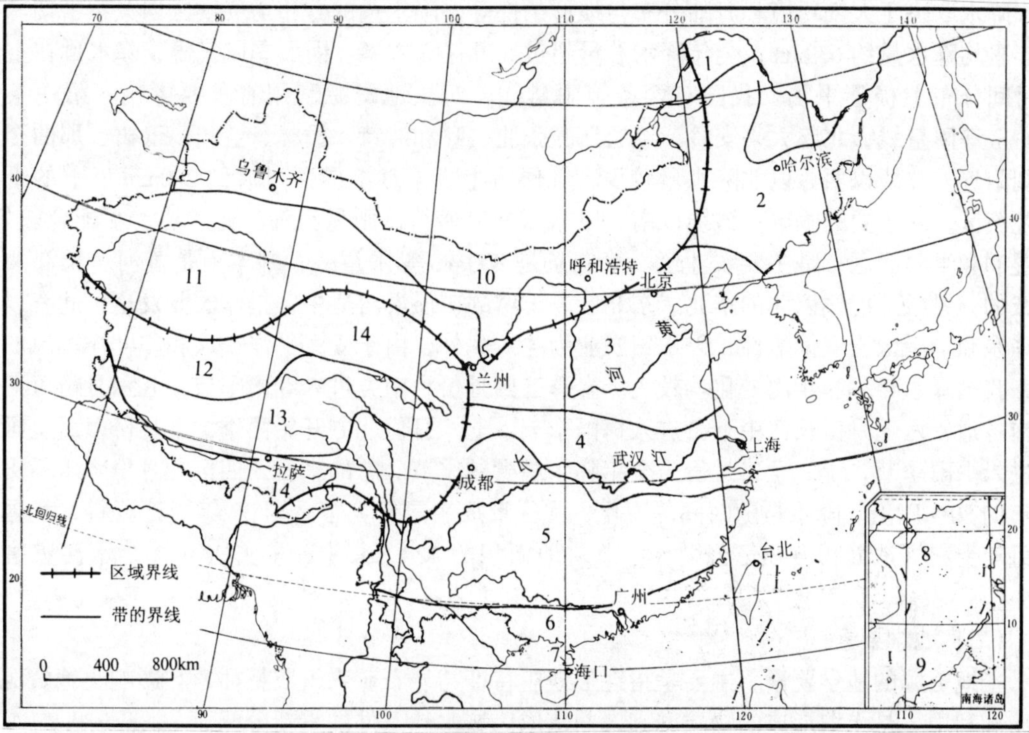

图 2-3 中国气候区带划分图

(林培等，《土地资源学》，1997)

类作物于当地成熟的可能性，以及一定种植制度的选择和适宜性（表 2-2)。

表 2-2 不同积温与作物种植制度的适宜性

>0℃的积温	≥10℃的积温	适宜的种植制度及作物
2 500 ~ 3 000	2 800	一年一熟：如春麦、莜麦、杏子、马铃薯等
4 500	4 000	两年三熟：冬麦—玉米
4 700 ~ 4 800	4 200	两年三熟或一年两熟：可种花生、甘薯
4 500 ~ 5 500	5 000	一年两熟：小麦—水稻
5 700 ~ 6 100	5 500	一年三熟：小麦—水稻—水稻
8 000	>7 000	一年三熟：甘蔗—水稻—水稻

我国几条有特殊意义的积温线（≥10℃)：

①大兴安岭北麓，即冻土层南界约 1 700℃，以南耐寒喜凉作物可以生长；

②长城一线约 3 500℃，相当于冬小麦的北界，一年一熟；

③秦岭、淮河一线约 4 500℃，该线以北可一年一熟，或两年三熟；

④南岭一线约 6 500℃，可一年二熟到一年三熟。

3. 降水资源

水资源分大气降水和地下水两部分，降水不仅决定土地资源的水文条件，同时直接影响地下水的成分、数量与分布。

降水取决于大气环境、海陆分布与地形条件等，降水量的分布与气候区划关系密切。我国年平均降水量约639mm，全年降水总量超过6万亿立方米。因属季风气候，降水量在空间和时间分布上极不平衡。我国有两条等雨量线，对土地资源利用有重要影响。第一条是400mm等雨量线，北起大兴安岭，经通辽、张北、呼和浩特、榆林、兰州、玉树、那曲至日喀则附近。此线以西、以北降水量较少，气候由半干旱逐渐向西过渡到200mm以下的干旱和荒漠区，是主要的牧区；该线以南、以东，季风盛行，雨量充沛，光、热、水配合较好，为湿润和半温润区，是主要农业区。第二条是800mm等雨量线，基本上是黄河、长江两大流域的分界线。此线以北的华北、东北区，土壤的矿质淋溶适中，旱作农业发达；此线以南的华东和华南区土壤偏酸性，以水田农业为主。此外，由于受太平洋季风和印度洋季风的影响，我国降水年际和年内变化均较大。春季三四月份，南方进入春雨季节，五六月份可遍布江南各地，六七月份长江中下游进入梅雨季节，七八月份北方开始雨季，十月份以后全国逐渐进入少雨季节，十二至二月份为全年降水最少的季节。总的来看，四至九月份降水量可占全年的80%以上。降水量随时间的变化，往往形成水旱等灾害。据30年统计资料，我国平均每年受灾耕地面积0.3亿公顷，占总耕地面积的1/4。其中，旱灾占62%，水涝灾害占24%。

（二）地学要素

土地资源的地学要素，主要是指地形地貌特征与岩石矿物组成特征，它影响土地资源的性质和利用，是土壤形成的物质基础，并造成区域水热条件的重新分配。

1. 地形地貌形成与分类特征

地形地貌是地壳运动的结果。在内营力地质作用形成地貌基本轮廓的基础上，如地表隆起、拗陷、断裂等，外营力地质作用对其进一步改造逐渐形成不同的地貌类型，如山地、高原、丘陵、平原、盆地等大型地貌及中、小型地貌。按地貌的形成原因可细分为：构造地貌、风化重力地貌、剥蚀堆积地貌、流水地貌、岩溶地貌、海岸地貌、湖泊地貌、干旱黄土地貌等。每种类型又可细分为更具体的地貌型式。

我国地貌的总体特征可表现在四个方面：

（1）现代三大地貌区域

以流水作用为主的东部季风温润区，包括东北、华北和华南地区；以风力和干燥剥蚀为主的西北干燥区，位于大兴安岭、阴山、贺兰山和昆仑山一线以西、以北地区；以冰川和内营力作用占优势的青藏高原区，位于横断山以西、昆仑山以南的地区。

（2）三大陆地台阶

①大兴安岭—太行山—巫山一线以东平原为第一级台阶，海拔在500m以下。

②昆仑山—祁连山—横断山以北、以东高原区为第二级台阶，海拔在1 000m左右。

③青藏高原为第三级台阶，海拔在4 000～5 000m（图2-4）。

（3）四大山系

①东西走向山系，从北向南为：天山—阴山—燕山带、昆仑山—秦岭—大别山带、南岭带。

②北北东走向山系，主要的亦有三列，从北西向南东为：大兴安岭—太行山—雪峰山带、长白山—辽东丘陵—山东丘陵—闽浙山地丘陵、台湾山脉。

③北北西走向山系，主要有阿尔泰山脉、祁连山脉、喜马拉雅山脉。

④南北走向山系为贺兰山脉、六盘山脉、横断山脉（图2-5）。

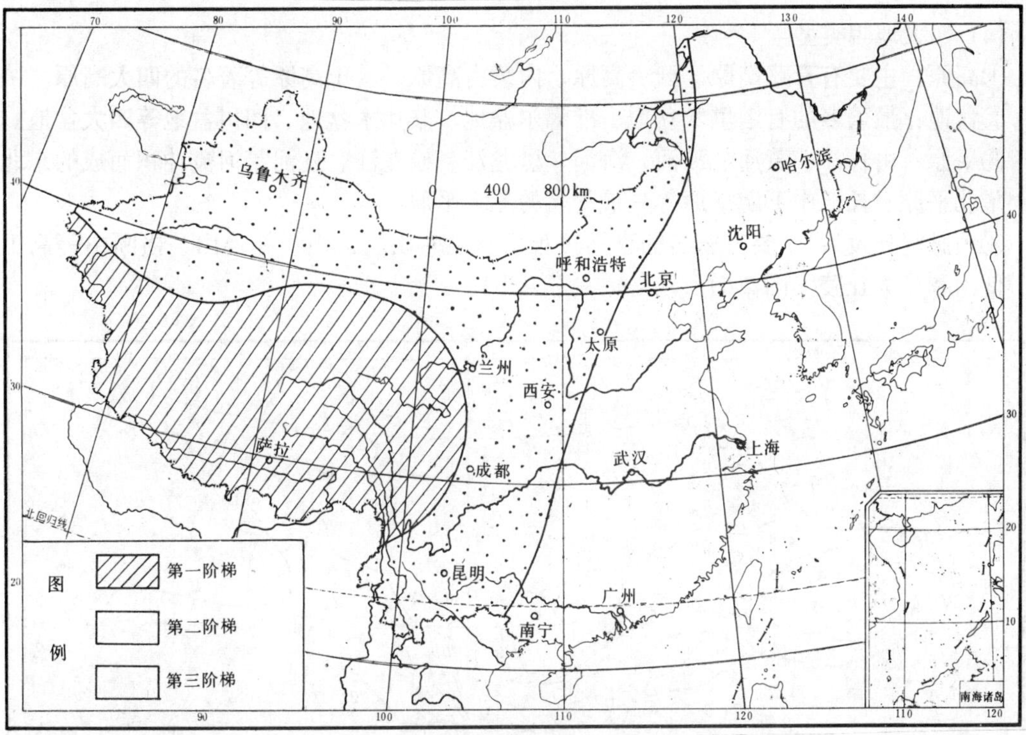

图 2-4　中国地势的三大梯级图

（朱德举，《土地资源学教程》，1999）

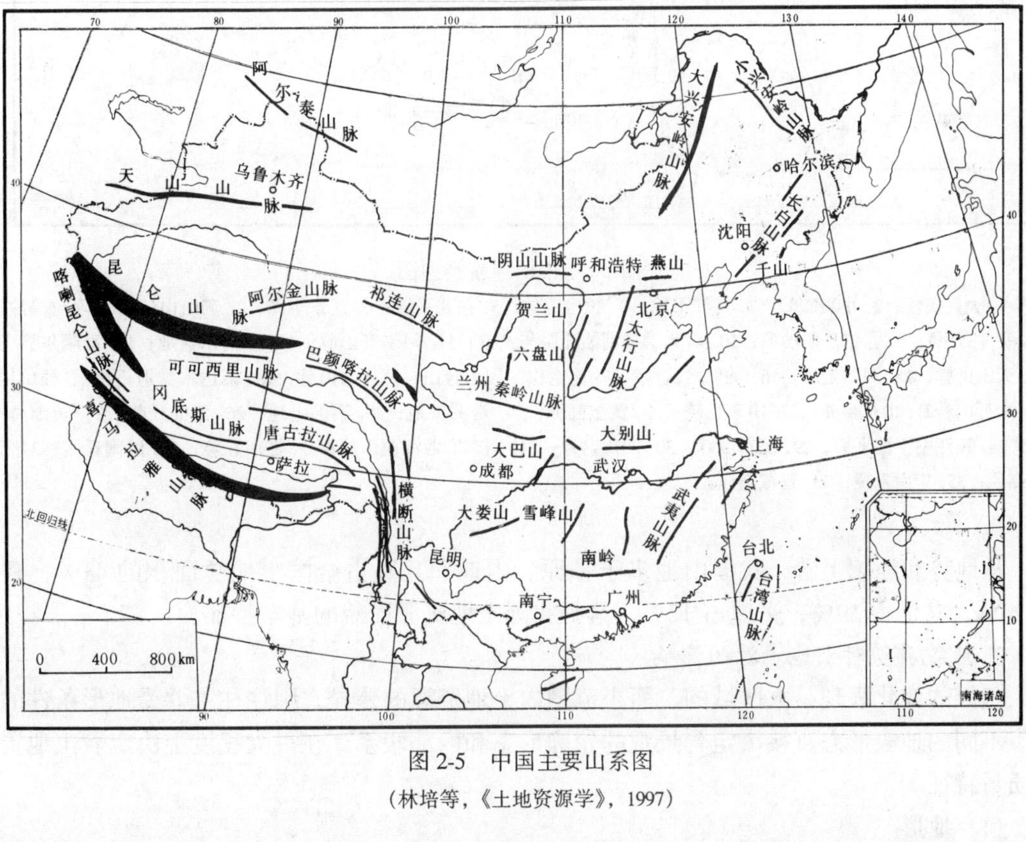

图 2-5　中国主要山系图

（林培等，《土地资源学》，1997）

(4) 四大地貌类型

①高原：主要有青藏高原、云贵高原、内蒙古高原、黄土高原等著名的四大高原。

②盆地：最著名的有塔里木盆地、准噶尔盆地、柴达木盆地、四川盆地等四大盆地。

③平原：由长江、黄河、淮河、海河、黑龙江、松花江、辽河等河流冲积而成的东北平原、华北平原、长江中下游平原等是最著名的三大平原。

④山脉（丘陵）：主要有著名的喜马拉雅山、昆仑山、天山、祁连山、横断山等高山及中、低山和广大丘陵（图 2-6）。

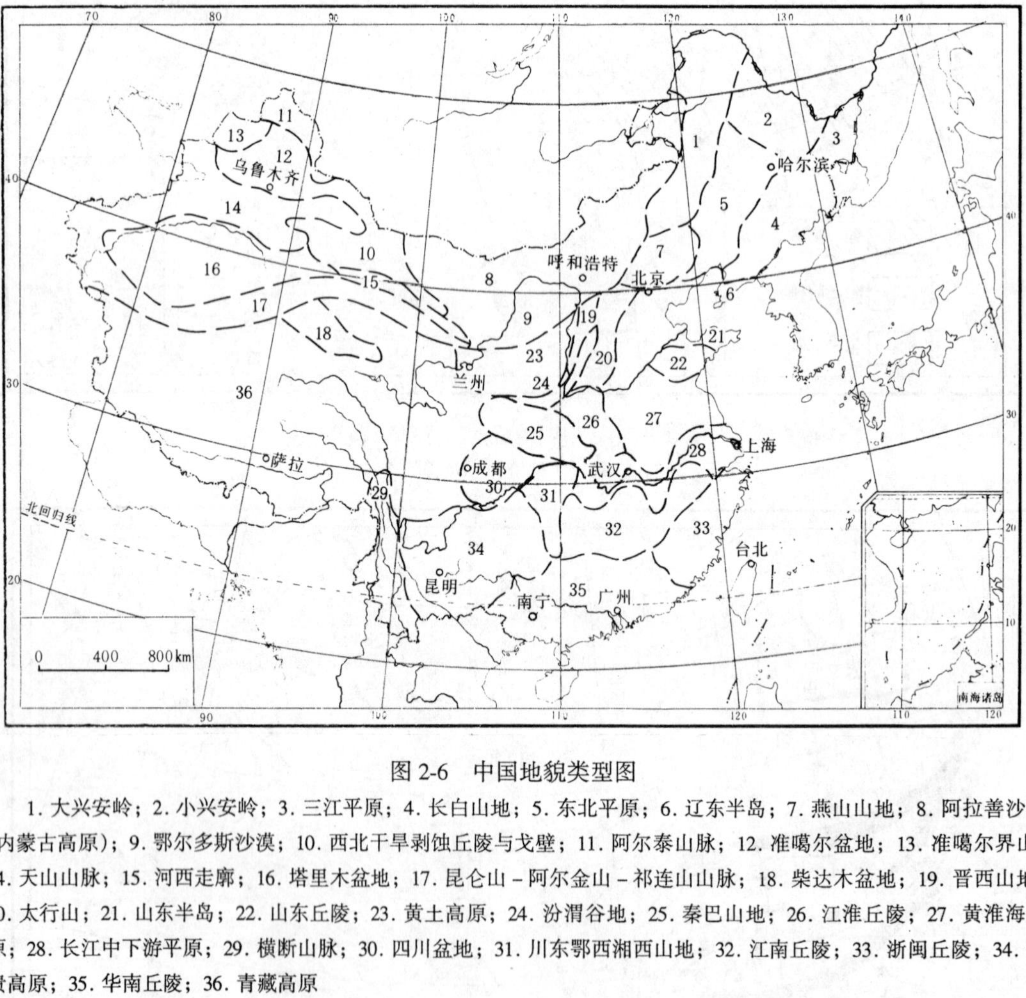

图 2-6 中国地貌类型图

1. 大兴安岭；2. 小兴安岭；3. 三江平原；4. 长白山地；5. 东北平原；6. 辽东半岛；7. 燕山山地；8. 阿拉善沙漠（内蒙古高原）；9. 鄂尔多斯沙漠；10. 西北干旱剥蚀丘陵与戈壁；11. 阿尔泰山脉；12. 准噶尔盆地；13. 准噶尔界山；14. 天山山脉；15. 河西走廊；16. 塔里木盆地；17. 昆仑山 - 阿尔金山 - 祁连山山脉；18. 柴达木盆地；19. 晋西山地；20. 太行山；21. 山东半岛；22. 山东丘陵；23. 黄土高原；24. 汾渭谷地；25. 秦巴山地；26. 江淮丘陵；27. 黄淮海平原；28. 长江中下游平原；29. 横断山脉；30. 四川盆地；31. 川东鄂西湘西山地；32. 江南丘陵；33. 浙闽丘陵；34. 云贵高原；35. 华南丘陵；36. 青藏高原

从地势和地貌上看，我国山地多于平原。山地和丘陵占全国土地总面积的 43%，高原占 26%，盆地占 19%，平原占 12%，这是我国土地资源面貌的基本特征。

2. 地貌类型对土地资源的影响

气候的变化表现是大区域的，而小范围内土地资源的差异，则往往主要受地形条件的制约。不同的地表形态直接决定着景观的轮廓形态和内部联系，在很大程度上决定着土地资源的质量特征。

(1) 地形

海拔高度的不同对土地资源的影响主要是温度和湿度的变化。如海拔高度每升高 100m，温度下降约 0.5～0.6℃，≥10℃积温减少 150～200℃，导致土地资源利用中生物生长期缩短。而且随海拔高度的变化，温度的变化出现类型演替。

海拔的影响还表现在对土地资源类型划分的标准方面，如平原 < 200m，丘陵 < 500m，低山 500～1 000m，中山 1 000～3 500m，高山 3 500～5 000m。

(2) 山地与丘陵

由于势位高差，容易出现水土流失现象，使土层变薄，影响土地资源的利用。而且山体的坡度、坡形与坡向均对土地质量有较大影响。坡度一般可分为：

①< 3°极缓坡：适宜农业利用，机械化耕作；

②3°～7°缓坡：农田，一般可机械化耕作；

③8°～15°中坡：可用于农业，一般应采取工程性水土保持措施；

④16°～25°微陡坡：可用于农业或林地，必须采取工程性水土保持措施；

⑤26°～35°陡坡：易产生滑坡等重力侵蚀，不宜农用；

⑥> 35°极陡坡：极易产生崩塌、滑坡等。

坡形一般分为凸形坡、凹形坡、平坡、复式坡等；坡向可分为阳坡、阴坡、半阳坡、半阴坡等。

(3) 平原

为主要的农业区和城镇所在地，但由于沉积物的堆积形式不同而划分出扇形地平原、冲积平原、湖积平原和滨海平原，在土地利用上各具特点。

①扇形平原：又称为山麓平原。由携带大量悬浮物质的山区河流出山口进入平原后，由于坡度变小，水动力骤减，携带的泥沙立即倾泻于平原边缘而形成。其中泥沙颗粒大小有规律地距山口远近逐渐沉积，故可依其沉积的分布因地制宜安排农、林、牧业。

②冲积平原：在上述基础上，河流进入平原，由于坡度变小，携带的沉积物进一步沉积，形成广大的冲积平原，如松辽平原、江汉平原等，是我国耕地和人口集中分布的地区。

③湖积平原：是由湖泊的静水沉积形成的，如洞庭湖、鄱阳湖等，是重要的水稻生产基地。西北地区的内陆湖泊有盐化特征，只能用于牧业。

④滨海平原：一般形成于沉降性海岸，包括河流三角洲和海积平原两种。在南方是良好的农业垦殖与海产垦殖区。在北方由于降水量少、盐碱度高，农业利用受到一定限制。

3. 岩石矿物组成及其对土地资源的影响

土地资源是地壳物质（岩石、矿物）长期演化、风化的产物，因此，土壤学将其称之为土壤发生的母岩或母质。土地资源的性质及其质量优劣与岩性关系很大，在一定程度上影响土地资源的利用。

(1) 火成岩类

该岩类中与土地资源形成及性质关系较为突出的主要是花岗岩类和玄武岩类。

①花岗岩类：该类岩石主要是由石英、长石和云母等多种矿物组成，因而易于物理风化（南方则以深层的化学风化为主），形成的土层厚。由于石英等含量高，基性矿物少，风化产物呈微酸性，在北方山区适于果树、板栗等生长。由于岩石中节理少，且方向性差（与沉积岩比），故其风化壳有利于地下潜水与风化壳裂隙水的保存，因此，多为富水区。但花岗岩中石英含量过大，影响其风化速度，故难以形成有农业意义的土地资源。

②玄武岩类：包括辉石岩和辉长岩等。由于其矿物组成中以辉石、角闪石、斜长石等基

性矿物为主，含铁、钙等矿物质丰富，SiO_2 含量小于 50%，岩石组织致密，物理风化速度慢，故在北方其风化层薄，不易利用；而在南方高温多雨地区，化学风化强烈，土层深厚，土壤性状肥沃，多为较肥沃的农用地。

(2) 沉积岩类

该岩类中对土地资源形成影响较大者主要有以下几种：

①砂岩类：一般风化慢，风化层薄；由于化学成分以 SiO_2 为主，故其风化层养分贫乏。

②石灰岩类：包括白云岩在内。矿物成分以碳酸盐为主，物理风化慢，土层薄；化学风化以溶蚀为主，溶蚀裂隙和溶洞多，不具备贮存裂隙水、土层滞水与地下潜水的条件，故石灰岩区多为缺水地区。

③紫色砂页岩类：一般形成于中生代的侏罗纪、白垩纪时期。由于以泥质为主，易于风化。特别是岩石中含有一定量的磷、钾、钙等矿质养分，故在南方高温多雨地区多为优质的农用地和经济果木用地。但在北方，由于雨水少、风化慢，其养料优势难以发挥。

(3) 变质岩类

该岩类中与土地资源关系较大的主要为石英岩类和片麻岩类。

①石英岩类：包括一些硅质胶结岩类在内。由于其质地坚硬，风化速度缓慢，一般情况下是以基岩裸露而形成裸岩，难以被农、林、牧业所利用。

②片麻岩类：由于矿物组成复杂、结构特殊，一般易于风化，其风化特征与花岗岩类相似。

除了上述的三大类岩石外，近代未成岩的疏松沉积物质与土地资源关系也很大，包括洪积、冲积和风成沉积物等。其中砂质沉积物的胶结性能低，故保肥能力低。壤质沉积物具有较好的孔隙性状，故透水与持水能力强，是宝贵的土地资源，也是较为理想的农业用地。粘质沉积物分布面积大，是一种较好的土地资源，但高岭石含量大，对于农业利用，其物理化学性能较差。

(三) 水文要素

水在构成土地资源的因素中，与气候因素一样，深刻地影响着土地资源的性质与利用。地球上的水以气态、液态和固态三种形式存在于空中、地表和地下，成为大气水、海水、陆地水以及生物水（分布在生物体内）。这四种水中，除大气水外，陆地水对土地资源影响最大。陆地水又分为地表水和地下水。

1. 地表水

地表水主要指河水、湖泊水、水库水、沼泽水和冰雪水等。

(1) 河流

从水文方面分为常年性河流和间歇性河流；从河床类型上可分为下切性河流和地上性河流；从补给类型上则分为雨水补给型、冰雪补给型和地下水补给型河流。

(2) 湖泊

是土地上较封闭的天然水域，是湖盆与运动水体及水中物质互为作用的综合体。按其水质可分为淡水湖、咸水湖和盐湖。淡水湖分布于外流区，是某一巨大水系的重要组成部分，具有调蓄洪水，发展农、渔业等重要作用。咸水湖与盐湖多分布于内陆干旱区，当补给困难时，湖水则不断浓缩，直至干涸成盐湖。另外按分布地带，湖泊又可分为高原湖泊和平原湖泊。

(3) 冰川

是由积雪变成水并能自行呈固体移动的水体，广泛分布于我国西南、西北的高山地带。依其冰体温度可分为冷冰川和暖冰川。暖冰川因其消融度高，对土地利用作用很大，依其分布地带又可分为大陆性冰川和海洋性冰川。前者多为冷冰川，后者多为暖冰川。

(4) 沼泽

是一种特殊的自然综合体，其地表经常过湿或者薄层积水，其上主要生长湿生植物或沼泽植物，土层严重潜育化或有泥炭的形成与积累。高纬度湿冷地区主要为泥炭沼泽，中低纬度的高湿地区为潜育沼泽。

我国的地表水质由于自然条件复杂，不仅季节变化明显，而且随时空变化差异很大。从东南沿海向西北大陆，水矿化度逐渐提高，硬度增加，由东部的30mg/L到西部的近数万毫克每升。水中的HCO_3^-、Ca^{2+}、Mg^{2+}变化较小，而SO_4^{2-}、Cl^-、Na^+、K^+则逐渐增加；东部多属重碳酸钙质水，向西逐渐变为氯化物钠质水（咸水湖、盐湖）。冰川融水矿化度低、硬度小，是西部干旱区农业用水的优质水源。

2. 地下水

按土壤、岩石含水量是否饱和将地下水分为两个带：地下潜水面以上的饱气带和潜水面以下的饱水带。在饱气带中，土壤和岩石空隙没有完全被水充满，而饱含与大气连通的气体，故称之为饱气带水。它是大气水、地面水和地下重力水相互转化的过渡带，对土地资源的性质和利用有较大影响。在饱水带中的土壤、岩石空隙全被液态重力水充满。重力水主要分为潜水和承压水。潜水是地下第一个稳定隔水层之上具有自由表面的重力水，根据埋藏条件又分为孔隙潜水、裂隙潜水和溶隙潜水。因潜水没有隔水顶板，可直接接受大气降水和地表水，分布区与补给区一致。承压水是位于两个隔水层之间的地下重力水，有稳定的隔水顶板，不能从当地直接获得大气降水和地表水的补给，因此，分布区与补给区不一致。

(四) 土壤要素

土壤是指地球陆地表面具有一定肥力且能生长植物的疏松表层。

1. 土壤的组成

(1) 土壤固体

包括土壤矿物质和土壤有机质。土壤矿物质来源于成土母质，按其成因分为原生矿物和次生矿物。原生矿物主要有长石类、云母类、辉石类、角闪石类、石英等；次生矿物是由原生矿物经风化而形成的矿物，如方解石、白云母、伊利石、蒙脱石、高岭石等。土壤有机质是指以各种形态存在于土壤中的有机化合物，包括动植物残体和腐殖质等。

(2) 土壤溶液

是土壤水分及其所含气体、溶质和悬浮物质的总称。其溶质包括各种可溶性盐和营养物质。

(3) 土壤空气

与大气成分近似，但二氧化碳和水汽的含量一般比大气高，氧气则一般低于大气。除此以外，还有一些由微生物活动所产生的气体，如甲烷、硫化氢等。

2. 土壤的物理化学性质

(1) 土壤的质地

土壤质地是指按不同粒径的土壤矿物质颗粒的比例对土壤粗细的划分，如砂土、砂壤土、轻壤土、中壤土、重壤土与粘土等。

(2) 土壤孔隙度

在土壤中土粒与土粒之间大小不等的空间称为土壤孔隙，土壤孔隙在单位土壤容积中所占的百分比称为土壤孔隙度。

(3) 土壤酸碱度

是指土壤溶液中存在的 H^+ 和 OH^- 浓度，用 pH 值表示。根据引起土壤酸性反应的 H^+ 和 Al^{3+} 存在形式，将土壤酸度分为活性酸度和潜在酸度两类。活动酸度是由 H^+ 的浓度引起的酸度，依据其大小，可将土壤划分为酸性土、中性土以及碱性土。

(4) 土壤背景值

与岩石类似，土壤化学元素也是以氧、硅、铝、铁、钙、钠、钾、镁等为主要组成部分。由于土壤形成中的成土过程和风化过程的影响，使得土壤中部分元素比岩石中的含量高(表 2-3)。

表 2-3 土壤和岩石圈中化学元素的平均含量（w_B%）

元素	岩石圈	土壤	元素	岩石圈	土壤
O	47.2	49.0	C	(0.1)	2.0
Si	27.6	33.0	S	0.09	0.085
Al	8.8	7.13	Mn	0.09	0.085
Fe	5.1	3.8	P	0.08	0.08
Ca	3.6	1.37	N	0.01	0.002
Na	2.64	0.63	Cu	0.01	0.002
K	2.6	1.36	Zn	0.005	0.005
Mg	2.1	0.6	Co	0.003	0.000 8
Ti	0.6	0.46	B	0.000 3	0.001
H	(0.15)	1.0	Mo	0.000 3	0.000 3

3. 土壤类型与分布

我国土壤有 46 个土类，163 个亚类。这些土壤在分布上有三个群系：一是海洋性群系，该群系随生物气候地带热量变化，自北向南渐次演变为漂灰土→暗棕壤→棕壤→黄棕壤→红壤（黄壤）→赤红壤→砖红壤；二是大陆性群系，该群系随生物气候地带湿度变化，从东到西演变为黑土→白浆土→黑钙土→栗钙土→棕钙土→灰漠土→灰棕漠土；三是高山土壤群系，该群系的变化依纬度而异，如在青藏高原区自下而上可依次出现高山草原草甸土→高山寒漠土→高山寒冻土（图 2-7）。

(五) 生物要素

1. 生物圈与生物多样性

(1) 生物圈

生物圈是指地球上有生命活动的范围及其居住环境的整体。换言之，地球上有生命存在的地方均属生物圈。它在地面以上达到大致 23km 的高度，在地面以下大致延伸至 12km 的深处。但是，绝大多数生物通常生存于地球陆地之上和洋海表面之下各约 100m 厚的范围内。

(2) 生物多样性

生物圈中最普遍的特征之一是生物的多样性。生物多样性是指某一区域内遗传、物种和生态系统多样性的总和。

物种多样性是指地球上生命有机体的多样性。一般说来，某一物种的活体数量越大，其基因变异性的机会也越大。迄今为止，人类还不能准确知道地球上究竟有多少生物物种。直到 20 世纪 60 年代，科学家们认为，地球物种大约有 300 万种。根据近年来对秘鲁热带森林中的昆虫调查，发现了许多新的物种，因而地球上物种总数估计超过 3 000 万种。

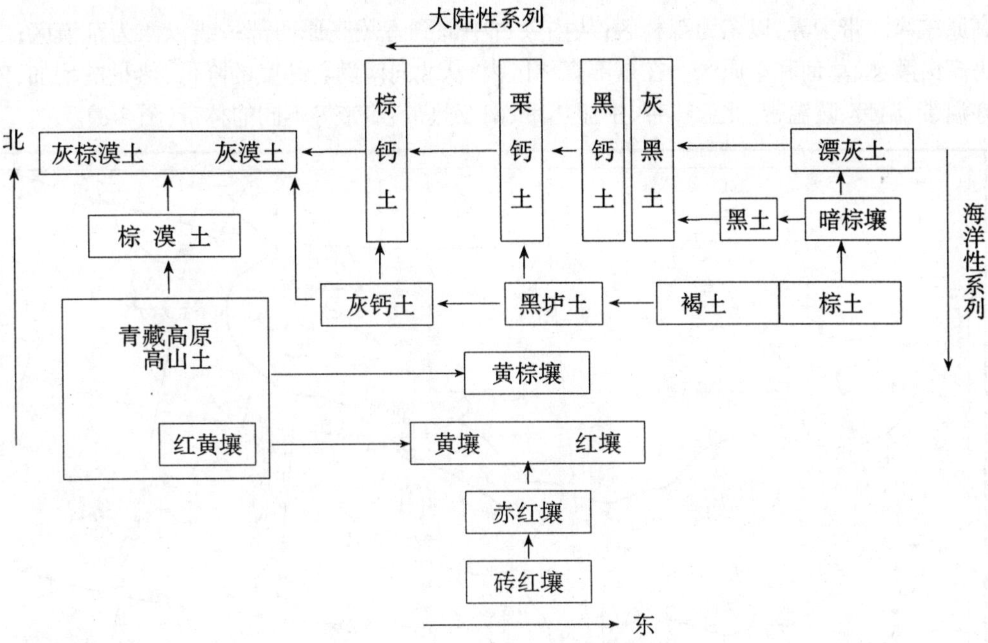

图 2-7　中国土壤水平地带分布模式

生态系统多样性是指生物圈内的生境、生物群落和生态过程的多样性。生态系统是所有物种存在的基础。生态系统是指特定区域中的全部生物和其环境相互作用的统一体。因此，生态系统是一个内涵非常广的概念，如一块草地、一片森林都是生态系统；一条河流、一座山脉也是生态系统；水库、城市、农田等是生态系统，但它们是人工的。小的生态系统构成大的生态系统，简单的生态系统构成复杂的生态系统。生态系统是一个动态系统，从 30 多亿年前地球上生命物质的出现，到大约 27 亿年前以蓝藻和细菌共同组成的地球上最原始的生态系统，再到大约 23 ~ 10 亿年前真核细胞出现之后开始的动植物分化，直到逐渐形成类似现代的由生产者、消费者等组成的比较完整的生态系统，经历了一个漫长的历史演变过程。

由于地球上生物的演化过程会产生新的物种，而新的生态环境又可能造成其他一些物种的消失，所以生物多样性是不断变化的。人类社会从远古发展至今，无论是狩猎、游牧、农耕还是现代生产的集约化经营，均是建立在生物多样性的基础上。

2. 植被

植被是地球表面的植物覆盖，是土地资源构成中一个“活”的要素，各地区的植被都有其严格组成及其结构群体。

我国所处的地理位置是北方劳亚古陆和南大陆植物区系的汇集地，因此具有泛北极、泛热带、古热带、古地中海、古南大陆的各种成分。据统计，我国现有维管束植物 353 科、3 184属、27 150 种，仅次于马来西亚和巴西，居世界第三位。这些数以千计的植物品种分属森林、灌丛、草原、荒漠、草甸、沼泽等大类。每个大类又分为若干类型。

除自然植被外，我国人民在长期的生产实践中，把许多野生植物变成栽培植物，建立了农田、果园、人工牧草地和经济林等农业植被类型。

中国植被的分布规律主要表现在地带性和隐域性特征上。受季风气候和地形的影响，从东南向西北依次出现森林—草原—荒漠三大基本植被区域。大致以兴安岭—吕梁山—六盘山—青藏高原东缘一带为界，以东为森林区；从内蒙古中部到青藏高原西部一线以西为荒漠区；二者之间为高山灌丛、草甸和草原区。在东部森林区内，从北向南随着纬度的降低，热量的增加，依次出现寒温带、温带、暖温带、北亚热带、中亚热带、南亚热带、热带等不同的林带(图2-8)。

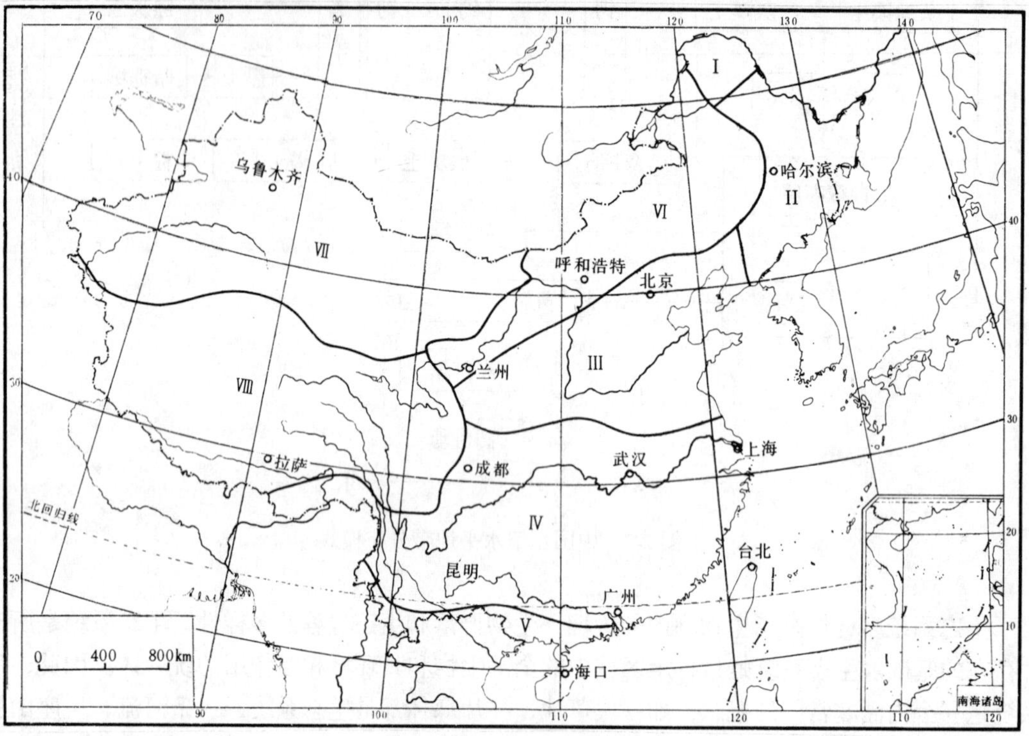

图2-8 我国植被分布简图

(《中国自然地理图集》，1984)

Ⅰ.寒温带针叶林区；Ⅱ.温带针阔混交林区；Ⅲ.暖温带落叶阔叶林区；Ⅳ.亚热带常绿阔叶林区；Ⅴ.热带雨林季雨林区；Ⅵ.温带草原区；Ⅶ.温带荒漠区；Ⅷ.青藏高原植被区

在秦岭、淮河以北地区，由于水分自东向西减少，植被分布的经向变化十分明显，尤其在温带和寒温带地区，自东向西依次为温带森林草原、草甸草原带—暖温带森林草原带—典型草原带—荒漠草原带—荒漠带。

我国是一个多山的国家，地表起伏大，地势的相对高差大。随着海拔高度的变化，水热条件亦发生相应的变化，植被分布出现垂向变化，形成各种不同类型的垂直带谱。

三、土地及土地资源类型

(一) 土地类型及其划分

研究一个地区的土地类型及其划分是研究该区土地资源及其划分的基础。因为土地类型和土地资源类型相比，前者更侧重于基础性方面，而且前者对于后者有科学概念的转移性应用，所以土地类型的研究是为研究土地资源类型、土地资源的调查与制图、区域土地资源的开发和管理服务的。

1. 土地类型

土地是地球表面由自然要素和经济要素共同决定的自然经济综合体，这些因素相互影响，遵循地理规律而形成一些不同的地域组合。土地类型就是指这些地球表面有规律分布的、大小不同地域组合的、性质相对均一的土地单元或地域。

土地类型是土地资源调查中重要的基础性研究内容。土地类型可以作为进行土地资源质量评价和衡量其生产潜力的综合基本单元,是阐明土地资源合理利用、开发、改造以及利用规划的基础。

2. 土地类型的划分

土地类型的划分包括两方面的内容:一是同级土地类型的分类,二是土地类型的分级。前者是按照一定的原则及标准,将某一等级的土地按其属性的差异进行类型的归并;后者是根据一定的目的,按土地的复杂程度,将土地分为大小不等、复杂程度不同、等级从属的土地个体。同级土地类型的划分和土地类型分级的结果构成土地类型的树枝状结构,即土地类型的分类系统。

土地类型的划分主要遵循综合性原则、主导因素原则和实用性原则。其划分标准比较复杂，世界上许多国家都有自己的土地分类系统。我国 20 世纪 80 年代所做的中国 1∶100 万土地类型划分采用了土地纲、土地类和土地型三级（表 2-4）。

表 2-4　我国 1∶100 万土地类型分类系统（土地纲和土地类）

A	湿润赤道
	A_1 岛礁
B	湿润热带
	B_1 岛礁
	B_2 滩涂
	B_3 低湿河湖洼地
	B_4 海积平原
	B_5 冲积平原
	B_6 沟谷河川与平坝地
	B_7 台阶地
	B_8 丘陵地（相对高差小于 200m）
	B_9 中山地（海拔 1 000～2 500m）
C	湿润南亚热带
	C_1 湿润南亚热带
	C_2 滩涂（潮间带）
	C_3 海积平地
	C_4 冲积平地
	C_5 沟谷河川与平坝地
	C_6 岗台地
	C_7 丘陵地
	C_8 低山地
	C_9 中山地
D	湿润中亚热带
	D_1 滩涂
	D_2 低湿河湖洼地
	D_3 海积平地
	D_4 冲积平地
	D_5 河川沟谷与平坝地
	D_6 岗台地
	D_7 丘陵地
	D_8 低山地（海拔 400～500～1 000m，相对高度大于 200m）
	D_9 中山地（海拔 900～1 000m 以上）
	D_{10} 高山地
	D_{11} 极高山地
E	湿润北亚热带
	E_1 滩涂
	E_2 低湿河湖洼地
	E_3 海积平原
	E_4 冲积平原
	E_5 沟谷河川地
	E_6 岗台地
	E_7 丘陵地
	E_8 低山地
	E_9 中山地
	E_{10} 高山地
F	湿润半湿润暖湿带
	F_1 滩涂
	F_2 低湿河湖洼地
	F_3 海积平地
	F_4 冲积平地
	F_5 冲积洪积倾斜平地
	F_6 沙地
	F_7 沟谷河川地
	F_8 岗台地
	F_9 丘陵地（海拔 400～1 000m，相对高差 200～500m）
	F_{10} 中山地
	F_{11} 高山地
G	湿润半湿润温带
	G_1 低湿河湖洼地
	G_2 盐碱低平地
	G_3 草原低平地
	G_4 （冲积）平地
	G_5 （冲积）高平地
	G_7 沟谷地
	G_8 丘陵地
	G_9 低山地
	G_{10} 熔岩高原
	G_{11} 中山地
	G_{12} 高山地
H	湿润寒温带
	H_1 低湿洼地
	H_2 低平地
	H_3 针叶林灰化土低山地
I	黄土高原
	I_1 黄土冲积平地
	I_2 黄土川地
	I_3 黄土台地
	I_4 黄土塬地
	I_5 黄土梁地
	I_6 黄土峁地
	I_7 黄土丘陵
	I_8 低山地
	I_9 中山地
J	半干旱温带草原
	J_1 低湿滩地
	J_2 盐碱滩地
	J_3 沟谷地
	J_4 平滩地
	J_5 沙地
	J_6 平地
	J_7 岗坡地
	J_8 丘陵地
	J_9 低山地
	J_{10} 中山地
K	干旱温带暖湿带荒漠
	J_1 滩地
	J_2 绿洲
	J_3 土质平地
	J_4 戈壁
	J_5 沙漠
	J_6 低山丘陵地
	J_7 中山地
	J_8 高山地
	J_9 极高山地
L	青藏高原
	L_1 河湖滩地及低湿地
	L_2 平谷地
	L_3 平地
	L_4 台地
	L_5 低山地
	L_6 高山地
	L_7 极高山地

(1) 土地纲

主要反映了水、热条件组合特征的地区差异，并根据这一差异，将全国土地共分为12个土地纲，即湿润赤道带、湿润热带、湿润南亚热带、湿润中亚热带、湿润北亚热带、湿润半湿润暖温带、湿润半湿润温带、温润寒温带、黄土高原、半干旱温带草原、干旱温带暖温带荒漠、青藏高原。

(2) 土地类

主要根据引起土地类型分异的大中地貌因素，将各土地纲分成若干亚类，主要的类型有：高山、中山、低山、丘陵、高平地（岗、台地）、平地（川地、沟谷地）、低湿地（沼泽、滩涂）等。

(3) 土地型

主要反映小地貌、土壤和植物群系在土地类内的差异。

(二) 土地资源类型及其划分

1. 土地资源类型

土地资源类型是指性质相对均一或利用现状、潜力、适宜性相对一致，并占有一定空间位置的单元土地资源。

土地类型与土地资源类型的关系如同土地和土地资源的关系。土地类型反映的是土地的自然属性，而土地资源类型则具有自然和经济的双重性。土地类型种类是土地资源类型种类的基础。一个单元的土地类型不一定有面积同样大小的土地资源类型与之对应。由于人类生产力的发展，社会经济因素的影响，可以使几种土地类型同在一种利用的条件下，共同成为一种土地资源类型。

土地资源类型的命名，可以在土地类型基础上，加上土地利用命名，如表2-5。

表2-5 土地类型名称与土地资源类型名称的对应关系

（《土地资源研究文集》，1983）

土地类型名称	土地资源类型名称
冲积平原	水浇地
沟谷地	旱耕地
中山	云杉林地
台地	蒿属灌丛草地
低山	猫头刺、蒿属灌丛草地
河滩地	人工林及旱耕地
黄土塬地	旱耕地
低丘陵	旱耕地

2. 土地资源类型的划分

土地资源类型的划分种类较多，主要有土地资源成因形态划分、土地资源生产潜力划分、土地资源适宜性划分和土地资源利用现状划分等。

(1) 成因形态划分

土地资源类型和自然界各种各样的物质一样，都有其自身发生发展的过程。其发生发展的同一性，实际上就是构成土地要素综合的相对均一性，由此所制约的土地资源类型表现出来的特征与别类土地资源不同。实际上，在土地资源类型划分中，在考虑综合因素影响的基础上，往往突出某一种因素的地位。如王成秀对河南黄淮海平原地区土地资源类型划分，就是直接用地貌名称作为土地资源名称。

①豫北太行山前倾斜平原；

②豫西伏牛山山前洪积冲积倾斜平原；

③大别山洪积倾斜平原；

④豫北黄河冲积平原；

⑤豫东黄淮冲积平原；

⑥豫南淮北湖积平原。

上述划分的依据是成因（洪积、洪冲积、冲积和湖积）和形态（平坦、倾斜），并将成因和形态反映到名称之中。类似的例子还有：高原、山地（高山、中山、低山）、丘陵和盆地等。

（2）生产潜力划分

土地资源生产潜力是土地资源在一定的利用条件下，该种用途所要求的全部条件均最佳时所能达到的生产力。同一土地资源在不同的利用条件下，其生产潜力是不同的。如作为工业、农业、商业、交通等用途时，其单位土地面积上的生产力（产值）差异很大。但有的利用（如工业、商业利用等）达到最大生产力时的最佳条件难以确定，其生产潜力就无法估计。故土地资源生产潜力一般是指第一性产业，即植物生产潜力。

我国关于土地生产潜力的划分在1∶100万全国土地资源制图中，提出了第一个中国1∶100万土地资源分类系统，为土地潜力区、土地适宜类、土地质量等、土地限制型、土地资源单位五级分类制。

（3）适宜性划分

土地适宜性是指土地对某种利用是否适宜及其适宜程度的特性。其适宜性分类就是根据土地对一定用途适宜与否，以及适宜程度高低而划分的。由于不同国家、地区开展土地适宜性评价的目的不同，采用的具体指标不可能一样，故土地资源适宜性分类系统难以统一。为此，联合国粮农组织（FAO）于1976年制定了《土地评价纲要》，提出了四级分类系统：土地适宜性纲（Order）、土地适宜性级（Class）、土地适宜亚级（Subclass）和土地适宜性单元（Unit）。

我国在20世纪50年代就开始了土地适宜性评价。70年代后期，参照联合国粮农组织《土地评价纲要》，结合我国土地资源实际及其利用特点，拟定了一些土地适宜性分类方案。90年代以来，为编制县级土地利用总体规划服务，制定了土地适宜性评价系统，分土地适宜类、土地适宜等和土地限制型三级。

①土地适宜类：反映土地对某种土地适宜或不适宜。主要分宜耕土地类（A_1）、宜耕荒地类（A_2）、宜林土地类（F_1）、宜林荒地类（F_2）、宜牧荒地类（P）、宜城镇建设土地类（C）、宜水产养殖土地类（W）。

②土地适宜等：在土地适宜类范围内，依据土地的适宜程度划分为三等。一等地：在利用上高度适宜，基本上没有限制，经济效益好，能持续利用。二等地：在利用上中等适宜，有一定限制，经济效益一般，利用不当会引起土地退化。三等地：在利用上受到较大限制，勉强适宜，经济效益差，易产生土地退化。

③土地限制型：反映土地在利用上主要的限制因素及其强度。

（4）利用现状划分

土地利用是指人们以土地资源为对象，为一定利用目的而从事的土地经营或经济活动。由于人类的多种需要，对土地资源进行多种形式的利用，从而就形成了多种多样的土地利用类型。土地利用类型指的是土地利用相同的单元土地或土地资源。具有如下特点：它们是在一定自然、经济和技术条件的综合影响下，经过人类的劳动形成的产物；它们在空间分布上一般服从社会经济条件，因此，在地域上不一定连成片；其种类、数量、分布随着社会经济技术条件进步而变化。

土地资源利用分类系统是根据土地利用方式、结构及特点的相似性和差异性，按照一定的原则和依据，划分为一个不同层次的类型结构体系。目前，世界上多数国家采用的是两级制，如英国、美国等，日本则采用三级制。其显著特点是侧重城市用地类，农业用地次之。我国制定的土地利用分类系统，一级类型 8 个，分别是耕地、园地、林地、牧草地、居民点及工矿用地、交通用地、水域、未利用土地；二级类型为 46 个（表 2-6）。

表 2-6 土地利用现状分类及其含义

一级类型		二级类型		含义
编号	名称	编号	名称	
1	耕地			种植农作物的土地，包括新开荒地、休闲地、轮歇地、草田轮作地；以种植农作物为主，间有种植零星果树、桑树或其他树木的土地；耕种 3 年以上的滩地和海涂。耕地中包括南方宽 < 1.0m，北方宽 < 2.0m 的沟、渠、路、田埂
		11	灌溉水田	有水源保证和灌溉设施，在一般年景能正常灌溉，用以种植水稻、莲藕、席草等水生作物的耕地，包括灌溉的水旱轮作地
		12	望天田	无灌溉工程设施，主要依靠天然降雨，用以种植水稻、莲藕、席草等水生作物的耕地，包括无灌溉设施的水旱轮作地
		13	水浇地	指水田、菜地以外，有水源保证和灌溉设施，在一般年景能正常灌溉的耕地
		14	旱地	无灌溉设施，靠天然降水生长作物的耕地，包括没有固定灌溉设施，仅靠引洪淤灌的耕地
		15	菜地	种植蔬菜为主的耕地，包括温室、塑料大棚用地
2	园地			种植以采集果、叶为主的集约经营的多年生木本和草本作物，覆盖度 > 50%，或每 0.066 7hm² 株数大于合理株数 70% 的土地，包括果树、苗圃等用地
		21	果园	种植果树的园地
		22	桑园	种植桑树的园地
		23	茶园	种植茶树的园地
		24	橡胶园	种植橡胶树的园地
		25	其他	种植可可、咖啡、油棕、胡椒等其他多年生作物的园地
3	林地			生长乔木、竹类、灌木、沿海红树林等林木的土地，不包括居民绿化用地，以及铁路、公路、河流、沟渠的护路、护岸林
		31	有林地	树木郁闭度 > 30% 的天然、人工林
		32	灌木林	覆盖度 > 40% 的灌木林地
		33	疏林地	树木郁闭度为 10% ~ 30% 的疏林地
		34	未成林造林地	指造林成活率大于或等于合理造林株数的 41%，尚未郁闭、但有成林希望的新造林地（一般指造林后不满 3 ~ 5 年，或飞机播种后不满 5 ~ 7 年的造林地）
		35	迹地	森林采伐、火烧后，5 年内未更新的土地
		36	苗圃	固定的林木育苗地

续表 2-6

一级类型		二级类型		含义
编号	名称	编号	名称	
4	牧草地			生长草本植物为主，用于畜牧业的土地
		41	天然草地	以天然草本植物为主，未经改良，用于放牧或割草的草地，包括以牧为主的疏林、灌木草地
		42	改良草地	采用灌溉、排水、施肥、松土、补植等措施进行改良的草地
		43	人工草地	人工种植牧草的草地，包括人工培植用于牧业的灌木
5	居民点及工矿用地			指城乡居民点、独立居民点以及居民点以外的工矿、国防、名胜古迹等企事业单位用地，包括其内部交通、绿化用地
		51	城镇	市、镇建制的居民点，不包括市、镇范围内用于农、林、牧、渔业生产用地
		52	农村居民点	镇以下的居民点用地
		53	独立工矿用地	居民点以外独立的各种工矿企业、采石场、砖瓦窑、仓库及其他企事业单位的建设用地，不包括附属于工矿企事业单位的农副业生产基地
		54	盐田	以经营盐业为目的，包括盐场及其附属设施用地
		55	特殊用地	指居民点以外的国防、名胜古迹、风景旅游、墓地、陵园等用地
6	交通用地			居民点以外的各种道路及其附属设施和民用机场用地，包括护路林
		61	铁路	铁道线路及站场用地，包括路堤、路堑、道沟、取土坑及护路林
		62	公路	指国家和地方公路，包括路堤、路堑、道沟和护路林
		63	农村道路	指农村南方宽≥1m，北方宽≥2m 的道路
		64	民用机场	民用机场及其附属设施用地
		65	港口、码头	专供客、货运船泊停靠的场所，包括海运、河运及其附属建筑物，不包括常水位以下部分
7	水域			指陆地水域和水利设施用地，不包括滞洪区和垦殖 3 年以上的滩地、海涂中的耕地、林地、居民点、道路等
		71	河流水面	天然形成或人工开挖河流常水位岸线以下的面积
		72	湖泊水面	天然形成的积水区常水位岸线以下的面积
		73	水库水面	人工修建总库容≥$10^6 m^3$ 正常蓄水岸线以下的面积
		74	坑塘水面	天然形成或人工开挖蓄水量＜$10^6 m^3$ 常水位岸线以下的蓄水面积
		75	苇地	生长芦苇的土地，包括滩涂上的苇地

续表 2-6

一级类型		二级类型		含义
编号	名称	编号	名称	
		76	滩涂	包括沿海大潮高潮位与低潮位之间的潮浸地带，河流、湖泊常水位至洪水位间的滩地，时令湖、河洪水位以下的滩地，水库、坑塘的正常蓄水位与最大洪水位间的面积。常水位线一般按地形图，不另行调绘
		77	沟渠	人工修建、用于排灌的沟渠，包括渠槽、渠堤、取土坑、护堤林，指南方宽≥1m，北方宽≥2m 的沟渠
		78	人工建筑物	人工修建、用于除害兴利的闸、坝、堤路林、水电厂房、扬水站等常水位岸线以上的建筑物
		79	冰川及永久冰雪	表层被冰雪常年覆盖的土地
8	未利用土地			目前还未利用的土地，包括难利用的土地
		81	荒草地	树木郁闭度＜10%，表层为土质，生长杂草，不包括盐碱地、沼泽地和裸土地
		82	盐碱地	表层盐碱聚集、只生长天然耐盐植物的土地
		83	沼泽地	经常积水或渍水、一般生长湿生植物的土地
		84	沙地	表层为沙覆盖、基本无植被的土地，包括沙漠，不包括水系中的沙滩
		85	裸地	表层为土质、基本无植被覆盖的土地
		86	裸岩石砾地	表层为岩石或石砾、其覆盖面积＞50%的土地
		87	田坎	主要指耕地在南方宽≥1m，北方宽≥2m 的田坎或堤坝
		88	其他	指其他未利用的土地，包括高寒荒漠、苔原等

四、我国土地资源概况

（一）土地资源概况

我国位于东半球，地处欧亚大陆东部，面临太平洋西岸。我国北起黑龙江漠河附近的黑龙江主航道（北纬 53°31′10″），南抵南沙群岛的曾母暗沙（北纬 3°58′）；东部最东点为黑龙江抚远境内黑龙江与乌苏里江汇合处（东经 135°2′30″），最西部在新疆乌恰县以西的帕米尔高原（东经 73°22′30″）。南北纬度相差近 50°，东西跨经度近 62°，面积为 960 万平方公里（$9.60\times10^8 hm^2$），居世界第三位。但我国人均占有土地面积约为 $0.8hm^2$，不到世界人均水平 $2.67hm^2$ 的 1/3（表 2-7），世界排名第 120 位。所以，我国是一个土地资源相对贫乏的国家。

（二）土地资源利用现状

1. 土地资源数量

我国虽然土地总面积较大，但山地多，平地少。地形错综复杂，海拔高度小于 500m、500～4 000m 和大于 4 000m 的土地面积分别占总面积的 27.1%、51.7%和 20.2%（图 2-9）。

表 2-7　世界土地资源及人均占有量

（《世界资源》，1992）

国别	土地*面积（$10^6 km^2$）	1989年人口密度（人数/km^2）	1985~1987年各种用地总面积及按1990年人口计算人均各种用地占用量耕地									
			耕地		永久牧场		森林和林地		其他用地		未开发地	
			总面积（$10^6 km^2$）	人均（hm^2/人）	总面积（$10^6 km^2$）	人均（hm^2/人）	总面积（$10^6 km^2$）	人均（hm^2/人）	总面积（$10^6 km^2$）	人均（hm^2/人）	合计（$10^6 km^2$）	占土地总面积百分率（%）
世界	130.77	39.8	14.73	0.27	32.16	0.61	40.74	0.77	43.14	0.82	50.89	39
亚洲	26.79	113.9	4.51	0.15	6.79	0.22	5.40	0.17	10.09	0.33	3.73	14
中国	9.60	130	1.25	0.12	2.61	0.21	1.90	0.16	0.63	0.05	0.71	8
日本	0.38	326.5	0.05	0.04	0.01	0.01	×	×	0.08	0.06	×	×
印度	2.97	281.1	1.69	0.20	0.12	0.01	1.2	0.14	0.27	0.03	0.01	0
欧洲	4.73	105.0	1.40	0.28	0.84	0.17	1.57	0.32	0.92	0.19	0.19	4
法国	0.55	101.8	0.19	0.34	0.12	0.25	0.15	0.26	0.09	0.16	0	0
前苏联	22.27	12.8	2.33	0.81	3.74	1.30	9.43	3.27	6.78	2.36	7.52	34
北美和中美洲	21.38	19.7	2.74	0.64	3.67	0.86	6.85	1.60	8.12	1.90	9.01	42
美国	9.17	27.0	1.90	0.76	2.42	0.97	2.65	1.06	2.20	0.88	0.44	5
加拿大	9.22	2.9	0.46	1.74	0.32	1.19	3.52	13.28	4.93	18.59	6.41	65
南美洲	17.53	16.6	1.41	0.48	4.73	1.59	9.05	3.05	2.35	0.79	4.22	24
巴西	8.46	17.4	0.77	0.51	1.67	1.11	5.60	3.73	0.42	0.28	2.02	24
厄瓜多尔	0.28	37.9	0.03	0.24	0.05	0.45	0.12	1.12	0.08	0.75	×	×
大洋洲	7.87	3.3	0.50	1.87	4.52	17.04	1.56	5.90	1.85	7.00	2.60	30
澳大利亚	7.62	2.2	0.48	2.87	4.37	26.18	1.06	6.35	1.71	10.23	2.29	33
新西兰	0.27	12.5	0.01	0.15	0.14	4.08	0.07	2.12	0.05	1.55	0.04	14
非洲	29.64	21.2	1.85	0.29	7.88	1.22	6.89	1.07	13.02	2.01	9.18	31
肯尼亚	0.57	42.5	0.02	0.10	0.04	0.15	0.04	0.15	0.47	1.87	0.11	19
埃及	1.00	53.0	0.03	0.05	×	×	×	×	0.97	1.79	0.43	43
尼日利亚	0.91	119.9	0.31	0.28	0.21	0.19	0.15	0.13	0.24	0.22	0.02	2
南非	1.22	28.2	0.13	0.37	0.81	2.31	0.05	0.13	0.23	0.66	×	×

* 不包括大陆水域、大陆架、有争议的经济区和南极大陆；× 表示无可靠资料。

再加上气候、土壤、水分等条件因素，使土地资源的开发利用受到一定限制。已开发土地面积占总面积的 68.7%，而其中耕地仅占 13.2%（表 2-8），人均耕地 0.12hm^2，不到世界人均值 0.27hm^2 的 1/2，所以说，我国是一个耕地资源更为贫乏的国家。全国有 1/3 的省区人均耕地不足 0.067hm^2，尤其是浙江、广东、上海、福建等省人均耕地均在 0.04hm^2 之下，而且随着人口和非农业用地的增加，人均耕地占有量将更进一步减少，矛盾将更加突出。

2. 土地资源质量

(1) 水土资源不平衡

我国东部和南部的土地总面积占全国的 64%，而年径流总量占全国年径流总量的 95.6%；西部和北部内陆流域的面积占全国土地总面积的 36%，而年径流量仅为总量的 4.4%。长江流域及其以南耕地占全国的 38%，水资源却占 80% 以上；淮河流域及其以北地区水量不足 20%，耕地却占 62%。这种水土资源的不平衡，不仅影响土地生产潜力的发挥，

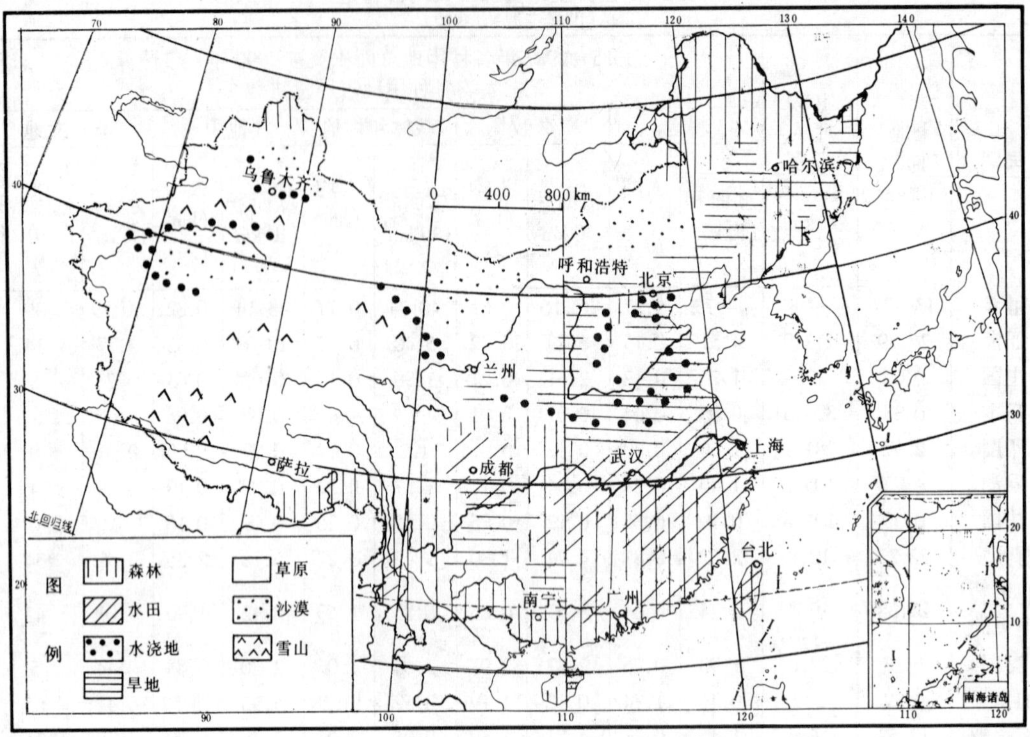

图 2-9　中国土地利用现状概图

表 2-8　全国土地利用结构现状表

（《全国土地利用规划研究》，1995）

用地类型	面积 ($10^4 hm^2$)	密度 (%)	用地类型	面积 ($10^4 hm^2$)	密度 (%)
土地总面积	94 867.6	100	其中：①宜耕地	1 357.6	1.43
1. 已开发土地面积	65 186.2	68.71	②宜园地	294.4	0.31
其中：①耕地	12 518.0	13.20	③宜林地	2 633.5	2.77
②园地	600.0	0.63	④宜牧地	2 752.6	2.90
③林地	19 655.55	20.72	⑤宜建设用地	88.0	0.09
（有林地）	12 268.4	12.93	⑥宜其他用地	272.8	0.29
④牧草地	26 109.5	27.52	3. 难以利用土地	22 282.5	23.49
（农林牧用地）	58 883.0	62.07	其中：①沙漠	6 000.0	6.32
⑤居民点及工矿用地	1 987.0	2.10	②戈壁	5 600.0	5.90
⑥交通用地	720.7	0.76	③高寒荒漠	1 533.3	1.62
（居居点、工交用地）	2 707.7	2.86	④石质山地	4 600.0	4.85
⑦水域	3 595.6	3.79	⑤其他	4 549.2	4.80
2. 待开发土地面积	7 398.9	7.80			

而且常造成旱涝灾害，使土地资源利用受到损失。

（2）土地资源利用率低

我国不能利用的土地面积较大，如沙漠、戈壁、高寒荒漠和裸石山地总面积达23.49%，其中耕地仅占13.2%，即其垦殖指数为13.2%，略高于世界平均水平（11.28%），但低于印度（52.4%）、德国（35.13%）、法国（33.14%）和美国（20.06%）。

在占全国土地总面积20.72%的林地中，利用率（即真正有林者）仅为62.4%，而一般林业发达国家的林地利用率均在80%以上。

在占全国土地总面积27.52%的牧草地中，其草地覆盖率仅为20%～50%。

(3) 中低产田多

在占国土面积13.2%的耕地中，中低产田居多，其面积可达70%以上，其原因与水土流失、沙漠化、盐渍化及土地养分贫瘠等有关。

(4) 土地开始遭受污染

随着工业化的快速发展，工业排放的"三废"进入土壤的数量逐年增加，受污染的土地面积逐年扩大。据资料统计，1985年全国受污土地已达$580\times10^6hm^2$。此外，使用大量化肥、农药不合理或利用率低，使其散失在土壤、水及大气中，直接或间接污染土地。由上所述，我国的土地资源，特别是耕地资源形势不容乐观。为了不仅保证我们当代人的工农业生产和人民生活水平，而且还为后代人的生活需求着想，我们：

①必须严格执行控制人口和保护耕地两项基本国策。

②增加投入，改造低产田和建设商品粮基地。

③对土地资源实行宏观生态开发。

第三节 矿产资源

矿产资源（Mineral Resources）属耗竭性资源，以不可再生性和隐含性为其特征。矿产资源是一种非常重要的自然资源，是人类社会赖以生存和发展的不可缺少的物质基础。它既是人们生活资料的重要来源，又是极其重要的社会生产资料。

一、矿产资源概述

(一) 基本概念

矿产资源在《地理学词典》中被定义为"经地质成矿作用，使有用的矿物或有用的元素含量达到具有工业利用价值的矿产"。《现代汉语词典》中对矿产资源的定义为"地壳中有开采价值的物质，如铜、铁、云母、天然气、石油、煤等。较确切地说：矿产资源是主要来自地壳中，对人类利用来讲具有开采价值的物质"。

《矿床学》教科书（袁见齐等，1979）中定义为"矿产是地壳中产出的能被国民经济所利用的矿产资源"。

由上所述，矿产资源具有自然资源和经济资源双重属性。其自然属性首先表现在它是经由一定地质作用过程形成的，包括内生成矿作用、外生成矿作用、变质成矿作用和迭生成矿作用等，而不是人类所创造成的。其次，绝大多数矿产具有不可再生性和有限性的特点。在地质作用过程中形成的矿物富集体并不能都被视为矿产资源，只有在当前技术经济条件下能够开发利用的，或在可预见的未来的技术经济条件下具有开采价值的那一部分才能被看作是矿产资源。随着人类认识水平和对自然的改造能力的不断提高，矿产资源的范畴也在不断地拓宽。新型矿产资源的提出即是反映人类认识利用矿产资源新阶段的开始。

新型矿产资源，亦称非传统矿产资源，是指由于当今技术、经济原因尚未进行工业利用的资源和尚未被看作矿产的、未发现其用途的潜在资源，或虽为传统矿产、但因地质地理原因极难发现的矿产资源。新型矿产资源可形象地概括为"新类型、新领域、新深度、新工艺、新用途"。

地球上储量丰富的碳氢水合物、黑色页岩建造中铂族元素（PGE）及低品位铀矿、板块碰撞超高压变质带中微粒金刚石、尾矿坝型人工矿床等等都可能是未来社会接替石油和部分矿产的重要能源和资源，属于"新类型"的范畴。

海洋矿产等的发现、开采和利用将是人类利用矿产资源的一个重要的潜在"新领域"。海洋矿产不仅类型多，矿种多，而且资源量大，因此开发海洋矿产具有长远战略意义。

"新深度"矿产资源的开发利用，是指通过加大挖掘深度（我国绝大多数金属矿床开采深度不足500m）来获取深部资源。对于大地丰厚的赐予，我们目前所能利用的仅仅是地壳浅部的部分物质而已。深部资源的潜力是人们难以估量的。

矿产资源的"新用途及新工艺"原料用量的增长和用途多样化的趋势越来越明显。以稀土为例，近年来稀土的新用途层出不穷：代替重金属颜料，降低碳离子排放量的柴油添加剂，水泥添加剂，磁共振照相，挠性超导带，存储全息图像甚至可对运动中的图像进行图像记录，光纤脉冲转换器加快光纤电缆传递声音的速度，固体氧化物燃料电池等等。

因此，新型矿产资源的研究与开发为国民经济和社会可持续发展提供可接替矿产资源保证，为新兴产业（如环保、健康、通讯、居住、交通等）及高新技术提供新型的矿产资源支撑。

（二）基本特征

1. 不确定性（相对准确性）

矿产资源绝大部分隐伏在地面以下，不可能全面揭露，控制成矿的地质条件极为复杂，而且互不相同，所以不管多么详细地进行地质勘查工作，也只能求得相对准确的结果，即相对准确性。因此对它们的寻找、探明以及进行矿山基建和生产准备工作等，不仅需要大量的资金和较长的周期，而且有一定的风险。在开发矿产资源时，往往出现原来的基建投资尚未全部回收，又要投放资金开拓新的采区，因此，通常使用基建投资利用率等指标衡量其经济效益。

2. 不可再生性（有限性）

矿产资源是亿万年地质历史的产物，在短暂的人类历史中不可以再生，在一定的技术经济条件下，它们总是有限的。据估计，地壳中目前可采矿石的总体积约占地壳总体积的1%左右。而它们是采掘业的生产资料，且是当作劳动对象来使用，只有消耗它们才能得到矿产品，其生产过程与矿产资源的消耗过程同步并行（农业的生产资料"耕地"在得到农作物时并不被消耗）。因此，它们迟早会被人们开发殆尽而最终枯竭，故我们应当加强对已有矿产资源的合理开发利用和保护，讲求矿产资源利用率（产品量/产品费用×资金）。

3. 地理分布的不均衡性

由于成矿地质作用的复杂性和特殊性，致使许多矿产资源在地壳中的分布具有局部集中的现象。据统计，世界上29种金属矿产中的19种，其3/4的储量集中在5个以下的国家，国外石油剩余储量的60%集中在中东。因此，不论矿产资源多么丰富的国家，也都有缺少的矿种，这种地理分布的不均衡性，以及需求的差异，导致矿产资源自给程度的不同，以及相互交换进行地区或国际贸易的必然性。

4. 概念的动态性

矿产资源和自然资源一样具有动态概念，它的内涵和外延取决于人类对自然界的认识和利用的深度和广度，从第一块“石头”被利用，到现在可供工业利用的140余种矿产资源，就是这一动态性的体现。随着地质勘查工作的不断深入和科学技术的不断发展，人们综合利用矿产资源的能力的提高，矿产资源品种的增加，利用范围的逐步扩大，人类对矿产资源开发利用的广度和深度不断扩展都是必然的。有人说：“矿产资源是随人类的努力和行为而发生变化，在很大程度上可以说它是人类自己创造的。人类的智慧是首要的资源。”所以从人类社会的某一发展阶段某一水平上看矿产资源是有限的，是可以枯竭的。但人类对自然资源的认识、开发和改造则是无限的，是没有止境的。这种有限的对立统一的科学资源观，才真正反映了矿产资源的基本自然属性和社会属性。

5. 矿产资源是大自然免费赋予的物质财富

矿产资源是大自然免费赋予的物质财富，是地质作用的结果，其中没有凝结着人类的劳动，故只有使用价值。但探明的矿产资源（或叫矿产储量）则不同，它是地质工作者辛勤劳动的成果，凝结着大量活劳动和物化劳动，是被劳动过滤的产品，因此，它是一种既有使用价值又有价值的商品。国家对探明的矿产资源实行有偿开发，即开采矿产储量必须按照国家有关规定缴纳矿产资源税和资源补偿费。

二、矿产资源分类

传统上根据不同的标准和依据对矿产资源划定了多种分类体系。

（一）分类体系

1. 矿产资源工业用途分类体系

根据矿产资源工业用途的不同，分为燃料矿产资源、金属矿产资源和非金属矿产资源三大类（图2-10）。据统计资料，全球矿业生产的总产值中燃料约占70%，非金属原料约占17%，金属原料约占13%。

- 矿产资源
  - 燃料矿产：石油、煤、天然气
  - 金属矿产
    - 钢铁基本原料矿产：铁
    - 有色金属矿产：铜、铅、锌、锡、铋、汞
    - 稀有金属矿产：锂、铍、铊、锗
    - 分散元素矿产：锗、镓、铟、铊、铪、铼、镉、钪、硒、碲等
    - 放射性元素矿产：铀、钍、镭
  - 非金属矿产
    - 冶金辅助原料矿产：耐火粘土、高岭土、石墨、萤石
    - 特种非金属矿产（国防）：电石英、石棉
    - 化工原料非金属矿产：盐类、硫、硼类
    - 建筑材料及其他非金属矿产：各种岩石

图2-10 矿产资源的工业分类

2. 矿产资源开采利用分类体系

从矿产给人类提供的物质、能量属性来分，矿产资源可归纳为两大类，即提供燃料的能源资源和提供原料的物质资源（图2-11）。

- 矿产资源
  - 燃料资源
    - 化石燃料
      - 煤炭
      - 石油
        - 原料
        - 油页岩
        - 沥青砂
      - 天然气
    - 核燃料
      - 核裂变燃料
        - 铀-沥青铀矿
        - 钍-钍石
      - 核聚变燃料：锂-海水或锂辉石
  - 原料资源
    - 金属材料
      - 黑色金属：铁、锰、钛、铬、钒
      - 有色金属
        - 重金属（密度＞5）
        - 轻金属（密度＜5）
        - 贵金属：铂、金、银
        - 稀有金属
        - 放射性元素
        - 稀土金属
    - 非金属材料
      - 建筑材料：砾石、石膏、石棉等
      - 化肥原料：硝石、磷灰石、钾盐
      - 化工原料：食盐、硫黄、苏打、芒硝
      - 其他原料：金刚石、宝石、重晶石、萤石等

图 2-11 矿产资源分类

（二）主要类型

从上述两种分类方案中可以看出，矿产资源主要包括金属矿物原料、非金属矿物原料及矿物燃料三种。

1. 金属矿物原料

金属矿物原料，根据其特点和用途，可分为下列各类（图 2-12）：

- 金属矿物原料
  - 黑色金属：铁、锰、钒、镍、钴、钼、钨
  - 有色金属：铜、铅、锌、锡、铋、锑、汞
  - 轻金属：铝、镁
  - 贵金属：金、银、铂、钌、铑、钯、锇、铱
  - 放射性元素：铀、钍、镭
  - 稀有金属：锂、铍、铷、铼、钽、铌、锆、镓、铟、铊、锗
  - 稀土金属：镧、铈、镨、钕、钷、钐、铕、钆、铽、镝、钬、铒、铥、镱、镥、钇、钪
  - 特种金属：钒、镍、钴、钼、钨、锡、铋、锑、汞

图 2-12 金属矿物原料的分类

（1）黑色金属：在整个国民经济中广泛应用的黑色金属矿物原料，主要有铁、锰、铬、镍、钴、钒、钛、钨、钼等。其中除铁、锰外，其他各种元素都是作为铁的合金来使用的。

（2）有色金属：有色金属的分类有广义、狭义之分。广义的有色金属是除黑色金属以外的其他金属。狭义的有色金属是按其密度和物理、化学特性，分为轻金属和重金属。密度大于 4.5 以上的有色金属，如铜、铅、锌、锡、汞、镉、铋等，称为重有色金属。

（3）轻金属：轻金属矿物原料以铝和镁为代表，其次为碱金属钠、钾和碱土金属钙、锶、钡等，它们都是地壳中的重要造岩元素。其中铝占地壳重量的 8.8%，镁占地球重量的

2.1%，因而在自然界分布极广，有巨大规模的矿床。这在有色金属矿物原料中是具有重要特色的。

(4) 贵金属：贵金属包括金、银和铂族六元素（铂、钯、铑、铱、钌、锇）。它们的共同特点是矿石中金属含量少、开采困难和贵重。贵金属的矿石中，金的含量只有 $5/10^9$（即 0.005×10^{-6}），银的含量只有 1/1 000（即 0.1×10^{-6}），铂和钯的含量只有 0.01×10^{-6} ~ 0.005×10^{-6}，铑、铱、钌和锇的含量只有 0.001×10^{-6}。所以，在世界上贵金属矿物原料的储量很少。如铂族，世界储量只有 1 000t，其中钌、铑、锇只有 100t。铂的大型矿为 5t，中型矿为 0.5t。开采它们也很困难，除金、银有单独矿外，铂族的大部分金属都是从阳极泥中回收来的。

贵金属由于数量少，并具有许多特殊的性能，因此经济价值很高。如铂的价格相当于黄金的 3 倍，铑的价值相当于黄金的 6 倍。而黄金的价值又分别相当于银的 42 倍、铜的 7 700 倍，或者铁的 1 540 000 倍。贵金属广泛用于各个尖端工业部门和作为装饰品用。

2. *非金属矿物原料*

对非金属矿物原料主要是利用矿物的集合体（如作建筑石料的花岗岩、大理岩等），或单体矿物（如用作压电石英的水晶、电气工业用的云母等）以及少数的非金属元素（如磷灰石中的磷、黄铁矿中的硫等）。因此，绝大部分非金属矿物原料的有用性不在于元素本身，而在于它们的结晶集合体——矿物。

非金属矿物原料根据其工业用途，可以分为以下几类。

(1) 矿物原料类

研磨材料——金刚石、刚玉、磨砂等。

绝缘材料——云母、石棉、大理岩等。

填料与涂料——滑石、重晶石、高岭土等。

过滤及漂白原料——活性粘土、漂白土等。

耐酸及耐热材料——石棉。

精密仪器及装饰材料——红宝石、蓝宝石、水晶等。

(2) 化工及肥料原料类

化工原料——盐类、硫、硼等。

肥料原料——磷。

(3) 冶金辅助原料与陶瓷原料等

包括耐火粘土、高岭土、菱镁矿、石墨、萤石等。

(4) 国防工业原料类

包括压电石英、云母、石棉、硼等。

(5) 建筑石料类

包括多种岩石。

3. *矿物燃料*

(1) 化石燃料

主要为煤炭、石油和天然气。这类燃料是地壳经过漫长的地质时代形成的、开采后不能在短期内再生的非再生能源。由于它具有优越的物理、化学性质，作为能源，有很高的发热量；作为工业原料，不仅生产量大，而且广泛用于国民经济各个部门，是促进国民经济现代化的重要物质基础之一。

煤炭是一种可以燃烧或用作工业原料的岩石。它是古代植物经过生物化学作用和地质作用改变其物理、化学性质，由碳、氢、氧、氮等元素组成的黑色固体矿物。标准煤的发热量为 2.926×10^4 J/kg。煤炭除了作为燃料以取得热能和动能以外，更为重要的是从中制取冶金用的焦炭和人造石油、煤的低温干馏的液体产品——煤焦油。经过化学加工，从煤炭中能制造出成千上万种化学产品，所以它又是一种非常重要的化工原料。此外，煤炭中还往往含有许多放射性和稀有元素，如铀、锗、镓等，这些放射性和稀有元素是半导体和原子能工业的重要原料。

石油和天然气也是由一种生油母质经过长期的地质作用和生物化学作用而转化成的矿物燃料。石油是以液态碳氢化合物为主的复杂混合物。其中碳占 80% ~ 90%，氢占 10% ~ 14%，其他元素有氧、硫、氮等，总计占 1% ，有时可达 2% ~ 3%，个别油田含量可达 5% ~ 7%。石油气，亦称天然气。它由比较轻的石蜡烃组成，其中以甲烷（CH_4）最多，一般占 80% ~ 90% 以上，其次为乙烷（$CH_3—CH_3$）、丙烷（$CH_3CH_2CH_3$）和丁烷（C_4H_{10}）等，是气态的碳氢化合物。

石油作为动力燃料利用，它有许多优点是其他燃料不可比拟的。如在物理性能上，石油是可以流动的液体，密度小于水，比其他燃料容易开采；占有的容积小，容易运输。同时，和一般燃料比较，它的可燃性好，发热量高，1kg 石油燃烧起来可以产生 4.18×10^4 J 的热量，比煤炭的发热量高一倍，比木柴的发热量高 4 ~ 5 倍。此外，石油又有易燃烧、燃烧充分和燃烧后不留灰烬的特点，适合于内燃机的要求。所以，在陆地、海上和空中交通运输方面，石油都是重要的动力燃料。在现代化国防方面，新型武器、超音速飞机、导弹和火箭等，也都是以石油提炼出的产品作为燃料的。

总之，石油、天然气是重要的矿物能源和化工原料。从石油中可生产出成百上千种化工产品，广泛用于国民经济各部门，无论在和平时期还是在战争时期，都起着重大作用。

（2）核燃料

核燃料又称原子能。它是指变革原子核时释放出来的能量，可分为裂变能和聚变能两类。其中裂变能是指重元素（铀或钚）的原子核分裂成较轻原子核时释放出来的能量。聚变能是指轻元素（氘和氚）的原子核聚合成较重原子核（氦）时释放出来的能量。

目前世界各地建立起来的核电站，主要是用铀-235 作燃料。铀是一种贵重的放射性元素，天然铀中的铀-235 原子核较易分裂。一个外来的中子闯入铀-235 原子核，使之分裂成为两个较小质量的原子核，这就是原子核的裂变反应。原子核分裂时可产生巨大能量，1kg 铀-235 的原子核全部裂变，可放出 7.942×10^{13} J 的热量，相当于 2 700t 标准煤的发热量。与此同时，还可以产生 2 ~ 3 个中子和放射性射线。如果每次释放出来的中子至少有一个闯入另一个铀-235 原子核，并引起新的裂变，这样就会连续不断地反应下去，这就是所谓的链式裂变反应。

用核能来发电的另一个优越性，就是核燃料能以少胜多，一座 100 万千瓦的核电站一年约需 25 ~ 30t 低浓铀，几辆专用卡车即可运到现场。而同容量的煤电站，一年要烧 350 万吨原煤，需动用 1 000 列火车才能运到。

核能是现代重要的能源之一。特别是在能源结构转入非油能源的新时期，开发核能、发展煤炭工业和节能被视为解决能源短缺的重要途径。根据现有矿物能源资源情况，地球上储藏的石油和天然气只够今后开发利用几十年，煤炭也只能再用几百年，但可开发的核燃料资源提供的裂变能可供人类用上千年，提供的聚变能可供人类用百亿年，这就显得优越性更大了。

三、我国矿产资源概况

（一）我国矿产资源现状

建国以来，我国地质勘查工作有了较大的发展，截至1990年底已经找到162种矿产资源，其中已探明储量的计148种，已发现矿床及矿化点达20多万处，矿区1.4万多处。事实证明，我国是世界上矿种比较齐全、储量比较丰富、分布比较广泛、资源前景较好的少数国家之一。

建国以来，我国矿产资源开发利用也取得了很大的成绩，建立了较完整的矿业体系。我国1987年矿业产值达775亿元，占全国工业总产值的5.5%。国有、集体和个体小矿山1990年共采矿石20亿吨，约占全世界总产量的9%，仅次于美国（人均20t）和前苏联（人均15t），居世界第三位（不包括建筑用砂、石、粘土）。其中煤炭、水泥产量居世界第一位，钢铁占第四位，石油占第五位，金占第六位，有色金属占第七位。有的矿产可供出口，在国际贸易中占重要地位。但是，从人均数分析，我国矿石产量人均1.7t，仅为世界人均3.8t的45%，尚不足一半。

我国矿产资源现状总的特点可归结为以下几点。

1. 我国是资源大国，又是资源小国

在现已探明的矿产资源中，据统计矿产储量居世界首位的有钨、铋、锑、钛、稀土、菱镁矿、萤石、砷、石棉和石膏等10种，居世界前列的有锌、钴、钼、钒、钽、铌、锂、煤、硫、磷、重晶石、滑石、石墨、铁、锰、铅、锡、汞、硼等矿产。从资源总量来看，我国堪称资源大国，但从人均占有资源量来看，我国却低于世界人均占有量，仅居世界第80位，实际又是一个资源小国。

2. 矿床类型齐全，成矿周期长

从矿床类型看，我国各矿种的类型也比较齐全，各矿种的成矿周期长。目前世界已经发现的主要矿产的重要矿床类型，在我国几乎都有发现，有的还颇具特色。比如白云鄂博矿床不仅是一个大型的铁矿床，而且已探明的稀土矿产储量也极为丰富，大致相当于国外稀土矿产储量总和的5倍多。

3. 综合矿产多，单一矿少

我国的矿产资源不但种类多，而且矿石物质成分比较复杂，共生矿产也较多，单一组分的矿床少。比如铁矿中15%的矿石为含钒钛磁铁矿，其他还有热液交代型、矽卡岩型和火山岩型铁矿，它们常伴生多金属矿床；又如铜矿常与铁、钼、镍、铅锌等矿石共生，组成铜铁矿石、铜钼矿石、铜镍矿石和铜铅锌矿石等。多种矿物或有用组分相共生或伴生，虽然从理论上讲可以提高矿石的综合利用程度和开发的经济效益，但往往又会增加采矿和选矿加工的难度，使生产成本大幅度提高，因此必须全面考虑才能作出实事求是的评价。

4. 大宗矿产贫矿多，富矿少

我国矿产资源的另一特点是数量虽然较多，但一部分国民经济需要的大宗矿产，如铁、锰、铜、铝、硫、磷等均以贫矿为主。我国可以直接入炉的富铁矿仅占铁矿总量的2%，86%为贫矿石；锰矿品位大于或等于30%的仅占总储量的6%，选冶技术未过关的$MnCO_3$却占1/2，且矿石含磷、硫、铁等杂质多；含铜量大于2%的富铜矿仅占总储量的6.4%；铝矿90%为一水型硬铝矿，Al/Si小于7%的占80%；就是我国的石油单井产量也比阿拉伯等海湾国家低得多。这就给我国的矿产资源开发和矿产品供销带来一系列不利的影响，迄今为止我国还没有发现像澳大利亚、巴西和印度那样的大而富的铁矿，像智利、美国、澳大利亚、赞比亚那样大而富的铜矿。

5. 特大型、大型矿少，中小型矿多

我国虽有一大批大型、特大型矿床，如煤、钨、钼、稀土以及一些非金属矿产等驰名世界，但相当多的用量大的矿种，如铁、铜、铝、石油、天然气、硫、磷以及金、银等缺少特大型和大型矿床，以中型，特别是小型居多。据统计，大型矿约占8%，中型矿约占20%，小型矿所占比例大于70%，这就是造成采矿基建和生产成本高、采矿效益低以及矿产资源长期浪费严重的局面很难得到解决的重要原因。

6. 地理分布上的不均衡性

我国矿产资源地理分布不均衡，具有明显的地域差异。如煤炭集中于北方晋、陕、蒙、黑等省区，占全国保有储量的68% ，而南方缺煤区达10多个（图2-13）。石油主要分布于东部和西北地区（图2-14）。金属和非金属矿产的分布亦具有明显的地域特点（图2-15、2-16）。

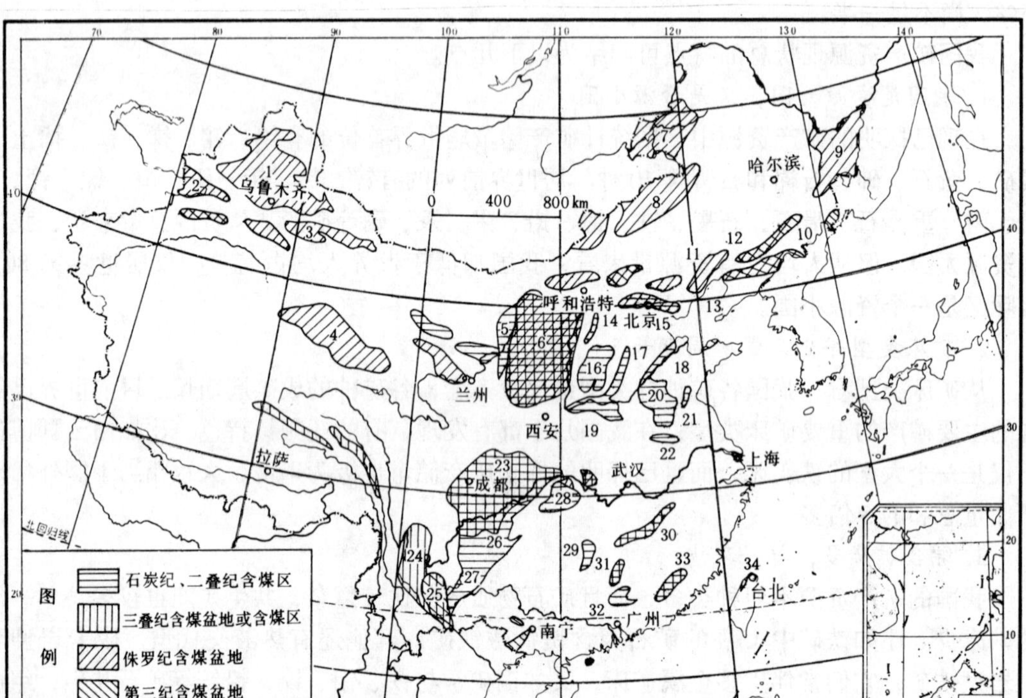

图2-13 中国含煤盆地或含煤区分布图

（《中国自然资源丛书》，矿产卷，1996）

1. 准噶尔；2. 伊犁；3. 吐鲁番—哈密；4. 柴达木；5. 贺兰；6. 鄂尔多斯；7. 海拉尔；8. 巴彦胡舒—二连；9. 三江—穆棱河；10. 敦化—抚顺；11. 北京；12. 铁法—阜新；13. 南京；14. 大同—宁武；15. 享唐；16. 沁水—临汾；17. 太行东麓；18. 黄河北；19. 豫西；20. 鲁西南；21. 徐州—灌北；22. 淮南；23. 四川；24. 攀枝花；25. 昆明—开远；26. 川南—黔北；27. 六盘水；28. 恩施—长阳；29. 涟源—邵阳；30. 萍乡—乐平；31. 郴州—资兴；32. 连县—曲江；33. 永安—兴宁；34. 台北

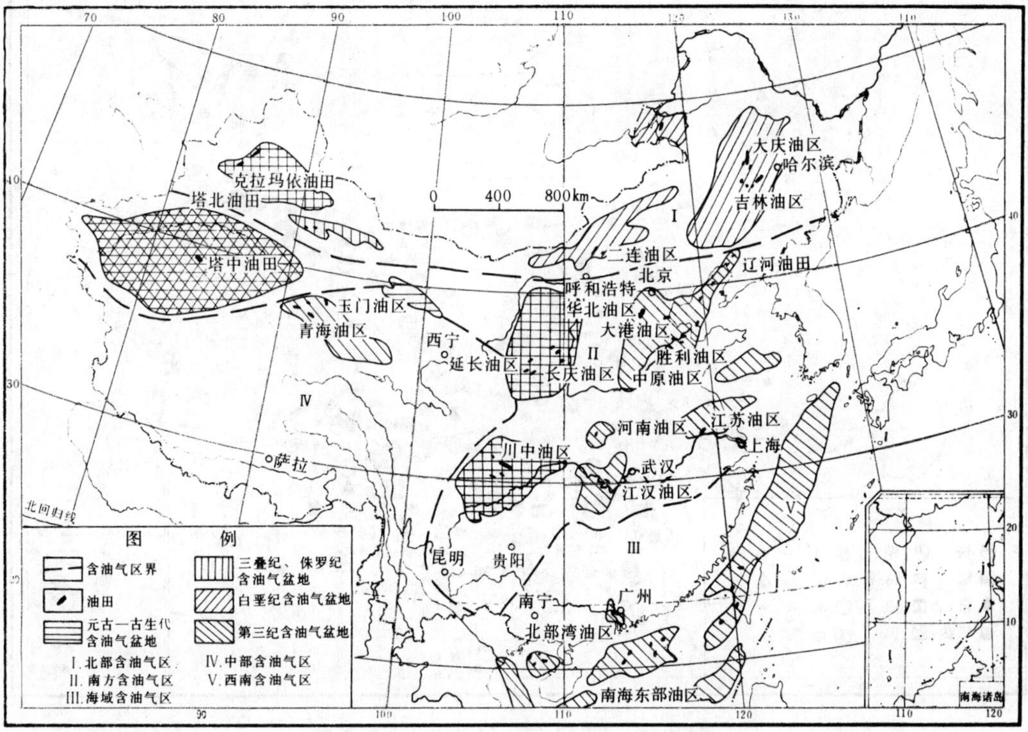

图 2-14　中国及毗邻海域油田分布示意图

(《中国自然资源丛书》，矿产卷，1996)

若把我国领土划分为东、中、西部地带，则其资源情况大致如下。

(1) 东部地带

产值占全国 62%，但资源优势不大，一些矿产加工工业远离原材料、能源资源和销售市场，地区发展受到资源的限制。

(2) 中部地带

矿产品优势较大，将成为建设的关键因素，经济力量不足，应注意开发形成有不同特色的中心基地，如晋陕的能源-重化工基地，滇黔的能源-化肥基地、能源-有色金属工业基地等。

(3) 西部地带

目前资源优势尚不大，但有一定的潜在优势，而且具有一些东、中部地带稀缺的矿产，如盐湖矿产、铬铁矿等，应建立盐化工基地等，适于矿产就地加工。

三个地带矿产资源类别占全国总储量百分比见表 2-9。

(二) 我国矿产资源探明储量分析

从矿产种类来看，由于我国幅员辽阔，地质成矿条件优越，世界上各类矿种我国均已发现。据 1992 年资料，其中燃料矿产已发现 4 种，已探明储量 4 种；金属矿产已发现 61 种，已探明储量 56 种；非金属矿产已发现 90 种，已探明储量 85 种；其他水、气矿产已发现 7 种，已探明储量 3 种。总计已发现矿产 162 种，已探明储量 148 种。

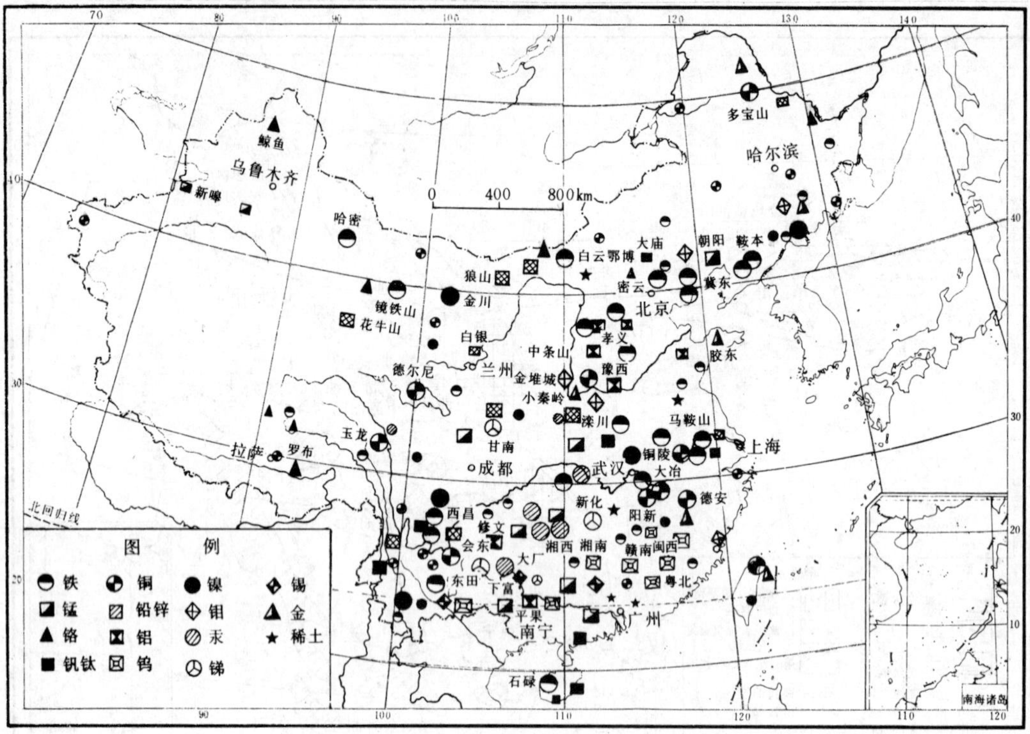

图 2-15 中国主要金属矿产分布示意图

（《中国自然资源丛书》，综合卷，1995）

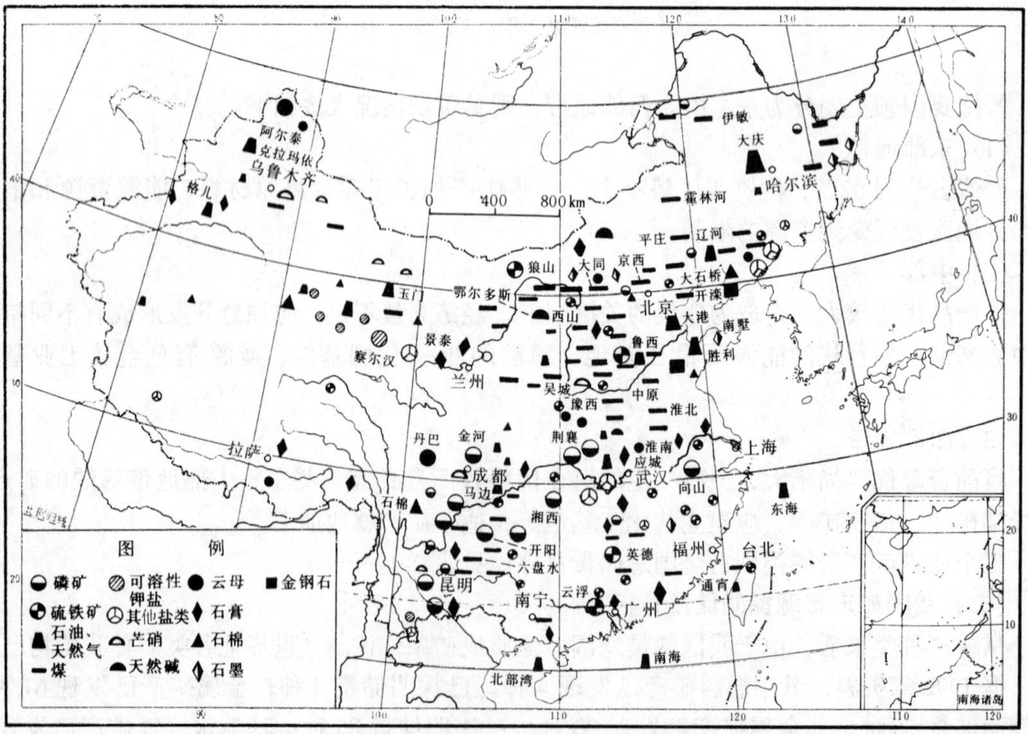

图 2-16 中国主要非金属矿产分布示意图

（《中国自然资源丛书》，综合卷，1995）

表 2-9　我国东、中、西部地带矿产资源种类占全国总储量百分比（1987）

地带 / 百分比(%) / 矿产类别	矿产种类	东部	中部	西部	地带 / 百分比(%) / 矿产类别	矿产种类	东部	中部	西部
东部地带占优势的矿产	菱镁矿	95.4	0.4	4.2	中部地带占优势的矿产	钴	20.8	75.4	38
	高岭土	67.7	32.2	–		锑	22.1	77.9	–
	高铝矿物原料	64.0	36.0	–		汞	2.3	97.3	0.4
	硼	64.0	3.0	33.0		金	24.8	74.9	0.3
	金刚石	97.4	0.4	2.2		银	29.2	70.7	0.1
	滑石	94.2	5.6	0.1		铂族	4.2	95.8	–
	膨润土	67.9	13.7	18.4		铌	2.3	97.7	–
中部地带占优势的矿产	石油	39.4	50.6	10.0		钽	39.0	59.2	1.8
	天然气	1 463	81.7	2.9		稀土	0.2	99.8	–
	煤	17.5	79.6	2.9		磷	11.3	88.4	0.3
	其中炼焦煤	1 263	83.5	4.2		($P_2O_5>30\%$)	–	100.0	–
	水电	9.2	55.6	35.2		硫铁矿	29.6	70.3	–
	铁	46.4	49.7	3.9		天然碱	–	99.2	0.8
	锰	40.9	56.9	2.2		芒硝	–	94.7	5.3
	钒	5.5	93.9	0.6		石墨	11.3	86.5	–
	钛	6.9	93.0	–		石膏	20.5	68.0	11.5
	铜	7.7	75.3	17.0		重晶石	14.2	67.2	18.6
	铅锌	26.3	55.2	18.5		石棉	1.7	55.0	43.3
	铝土矿	19.7	80.2	0.1		萤石	13.9	84.0	2.1
	钨	22.9	7.5	2.6		耐火粘土	26.7	72.9	0.4
	锡	45.3	53.3	1.4	西部地带占优势的矿产	铬	9.7	19.5	70.8
	钼	13.3	82.2	4.5		钾盐	–	2.0	98.0
	镍	1.2	97.2	1.6		云母	4.8	26.3	68.9

从矿产储量潜在价值来看，1987 年世界上 45 种主要矿产储量折算潜在价值比较，我国仅次于前苏联和美国，居世界第三位。但从人均值来看，我国仅为世界人均值的 2/3，居世界第 80 位以后，详见表 2-10。

表 2-10 世界上居前十位国家的 45 种主要矿产储量潜在价值比较表

国　家	按矿产总值（%）	名次	按国土面积（%）	名次	按人口（%）	名次
前苏联	17.73	1	59.14	7	5.06	8
美国	16.56	2	132.14	5	5.67	6
中国	14.64	3	114.46	6	1.19	10
沙特阿拉伯	6.59	4	229.11	2	62.58	1
英国	4.12	5	1 262.21	1	5.52	7
加拿大	3.96	6	29.64	9	12.58	3
伊朗	3.40	7	154.38	4	7.22	5
澳大利亚	3.35	8	32. 57	8	17.57	2
南非	2.94	9	180.08	3	7.94	4
巴西	2.94	10	25.81	10	1.90	9
十国小计	76.23		78.29		3.40	
世界总计	100.00		55.82		1.77	

从探明储量在世界上的地位看，由于我国“探明储量”与美国“经济储量”在地质可靠程度上和经济上可行程度的标准不一致，所以无法简单对比。现根据 1988 年 11 月全国地质资源局意见，将我国探明储量（A + B + C 级，部分矿种加 1/2D 级）与美国经济储量加边界经济储量（储量基础）对比，我国探明储量占世界储量基础 22%，即我国探明储量人均数与世界储量基础人均数大致相等，对比结果详见表 2-11。

表 2-11　我国主要矿产储量与世界储量基础比较表

类型	矿种	储量单位	世界储量基础	我国探明储量（A+B+C级）	我国占世界的百分比（%）	我国占世界的位次	备注
燃料矿产	煤	原煤亿吨	16 892	3 214	19.02	2	世界为实测储量，我国为精查、详查和普查储量
	石油	原油亿吨	1 280	23.8	1.86	10	世界和我国均为保有可采储量
	天然气	万亿立方米	107.5	0.84	0.78	16	我国为气田气和油田气，世界储量为开采成本小于 80 美元/千克的储量
	铀矿	U 万吨	243	8.05	3.31	8	
金属矿产	铁矿	Fe 亿吨	942.9	85.6	9.08	5	我国储量按 33.0%折算
	锰矿	Mn 亿吨	36.5	0.5	1.37	6	我国储量按 22%折算
	铬铁矿	富矿石亿吨	68.1	0.04	0.06	<11	我国是富矿储量
	钛矿	Ti 万吨	46 967	22 200	46.84	1	
	钒矿	V 万吨	2 211	704	31.84	2	
	铝土矿	矿石亿吨	236.6	8.2	3.52	7	我国是可开发利用储量
	铜矿	Cu 万吨	52 400	2 900	5.53	7	
	铅矿	Pb 万吨	14 329	1 129	7.88	5	
	锌矿	Zn 万吨	32 280	2 984	9.24	4	
	镍矿	Ni 万吨	10 373	394	3.80	10	
	钨矿	W 万吨	397	170	42.82	1	
	锡矿	Sn 万吨	468	168	35.90	1	国外以砂锡为主，我国以硫化物型为主
	钼矿	Mo 万吨	1 356	335	24.77	2	
	锑矿	Sb 万吨	314.4	78.5	24.97	1	
	汞矿	Hg 万吨	25.2	2.1	8.33	3	
	金矿	Au 吨	46 354	1 254	2.72	5	我国为 A+B+C+1/2D 级储量
	银矿	Ag 万吨	37.04	3.45	9.31	4	同上
	铂族	金属吨	37 492	2 878	74.21	1	我国储量是 1987 年数字
	钽矿	Ta 吨	71 861	31 037	43.19	1	我国储量品位偏低
	铌矿	Nb 万吨	611.06	112.1	18.35	2	我国为 A+B+C+1/2D 级储量
	铍矿	Be 万吨	85.09	12.51	14.70	2	同上
	锂矿	Li 万吨	1 172.32	346.77	29.58	2	

续表 2-11

类型	矿种	储量单位	世界储量基础	我国探明储量（A+B+C级）	我国占世界的百分比（%）	我国占世界的位次	备注
非金属矿产	磷矿	砂石亿吨	369.4	31.5	8.53	3	我国储量为标矿
	硫矿	S亿吨	29.42	3.17	10.77	3	我国以硫铁为主，国外以自然硫为主
	钾矿	K_2O亿吨	170.0	0.8	0.52	<8	
	硼矿	B_2O_3万吨	6 052.3	2 462	4.07	<5	
	芒硝	Na_2SO_4亿吨	71.67	25.40	35.44	1	我国以钙芒硝为主
	菱镁矿	Mg亿吨	31.04	7.9	25.45	1	
	萤石	CaF_2万吨	57 700	6 000	10.40	3	我国储量包括部分D级储量
	石棉	原棉万吨	32 074	2 513	7.84	3	世界储量按战略分析石棉
	滑石	亿吨	11.74	0.73	6.22	2	我国储量包括部分D级储量
	重晶石	万吨	43 143	11 391	26.4	1	同上
	膨润土	亿吨	25.19	10.67	42.35	1	世界为查明资源量，我国为A+B+C+D级储量
	高岭土	亿吨	117.94	1.50	1.27	5	
	耐火粘土	亿吨	689.47	18.50	2.68	5	
	石膏	亿吨	50.39	26.80	53.32	1	
	珍珠岩	亿吨	18.72	0.58	3.1	4	
	天然碱	亿吨	292.47	0.56	0.14	4	
	金刚石	万克拉	189 100	1 100	0.58	7	
	石墨	万吨	19 679	46.1	23.44	1	

注：“我国主要矿产储量”数字来源于1985年全国矿产储量通报；“世界储量基础”数字主要来源于美国《矿产实况与问题》(1985)。

从探明储量与世界储量基础比例看，我国45种主要矿产在世界上所占的地位可按我国探明储量与世界总储量基础比较，依所占的位次和比例（人均数）进行综合评价，详见表2-12。

表 2-12 我国45种主要矿产探明储量与世界储量基础比较的位次和比例分类表

位次 比例	第一位	第二位	第三位	第四位	第五位	第六位以后	小计
>40%	稀土、石膏、钛、钽、钨、膨润土						6
30%~40%	锡、芒硝	钒					3
22%~30%	重晶石、菱镁矿、锑、石墨	锂、铝					6
10%~22%		煤、铌、铍	硫、萤石				5
5%~10%		滑石	汞、磷、石棉	锌	银、铁、铅	铜	9
1%~5%				珍珠岩	金、高岭土、耐火粘土	硼、镍、铀、铝土矿、石油、锰	10
<1%				天然碱		天然气、钾盐、铂、铬、金刚石	6
小计	12	7	5	3	6	12	45

注：表格中双横线以上的矿种表示我国人均数大于世界人均数的矿产；矿产名称下注横道的表示远景大的矿产。

据表 2-12 可将 45 种矿产分作如下五类：

①居世界第一、二位，人均数超过世界人均数的矿产有稀土、钽、钨、锡、钼、锑、钒、锂、石膏、膨润土、芒硝、重晶石、菱镁矿、石墨等；

②居世界第二、三位，人均数接近或低于世界人均数的矿产有煤、铌、铍、汞、硫、萤石、滑石、磷、石棉等；

③居世界前列，而人均数偏低，但近两年勘探工作已控制储量较多，预计可以达到或接近世界人均数的矿产有锌、铝土矿、珍珠岩、高岭土、耐火粘土等；

④探明储量相对不足的矿产，即指居世界第五至十位，而人均数较低（低于世界人均数 1/2～1/8）的矿产有铁、锰、铅、铜、金、银、石油、铀、硼等；

⑤目前探明储量短缺的矿产，即指在世界位次偏后，而人均数很低（低于世界人均数 1/20）的矿产有金刚石、铂、铬、钾盐、天然气和天然碱等。

第四节　水资源

水资源主要包括大气降水、地表水和地下水。

一、水资源概述

从地球上生命的起源到人类社会的形成，从生产力低下的原始社会到科学技术发达的今天，人与水结下了不解之缘。水是生命之源，水既是人类生存的基本条件，又是社会生产必不可少的物质资源。作为水资源而言，它是从人类利用角度，给自然界的水赋予的新涵义。水资源具有自然和社会双重性质。就自然属性而言，水是自然界的重要组成部分，是人类生存和发展的最基本的环境因素之一；就社会属性而言，水资源能够以某种形式为人类利用，并直接或间接地为人类创造物质财富，而财富价值的大小又取决于科学技术水平，即人类认识利用水资源的能力，因此，水资源又是一个历史范畴。

（一）水资源概念

西方国家较早使用了“水资源”这一概念，但当时“水资源”的概念具有浓厚的行业内涵。例如，1894 年，美国地质调查局设立了“水资源处”，其主要业务范围是对地表河川径流和地下水的观测。在《英国大百科全书》中，水资源被定义为“全部自然界任何形态的水，包括气态水、液态水和固态水”。1977 年联合国教科文组织（UNESCO）建议“水资源应指可资利用或有可能被利用的水源，这个水源应具有足够的数量和可用的质量，并能在某一地点为满足某种用途而被利用”。

在《中国大百科全书》中，水资源被定义为“地球表层可供人类利用的水，包括水量、水质、水域和水能资源，一般指每年可更新的水资源量”；“自然界各种形态（气态、固态或液态）的天然水，并将可供人类利用的水资源作为供评价的水资源”。

有些学者认为（1991）：降水是大陆上一切水分的来源，但它只是一种潜在的水资源，只有降水中可被利用的那一部分水量，才是真正的水资源。在降水中可以转变为水资源部分的是“四水”，即水文部门所计算的河川径流量与地下水补给量之和扣除重复计算量、土壤水含量、蒸发量、区域间径流交换量。

从自然资源概念出发，水资源可定义为人类生产与生活资料的天然水源，广义水资源应为一切可被人类利用的天然水，狭义的水资源是指被人们开发利用的那部分水。

(二) 水资源特性

水资源属于一种再生性的自然资源，它除了具有一切再生性自然资源所共有的特性外，还有其本身所固有的特性。

1. 循环性

水循环是自然界中基本循环之一，而且也是最重要的循环系统，作为水源的一部分，水资源也具有循环性。在太阳的作用下，自然界的水通过蒸发、降水、渗透、径流等环节形成水循环过程。从宏观角度出发，根据水循环的特点，水资源是可更新资源。从全球角度看，水资源总储量不变。水资源是广义的概念，它包括了海洋、地下水、冰川、湖泊、土壤水、河川径流和大气水等自然界的各种水体。

2. 多变性

无论是从时间的延续或是从空间的分布，无论是从水资源数量或是质量上来看，水资源都是多变的。这是由水的物理化学性质、自然环境的复杂性和生产力的发展水平不同而决定的。

3. 数量有限性

长期以来，人们认为水是天赐自然之物，“取之不尽，用之不竭”。如果从全球总水量及水资源具有循环和可更新属性来看，这种观点不无道理。地球上总水量为 $1.386\times10^{18}\,m^3$，但其中海洋水就有 $1.338\times10^{18}\,m^3$，占总水量的 96.5%。包括冰川和深层地下水在内的全部淡水仅为 $3.503\times10^{16}\,m^3$，仅占全球总水量的 2.5%（表 2-13）。这部分淡水中的绝大部分分布在南极洲，而且能比较容易为人类经济利用的河流、湖泊和一部分地下淡水仅占淡水总量的 0.3%。因此，能够被人们利用的淡水资源数量是有限的。另一方面，人口的激增和经济的发展造成了需水量剧增。如 19 世纪末全世界总用水量仅为 4 000 亿立方米，而到了 20 世纪 80 年代中期已达 40 000 亿立方米，大约增加了 10 倍，到 2000 年则达 60 000 亿立方米，这使得人们对水资源有限性的认识更加迫切。

表 2-13 地球水圈水储量分布

（贺伟程，世界水资源，见：《中国水利大百科全书·水利》，1992）

水体	水储量		咸水		淡水	
	$10^3\,km^3$	%	$10^3\,km^3$	%	$10^3\,km^3$	%
海洋	1 338 000.0	96.54	1 338 000	99.04		
冰川与永久积雪	24 064.1	1.74			24 064.1	68.697 2
地下水	23 400.0	1.69	12 870	0.95	10 530.0	30.060 6
永冻层中冰	300.0	0.022			300	0.856 4
湖泊水	176.4	0.013	85.4	0.006	91	0.259 8
土壤水	16.5	0.001 2			16.5	0.047 1
大气水	12.9	0.000 9			12.9	0.036 8
沼泽水	11.5	0.000 8			11.47	0.032 7
河流水	2.12	0.000 2			2.12	0.006 1
生物水	1.12	0.000 1			1.12	0.003 2
总计	1 385 984.6	100	1 350 955.4	100	35 029.21	100

4. 不均匀性

水资源不等于水源，但水资源的数量主要取绝于水源的多寡。由于降水地区分布的不均匀性，积极参加水循环过程的部分有限的动储量主要靠大气降水来补给，直接受气候条件影响，因而在地区和时间上的分布都有很大的不均匀性。

5. 两重性

水是客观存在的客体，由于受环境条件和科学技术水平的限制，对水源目前还不能完全支配。如就水资源来说，则与人们利用水的能力和程度有关，能够支配利用的水源就变成水利，超过人类利用和控制能力的水往往成为水灾。因此，水资源具有利弊两重性。

6. 多样性

水资源利用内容和形式是多种多样的。例如灌溉、航运、发电、养殖等，这些都是人们常见的水资源利用方式，而且水资源在不同形式的利用下，可以彼此相互促进、转化，从而达到综合利用的目的。

二、水资源的基本类型

关于水资源的分类，目前尚无一个统一的系统。按不同的分类依据，必然得出不同的分类结果。

按水的物理化学性质，水资源可分为淡水资源、咸水资源、热水资源（温泉、地下热水)、固态水资源（冰川、积雪)。

按国民经济用水的要求，水资源可分为耗用水资源和借用水资源。前者主要指工业耗用水、农业灌溉水和民用水；后者主要指凭水力做功的水资源，如航运、漂木、发电等等。

按水的空间分布及人们的利用习惯，常分为地表水和地下水。本节主要讲述地表水及地下水。

（一）地表水资源

地表水是自然水分循环的重要组成部分之一，是人类生产、生活用水的主要来源。地表径流的多少、分布及其季节性变化同农业生产的关系条件非常密切。

1. 河流

河水的主要来源是流域内的降水，通过地面和地下汇流于河槽中。由于水流在重力作用下而做功，不断地切割和刷深河床，并在沿途流动中产生旁侧侵蚀，导致河床加深、加宽。这样，由最初的小沟道变成小溪，再由小溪发展成小河，沿途又接纳大大小小的支流而汇集成江河。一个流域里有大大小小的流水路线，构成了脉络相通的泄水道系统。这些有水流动的大小河流系统，称为河系与水系。如果还包括继续有水的沟谷在内，则总称为河网。

水系是由干流和许多支流组成的，直接流入海洋或注入上一级河流。流入干流的叫一级支流，流入一级支流的叫二级支流，以此类推。

凡最后流入海洋的河流，称为外河流。凡流入内陆湖泊或消失于沙漠中的河流，称为内陆河。

中国河流众多，流域面积大于 100km^2 的约 5 万多条，流域面积在 1 000km^2 以上的约 1 500多条。因受地形、气候影响，河流地区分布不均匀，绝大多数河流分布在我国的东部和南方，西北地区干旱少雨，河流稀少，并有范围较大的无流区。按照外流河和内陆河划分，外流入海洋河流的流域总面积约占全国国土面积的 2/3，其余为内陆河流域。

我国外流河大多数随西高东低的地势流入太平洋，如长江、黄河、黑龙江、辽河、海河、淮河、珠江、钱塘江、澜沧江等；怒江和雅鲁藏布江因受弧形山系的影响，则向南流入印度洋；额尔齐斯河向西流入哈萨克斯坦境内后，再向北经俄罗斯流入北冰洋。内陆河按照地理位置、水系发育情况和水源补给条件的差异，大致可分为内蒙古、河西、青海、羌塘、塔里木、准噶尔和中亚细亚等7个区域。在内陆河区域内，大约有160万平方公里无流区，主要分布于内蒙古境内。

中国最重要的河流是松花江、辽河、海河、黄河、淮河、长江和珠江，通常称为七大江河。按河流长度排序，长江为国内最长的河流，在世界上仅次于尼罗河和亚马逊河，居世界第3位；黄河为国内第二长河，在世界上仅次于美国的密西西比河而居第5位。按流域面积大小排序，长江也是国内第一大河，但在世界大河中则名列第11位；黄河流域面积在国内排序第2位，而在世界大河中排名第22位。按多年平均年径流量排序，在国内长江为第1位，珠江为第2位；在世界大河中长江为第3位，珠江为第17位。

中国多数河流由降雨直接补给。完全由降雨补给的河流有珠江、东南沿海诸河、淮河、长江中下游、怒江和澜沧江的中下游、台湾和海南岛诸河等；由冬季积雪和降雨混合补给的河流有松花江、黄河、海河、辽河、长江上游、甘肃河西走廊和新疆的部分河流。此外，在河西走廊、青藏高原及新疆还有一部分河流，除受积雪和降雨的补给外，还有冰川融水的补给。

2. 冰川

冰川一般包括冰川和永久雪盖层，它是地球上淡水水体的主要组成部分，总水量为2 920万立方公里，占淡水水体总量的2/3以上。但冰川主要分布在两极地区，目前开发利用还存在一定困难，其余部分则为分布在陆地上的山岳冰川，比较靠近人类活动地区。如果河流利用这些冰川，缩短水量交替周期，增加河川径流量，则具有重要的现实意义。

我国是世界中低纬度地区山岳冰川最发育的国家之一。自东经104°（四川雪宝顶，海拔5 555m）以西至帕米尔高原，从北纬27°（云南玉龙雪山，海拔5 596m）以北至阿尔泰山，分布着58 700km^{2}的山岳冰川。按照冰川形成的自然地理条件及其物理性质，我国冰川分为大陆性冰川和海洋性冰川两大类。前者约占冰川总面积的80%，后者主要分布在念青唐古拉山东段。

我国冰川总储量约51 300亿立方米，多年平均年融水量约560亿立方米。冰川融水为逐年可以更新的水量，是我国西部河川径流量的重要组成部分。按行政区统计，冰川水资源最多的属西藏，约占全国冰川水资源量的60%；其次为新疆，占全国冰川水资源量的34%。分布在内陆河流域的冰川水资源量为24%。

3. 湖泊

湖泊是陆地较封闭的天然水体，是湖盆与运动水体及水中物质相互作用的综合体，按其含盐量的多少分为淡水湖、咸水湖和盐湖三类。沼泽是陆地上常年土壤过湿或有薄层积水，生长沼生和湿生植物的地段，据有无泥炭积累分为泥炭沼泽和无泥炭沼泽。湖泊与沼泽之间有较密切的联系，一部分沼泽来源于湖泊的退化与消亡。

中国是个多湖泊的国家，面积1km^{2}以上的天然湖泊有2 600多个，其中面积在1 000km^{2}以上的大湖有12个。湖泊总水面面积约74 000km^2，总储水量约7 330亿立方米，其中淡水储量约占30%。

湖泊的地理分布主要取决于湖水的补给和排泄条件。在一些排水不畅的地区，往往有湖泊成群分布。在湿润的外流区以淡水湖为主，干旱内流区则以咸水湖为主。按照湖群的地理分布和形成特点，全国可划分为五个主要湖区。

(1) 青藏高原湖区

全区湖泊面积约 37 500km^2，占全国湖泊面积的 50.5%，分布于高原的谷底洼地和山间盆地中。在成因上多属构造湖和冰川湖，少数为堰塞湖，湖水含盐量高，大多数为内陆咸水湖或盐湖。青海湖水面面积 4 635km^2，是我国第一大湖；羌塘高原的喀顺错，湖面海拔 5 556m，是我国地势最高的湖泊。由于青藏高原仍处于新构造运动上升时期，境内湖泊不同程度地呈现出湖水浓缩、湖面缩小的趋势。

(2) 东部平原湖区

本区湖泊分布于长江、淮河的中下游和黄河、海河的下游，大多为河成湖或泄湖，总面积约 21 800km^2，占全国湖泊面积的 29.4%。由于气候湿润多雨，水量补给丰富，故几乎都是外流型淡水湖，中国著名的五大淡水湖——鄱阳湖、洞庭湖、太湖、洪泽湖及巢湖均在这个区内。因泥沙淤积、人工围垦的影响，湖泊面积显著缩小。

(3) 蒙新高原湖区

在内蒙古和新疆的广大地区，发育了许多内陆湖泊，在成因上属构造湖和风成湖。全区湖泊面积约 9 100km^2，占全国湖泊面积的 12.2%。由于地处干旱内陆地区，不少入湖河流易于改道，使一些湖泊具有游移性质；另一些非游移性湖泊则发育为咸水湖。因气候干燥和人为因素的影响，湖水日益浓缩，湖面不断缩小，有的湖泊（如罗布泊）已经消亡。位于吐鲁番盆地的艾丁湖，水面高程在海平面以下 154m，是我国地势最低的湖泊。

(4) 东北平原及山地湖区

在松辽平原和三江平原的低洼处，因排水不畅而形成了大小不等的湖泊；在丘陵和山地，还有因火山喷发而形成的火山口湖和堰塞湖。全区湖泊面积约 3 950km^2，占全国湖泊面积的 5.4%，除松嫩平原有少量的小型咸水湖外，其余均为外流型淡水湖。著名的湖泊有兴凯湖（中俄界湖）、白头山天池（中朝界湖）、镜泊湖、五大莲池等，其中白头山天池水深 373m，是我国最深的湖泊。

(5) 云贵高原湖区

全区湖泊面积约 1 100km^2，占全国湖泊面积的 1.4%，全为淡水湖。在成因上多为构造湖，碳酸盐岩地层的溶蚀对湖盆的形成也起一定作用。这类构造湖的特点是，湖面南北长而东西窄，湖水较深且清澈，故以风景秀丽而闻名于世。

(二) 地下水资源

地下水是自然界水的一部分。据估算，埋藏在地下 17km 以内的地下水总量约为 $8.4\times10^{15}m^3$，其中有一半埋藏在地面以下 1km 的范围内。目前只能采用浅部的地下水，所以说能被利用的地下水资源是有限的。

地下水之所以能存在和运动于地下，是由于地下有容纳的供其活动的空间，即岩石或土壤中孔隙。岩石中的孔隙是由成岩作用生成，或由构造活动形成，以后又经受了风化作用或溶蚀作用。不同成因的空隙，在不同类型的岩体和土壤中所表现的特征、大小、形状、数目等都不相同。根据孔隙的成因，可以将它分为孔隙、裂隙和溶隙三大类（如图 2-17），相应地赋存于它们中的地下水分别称为孔隙水、裂隙水和岩溶水。

按照含水层和隔水层在地壳中的埋藏条件—组合关系，可以将含水层分为潜水含水层和承压含水层，含于其中的地下水则分别称为潜水和承压水。

1. 潜水

潜水埋藏于地表下第一个隔水层以上，是具有自由水面的地下水（如图 2-18）。潜水的自由水面称为潜水面，其上无稳定的隔水层，可以直接接受大气降水、地表水及其他水源

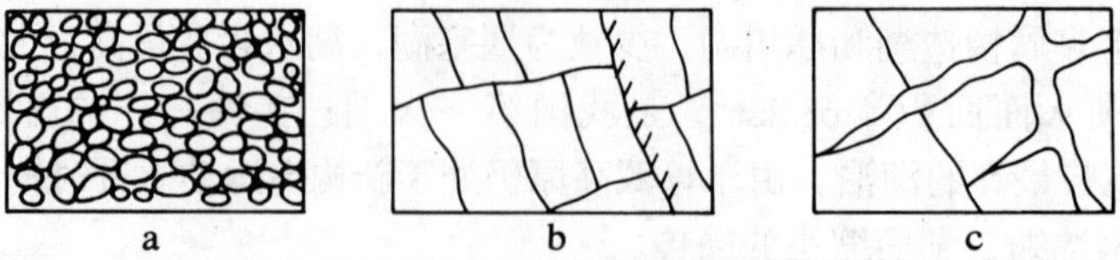

图 2-17　岩土体中的孔隙差别

a. 孔隙；b. 裂隙；c. 溶隙

的补给。潜水在重力作用下，由高处不停地向低处运动着，静水压力表现不明显，故又称其为无压水。潜水面的形状可以用潜水等水位线图来表示。潜水由于埋藏浅、易开挖，自古以来为人们广泛地开采利用。人工挖井一般都是挖到潜水含水层。然而，也正是因为潜水埋藏浅、潜水面以上无稳定的隔水层而常遭污染，使水质恶化。

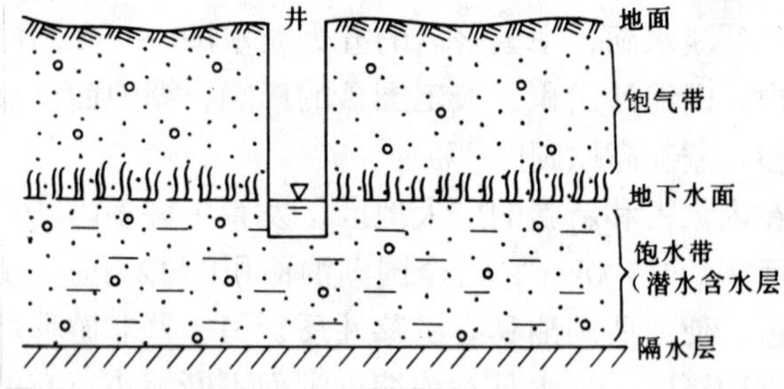

图 2-18　潜水含水层埋藏特征

2. 承压水

承压水是指充满两个隔水层间的地下水（如图 2-19）。它与潜水不同，其上下都有隔水层，不能普遍地与大气接触，不易受污染，其补给区小于分布区。

承压水最重要的特征是具有承压性。在地形适宜的地方（如自流盆地）进行钻探时，钻到含水层后地下水会立刻沿着井筒上升，甚至喷出地表而自流，所以一般又称承压水为自流水。

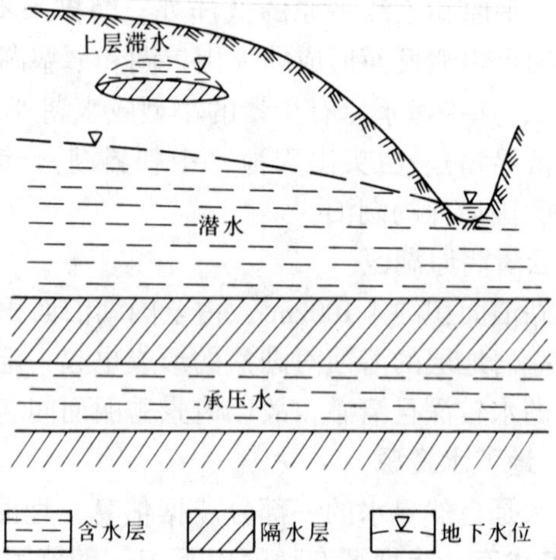

图 2-19　承压含水层埋藏特征

承压水能否自流，主要与其承压性有关。承压水承压性能的大小以测压水头来表示。测压水头的大小取决于静止水位与隔水层顶板的距离（图 2-20），隔水层顶板的相对位置越低，水头愈高。当测压水位高于该点地形高程时，若钻孔穿透隔水层顶板，水即可涌出地表而自流；否则，水只能在井筒中上升到一定的高度。所以说打井开采承压水层中的地下水时，能否获得自流水，仅仅取决于测压水位与该点地表高程的相对关系。

地下除埋藏有潜水和承压水外，在饱气带中的局部隔水层上面还存在一种地下水，叫上层滞水。它是大气降水或地表水下渗过程中，为局部隔水层或弱透水层所阻而蓄积起来的地下水。这类地下水一般分布范围不大，且受季节、气候等影响大，分布区与补给区完全一致。另外，上层滞水距地表很近，极易受污染。所以，这类地下水只能作为小型的、暂时性的供水源，但利用时必须对水质予以特别的注意。

综上所述，地下水按埋藏条件可以分为上层滞水、潜水和承压水三类。就一个地区而言，地下水的类型也可能简单，仅有一种类型；也可能复杂，存在两种或三种类型。但广泛分布且普遍存在的类型主要是潜水和承压水。

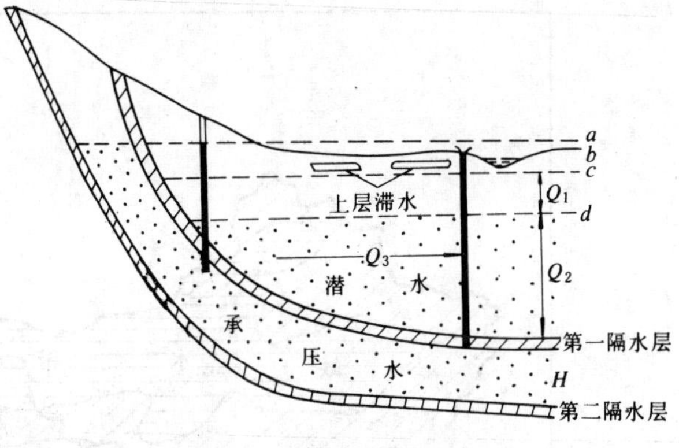

图 2-20　地下水的类型

（按埋藏条件分类）

a. 稳定水位（承压水位）；*b*. 地面；*c*. 潜水面最高水位；*d*. 潜水面最低水位；Q_1. 调节储量；Q_2. 静储量；Q_3. 动储量；*H*. 含水层厚度

三、我国水资源及其分布

（一）水资源数量及质量

我国是一个水资源短缺、水旱灾害频繁的国家。水资源总量排在巴西、前苏联、加拿大、美国、印尼之后，居世界第六位。但是我国人口众多，人均占有量只有 2 500m^3，约为世界人均水量的 1/4，排在世界第 110 位（按 149 个国家统计，统一采用联合国 1990 年人口统计结果），已经被联合国列为 13 个贫水国家之一。我国水资源分区（图 2-21）及水资源量统计结果如表 2-14。

表 2-14　中国分区年降水、年河川径流、年地下水、年水资源总量统计

（陈家琦，见：钱正英主编，《中国水利》，中国的水资源，1991）

分区	计算面积 (km^2)	年降水量		年河川径流		年地下水 (10^8 m^3)	年水资源总量 (10^8 m^3)
		总量 (10^8 m^3)	深 (mm)	总量 (10^8 m^3)	深 (mm)		
黑龙江流域片（中国境内）	903 418	4 476	496	1 166	129	431	1 352
辽河流域片	345 027	1 901	551	487	141	194	577
海滦河流域片	318 161	1 781	560	288	91	265	421
黄河流域片	794 712	3 691	464	661	83	406	744
淮河流域片	329 211	2 803	360	741	225	393	961
长江流域片	1 808 500	19 360	1 071	9 513	526	2 464	9 613
珠江流域片	58 041	8 967	1 544	4 685	807	1 115	4 708
浙闽台诸河片	239 803	4 216	1 758	2 557	1 066	613	2 592
西南诸河片	851 406	9 346	1 098	5 853	688	1 544	5 853
内陆诸河片	3 321 713	5 113	154	1 064	32	820	1 200
额尔齐斯河片	52 730	208	395	100	190	43	103
全国	9 545 322	61 889	648	27 115	284	8 288	28 124

注：本表数字按 1956～1979 年资料统计。

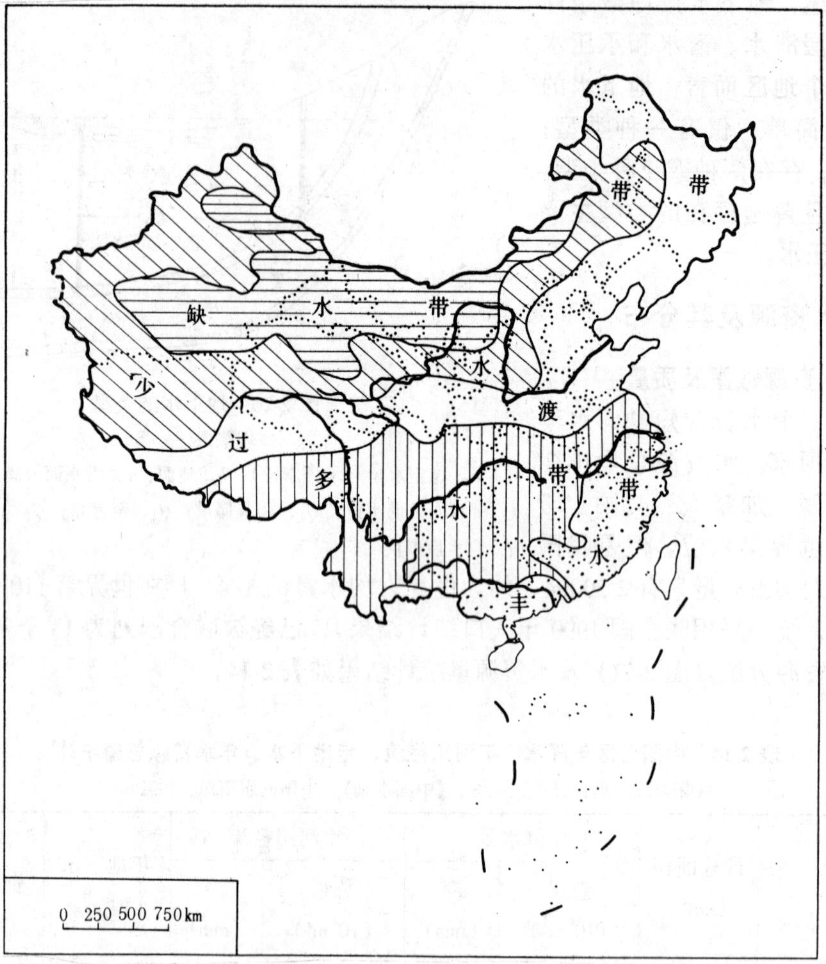

图 2-21 全国水资源分布图

水资源是水资源数量和质量的高度统一，在一定的区域内，可用水资源的多少并不完全取决于水资源数量，而且取决于水资源质量。质量的好坏直接关系到水资源功能，决定着水资源用途。多年来，我国水资源总量不断下降，水环境持续恶化，由于污染所导致的缺水和事故不断发生，不仅使工厂停产、农业减产甚至绝收，而且造成了不良的社会影响和较大的经济损失，严重地威胁了社会可持续发展。我国七大水系地表水环境质量状况见表 2-15，从中可以看出，我国七大水系的污染程度存在着差异。如果以污染程度大小进行排序，其结果为辽河、海河、黄河、松花江、长江，其中辽河、海河、淮河污染最重。综合考虑我国地表水资源质量现状，符合《地表水环境质量标准》的Ⅰ、Ⅱ类标准的只占 32.2%（河段统计），符合Ⅲ类标准的占 28.9%，属于Ⅳ、Ⅴ类标准的占 38.9%。如果将Ⅲ类标准也作为污染统计，则我国河流长度有 67.8%被污染，约占监测河流长度的 2/3，可见我国水资源污染程度非常严重。我国政府对水污染情况非常重视，在淮河、太湖、滇池等流域加大了整治力度，使得水环境局部有所好转，但整体仍持续恶化，形势十分严峻。

表 2-15　我国七大水系水环境质量现状

水系	符合Ⅰ、Ⅱ类标准占监测河段长比例（%）	符合Ⅲ类标准占监测河段长比例（%）	符合Ⅳ、Ⅴ类标准占监测河段长比例（%）	主要污染参数	综合评价
长江	38.8	33.7	27.5	氨氮、高锰酸钾指数、挥发酚	干流水质好，岸边污染严重
黄河	8.2	26.4	65.4	氨氮、高锰酸钾指数、生化需氧量、挥发酚	水质污染日趋严重，并随水量减少和沿岸污染物增加加重，1996 年断流 136 天
珠江	49.5	31.2	19.3	氨氮、高锰酸钾指数、砷化物	水质总体较好，部分支流河段受到污染
松辽	2.9	24.3	72.8	氨氮、高锰酸钾指数、挥发酚	水系污染严重
海河	39.7	19.2	41.1	氨氮、高锰酸钾指数、生化需氧量、挥发酚	污染一直严重，部分重要地面水源地已受污染或受污染威胁
浙闽	40.7	31.8	27.5	氨氮	水质较好，少数河段受到污染

（二）水资源分布

我国水资源地区分布极不平衡，且水量在时程上变化也很大。

我国东部受季风影响强烈，润湿多雨；西北地区大陆性极强，干旱少雨。作为降雨补给的河川径流，亦表现出和以上完全相同的规律，即东南部水资源丰富，西北部水资源较贫乏（表 2-16）。例如，在我国 2.7 万亿立方米河川总水量中，长江水量就占了 1/3，加上珠江及江南其他河川水量，占全国总水量的 80% 以上，而这一地区耕地只占全国的 36%；北方和西北水资源不到全国的 20%，而耕地占全国的 64%。其中最缺水的黄河、淮河、海河三大流域，耕地几乎占全国的 40%，而水资源只占 6.2%。这对中国的农业发展是极为不利的。中国水、土资源分布情况见表 2-16。

表 2-16　中国水土资源分布情况

地区	河川径流		耕　地	
	总量（亿立方米）	占全国比率（%）	面积（亿亩）	占全国比率（%）
东北地区	1 653	6.1	3.03	19.8
黄、淮、海地区	1 690	6.2	5.91	38.5
海河流域	288	1.1	1.68	10.9
淮河流域	741	2.7	2.28	14.9
黄河流域	661	2.4	1.95	12.7
西北地区	1 164	4.3	0.89	5.8
北方合计	4 507	16.6	9.83	64.1
长江流域地区	9 513	35.1	3.67	24.0
华南地区	4 685	17.3	1.04	6.8
东南沿海地区	2 557	9.4	0.39	3.4
西南地区	5 853	21.6	0.27	1.7
南方合计	22 608	83.4	5.37	35.9
全国总计	27 115	100	15.20	100

从中国水资源和发展工业的基础——能源和矿产资源的分布来看，也和水土分配的情况大致一样，即北方矿多水少，南方水多矿少，作为发展工业的三大支柱矿产——煤、铁、石油，主要分布在北方地区，南方很少。中国水矿资源分布情况见表2-17。

表2-17 中国水矿资源分布情况

地 区	河川径流占全国的比率（%）	矿产资源（折算的潜在价值）占全国的比率（%）	三大矿产资源占全国的比率（%）		
			煤	铁	石油
东北地区	4.8	8.9	8.5	24.4	47.5
华北地区	4.7	41.2	51.7	28.8	38.1
西北地区	7.8	8.8	28.5	7.0	13.3
长江中下游及其以南地区	42.6	10.2	1.0	18.6	0.7
西南地区	40.1	30.9	10.3	21.1	0.4
全国	100	100	100	100	100

我国水能资源的分布也很不平衡。人烟稀少、交通不便的西南地区，河流落差大，且水量充沛，水能资源丰富，水能蕴藏量占全国的70%，而人口稠密、经济发达的东部地区，水能资源则较贫乏。我国各地区水能资源分布情况见表2-18。

表2-18 中国各区水能资源分布情况

地 区	水能蕴藏量（10^4 kW）	占全国比率（%）
华北	1 230	1.8
东北	1 213	1.8
华东	3 005	4.4
中南	6 408	9.5
西南	47 331	70.0
西北	8 418	12.5
全国总计	67 605	100

我国水资源时程变化大，河川径流的季节变化与降水的变化基本一致，夏季水多，冬春水少，大部分水量集中在6~9月，汛期洪水猛涨，常泛滥成灾；旱季水量很少，甚至有些河川断流。

同时，河川径流的年际变化非常悬殊，特别是北方缺水地区更为明显。以河流的丰水年的最大年径流量与枯水年的最小年径流量相比，长江及其以南地区一般相差2~3倍，北方一般为3~6倍。其中最缺水的海河、淮河各支流地区其差值达10~20倍。另外，河川水量不仅年际变化大，而且经常出现连年干旱少水和连年洪涝多水的现象。我国主要江河年径流量变化情况见表 2-19。

表 2-19　中国主要江河年径流量变化情况

河流	测站	多年平均径流量（$10^8 m^3$）	最大年径流量（$10^8 m^3$）	最小年径流量（$10^8 m^3$）	最大年径流量与最小年径流量之比值
松花江	哈尔滨	381.6	845.2	122.0	6.9
辽　河	铁　岭	33.7	70.6	14.2	5.0
滦　河	滦　县	45.1	127.7	16.0	8.0
永定河	官　厅	14.2	25.9	4.1	6.3
黄　河	龙　门	337.0	539.3	191.7	2.8
淮　河	蚌　埠	269.6	719.0	36.9	19.5
长　江	汉　口	7 411.0	9 807.7	4 541.2	2.2
西　江	梧　州	2 198.0	3 469.0	1 024.9	3.4
澜沧江	允景洪	580.3	788.0	463.6	1.7
雅鲁藏布江	奴各河	171.2	301.8	105.3	2.9
塔里木河	卡　群	6.0	83.9	44.8	1.9
额尔齐斯河	布尔津	36.6	62.4	17.8	3.5

第五节　气候资源

气候资源主要包括光、热、水与空气。气候资源属非耗竭性资源，其基本特点是具有季节性。

一、气候资源概述

（一）气候资源

气候资源（Climatic Resources）是各种气候因子的综合，包括太阳辐射、热量、降水和空气及其运动。它是地球上生命现象赖以产生、存在和发展的基本条件，也是人类生存和发展工农业生产的物质和能源。太阳辐射是地球上一切生物代谢活动的能量源泉，也是气候发展变化的动力。太阳辐射的热效应是宝贵的热量资源，是所有生物生长发育的基本条件，也是自然界中水呈液、固、气三态变化的动力。降水是地球上水循环的核心环节，生命活动和自然界中水分消耗均靠降水补给。因此，光、热、水三者是气候资源的要素。

（二）气候资源的基本特征

(1) 无限循环性和单位时段内的有限性

如第一年消耗的光、热、水资源，第二年又可重新得到。从总体上看，气候资源是取之不尽、用之不竭的，是一种可更新的资源。但是在一定的时段内，如某一作物生长季节，气候资源又是有限的。

(2) 时间上的相对稳定性和波动性

当短期内气候因子的起伏振动显著地偏离近年来平均状况时，称为气候异常或反常。近年来用统计学方法分析证明，气候的波动能引起农产品产量的波动，这是人类至为关切的问题。

(3) 空间上地域的差异性

可用气候相似性和差异性的原则进行气候区划，以评价气候资源和指导工农业生产实践。

(4) 相互制约性和可变性

光、热、水等因素本身是互相影响、互相制约的。从整个生态环境看，气候因素和土壤、植被、生物等构成一个统一整体。采取改造自然的措施，有利于改善局部地区气候条件；反之，如破坏植被，滥伐森林，绿洲变成沙漠，均会导致地方气候和小气候环境的恶化。从全球性宏观范畴看，人类生产活动使空气中二氧化碳的浓度增加，空气污染日益加重，臭氧层破坏，热带森林受到破坏，这些均会给全球性气候带来难以估量的影响，危及气候资源的稳定性。总之，气候资源是基于地球大气资源基础上，由许多自然条件所制约的一种脆弱的动态平衡，必须不断地加以维护和改良，才能成为人类可以永久利用的资源，否则将给全球带来灾难性后果。

二、气候资源的基本类型

气候资源主要有光能资源、热量资源及降水资源三类。

（一）光能资源

由太阳辐射而产生的光能，亦称太阳辐射能，它是地球上最主要的光热源泉。地壳内部所有探明的动力资源，仅相当于地球在几十天中所吸收的太阳能。辐射到地球陆地表面上的太阳能，其功率等于 1.7×10^{13} kW。人类开采的全部煤炭、石油和天然气只能产生 2.6×10^{9} kW。后者仅相当于前者的1/654。而且从地球内部传向地表的热力，由于地壳的导热能力差，在每平方厘米地面上，一年中所获得的热量不过225.72J。其他星球所发出的光热到达地面的非常小，仅有太阳辐射能的1/10 000。

光能资源与农业生产的关系极为密切。自然界植物的生长，主要依靠太阳辐射能、适当的温度和水分三大要素，其中太阳能是基础。植物叶绿素通过光合作用吸收空气中的二氧化碳和土壤中的水分、矿物质合成有机物质，所以太阳能又是植物生产有机物质的唯一能源。而且，农业生产从根本上说，是植物利用太阳光能、二氧化碳和水，通过光合作用，为人类制造直接的和间接的农产品。人们通过栽培各种作物、蔬菜、果树、林木等，直接利用光合作用；又通过畜牧、渔业，间接利用植物的光合产物。光合产物是人类所需有机物与能量的唯一来源。对太阳光能利用效率的高低，直接影响着农作物产量的高低。

1. 太阳辐射的性质和数量

太阳辐射光能对农作物生长发育的影响，主要决定于辐射的性质和数量两个方面。

(1) 辐射性质决定于太阳辐射光谱

太阳辐射的波长范围很宽，辐射能的绝大多数集中在 $0.17\sim4.00\mu$ 之间的波长区间范围内。波长小于 0.40μ 的称紫外线，大于 0.76μ 的称红外线，介于 $0.40\sim0.76\mu$ 之间的为可见光。太阳辐射能量约有一半是在可见光区域，按波长从长到短，可见光依次为红、橙、黄、绿、青、蓝、紫七色。不同波长的辐射，对动植物的效益也不一样。

植物进行光合作用有赖于可见光，在可见光谱中，红橙光为植物叶绿素剧烈吸收的区域，是光合作用的主要能源，多数情况下，也是植物光周期现象的作用光谱。

红外线主要产生热效应，对种子发芽、开花、果实上色有重要意义，不能直接作为植物的叶绿素所吸收。其中远红外辐射植物吸收后直接转化为热，可作为光合作用的背景光。红外光存在时，光合效率显著提高。中近红外辐射对植物有特殊的延伸作用。

紫外线中波长较长的部分（波长 $0.3\sim0.4\mu$），具有提高植物组织中蛋白质及维生素含量，抑制植物生长的作用。波长在 0.3μ 以下的紫外线，对植物有机体具有破坏作用（因高空臭氧的吸收，它一般到不了地面）。另外，利用短波紫外线，还可以诱杀昆虫，如许多农业害虫对 $0.33\sim0.40\mu$ 的光线趋性较强，超过 0.64μ 的光对它们几乎没有诱集作用。

（2）辐射能量决定于辐射的强度及持续时间

太阳辐射强度是指投射在垂直于阳光的单位面积上单位时间内的能量。它具有时空上的变化，夏季或午间比冬季及早晚高，低纬地区比高纬地区高。太阳高度的变化，既影响辐射穿过大气路程的长短，又决定着辐射能在地表的分布。所以太阳高度高，地表单位面积上受到辐射能多，温度也高；反之，则地表单位面积上受到的辐射能少，温度也相应较低。植物体所吸收的辐射能主要在可见光范围内，对红外线和紫外线吸收很少。因此常以可见光对人眼的视觉—光照强度的勒克斯光数来衡量光照对作物的适宜程度。

辐射持续时间即光照时间，亦即白昼长短及其变化，不仅影响有机物质的积累，而且影响到植物的发育和地区分布。太阳辐射通过大气，主要被水汽、部分被二氧化碳或臭氧吸收。水汽具有选择性吸收光线的能力。它吸收长波光线的能力最强，但最强的太阳辐射能是短波辐射，因此太阳辐射通过大气时直接被吸收的为数不多。通过大气以平行光线的形式直接投射到地面的太阳辐射，称为直接辐射，太阳辐射受到大气的散射作用，然后以散射的方式，从天空射到地面的辐射，称散射辐射。二者之和就是达地面的太阳辐射总量，称为总辐射。它们被吸收后能产生热效应，并随太阳高度角、云量、大气透明度等因素的变化而变化。当地面吸收了太阳辐射之后，转变为热能，使辐射温度增高，同时地面又以长波辐射把热能投向大气，这种辐射称为地面辐射，它是大气的第二热源。大气吸收了地面辐射后，转变为热能使大气增温，同时也以长波辐射的方式向各方面输送热量，其中一部分投向地面，这种投向地面的大气辐射，称为大气逆辐射。因此在大气与地面之间就发生了两种方向相反的长波辐射，即地面辐射和大气逆辐射。地面和大气的温度变化，决定于辐射的收入和支出的差值。如地面在白天吸收的太阳直接辐射、散射辐射和大气逆辐射超过地面辐射，即收入大于支出时，盈余的热量使地面增温。在夜间，当地面辐射超过大气逆辐射，即支出大于吸入时，地面就产生冷却。大气也是如此，当它吸收的地面辐射超过大气逆辐射时，气温就升高；反之，气温则降低。

2. 光合作用和光能利用效率

农业生产的实质，就是绿色植物通过光进行光合作用，使太阳能转化，植物和农作物在土壤、矿物质、肥料和水分参与下，利用日光能和空气中微量二氧化碳，将太阳能转化为生物化学能，贮存在植物体中，形成根、茎、叶、籽实等，最终取得农业产品。

光合作用的基本反应式为：

$$CO_2 + H_2O + \text{太阳能} \rightarrow CH_2O + O_2 - 5.016\times10^5\,J$$

上式左边的含义是：在太阳光照射下，植物吸收空气中的二氧化碳和从根部吸收水分（当然也连同其他养分）进行光合作用。

上式右边的含义是：通过光合作用生成的碳水化合物（CH_2O）为基本形式的有机物，还放出氧气（O_2）。另外，生成每克分子碳水化合物时，还固定 5.016×10^5J 的太阳能。

（1）辐射强度

太阳光由于大气含有水蒸汽、气体分子、微尘、水滴以及污染物质而被吸收、反射和散射，投射到地面的太阳光强度便大大削弱。到达地面的阳光，包括直射光与散射光两部分。而直射光强度又因大气污染程度、云量等气象条件的不同而异。云雾的反射使对光合作用有效的光能大大减少。同时太阳光强度还因纬度、海拔、季节等的不同而有差异。许多作物的高产记录往往出现在西藏、青海、新疆等地，这与当地垂直光强度较大是分不开的。

(2) 温度

除了太阳辐射的变化影响光能利用外，各种作物的光合作用都有一定的温度范围和最适温度，过高或过低对作物生长都不利。不少地方的某个时期，由于温度低，作物不能生长或停止生长或生长缓慢。温度过高，也会影响农作物的生长。

(3) 水分

实际上，水分也是影响植物进行光合作用的重要环境因素之一。如叶片的结构特点（面积大，气孔多），虽适应了从空气中吸收含量极低的二氧化碳的需要，但同时却使水分非常迅速地散失，一般每形成0.5kg光合产物，大约需要蒸腾损失150～400kg水。若水分不足，会使作物光合降低。当然水分过多，作物生长也不正常，不利于作物进行光合作用。

(4) 二氧化碳浓度及其扩散过程

二氧化碳是光合作用的重要物质原料之一。一般农田，特别是在高产栽培条件下，由于通风条件差，空气不够流通，二氧化碳的浓度往往低于3/10 000，限制了作物对太阳光能的利用。因此，需要较远处的空气来更换，这就是说二氧化碳的扩散过程主要决定于风速。温度和光对扩散过程也有一些影响。

由于上述环境因素的影响，理论上的光能利用效率和实际上的光能利用效率有很大差别。如制造1克分子的碳水化合物在植物体内贮存能量 5.016×10^5J，但是在进行光合作用时，叶绿素须吸收约4倍的能量，因此效率仅为25%。另外，能引起光合作用的可见光仅占太阳光谱能量的41%，又由于投射到植物体上的太阳辐射平均约有15%被反射，所以理论上光能的利用效率是：

$$25\%\times41\%\times(1-15\%)\approx8.7\%$$

实际上，农作物对于太阳能的利用率远达不到8.7%。

（二）热量资源

1. 热量资源

热量主要来源于太阳辐射，通常以温度指标来表示。它是最基本的气象要素，包括大气温度和土壤温度。一般前者称为气温，后者称为地温。

气温表示大气的冷热程度。太阳辐射是地球上热量的主要源泉，但大气直接吸收太阳辐射是微弱的。大气增温过程主要是白天地面吸收太阳辐射后，地面温度很快升高，地面再将热量传递给靠近地面的大气，所以大气的温度是靠近地面一层先上升，之后由大气运动将热量输送到大气高层。因此，越往高处越冷，大约每升高100m，温度要降低0.65℃。夜间散热也是地面最快，所以近地面的温度先下降，以后上层大气的温度才逐渐下降。

地温表示土壤的冷热程度。土壤温度的升高和降低，主要决定于地面接受太阳辐射的热量和地面冷却时所散失热量的差值。如果接受的热量多于散失的热量，地温就升高；反之，地温就降低。此外，土壤的颜色、结构、地势的坡向、植物和覆盖等，对地温变化也有很大影响。地温和气温一样，也有日变化和年变化。

2. 热量资源的影响因素

太阳的辐射强度，随昼夜和季节而变化，因而气温有明显的日变化和年变化。其变化幅度的大小和变化快慢，受以下各因素的控制和影响。

(1) 温度与纬度的关系

温度的高低与变化大小与纬度有密切的关系。低纬度地带中午太阳高度角比高纬度地带大，辐射强，一日内太阳高度角变化大，因而低纬度地带太阳辐射强弱日变化比高纬度地带大，加之低纬度地带昼夜长短相差小，所以低纬度地带不仅日平均温度较高，而且温度的日变化也大于高纬度地带。日变化的具体数值因天气、季节及地方条件的不同而不同。一般是阴天、高山、冬季变化小，晴天、平原及谷地、夏秋季变化较大。

温度年变化与纬度的关系则和日变化相反，高纬度地带因太阳高度角的年变化大于低纬度地带，所以温度的年变化是高纬度地带较大，低纬度地带较小。

(2) 温度与海陆、海拔高度的关系

纬度相同的地带，温度的日变化和年变化一般是内陆大于沿海，高山小于平原。

水域及其附近，不仅温度变化幅度小，而且变化也较迟缓，最高及最低值出现的时间相应推迟。

高原、高山与平原比较，受自由大气影响多，平均气温低，变化幅度也小。

此外，一地温度的高低，尚有因冷暖空气活动及阴晴风雨等引起的非周期性变化。如春天回暖过程中的阴雨低温，夏日闷热后又突然凉爽。

气温的日变化和年变化还表现在近地面温度的垂直变化方面。如夏天中午，烈日当空，地表温度往往能高达 70℃左右，但此时离地 1.5m 高的空气温度一般只有 30℃多。稍高之处，温度更低。到数千米高空，虽近夏季，气温仍可在 0℃以下。这充分说明了空气直接吸收太阳辐射的本领甚小。与空气不同，地面、水面及作物茎叶层等，均能大量吸收太阳辐射，因而增温较多。在太阳照射下，地面、水面、茎叶层的温度高于气温，它们向空气传递热量。常称地面、水面及作物茎叶层为活动面或作用面（作物茎叶层又称活动层或作用层），它是空气的第二热源或直接热源。

作用面附近热量传递和温度变化最剧烈，温度的垂直分布也以它为转折点。

中午太阳辐射强度大，地表热量吸收也多，下午 1 时左右地表积累热量最多，地表温度达到最高。地表邻近的空气和土壤也随着增温，靠近地表的土层和空气层增温较多且较早；离地表稍远的土层和空气层增温较少，最高温度出现的时间也推迟。此时，近地表温度的垂直分布是以地面为转折点，在一定范围内向上和向下温度都降低。

夜间，地面热量支出多于收入，地表逐渐变冷，清晨温度达到最低。邻近地表的空气和土壤也随着降温，稍远处则降低较少，最低温度出现的时间也较迟。此时以地面以上 1cm 左右为转折点，向上向下温度都增高。

最高温度与最低温度之差，称为温度的变幅。随着土壤深度和地面以上高度的增加，温度的日变幅和年变幅都迅速减小。

不同深度土壤温度变幅的大小随纬度的不同而不同。其变化趋热和气温变幅与纬度的关系一样。日变化所达深度，是低纬度地带大于高纬度地带；年变化所达深度，是高纬度地带大于低纬度地带。

3. 几个重要的温度指标

(1) 基点温度

对于植物的每一生理过程有三个基点温度。即最低温度——维特生命、生长或发育的下限温度，最适温度——生命活动进行最快的温度，最高温度——维持生命、生长或发育的上限温度。三基点的数值大小，因农作物的种类、品种、发育期器官与年龄生理条件、大气湿度以及其他环境因子的不同而有不同。农作物的最适温度比较接近上限（最高）温度。最高温度点一般不很高，多数是 30~40℃之间，但出现这样温度的机会并不常见。最低温度比最适温度低得多，却远较最高温度常见。在农业气象灾害中，低温危害比高温危害出现的机会多。此外，同一植物的不同机能，其基点温度也是不同的。如有很多植物，它们光合作用的最适温度要显著地比呼吸作用的最适点低。

（2）农业指标温度

各种农作物的生长发育和农事活动的进行都要求有一定的温度条件，作物的发芽、出苗、生长各个阶段发育的完成都要求一定的起始温度，在这个温度以上，作物各发育阶段才能进行，即生物学下限温度，又叫生物学零度，通常称为农业指标温度。其中对作物生长关系较大的农业指标温度有 0℃、3℃、5℃、10℃、12℃、15℃等。日平均气温稳定通过 0℃时是土壤“日消夜冻”的转折点。秋季日平均气温稳定下降到 0℃以下，土壤开始冻结。冬季气温下降到 3℃以下，冬小麦停止生长。春季日平均气温稳定上升到 0℃时，土壤开始化冻，即可开始田间农事活动。日平均气温达到 3℃时，冬小麦已经返青。日平均气温达到 5℃时，冬小麦、大麦、燕麦、胡麻、甜菜、油菜、大多数牧草等迅速生长。春播作物如玉米、谷子、高粱、大豆、甘蔗、水稻、花生等，一般在日平均温度 10℃以上才能发芽、出苗和生长。棉花等喜温作物则要求在 12℃以上。春播喜温作物在气温达到 15℃时，才能迅速生长。但日平均气温大于 35℃时，对一般作物的生长发育反而有害。因此，上述农业指标温度初、终日期出现的早晚、持续期的长短，对各地的生长季节和农作物的生长发育影响很大。

（3）积温

在农作物所要求的最低温度与最高温度之间，当其他条件都相同时，在一定范围内，温度高低与它的持续时间有一定的依存关系。温度的总和即称积温，又称累积温度。它的单位随所用的温度单位和时间单位而定，一般为“度、日”，亦有使用“度、小时”或其他的。积温既包括温度的强度，也包括温度的持续时间，它能比较好地反映作物生育速度与温度条件之间的关系。通常是根据各种农业指标温度如 0℃、3℃、5℃、10℃、15℃来分别计算积温。目前常用的有活动积温和有效积温两种方式。前者系指植物某一生育阶段或全部生育期中高于生育起始温度的总和，后者系指起始温度以上那一部分温度的总和。积温反映了作物对温度条件要求的一个重要方面，是不同作物和品种的本质属性之一。了解作物这一特性，依据各地区的温度条件，有助于分析该作物在某地区种植的适宜程度及必须采取的农业技术措施。

（4）变温

太阳辐射的日变化，使与植物生育密切相关的气象条件形成有规律的变化。当太阳升起时，光和温度增加而相对湿度降低，下午刚好相反。自然界的植物已经适应于这种有规律的变化环境，它们在夜晚要求较白天为低的温度。若处在人为的不变环境中生育，它们则往往显现出不正常状态。以番茄为例，由试验得知，它的茎的生长及结实，在白天温度为 26.5℃及夜间温度为 17~19℃时，比昼夜都在 26.5℃的恒温好得多。这与不同生理机能的基点温度高低是紧密相关的。

（5）最热月平均温度

一个地区积温的多少，是决定熟制和种植作物的重要指标，但考虑到该地区能否满足作物所需要高温条件，对于喜温作物而言更为重要。所以，最热月平均温度也是一个不可缺少的重要指标。例如，昆明大于等于10℃的积温为4 499℃，比石家庄4 415℃还多75℃，但是昆明不能种棉花，而石家庄却是我国重要产棉区之一。这是因为石家庄夏季能够满足棉花生育要求，而昆明夏季温度偏低，不能满足棉花生育的要求。石家庄最热月平均温度高达26.6℃，而昆明只有19.8℃。可见，积温相近的两地，并不一定能种植同样的作物，还应考虑最热月平均温度这一重要指标。

(6) 最冷月平均温度和极端最低温度

最冷月平均温度和极端最低温度是农作物和其他经济作物有无低温危害，能否安全越冬，以及发展某种作物有无可能性所必须考虑的因素。冬季低温是冬作物越冬及其分布界限的主要决定因子。无论生长季热量条件如何优势，若冬季严寒程度不同，对越冬的一年生作物（如冬小麦、油菜、蚕豆等）和多年生作物（如果树、茶树、橡胶等）能否安全越冬影响很大。冬季低温状况是北方主要冬寒害问题，所以对最冷月的平均温度及极端最低温度的统计分析是十分必要的。

(三) 降水资源

1. 降水资源

降水是自然界水分的主要来源。它是空中降到地表的液态和固态凝结物的总称，雨、雪、霜、雹等都包括在内。降水量是指雨水或冰、雹、雪等融化成水（既未流失，也未蒸发掉）而积聚起来的水层厚度，通常以毫米为单位来计算降水量。

水分是动植物生存和发展的先决条件。不同种类的作物，以及同一种作物的不同生育阶段，由于其生物学特性及生育季节不同，它们对水分的需要有显著的不同。生育期长、叶面积大、生长快、根系发达的作物需水量较多；反之，便较少。机体组成中蛋白质或油脂多的作物如大豆、花生，比体内含淀粉多的作物如山芋、马铃薯等需水量多。营养生长与生殖生长有明显界限的作物如麦类作物，对水分的反应较为迟钝；营养生长与生殖生长界限不明显的作物如棉花、大豆，对水分反应灵敏。因为水分的过多或过少将使两种生长的协调遭到破坏。同一种作物的不同品种，需水状况也不一样。同一种作物的不同生育阶段，则表现为前期和后期需水少，生育盛期需水多。

2. 影响农业生产的重要指标

(1) 降水量的丰富程度

降水量的多少及其地区分布，主要受大气环流、距海远近和下垫面（主要是地形）的影响。它是一个重要的水分数量指标，直接影响着农作物的分布和产量，是划分农业区与牧业区、旱作区与水田区的基本依据之一。

国际上通常把降水量大于等于500mm的地区称为半湿润和湿润地区；降水量小于等于500mm的地区称为半干旱或少雨地区；小于等于250mm的地区称为干旱地区，或无灌溉即无农业地区。

此外，一个地区降水量的丰富程度，还受地形条件和气旋活动的影响，如山地的降水量多于草原，迎风坡的降水量大于背风坡，气旋活动多的地区降水量多，气旋活动少的地区降水量少等，几乎已成为降水量丰富程度的一般规律。

(2) 降水量的季节分配

就农业生产对降水的要求来看，既需要有一定数量的年降水总量，也要求年降水总量在各季节中合理分配。所谓合理分配，就是在各季节间不要相差过分悬殊，而且要湿热同期，这样才有利于农作物的生长发育。反之，即使有足够的年降水总量，也未必能满足农作物生长各阶段对降水资源的需要。

(3) 降水量的年际变化规律

农业生产既要求一定数量的年降雨量和合理的季节分配，又希望常年稳定少变。降水量变动大，易形成旱涝，不利于高产稳产。

降水量年际变化的规律，主要是降水量多的地区，降水量的年变化率小；反之，则大；气旋雨、地形雨为主的地区，降水量的年变化率小；台风雨、对流雨地区，降水量的年变化率大；山地的降水量年变化率小；河谷、盆地的降水量年变化率大。

降水量年际变化的大小，常用绝对变率和相对变率表示。其中相对变率更能反映降水量的变动程度。降水量年际变化大的地区，也是水旱灾害频繁的地区。因此，研究各地降水相对变率，与作物布局和采取抗旱措施有密切关系。

(4) 降水量的保证率和干燥度

为了根据降水变率确定某种作物是否能栽培，是否应采取灌排水利措施和其他农业技术措施，以及确定需水量的供应情况，还要计算降水保证率。亦即降水量在一定数值以上（或以下）所发生的机会的频率，也叫累积频率。降水保证率高，农业水分保证程度也高；反之，农业水分保证程度则低。

为了充分评价某一地区的水分条件，只有全年和作物生长期降水总量和保证率资料还是不够的。因为在不同地区降水量可能相同，而大气湿润情况则未必相同，从而对农作物生长的影响就有差别。这是因为不同的地区降水量虽然相同，但是蒸发量可能不同，即土壤蒸发量和植物叶面蒸腾量在各地均有差别。因而关于农作物的水分保证情况，不能只看全年或生长期降水总量，还必须考虑可能蒸发量与降水量的比例，二者之比称为干燥度。所谓干燥度，是指日平均温度大于等于10℃时同期可能蒸发量和降水量的比值，即

$$K = \frac{E}{R} = \frac{0.16T}{R}$$

式中：K 为干燥度；

E 为可能蒸发量；

T 为日平均温度大于等于10℃的积温；

$0.16T$ 大约相当于同期间的可能蒸发量；

R 为同期降水量。

用干燥度可以大致表示降水对作物需水的保证程度。比值越小，说明作物需水的保证程度越大；比值越大，说明作物需水的保证程度越小。据此，可以采取相应的农业和水利措施，促进农业生产的发展。

三、我国气候资源分布特征

（一）我国光能资源分布特征

1. 太阳辐射能

一地获得辐射能的多少首先和其所处的纬度位置有关，纬度越低，太阳高度角越大，所得的能量就越多；反之，纬度越高，太阳高度角越小，所得能量也就越少。我国绝大部分领土均处于中纬度，有一部分还处在低纬度的热带，所以光能资源是相当充足的。其次，地表获得辐射能的高低还取决于大气的透过度。高山、高原地区，空气稀薄，水汽、尘埃也少，

大气透过度好，所获得的辐射能就多。青藏高原日照时间及辐射量均居全国之冠。大西北的新疆、内蒙古、甘肃、宁夏一带因气候干旱，降水少，晴天多，日照时数多，是我国第二个辐射能高值区。长江流域虽然纬度较低，但降水多，雨日多，云雾、阴天多，反而成为相对低值区，其中云雾、阴天特多的四川盆地和有“天无三日晴”之称的贵州高原是我国辐射能低值中心。我国辐射能的分布如图 2-22 所示。

根据所得辐射能的多少，可将我国划出如下几个不同类型的辐射能区。

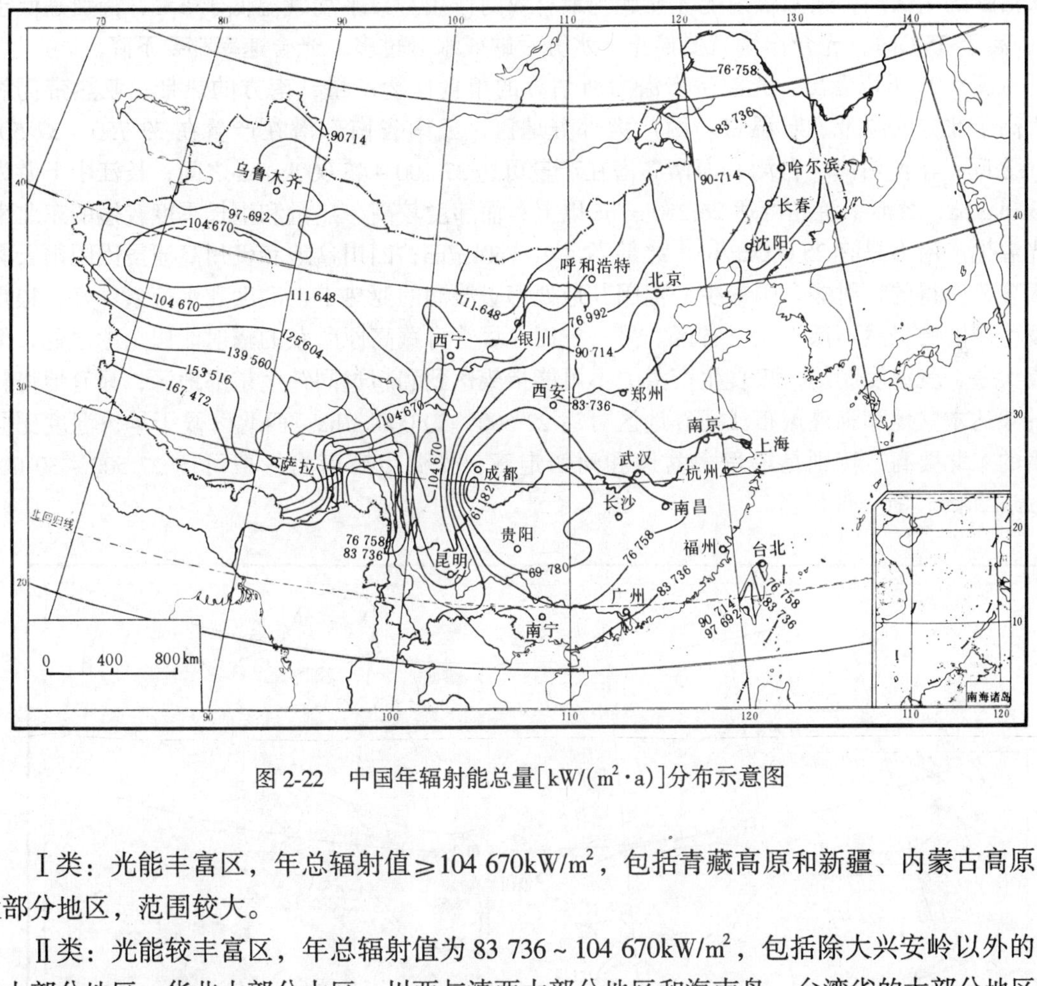

图 2-22　中国年辐射能总量[kW/(m²·a)]分布示意图

Ⅰ类：光能丰富区，年总辐射值≥104 670kW/m²，包括青藏高原和新疆、内蒙古高原的大部分地区，范围较大。

Ⅱ类：光能较丰富区，年总辐射值为 83 736～104 670kW/m²，包括除大兴安岭以外的东北大部分地区，华北大部分大区，川西与滇西大部分地区和海南岛、台湾省的大部分地区以及粤、闽东南沿海地区，范围最广。

Ⅲ类：光能较贫区，年总辐射值为 69 780～83 736kW/m²，限于四川盆地西缘、北缘山地，长江下游地区，两广和闽浙丘陵山地。此外，台湾东北、西藏东南一隅之地也属这个类型。

Ⅳ类：光能低值区，年总辐射值＜69 780kW/m²，但范围小，仅限于四川盆地和贵州高原。

后两类虽然光能较为贫乏，但这里属湿润气候的亚热带，温热条件和水分条件优越，太阳直接辐射不多，但植物赖以光合作用的散射辐射比重大，光能农业利用潜力仍然很高或较高。

2. 光合潜力

根据估算，我国农田全年光能利用率平均仅为 0.4%。20 世纪 60 年代初竺可桢就指出，如果辐射利用率达到 1%，则长江流域水稻亩产可达 470.5kg；如利用率达到 3%时，则亩产可达 1 416.5kg。

光合潜力虽然主要是依据辐射能量来计算的，但应当注意，植物利用辐射能进行光合作用是在一定的温度和水分条件下进行的。一般当日平均气温高于 10℃、低于 30℃时，植物进入活跃的生长期，太阳辐射能才能起到最有效的作用。日平均气温低于 5℃、特别是低于 0℃，高于 35℃时，光合作用就要停止。水分亏缺或水分过多，光合速率都要下降。

从图 2-23 可以看出，光温生产潜力所估算的粮食作物产量，南方的热带、亚热带仍然大大高于北方的温带、寒温带。两广大部分地区、云南省南部潜在产量在 33 750～37 500 kg/ha之间；华南沿海、台湾和海南岛潜在产量可达 37 500～45 000kg/ha 之间；长江中下游为 30 000kg/ha，黄河下游亦可达 26 250kg/ha 以上；而纬度较高、热量和生长季度较短的东北南部光温生产潜力只有 25 000kg/ha，北部不足 18 750kg/ha；四川盆地和贵州高原虽因阴雨云雾阴天多，所得的辐射能全国最少，但因其地处温暖湿润的亚热带，温度和水分条件好，粮食作物生产潜力仍然不低于北方省区。另一方面，尽管青藏高原所获的辐射能居全国之冠，但地高天寒，受温度制约，粮食生产潜力不可能指望达到和超过同纬度东部地区，只有地势较低的柴达木盆地和雅鲁藏布江河谷地区可达 22 500～30 000kg/ha。西北气候干旱，温度比同纬度的东北要高，特别是塔里木盆地和河西走廊，光温生产潜力一般可达 27 500～30 000 kg/ha，和闽、浙一带相当。

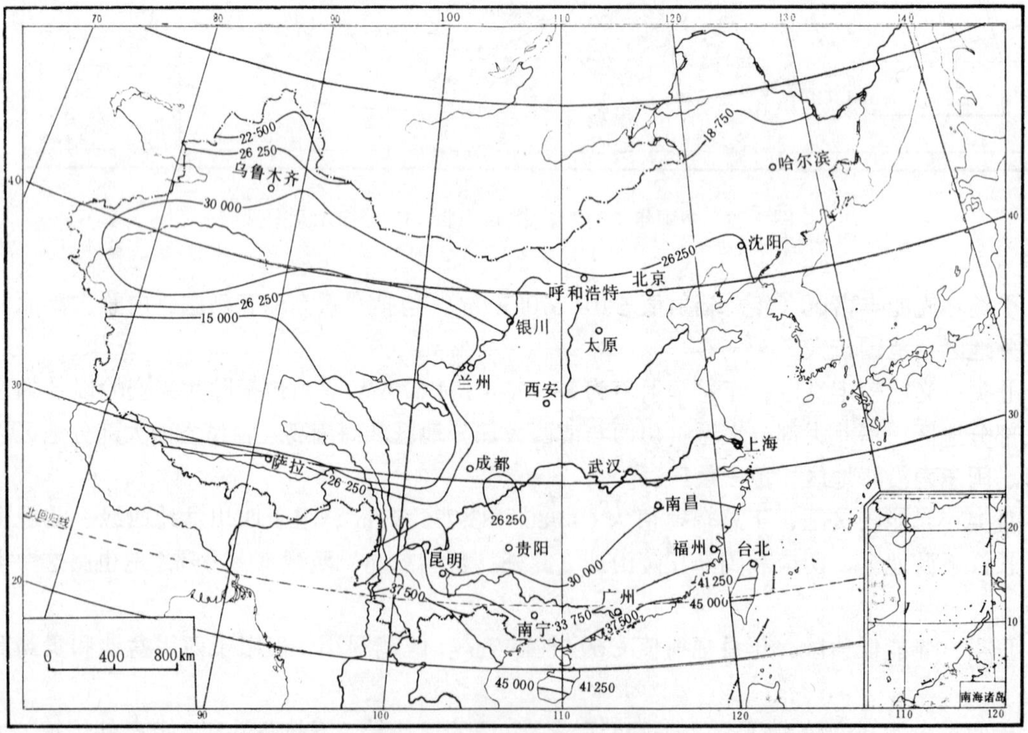

图 2-23　中国光温生产潜力（kg/ha）分布示意图

3. 我国热量气候带及其分布

我国气象气候学界和地理学界根据上述温度指标，在全国960万平方公里的土地上，由北而南划分出能够反映热量差异的九个热量带和一个青藏高寒区（表2-20，图2-24)。

表2-20　中国热量气候带温度指标

区域	热量气候带	占全国土地比率（%）	主要指标		辅助指标		
			≥10℃持续天数	≥10℃积温	最热月气温（℃）	最冷月气温（℃）	最低气温平均值（℃）
东部湿润区域	寒温带	0.9	<105	<1 700	<16	< -30	< -45
	中温带	9.2	106~180	1 700~3 500	16~24	-30~ -10	-45~ -25
	暖温带	10.9	180~225	3 500~4 500	24~30	-10~0	-25~ -10
	北亚热带	5.4	226~240	4 500~5 300	24~28	0~5	-10~ -5
	中亚热带	16.5	241~285	5 300~6 500	24~28	5~10	-5~0
	南亚热带	3.8	286~365	6 500~8 200	24~28	10~15	0~5
	北热带	0.8	365	8 200~8 700	24~28	15~20	5~10
	中热带	0.1	365	8 700~9 200	>28	20~25	10~15
	南热带	<0.01	365	>9 200	>28	>25	>15
西北干旱区域	中温带	15.5	105~180	1 700~3 500	16~24	-30~ -10	-45~ -25
	暖温带	14.3	181~225	4 000~5 500	26~32	-10~0	-25~ -10
青藏高原区域	高原寒带	4.4	不连续出现				
	高原亚寒带	6.3	<50				
	高原温带	11.9	50~180				

由表2-20和图2-24可以看出，我国热量资源丰富多采，但以温带和亚热带为主，前者分布地域占全国国土总面积的50.8%，后者占25.7%，热量特优的热带地区只占0.9%，这对农业生产十分有利。

(1) 寒温带

仅限于大兴安岭一隅之地。这里长冬（8个月以上）无夏，春秋相连，最冷月平均气温在-30℃以下，多年最低平均气温为-45℃。土地封冻期长，不少地区还有斑点状永久冻土层。无霜期与日平均大于等于10℃的生长期多不足100天。大于等于10℃的积温不足1 700℃。最热的7月平均气温也不足16℃。只有地势比较低下的河谷地区可以发展种植业，作物一年一熟，主要为早熟的春小麦、大麦和马玲薯等。这里是我国重要林区——东北林区的组成部分，以耐寒的落叶松为主。

(2) 中温带

大致包括天山—长城一线以北的广大北部地区。这里冬季严寒而漫长（6~8个月)，夏季短促而温凉（12天~2.5个月)，最冷月平均气温-10~ -30℃，多年平均最低气温-25~ -45℃，小麦也不能越冬。但最热月（7月）平均气温可达16~26℃，不仅喜凉作物，如春小麦、大豆等可以顺利生长，有些地方连喜温的水稻也可以种植。日平均气温大于等于10℃的生长期达100~180天，积温1 700~3 500℃，大部分地区作物一年一熟，以大豆和春小麦为主。天然森林是由针叶树和落叶阔叶树组成的混交林。小兴安岭和长白山地是东北林区的重要组成部分。天山、阿尔泰山则是西北主要森林分布所在，以云杉、冷杉为主。内蒙古、甘肃、宁夏以及北疆等广大高原和山地，是我国最主要的草场分布区，以干草原和荒漠草原为主，沙漠、戈壁分布较广。

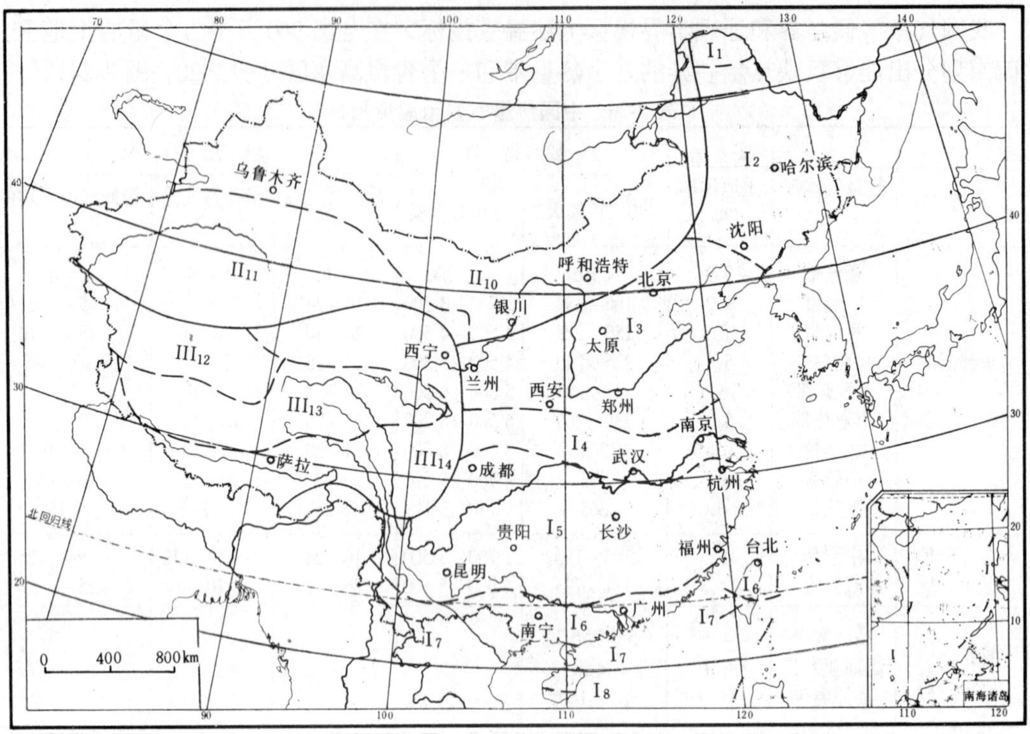

图 2-24 中国热量气候带分布示意图

Ⅰ．寒温带；I_2．中温带；I_3．暖温带；I_4．北亚热带；I_5．中亚热带；I_6．南亚热带；I_7．北热带；I_8．中热带；I_9．南热带；II_{10}．干旱中温带；II_{11}．干旱暖温带；III_{12}．高原寒带；III_{13}．高原亚寒带；III_{14}．高原温带

（3）暖温带

大致包括长城以南，秦岭、淮河以北的黄河中下游地区，西部包括天山以南的塔里木盆地，东部包括东北辽南地区。和中温带比较，冬季较暖也较短，约 4～6 个月，最冷月平均气温 −10～0℃，多年最低气温平均为 −25～−10℃，喜凉作物已能够越冬，是我国冬小麦主要分布区，最热月平均气温 24～32℃，和南面的亚热带不相上下，西部的塔里木盆地，特别是吐鲁番盆地还是我国夏季最高气温中心。这个热量气候带内不仅能种喜温的水稻，而且还可种植喜暖的棉花，华北平原是我国最主要的棉花生产基地，塔里木盆地是我国优质的长绒棉生产基地。日平均气温大于等于 10℃的生长期 180～225 天，积温 3 500～4 500℃，大部分地区作物一年可两熟或两年三熟。

（4）北亚热带

大致西部包括秦岭、大巴山和汉水谷地，东部包括淮河以南的大别山、长江中下游平原（鄱阳湖平原除外）与苏皖丘陵山地。和暖温带比较，冬温更高，最冷月平均气温 0～5℃，多年平均最低气温 −5～−10℃，极端最低气温可达 −20℃，除局部具有有利的小气候条件地区外，常绿亚热带果木（如柑）经常受到冻害。最热日平均气温达 24～28℃，大于等于 10℃的生长期 226～240 天，积温 4 500～5 300℃，作物一年可两熟，水、肥和劳力条件好的地区可三熟，水稻可以双季连作，但晚春和早秋易受低温冷害影响，产量不够稳定。

（5）中亚热带

西部包括四川盆地和云贵高原大部分地区与藏东南喜马拉雅山南斜面地区，东部包括南山地及其以北的江南丘陵与闽浙丘陵。最冷月平均气温 5～10℃，多年平均最低气温 -5～0℃，但极端最低气温仍可达 -5～-10℃。虽是亚热带经济林果适生地带，但仍需采取防冻措施。日平均气温大于等于 10℃的生长期 240～285 天，积温 5 300～6 500℃，作物基本上全年可以生长，一年可三熟。天然植被是以樟、楮等为代表的常绿阔叶林，针叶树的代表是马尾松、云南松、华山松、杉木等。这里是世界上竹类生产最佳、分布最广的地区，茶叶、油茶、油桐、乌桕等亚热带经济植物也是本带特产。

(6) 南亚热带

包括南岭山地以南的闽、粤、桂沿海低山丘陵及滇南山间河谷地区。日平均气温大于等于 10℃的生长期 285～365 天，积温 6 500～8 200℃，最冷月平均气温亦达 15～16℃，多年平均最低气温 0～5℃。但在北方南下的强冷空气影响下，极端最低气温仍可降到 2～-5℃。不过一般年份已无冷冬，不仅亚热带常绿果木可安全越冬，背风向阳地区还可种植热带经济作物。亚热带所特有的常绿阔叶林中，已有不少热带雨林成分的树种。本带是香蕉、菠萝、荔枝、龙眼以及甘蔗等亚热带作物的优良产地。

(7) 北热带

不连续地分布于云南南部边缘，广东雷州半岛、海南省及台湾南部一带。和上述热量带比较，土地面积虽然不大，但却是我国热带森林和橡胶等热带经济作物的唯一生产基地。因其处于热带的北缘，在北方强冷空气影响下，多年平均最低气温仍可下降到 5～10℃，极端最低温曾达 2℃。这对于热带作物仍是威胁，必须注意防范低温。

(8) 中热带和南热带

主要包括南海诸岛。热量条件最佳，日平均气温大于等于 10℃的积温达 9 200℃以上。不过这里以珊瑚岛礁为主，土地面积不大，土壤浅薄，除可利用广阔的海洋空间发展海洋渔业以外，对耕作业和林果业意义不大。

(9) 青藏高原高寒区

在气候上是以高原气候为其特征。因其海拔高，面积大，冬季又不如同纬度东部平原地区那么易受北方冷空气侵袭，温度并不太低；但夏季气温偏低较多，位处西北部的高原寒带，海拔一般超过 5 000m，即使盛夏，日平均气温也在 6℃以下。降水也少，属高原荒漠景观。中部的高原亚寒带，夏温稍高，但生长期不到 50 天，不宜于种植农作物，是高原主要牧场所在。高原温带，位于高原边缘，是亚洲主要河流的源流区，有的受河流切割成为河谷，如雅鲁藏布江、金沙江、澜沧江和黄河等河谷；有的陷落成为盆地，如柴达木盆地，地势较低，降水较多，热量较高，生长期可达 100～180 天，是高原主要农耕地区。谷坡还有以云杉、冷杉为主的森林分布。高原上面则是由高山草甸组成的牧场。

4. 我国降水资源的分布特征

我国降水主要来自夏季风。受季风环流的影响，在降水分配上存在着地区间即空间分布的不均匀性、季节间的不平衡性和年与年间的不稳定性。这三个特性既孕育着我国水资源的不少优点，也隐伏着许多缺陷甚至灾害。

(1) 空间分布不均匀——东南多西北少

按正常年降水量情况，由东南向西北可明显地分出五个不同量级的降水带（图 2-25）。

①丰水带，年降水量 1 600mm 以上。主要分布在长江以南地区，包括台湾、福建、广东的大部分地区，浙江、江西、湖南、广西和四川、云南、西藏的一部分。其中台东、闽西、

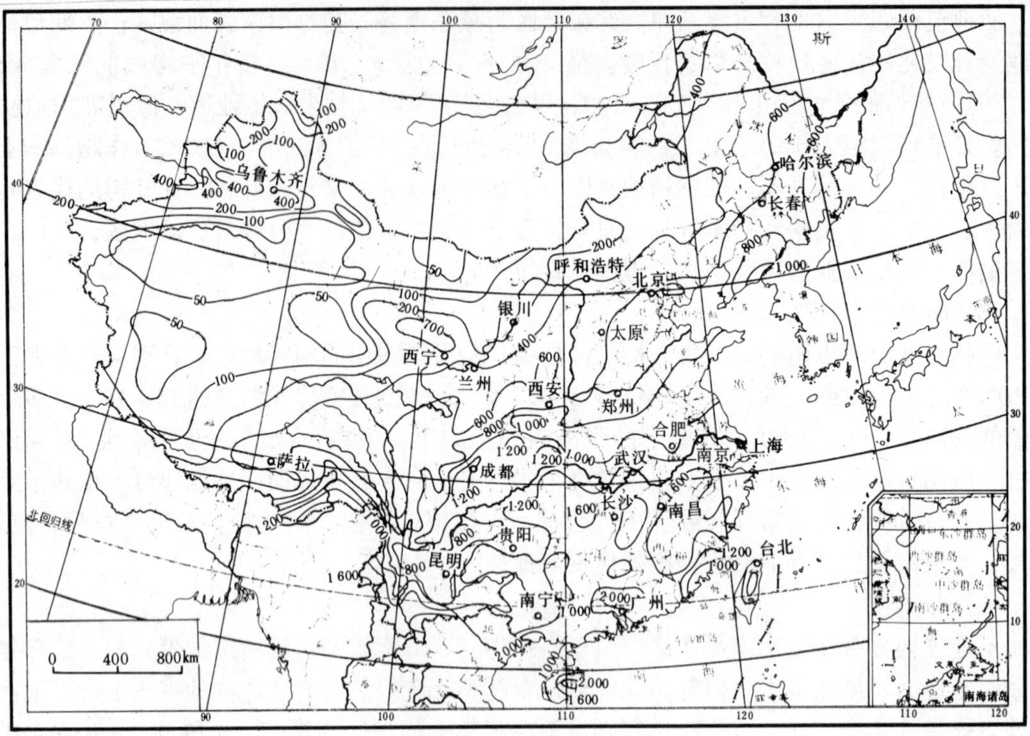

图 2-25 中国年降水量（mm）分布示意图

粤北、桂南、川西山地以及喜马拉雅山南，年降水量均超过 2 000mm；台东山脉和喜马拉雅山南坡达 4 000mm，是我国南方东、西相对应的两个多雨中心。

②多水带，年降水量 800 ~ 1 600mm。一般分布在长江以北地区，如秦岭山地、淮阳山地、云贵高原的大部分地区、青藏高原的东南边缘山地、冀北山地和东北长白山地。

③少水带，年降水量介于 400 ~ 800mm 之间。主要包括东北平原、黄淮海平原、黄土高原和青藏高原东南部。基本属半湿润气候，蒸发量已超过降水量，水源已感不足。

④缺水带，年降水量 200—400mm。包括内蒙古高原和青藏高原东部草原带以及西北内陆的天山、阿尔泰山的迎风坡低山地带。这是我国天然草场主要分布区。

⑤严重缺水带，年降水量均在 100mm 以下。主要分布于贺兰山以西的内陆盆地地区，藏北高原、塔里木盆地、柴达木盆地，年降水量尚不足 50mm。塔克拉玛干沙漠东南边缘，年平均降水量只有 18.3mm。芜羌仅 15.6mm，是我国降水最少的地区。

（2）季节分布不平衡——降水集中在夏半年

全国除了北疆西部山地终年受西风带控制，降水季节分配比较均匀外，其余广大地区，尤其是直接受夏季风影响的地区，降水均集中在夏半年（4 ~ 10 月）。当然集中的程度各地之间也有差异，如华南、华西集中于 4 ~ 10 月，即春夏秋各季均有较多的降水；长江中下游地区，则集中在 3 ~ 6 月，属春夏梅雨型降水区，但冬秋也不干旱，如长沙春夏降水占全年总量的 70.44%，冬春两季亦分别占 14.83% 和 14.21%。滇、川西部及藏东一带主要是受西南季风影响的地区，降水则集中于 5 ~ 10 月和 6 ~ 9 月。东北东部山地，降水集中在 6 ~ 9 月。黄淮海平原、内蒙古高原以及西藏西部地区，分别居东南季风和西南季风强弩之末的部位，夏季风来得晚，退得早，降水集中在 2 ~ 8 月，如北京、济南两地，7 ~ 8 月的降水量分别占全年总量的69.5%和63.5%，属多雨区（图2-26)。

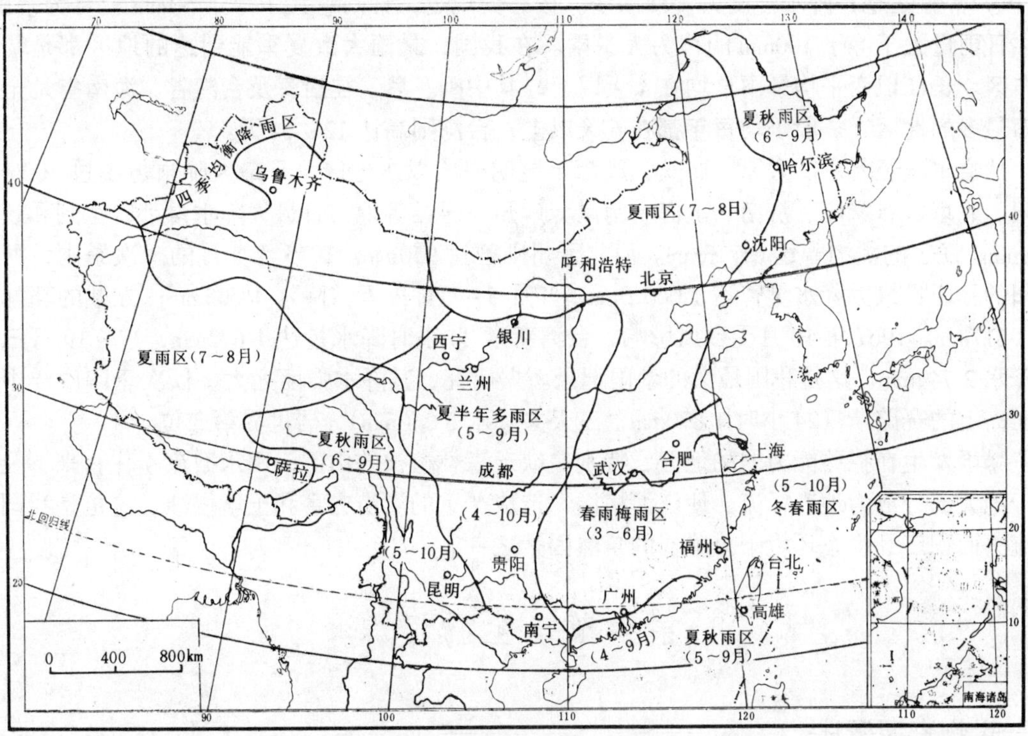

图2-26　中国雨季分布示意图

就全国而言，我国降水集中于高温的夏季，雨热同期，对作物的生长极为有利。但因整个农作物生育期长，降水集中性越强，越难以满足不同作物不同生长阶段的需要。有的季节雨水过于集中，易发生洪涝灾害。有的季节雨水过少，则往往发生旱灾，如夏雨区易发生春旱，华北是春旱最频繁的地区；如春夏旱相连，则旱情更为严重。华西和西南，如降水集中于5~9月或5~10月，冬春连旱率就高；3~4月或3~5月，常因缺水而影响春耕春播。江南梅雨区和华北夏雨区，则常因雨水过于集中而发生洪涝灾害，盛夏受副热带高压影响，长江中下游地区又是伏秋旱频繁的地区。

(3) 降水变率大

由于季风强弱多变，所以各地每年降水量很不稳定，有时偏多，有时偏少，变率较大，水旱灾害较多。这对国民经济，特别是农业生产十分不利，必须采取水利和生物工程措施，增加排灌设备投资，才能确保农业稳产高产。

从年雨量变率情况看，秦岭淮河以南和东北地区，降水变率较小，一般均在20%以下，大部分地区在10%~20%之间。越向西北变率越大，一般由20%上升到30%以上，柴达木盆地高达40%~50%。一般地说，年降雨量越多、降水期越长的地区，变率越小；干旱少雨、雨期越短的地区，变率就大。同样是季风多雨区，气旋活动频繁、雨期较长的地区，变率较小，如东北和江南地区；气旋活动少、雨期短的地区，变率就大，如滇西和藏东南地区。一个地区降水变率愈大，降水量的保证率就越低。

(4) 降水强度大，暴雨多

单位时段内降水量称为降水强度。单位时段内降水量越多，降水强度就越大。我国属大陆性季风气候国家，东部地区是南北暖冷气流交结场所，沿海一带又是西太平洋热带气旋（台风）常经之地；降水强度大，暴雨多。按有关规定，日雨量大于等于50mm就算为暴雨，其中日雨量大于等于100mm的称为大暴雨。在我国，暴雨大致夏季能到达的地区都是暴雨分布区。长江以南平均暴雨日均在4天以上，其中闽、粤、桂沿海及台湾省、海南省是全国暴雨最多的地区，一般平均每年都在6天以上，台湾则高达12~14天。

从哈尔滨经北京、太原、西安、成都至昆明一线以东地区，日最大降雨量超过100mm。沈阳、北京、石家庄、济南、上海、南昌、广州、崖县等地，日最大降水量都曾达到和超过200mm。辽宁的黑沟曾达657.3mm。河北獐州则曾达950mm。1975年8月的一次暴雨，河南泌阳的林庄日最大降水量曾达1 060.3mm，8月5~7日三天共降水1 605mm；方城的郭林也达1 517mm。1967年10月受台风影响，台湾新索24小时降水量达1 672mm，17~19日三天共降水2 749mm，这是我国最大的暴雨记录。据研究，其降水强度之大，仅次于印度洋中留尼汪岛上的赛路斯（24小时1 870mm，三天共降水3 240mm），居世界第二位。

暴雨发生在拦蓄能力弱的地区，特别是缺乏森林植被的山区，雨水截流不住，来不及下渗，绝大部分成为地表径流，使江河横溢，造成严重的洪涝灾害和土壤侵蚀。这也是我国水土流失面积广、生态环境十分脆弱的自然因素之一。

第六节　生物资源

一、生物资源概述

（一）基本概念

地球上由人类和动物、植物、微生物组成了一个具有生命的世界。

生命及生物在大气圈、水圈及岩石圈的表层产生和发展，在地表和水体上下约100m厚度的范围内形成一层环绕地球的“生命膜”。在这个范围内，最活跃的是生物，其中绿色植物在其生命活动过程中，萃取太阳能量、吸收土壤中的水分和养分，吸收大气中的CO_2和O_2等，使各个自然圈层之间发生物质和能量的相互渗透，形成整个地球表面以生物为主体的能量转换和物质循环。生物资源包括植物资源、动物资源和微生物资源，与人类关系密切，人类的生活包括吃、住、穿、用等，绝大部分来自生物。因此，生物资源是指能为人类生活的生产直接或间接提供食品、原料、燃料及其他价值的所有生物的总和。换句话说，生物资源是指自然界中可供人类利用的有生命的种群总和。

（二）生物资源基本特征

生物资源具有可再生性、强烈的地域性、生物多样性和生态系统的主导性等基本特征。

1. 可再生性

生物资源不像矿产资源那样，有一定储量，用一点少一点，不可再生。只要开发利用合理，生物资源可以依靠生态系统自身的运行力量恢复和再生，持续为人类所利用。但生物资源生长发育与产品的形成和输出是严格遵循能量金字塔10%递减规律的。如果人类用之不当，或只用不养，对其开发利用超出了其再生能力时，即会造成生物资源的减少，甚至使其枯竭消失。

2. 区域性

不同的地域，其自然条件，如气候、土壤、水等各不相同，因此，具有不同自然条件的自然地带，生长着不同的生物资源。如热带经济作物只能在热带地区生长，不能在寒带生长。在江河湖泊中生长着淡水鱼类，而海洋和咸水湖中则生长咸水性鱼类。

3. 生物多样性

生物多样性是指遗传、物种和生态系统多样性的总和。地球上几乎每一种生物都拥有独特的遗传组合，遗传多样性是生物多样性的基础。物种多样性是地球上生命有机体的多样性。据调查，地球上大约有 30 000 万种物种。生态系统是所有物种存在的基础，生态系统多样性是指生物圈内的生境、生物群落和生态过程的多样性。生物的演化过程会产生新的物种，而新的生态环境又可能造成其他一些物种的消失，所以生物多样性是不断变化的。

4. 生态系统的主导性

生物资源是生态系统中有生命的部分，是自然生态系统的主体。生物资源借助生物自身的生长和繁衍本能，与周围环境中的光、热、水、气、土等非生物资源不断地进行物质循环和能量转化，从而不断地进行自我更新，并保持一定的数量和质量。在生态系统中，生物通过变异和自然选择追随环境的变迁。同时，生物活动也对环境因子进行改造，影响大气圈、水圈、土圈的演变过程，创造自我保护条件，开辟更丰富、更多样化的生态空间，不断为后续生物物种繁衍创造条件。但人类文明正在加速破坏生物圈，剥夺生物永续生存的条件，必须引起高度重视。

（三）生物资源基本类型

根据生物资源的自然属性，可分为植物、动物和微生物资源三大类。

根据人类活动对生物的影响程度，可分为野生生物和非野生生物两大类。

根据生物的生态特征，可分为陆地生物和水生物两大类。

根据生物资源的经济用途，可分为食用生物、农用生物、工业用生物、药用生物、建筑用生物资源等。

本教材主要介绍植物资源中的森林资源和草场资源与动物资源中的渔业资源和野生动物资源。

二、植物资源

（一）森林资源

1. 分类及特征

森林（即木本植被）是地球上天然植被的主要组成部分。它的种类很多，数量很大，分布面积很广。按照不同的分类标准，可将森林划分为不同的分类系统。如依据森林的植被类型，可分为热带雨林、热带稀树林、亚热带常绿阔叶林、硬叶常绿阔叶林、落叶阔叶林、常绿针叶林、干旱林等；依据森林资源经济利用的目的和用途，可分为用材林、经济林、竹林和各种防护林等。这些森林类型的地理分布，不仅有水平的地区变化，而且随着海拔高度、坡向等自然条件的变化，还有不同的森林垂直带和森林界限。

森林是地球上最大的一个生态系统，具有以下特点：

（1）森林是陆地生态系统中分布最广，生物总量最大的植被类型

以陆地生态系统为例，不同的生态类型，它的生物总量是不同的。亚热带和热带荒漠的生物量最小，为 2.5t/ha；极地荒漠、温带荒漠为 2.5 ~ 5t/ha；冻原为 12.65 ~ 25t/ha，北方针叶林为 200 ~ 400t/ha；温带阔叶林、亚热带森林为 400 ~ 500t/ha；热带雨林集中了最大的生物量，为 500t/ha。可见森林拥有最大的生物量。

据估计，整个地球上，各种生态系统每年通过光合作用生产出的有机物约为 8.3×10^{10} t，其中海洋为 3.0×10^{10} t，约占总量的36%；而陆地为 5.3×10^{10}，约占64%。在陆地生态系统中，又以森林居首位，为 2.83×10^{10} t，其余由草本植被和栽培植被所制造。

从陆地生物总量看，森林占整个陆地生物总量的90%左右。大陆表面的1/3是森林，每公顷的生物总量可达100～400t（干重），约为农田或草本植物群落的20～100倍，而且林木又是多年生长植物，对周围环境能持续地发生影响。因此，森林在陆地上大量的有机物中占有很大优势，它们的重量至少比动物的重量大1 000倍。陆地上大量有生命物质的重量大致如下，占第一位的是森林，占第二位的是草本植被（比森林少8/10～9/10），占第三位的是土壤的生命物质，占第四位的是动物。

（2）森林具有种类的多样性和复杂的空间结构

在生物圈内，森林是绿色植物中最大的群体，远非草原和农田所能比拟。

从能够容纳的种的多样性上看，在一定的区域范围内，农田生态系统中的绿色植物不过几种或十几种，草原可以有几十种，而森林生态系统中的绿色植物则以几百种、上千种计。就热带雨林而言，在一平方公里内可达1 100多种不同种的植物。当然，种的多样性随着热带、亚热带、温带的森林而逐步降低，但即便是温带森林，种的多样性也比同一纬度的其他生态系统要高得多。

森林还具有最复杂的空间结构，其分层性和空间的异质性非常显著。众多的异种绿色植物生长在一起，形成多层结构。一个简单的寒温带针叶林生态系统的植物的地上部分，至少分三层；暖温带的阔叶林至少有五层，甚至六七层。由于森林生态系统的组成和结构复杂，各成分间的自我调节能力较大，所以对付外来的干扰和灾害侵袭的能力也较大。

（3）森林的能量转化和物质循环具有很高的效能和复杂的流程

能量是通过绿色植物的光合作用进入生态系统的。据计算，每年投射到地球上的太阳能约为 2.09×10^{24} J。尽管绿色植物的光能利用率很低，一般为0.2%～0.5%。但是被它所聚集的能量，仍然是相当可观的。每年地球上光合作用能同化360亿吨的碳，这相当于贮存了 1.463×10^{21} J的能量。在地球上，不同生态系统转化光能的数量是不同的。如海洋中的植物光合作用，每年贮存的能量为 2.387×10^{12} J/km²。陆地上植物光合作用，每年贮存的能量平均约为 4.276×10^{12} J/km²；在陆地上又以森林生态系统贮存的太阳能最多，累计达到 2.675×10^{12} J/km² 以上。

从自然界的气体循环上看，森林通过光合作用不断吸收二氧化碳，并释放出氧来维持自然生态的平衡，为人类和其他生物的生存发展创造环境条件。据估计，地球上的森林每年为人类吸收处理掉二氧化碳近千亿吨，空气中60%的氧都来自森林植被。森林资源如果遭受过度砍伐，加上农业上含有大量有机物的土壤被破坏，以及潮湿土壤的减少，就会加速腐殖质的分解，使之变成二氧化碳、水和热。由于生物群（特别是森林）中的碳储量明显减少，释放出来的二氧化碳便进入大气之中，从而加重了大气的污染程度。

从水分循环上看，由于森林既能保蓄水分，又能调节水分和湿度，因此可以认为，哪里有林，哪里就有水。森林直接影响着自然界的水循环。大气降雨量的多少，在很大程度上取决于空气里的蒸腾比。林木蒸腾水分的作用十分强烈，有林地区比无林地区湿度大10%～20%，降雨量要多3.8%～26%。森林的积水蓄水作用同样是巨大的。大雨降到林地，雨水中的15%～40%被林冠所截留，其余5%～10%被林下枯枝落叶层（地被物）所吸收，50%～80%可以渗入地下成为地下水，而沿地表流失形成径流的不过1%。所以，森林能使水分这个再生资源构成大气降水→林冠截留→林地贮藏→地下水→森林蒸腾→返回森林上空的物质循环，往返不息，使人类得以永续利用。

(4) 森林对人类与社会的作用大

森林资源为人类社会提供着丰富多样的木材和林副产品。木材是重要的建筑材料和工业原料，在国民经济各部门中的作用极为广泛。除木材外，许多树木的根、皮、花、果、叶以及森林中丰富的动、植物资源等林副产品，一向是化学、纺织、印染、造纸、制革、食品、医药、工艺美术、日用家具等工业部门的必要原料和人民衣食的来源之一。此外，辽阔的林区还可以为野生动物的栖息、繁殖创造良好条件。

有计划地保护、恢复和扩大森林资源，有利于开展环境保护工作。因为森林资源的存在能够起净化空气的作用，主要表现在林木能够起吸碳吐氧，吸收有害气体和截留灰尘的作用。据测定，一平方公里阔叶树林，每天可吸收二氧化碳 1 000kg，放出氧气 730kg。空气中二氧化碳减少，氧气增加，空气变得新鲜，可减少各种慢性病的发生。树林对有毒气体如二氧化硫、氟化氢和氟等有一定的吸收能力。据测定，每千克柳杉叶（以干重计）每月可吸收二氧化硫 3g，以每公顷柳杉林折合干叶 20t 计，每月可吸收二氧化硫 60kg，每年可达 720kg。氟化氢是一种毒性比二氧化硫大得多的气体，许多树木在其低浓度时可以吸收一部分，如柑桔、交贞、刺槐都有这种能力。林木繁茂的枝叶，可使空气中浮尘降落和附着，如每公顷云杉林一年吸尘 32t，松林吸尘 36.4t，水青岗林吸尘 68t。许多树种能分泌挥发性的植物杀菌素，可以杀死空气中的细菌，减少传染病。此外，森林还是一种活的消音器。如营造 40m 宽的林带，可使噪音减低 10 ~ 15 分贝，达到对人无害的程度。因而森林在消除噪音方面也有着显著的效果。

森林的存在，不仅对周围环境产生上述种种影响，而且森林还是一种重要的能源。有人估计，一亩银合欢相当于 5 桶石油的能量。只要合理开发利用，及时更新，就可以使其生生不息，永续利用。因此，目前世界上开始把森林看作可更新的、用之不竭的、最有前途的能源。据估计，每年从新生长的热带森林物资中可提供的总能量，几乎相当于当前世界能源消费量的一半。美国在加纳的一项研究证明，一个 4 万公顷的速生林每年生产的甲醇、焦油、氮肥等的能量相当于 50 万吨煤的能量。

此外，森林还有广泛的社会功能。如森林对旅游、保健等方面的重要作用也日益为人们所重视。

2. 我国的森林资源

(1) 我国主要森林类型的地理分布规律

我国南北跨近 50 个纬度，从南向北包括了热带、亚热带、温带、寒温带等热量气候带，东部又是湿润和半湿润的季风气候区，所以世界主要森林类型几乎全部出现在我国版图之上，森林种类相当齐全。北从黑龙江畔、南到海南岛依次出现的几种森林类型，见图 2-27。

在我国东北部的湿润森林区域内，从北到南，因热量带不同，出现的森林类型的水平分带也不同：大兴安岭北部的寒温带分布着落叶针叶林，并有耐寒的常绿针叶林；东北东部到秦岭淮河以北的温带，有针叶—落叶阔叶混交林、落叶阔叶林、温带针叶林及其次生的落叶灌丛；淮河以南到南岭附近的东部亚热带，有落叶阔叶—常绿阔叶混交林、常绿阔叶林，亚热带针叶林（马尾松林、川柏木林等）；云南高原属西部亚热带，那里有云南松林、华山松林、冲天柏林等，还有硬叶常绿阔叶林，山谷有肉质刺灌丛，高山有常绿灌丛；在闽、粤、桂南部和滇南的热带范围内，分布着常绿阔叶雨林、落叶阔叶—常绿阔叶混交的季雨林、热

图 2-27 中国森林类型及其分布

Ⅰ.东部季风气候区域山地森林区，其中①寒温带大兴安岭针叶林区，②中温带东北部山地针叶落叶阔叶混交林区，③暖温带辽东、胶东半岛松栎林区，④暖温带冀北山地松栎林区，⑤暖温带黄土高原山地丘陵松栎林区，⑥北亚热带秦巴山地落叶阔叶针叶林区，⑦北亚热带长江中下游山地丘陵落叶阔叶针叶林区，⑧中亚热带四川盆地丘陵山地常绿栎类松杉柏木林区，⑨中亚热带贵州高原常绿栎类杉林区，⑩中亚热带江南丘陵浙、闽山地常绿栎类松杉林区，⑪ 中亚热带滇、黔、桂山地丘陵常绿栎类林区，⑫热带与南亚热带滇南山地雨林与常绿林区，⑬南亚热带闽、粤、桂沿海丘陵山地雨林与常绿林区，⑭南亚热带与热带台湾山地雨林常绿阔叶林与针叶林区，⑮热带海南岛山地雨林常绿阔叶林区；Ⅱ.青藏高原高山峡谷森林区，其中⑯川西、滇西北云南松林常绿栎类和高山针叶林区，⑰青藏高原东南高山针叶林区，⑱祁连山针叶落叶阔叶林区；Ⅲ.蒙新内陆干旱气候区域森林区，其中⑲阿尔泰山针叶林区，⑳天山针叶林区，㉑贺兰山、大青山针叶阔叶林区

带针叶林等及其次生的常绿灌丛；海边海潮涨落的泥滩上有红树林，沙地上有肉质刺灌丛。

我国是一个多山的国家，在东半部湿润区域的各气候带内，由山麓到山顶随着垂直气候带的变化，依次出现着各类森林。

我国各地森林类型的分布，与土壤类型存在着密切的关系。例如在温带南部的酸性棕色森林土壤上，分布着落叶栎林、赤松林、油松林等；而在中性或钙质褐色土壤上，则有落叶阔叶杂木林、侧柏疏林等。在亚热带内常绿阔叶林、马尾松林、毛竹林等，只见于酸性红壤或黄壤上；而石灰岩土壤上，则有含榆科树种的落叶阔叶—常绿阔叶混交林、柏木林、慈竹林等。在热带范围内，雨林是酸性硅红壤上的森林，而石灰岩上则出现季雨林，红树林只分布在海湾泥滩上的盐性沼泽土上。

总之，我国各类森林的分布，基本上受制于地理位置，即纬度和经度所联系的热量和水分条件。在一定地区内，由于山地的垂直高度、坡向等所引起的气候变化，以及由于母岩所联系的土壤的性质不同，明显地影响着不同类型森林的分布。此外，森林类型的分布也不可忽视中国特色与特有的历史自然地理条件，例如硬叶常绿阔叶林分布到海拔 2 000～4 000m 的藏东、川西高原上，可能与第三纪以来青藏高原不断上升有关，这类森林随地壳的逐步上升而达到现在的海拔 4 000m 的高度。这些则形成了我国的森林植被不同于其他国家的某些特征。

(2) 我国森林植被资源的基本特征

①种类的多样性：据统计，我国植物约计有 353 科、3 184 属、27 150 种，分别占世界科、属、种数 56.9%、24.5%及 11.4%。其中蕨类和拟蕨类数占世界该类科数的 80%；世界现在存的裸子植物科中，除南洋杉科以外，我国均有分布；被子植物占世界该类科数的 53%以上。与世界上植物区系丰富多样的植物区或国家相比较，我国种的数目仅次于马来西亚（约 45 000 种）和巴西（约 40 000 种），居世界的第三位，由此可见我国植物类型丰富多样的程度及其在世界植物区系中的重要地位。

②起源的古老性：我国具有悠久的地质历史和有利植物生存繁衍的种种条件。我国植物种类中含有古老的科属，并保存许多残留植物，起源于古老的蕨类和裸子植物。科在发生系统上是完全孤立的，有些植物如裸子植物中的苏铁科、银杏科、麻黄科和买麻藤各只一属。银杏科仅有一种——银杏，是东亚的残留植物，现代野生的仅见于我国浙江天目山和云南东北部地段。从我国种子植物所含种属的统计资料中，可以看出我国植物区系的古老性。它们大多数是原始的或古老的残遗属，主要分布于西南和江南一带。

③成分的复杂性：植物区系的地理成分是根据植物种属的现代地理分布而确定的。由于我国地理条件复杂多样，造成了植物区系地理成分的复杂性。根据对我国种子植物 2 980 属的比较分析，可划分为 15 个分布区类型和 31 个变型（表 2-21）。

表 2-21　中国种子植物属的分布区类型

分布区类型	属数	占总属数(%)	分布区类型	属数	占总属数(%)
1. 世界分布	108	—	9. 东亚和北美间断分布	117	4.1
2. 泛热带分布	372	13	10. 世界温带分布	157	5.5
3. 热带美洲和热带亚洲间断分布	89	3.1	11. 温带亚洲分布	63	2.2
4. 旧世界热带分布	163	5.7	12. 地中海区、西亚至中亚分布	166	5.8
5. 热带亚洲至热带大洋洲分布	150	5.2	13. 中亚分布	112	3.9
6. 热带亚洲至热带非洲分布	151	5.2	14. 东亚（东喜马拉雅—日本）分布	298	10.4
7. 热带亚洲（印度—马来西亚）分布	542	18.9	15. 中国特有	196	6.8
8. 北温带分布	296	10.3	合计	2 986	100

从表 2-21 中可以看出：第一，我国植物区系包括有泛北极、泛热带、古热带及古地中海区等各种地理成分；第二，这些成分具有明显的热带性质，第 2～7 各类热带成分共约 1 460 属，占全国属数的 51%（不包括世界分布属）；第三，具有世界最丰富的温带成分，第 8～12 和第 14 类共约 931 属，占总属数 32.4%，几乎包括了世界所有温带分布的种属，如槭、赤杨、桦木、鹅耳枥、不青岗、栎、胡桃及松柏类的冷杉、落叶松等，而且大多数科属中种类繁多，远非欧美温带所能比拟；第四，古地中海区的成分占有一定的比例，第 11～13 类即含有约 278 属，占总属数 9.7%；第五，我国特有成分比较繁多，约 196 属，占总属数的 6.8%。

④联系的广泛性：从分布区类型的划分和统计中，还可以看出我国植物区系在地理上和发生上与世界各部分的广泛联系。如从木兰属、栎属、青冈属及番荔科的蒙蒿子属、鹰爪属和紫玉盘属的分布区，分别表示出我国植物区系与北温带、东亚、北美及各大陆热带的联系。山龙眼属和假木贼属则分别是热带亚—澳或古地中海区分布的典型代表。由于植物本身的发展演化及对外界环境的适应能力，造成各种植物在地理成分上的广泛分布。这些热带、温带以及地中海区的各种成分在我国境内具有互相渗透及交错分布的现象，反映了彼此在发生上的内在联系性或统一性，如我国西南山区的植物发育情况。

⑤特有种的丰富性：我国特有植物，约有 190 余属，占全国总属数的 6.8%。其中除铁线山柳、川木香、半脊荠等 5～6 属为多种属外，其余都是单种或少种属，占全国特有属的 95%以上，大多数是古老残遗植物，如水杉、银杉、腊梅、马蹄香、半枫荷、金钱槭及四合木等。

（3）我国森林资源现状

①我国森林覆盖率低，人均蓄积量少。建国以来，我国林业有了很大发展。到 1980 年，历年累计植物造林保有面积达四亿二千万亩，森林总面积达 18 亿亩，森林覆盖率由解放初期的 8.6%，提高到 12.7%。森林覆盖率在 160 个国家和地区中排列第 120 位。森林蓄积量 1982 年为 95.3 亿立方米，人均不足 10 立方米，世界排名第 54 位（表 2-22），说明我国林业发展相对落后。

表 2-22 几个主要国家森林和木材消耗量比较表

项目 / 国别	森林覆盖率（%）	森林面积（亿亩）	森林蓄积量（$10^8 m^3$）	平均每人面积（亩）	平均每人储量（m^3）	平均每人消费量（m^3）	平均每人纸张消耗量（t）
世界	22	420	3 100	12	83	0.65	–
中国	12.7	18	95.3	2	10	0.05	0.004 5
美国	34	46	183	22	88	1.60	136
前苏联	36	115	733	50	300	1.45	9
日本	68	3.8	19	4	18	1.00	15
瑞典	57	3.5	22	45	269	2.30	87
德国	30	1.1	10	2	17	0.60	27

②我国森林资源分布很不均匀。我国森林分布很不均匀，西北地区有几省森林覆盖率还不到1%；东北的黑龙江与吉林两省及西南的四川、云南两省和西藏自治区东部，土地总面积仅占全国的1/5，但森林面积却占全国的近一半，森林积累量占全国的1/4；人烟稠密，工农业生产发达的华北、华东地区，包括河北、北京、天津、山西、山东、河南、安徽、江苏、上海等省市在内，森林覆盖率只有11.2%，人均不足0.3亩，森林蓄积量为3.5 10^8m^3，人均不足$1m^3$；西北的甘肃、宁夏、青海、新疆和西藏的中西部及内蒙古的中西部等地区，占国土总面积的一半以上，森林面积却不足6千万亩，覆盖率在1%以下。因此，合理利用和保护我国的森林资源具重要的意义。

③用材林比重大，防护林、薪炭林比重小，林种结构不合理。我国有林地中，林分面积占85.5%，经济林占11.5%，竹林占2.97%。在林分结构中，用材林、防护林、薪炭林和特用林之间的比例为25.3:4.6:1.4:1，用材林比重过大，而薪炭林与防护林比重偏小，影响了环境保护和解决农村能源困难以及森林资源本身的保护。

④中幼龄林面积大，林龄结构低龄化。在林分中，幼龄林、中龄林与（近、成）过熟林的面积比为38.7:31.9:29.4，中幼龄林面积占70%多；其蓄积之比为12.7:28.9:58.4，中幼龄林仅占41%强。我国的（近、成）过熟林几乎都是天然林，大多分布在东北和西南地区，而人口稠密的南方十省（区）多为蓄积量较低的幼、中龄人工林。这种林龄不合理的结构，将导致我国森林的严重危机。

⑤林地质量好，但林分生产力低，后备资源丰富、潜力大。我国现有林地质量较好，一等地占60%以上，特别是广大的亚热带山区，水热充沛，森林生产力高。但中国现实的林分生产力低，单位面积蓄积量少，林分平均每公顷蓄积量$79m^3$，仅相当于世界平均水平每公顷$110m^3$的71.8%；林业用地利用率低，有林地所占比重为46.8%，低于世界68%的平均水平，与林业发达国家差距很大，如美国为95%、日本76%、瑞典89%。

⑥资源消耗量高于生长量，可采资源日益枯竭。我国在“六五”期间，年均净生长率为3.52%，年均总消耗率为3.68%，收支相抵，平均每年资源亏损量达上千万立方米，亏损率为0.16%，这种高消耗量，是不合理开发利用的结果。我国目前可供开发利用的用材林（成、过熟林）资源仅15亿立方米左右，如果考虑到枯损率，实际可采资源量还要低。

（二）草场资源

1. 分类特征

草场泛指能生长草类或供放牧或刈割、饲养牲畜的土地。一般按草场的不同利用方式，可分为天然放牧草场、割草场和人工草场等。通常我国习惯上又把北部和西部10个牧业省、自治区（包括227个牧区、半牧区县、旗大面积连片的草场）称作草原，把南部和中部各省、区主要分布在山丘地区的较为零星的草场称为草山或草坡。总之，凡是以多年生草本植物为主（有时为旱生小灌木）组成的植物群落都可称作草场，也可称草地。草场是由所处地区的气候特点，尤其是水、热组合特点所决定，它在地球上占据着一定的自然地带。

草场的形成、存在和发展取决于生境条件。一般形成草场的地区，多具有地居内陆、地势高寒、生长季短、冬季漫长、气候干旱、温度变化剧烈等特点。这些地区不适于耕作，仅适于生长牧草、发展草食动物。所以，在不同生境条件的地区，往往形成不同的草场类型。

现根据植被特性的生境因素，可将草场资源划分为以下六种类型。

（1）森林草原

此类草场出现于森林与草原的接壤地区，或在林缘、疏林地区，生境条件属半湿润气候，草本植物生长高大，覆盖率可达70%～80%，牧草产量较高，为良好的季节牧草场或分散的割草场。

（2）湿润草原

此类草场为草甸草原，出现于林带附近，生境条件也属半湿润气候，牧草生长旺盛，覆盖率轻度可达60%～80%，多为优良的天然割草场和放牧场。

（3）干旱草原

此类草场是典型草原，处于半干旱气候环境，热量充分，降水量较少，时空分布不均，草群多为优良的饲用草本植物，覆盖率可达50%～60%，多为优良的放牧草场。

（4）半荒漠草原

此类草场多处于干旱草原到荒漠草原的过渡地带，降水量稀少，寒暑变化剧烈，草场植被覆盖率多在25%以下，草群稀疏，产草量低，牧场条件较差。

（5）荒漠草原

此类草场处于更严酷的生境条件之下，草群稀疏，覆盖率在5%～10%之间，产草量低而不稳定，地区差异比较大，一般多作为春秋季牧场，适于放牧小牲畜。

（6）高山-干旱草原

当高山草原处于荒漠、半荒漠时，大气温度过低，蒸发量过大，草场植被覆盖率在15%～60%之间，地区差异比较大，产草量稍高。

2. 我国的草场资源

（1）我国草场资源的分布和类型

我国的草场资源主要分布在北部、西部的边远地区，年平均降水量少于400mm，部分零星分布在南部和中部省区。即从东北大兴安岭的南端起，经内蒙古高原、鄂尔多斯草原、黄土高原，向西至阿尔泰山和天山南北，向南到青藏高原南缘，绵延一线。西北部是广袤的牧区草原地带，东南部则是大面积的草山分布区。牧区包括内蒙古、新疆、青海、四川、西藏、甘肃、宁夏、黑龙江、吉林、辽宁等10省（区）220多个牧业县（旗）和半牧业县（旗），草原面积43亿亩，已利用和可以利用的为33.5亿亩，其余近10亿亩草地，往往由于自然条件严酷，如位置偏远，牧道受阻，或过于高寒，或缺乏饮水，目前还不易利用（图2-28）。

草山的滩涂草地主要分布在河北、山西、云南、贵州、广西、湖南、江西、福建、湖北、广东、海南等地，面积10亿多亩。其中已利用的为3.5亿多亩，草山草地面积在50亿亩以上的有200多个。我国的草场大致可分为十几大类、40～50种类型。其中优质草场约占25%，中等草场约占45%，低劣草场约占30%。北方草山天然生长的牧草品种约有3 000多种，南方草山天然生长的牧草品种有4 000多种。

根据草场类型组合特点，可把我国草场分为下列五个区。

①东北及内蒙东部草甸草原区：包括东北三省及内蒙古呼、哲、锡盟的东部地区。地势平缓，山体不高，年降水量在350mm以上。草地植被以草甸草原为主，牧草种类多，生长旺盛，覆盖率可达60%～80%，草高60～80cm，产草量较稳定。虽冬季多雪，但割草场资源丰富，人工种草较易，宜发展肉、乳牛和毛、肉细毛羊。

②内蒙古草原区：包括内蒙古中部及相邻的河北坝上的干草原与荒漠草原。地势平缓，气候属半干旱与较干旱，降水量约200～350mm，多集中在夏、秋季。草场生产力从东到西降低，东部为干草原，草高30～50cm，覆盖率为50%，有一定数量的割草场；西部为荒漠

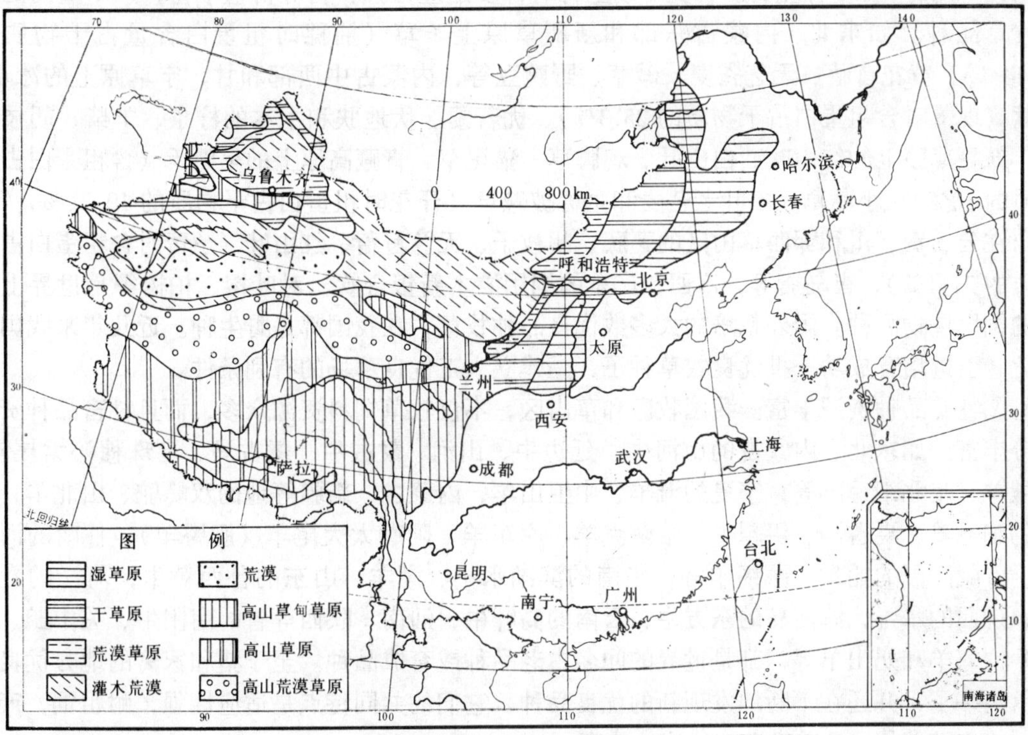

图 2-28　中国草地分布略图

草原，草丛较低疏，割草场少，草原的牧场含粗蛋白较多，宜发展细毛羊和裘、羔皮羊。但冬季旱、雪、风等灾害多，而且草原生态系统比较脆弱，如果利用不当，容易引起退化、沙化、碱化。

③西北荒漠区：包括东起内蒙西部，经宁夏、甘肃到新疆广大的荒漠区。地貌为河谷平原或盆地与山地相间，平原和盆地年降水量仅 100 ~ 200mm，蒸发量大，气候极端干旱。饲用植物多为富含盐分的灌木，生产力低，宜养骆驼和羊。境内高大的山地则降水积雪较多，温度较大，因而分布有各类山地草场，生产力较高，宜养各种畜群。本区冬季牧场和割草场不足，牲畜发展受到限制。

④青藏高寒草原区：包括青海、西藏和四川西部的高寒地区。海拔多在 3 000m 以上，除高山峡谷地带有较好的高原型草场外，其余大部分地区寒冷而干旱，发育为低草型草场，产草量低，但含粗蛋白较高，适宜于地毯毛羊和牦牛生长。本地区割草场和冬季牧场严重不足，种草困难，是发展牧业的限制条件。

⑤中部和南部草山草坡区：从中部暖温带的一些省份，直到南部亚热带、热带各省区的广大丘陵山地及云贵高原，包括多种的划地植被地带，牧草生长条件差别较大。大部分地区水热条件较好，尤其是南方地区，牧草生长旺盛，产草量高，但草质较差，不耐践踏，而且大多分布零星，如管理、培育、利用得当，有一定生产潜力，可以发展以肉牛为主的畜牧生产。

（2）我国草场资源的特点

①草场资源品种众多。我国草原生长的牧草约有 3 000 多种，南方草山水热条件好，生

长的牧草约有4 000种左右。各类草场上都有许多适应性强，营养价值丰富，产草量高的优良牧草品种。如东北、内蒙古东部和新疆草原上羊草（抽穗时粗蛋白含量占干物质的18.14%）、黄花苜蓿、无芝雀麦、碱茅、野豌豆等，内蒙古中西部和甘、宁草原上的冰草、冷蒿（现蕾时含粗蛋白占干物质的25.3%）、优若藜、伏地肤和木本的柠条、羊柴、胡枝子等，新疆草原上的红山叶、白山叶、鸡脚草、猫尾草，青藏高原上的早熟禾（含粗蛋白占干物质的10%）、小蒿草、多叶老芒麦和垂穗披碱草（开花时粗蛋白占干物质的10.21%）等，分布在云、贵、川和鄂西草山区的葛藤、胡枝子、天兰苜蓿、红山叶（孕蕾时含粗蛋白占干物质的21.1%）、崔马唐等，广西、广东的饲用灌木新银合欢、对叶榕、柏树等是世界上珍贵的饲用植物品种。国外栽培的大多数优良品种牧草，在我国都是野生种。近几年来我国还驯化、引进培育成功一批优良牧草种子，是建立人工优良草场的有利条件。

②牲畜品种资源丰富。我国牧区和草山区，不仅牧草饲料资源众多，而且牲畜品种资源十分丰富。如东北、内蒙古的山河牛、延边牛、山河、蒙古牛、蒙古马、乌珠穆沁大尾羊、白绒羊、东北细毛羊等，宁夏的滩羊、中卫山羊，内蒙古、新疆等地的双峰驼、山北羊，新疆的细毛羊、焉耆马、伊犁牛、哈萨克羊、库车羊、阿勒太大尾羊（肥臀羊），甘南的河曲马，青藏高原的牦牛、藏绵羊等，华南的滨湖水牛、湖羊，山东的鲁西黄牛，菏泽的青山羊，广西的水牛，海南岛的东方牛，云南的高峰牛，河南、陕西等省的南阳牛、关中驴、秦川牛、寒羊和奶山羊等，都是世界的闻名古老品种或育成品种。至于猪和家禽的地方优良品种就更多了，并还在不断地发现新的优良品种。它们的共同特点是适应性强，耐粗饲，产仔多，生产性能好，品质优良，经济价值高。

③ 草场产量和质量的地区差异大。目前我国已利用的草地，主要是天然草场，而天然草场中，放牧场多，割草场少，割草场占天然草场面积的比例呈现出从东到西逐渐减少的地区差异。以内蒙古为例，东部地区的割草场约占天然草场的10%左右，西部地区则不足1%。产草量的地区差异更大，大体上与年平均降水量等值线相当，即每年100mm降水量，亩产鲜草约100斤，北方牧区从东部的呼伦贝尔草原到西部的阿拉善荒漠，亩产草量大体上由600斤递减到100斤以下；草甸草量不仅草的质量好，产草量也高，一般亩产草约400～600斤；干草原次之，一般亩产鲜草200～400斤；荒漠草原又次之，一般亩产鲜草100～200斤；荒漠原草的质量最差，产量也最低，一般在100斤以下。青藏高原从东部的芜草原到西部的阿里荒漠，因干旱程度不同，产草量从100斤左右递减到50斤左右。山地草场，则由于其垂直变化，而形成产草量的差异。如新疆从准噶尔盆地的荒漠到天山亚高山草甸，因湿度提高，产草量从100斤左右递增到600～700斤；而高山草甸带因过于寒冷，其产草量比亚高山带为低。

④草场产草量年际变化大，季节不平衡，冬天草场不足。我国草场产草均随年度降水量的变化而变化，形成丰、平、欠年。有关研究表明，大兴安岭两麓的草甸草原，年降水量大于400mm为丰年，比400mm减少20%～30%为欠年；干草原年降水量大于300mm为丰年，比300mm减少20%～30%为平年，比300mm减少30%～50%为欠年。因降水量的多少造成丰、欠年产草量差别的程度随地区而异，草甸草原丰、欠年相差约1倍，干草原相差约2倍，荒漠草原相差约达4倍。这一特点，成为靠天养畜的放牧业年际生产不稳定的主要原因之一。

由于受气候、地形、水源和牧草的季节性制约，我国天然草场，夏、秋季的草场较多，而可选作为冬、春季放牧的草场不多。以干草原和荒漠草原为例，假定其产草量秋季为

100%，则干草原的夏季为81%，冬季为44%；荒漠草原的夏季为75%，冬季为60%，春季为30%，因此，我国天然草场的载畜能力夏秋场大，冬春场小。如新疆牧区冬春场载畜能力仅为夏秋场的56.64%，青海牧区冬春场载畜能力仅为夏秋场的17.7%。从牧草的营养成分看，以羊草针茅草场为例，每千克干物质的可消化营养总量和其中可消化蛋白质，在营养期（5~7月）分别为556g和115g，花期至结实期（8~10月）分别为542g和50g，而枯黄期（11~4月）则仅分别为466g和15g。冬半年长达6~8个月，产草量仅为夏半年的40%~50%，而且营养价值大大降低，尤其是可消化蛋白质仅为夏秋季的13%~30%。我国草场冬春季不足这一特点，是限制牧区放牧业发展，造成“夏饱、秋肥、冬瘦、春死”的基本原因。

3. 我国牧区天然草场利用中的主要问题

(1) 盲目滥垦草场，草原破坏严重

1966年以来，全国草场被开垦面积达4千万亩。据不完全统计，近20年来，牧区开垦草原面积在1亿亩以上。而且被开垦的大都是水热条件较好的冬窝子或夏收场，是牧区草原的精华和命根子，这一亿亩草场相当于几亿亩的一般草场，因而大大挫伤了牧区畜牧业的元气。

(2) 经营粗放，靠天养畜，生产水平低

我国北部和西部牧区，旱、风、冷等自然灾害频繁，而基本草场建设进度尺缓，效果差，目前人工草场面积仅占可利用天然草场面积0.27%，不能起到调节季节草场不平衡以抗灾保畜的作用。所以，牧区牲畜长期摆脱不了“夏饱、秋肥、冬瘦、春死”的状况。一般年份牧区牲畜死亡率超过5%，有的灾年死亡率达24%，而冬春因饿瘦掉膘的损失更大，竟为死亡损失的3~4倍，这两项损失即为国家收购量的6~7倍。因雪灾而造成的损失更为严重，内蒙古30多年来，损失百万只以上的有5次；最近一次为1977年，牲畜死亡率锡盟达39.7%，阿巴哈纳尔旗高达90%以上。

由于“靠天养畜”，所以我国牧业的生产水平甚低。我国草原平均1亩地只生产3两多畜肉，而国外1亩地高产的已达40千克畜肉。按百亩草场获得畜产品单位计算，我国为澳大利亚的1/10、美国的1/27、新西兰的1/82。平均每亩草场只生产3两多肉、3两多奶和5钱多污毛。到1981年底，我国有牛73 301万头，其中黄牛53 833万头、水牛1 877万头、奶牛69.8万头，不及印度243亿头（1980年）的1/3。1981年我国农村出售宰肉用牛301.6万头，出栏率仅4.1%，不及世界平均出栏率17.6%的1/4；每头肉用牛胴体重166斤，不及世界平均数394斤的1/2。

(3) 超载过牧，引起草场普遍退化

建国以来，我国草原区的牲畜头数增加2倍，而草场建设和科学管理却未能相应跟上，优良草原又遭到大量开垦破坏，因此大大增加了现有草原的载畜量，从而造成草场的普遍退化。

三、动物资源

（一）渔业资源

渔业资源分为海洋鱼类资源和淡水鱼类资源两大类。

1. 海洋鱼类资源

(1) 海洋鱼类的分类

海洋渔业的生产对象包括鱼、介、贝、藻四大类，其中以海洋鱼类资源为主体，是人类直接食用的动物性蛋白质的重要来源之一。海洋鱼类资源的种类繁多，仅主要的经济鱼类就达数百种。海洋鱼类资源，根据其生态习性的不同，其分类情况有以下特点。

从纬度高低，适应水温情况来看，可以分为热带鱼类，如金枪鱼、旗鱼、鲽鱼、鲤鱼、沙鱼、飞鱼等；温水性鱼类，如鲱鱼、鲷鱼、小黄鱼、大黄鱼、带鱼、鳓鱼等；冷水性鱼类，如鳕鱼、牙鲆等。

(2) 我国的海洋鱼类资源及其开发利用

我国东部邻太平洋，近海包括渤海、黄海、东海和南海四大海域，海洋渔场环境优越，在广阔的海域中蕴藏着多种多样的鱼类和水生动植物资源。据初步调查所知，全国沿海生长的藻类有近两千种，虾类、蟹类、贝类以及棘皮类动物等各有百种以上，甚至数百种。从海区的分布来看，渤海、黄海的种类有些具有寒带或寒温带的性质，贯通南部的及东海的主要为温带性的品种，南海主要为亚热带和热带性品种。这些丰富多样的藻类和无脊椎动物，对鱼类的生态群落和饲料供应具有巨大意义。

我国海洋鱼类资源有 1 300 多种，其中渤海、黄海区有 250 多种，东海有 430 多种，南海有 860 多种。全国经济鱼类有 300 多种，最常见的产量较高的经济鱼类有六七十种。渤海、黄海、东海产量最大的为大黄鱼、小黄鱼和带鱼等。东海外海产量较高的有鲐鱼、鲣鱼和旗鱼等。南海的高产品种有鲷科鱼类、红鱼、鲻鱼等。南海外海的重要中上层鱼类有金枪鱼、旗鱼等。在海区分布上，也是自北而南，分别蕴藏着冷水性、温水性和热带性的典型鱼类资源。

2. 淡水鱼类资源

(1) 淡水鱼类的分布及其特征

淡水鱼类资源包括河流、湖泊、坑塘和水库中天然的和人工养殖的各种鱼类。它的种类繁多，如在我国富饶的内陆水域中，就有着六七百种淡水鱼类，其中有半数左右是具有不同经济价值的蟹类、虾类、两栖类和爬虫类等，但以淡水鱼类资源为主体。

淡水鱼类资源的生态习性与海洋鱼类相似，从纬度高低，适应水温情况来看，也可分为暖水性鱼类，如鲮鱼和青、草、链、鳙鱼等；温水性鱼类，如鲤、鲫、青、鳊、草、鲢、鳙、鳜、白鱼以及溯河性鱼类，如鲥鱼、鳗鱼、鲥鱼、银鱼等；冷水性鱼类，如鲑鱼、细鳞鱼、哲罗鱼、鳟鱼以及溯河性鱼类，如大马哈鱼等。

淡水鱼类资源按其主要饵料组成可以分为三类。第一类为温和鱼类，如食浮游植物的鲢鱼等，以及食浮游动物的鳙鱼、宽鳍鱲等；食底栖生物的鲤鱼、真拟鮈、达氏蛇鮈等；杂食性鱼类有鲫鲆、餐鱼等；食草鱼类有草鱼、鲂鱼等。第二类为秉性凶猛鱼类，如鲌、马口、瓦氏雅罗鱼、花鲳等。第三类为典型凶猛鱼类，如鲶、乌鱼和狗鱼、鳜鱼等。

在上述各种淡水资源中，链鱼、鲫鱼占有重要地位。它们不仅分布广泛，而且产量大，在许多水体中，成为优势种。它们在一般湖泊中占总产量的 20% 以上，甚至高达 50%；在河流中占 10% 以上。而且它们有许多品种和地方种，可从中选优。

青鱼、草鱼、链鱼和鳙鱼是我国特有的经济鱼类，全国各大流域多有分布，尤其在长江流域最为丰富。

长春鳊、三角鲂、团头鲂（武昌鱼）、翘嘴红鲌、鳜鱼等，历来是我国淡水鱼中的上品，生长迅速，肉质优良，分布广泛，产量丰富。其中团头舫在池塘、湖泊、水库和河道均可养殖，而且肉味鲜美，生长快，疾病少，易捕捞，饵料易得，是深受欢迎的鱼类品种。

有许多中型鱼类，如银鲴、细鳞鲴、多种红鲌、赤胆鳟、白鲦、鲶鱼、鮠鱼等，分布广，数量多，在淡水捕捞中占相当比重。

还有许多地方性种类，往往成为当地的重要渔业对象。如河口区的鲻、鲮、鲈、鳎等，东北地区的哲罗鱼、细鳞鱼、狗鱼等，长江上游的青波、白甲等，华南地区的鲮鱼等，西南地区的大头鲤，西北、西南高原地区的裂腹鱼等，黄河中的黄河鲤鱼、鸽子鱼，内蒙、宁夏、甘肃一带的雅罗鱼等。

此外，在各主要河流的中下游，还盛产过溯河性鱼类，如大马哈鱼、鲥鱼、刀鲚、银鱼、凤尾鱼、鳗、鲻、鲟、鲮鱼等，它们都是上等鱼类。其中部分种类种群已逐渐变为淡水定居性鱼类，如达氏鲟、鳇鱼、银鱼、梅鲚等。

(2) 我国的淡水鱼类资源特征

我国地处温带，南跨热带、亚热带，北接亚寒带，西北连欧亚大陆，东南面临太平洋，地形复杂，山川起伏，境内江河沟渠纵横，湖泊池塘棋布。据不完全统计，全国内陆水域(包括咸水湖）总面积约达3亿多亩，其中湖泊占31%，池塘占8.3%，水库占7.8%，江河占48%，其他占4.9 %。另外，还有可以进行养鱼的稻田4 000多万亩，有待广泛利用。所以，我国的淡水鱼资源丰富多样，具有如下特征。

①地带性强，种类繁多。全国已查清的淡水鱼类资源有800多种，其中鲤科种类最多，约占1/2，鲇和鳅科占1/4，其他各种淡水鱼类占1/4。

②经济鱼种适应性强，分布广。如鲤、鲫、鲢、鳙、白、鳊、草鱼以及黄鳝，草鱼以及白鳝等分布很广，并为常见品种，几乎全国各地都能适应，有较大的经济利用价值。

③某些鱼类的区域性显著。全国各地区都有一些各具特点的地区性品种。如东北地区有寒带性鱼类大马哈鱼、哲罗鱼、狗鱼、鲤鱼等。西北地区有适栖高原急流、耐旱耐碱特点的鲤科和鳅科鱼类。东部平原地区鲤科种类繁多，形成我国淡水渔业的中心。南部地区有适栖热带高山急流的鲤科、鳅科和鲇科鱼类。西南地区有与南亚、东南亚相同的鲤科、鳅科、鲇科鱼类，形成当地特定鱼类品种。

④成熟早，繁殖力大，成长快。主要经济鱼类成熟早，多在2~4岁成熟，约占整个淡水鱼类的一半以上，而且产卵量多，生长快，产量大，因此，我国成为世界上淡水鱼类资源最丰富的国家之一。

(二) 野生动物资源

1. 野生动物的分类及其特征

野生动物是指除饲养动物以外，所有的其他动物资源。这些野生动物中具有经济利用价值的陆栖脊椎动物，按其生理形态和生活特征来划分，一般可分为鸟纲、哺乳纲、爬行纲和两栖纲等主要类型。

其中鸟纲的种类最繁多，在陆栖脊椎动物的总种属中，所占比例最高，约占40%。在鸟纲中主要可分为雀形目和非雀形目两大类。以鸟类终年居留区和繁殖区为标准来看，世界鸟类有较多的科别主要分布在东半球热带或环球热带地区。如在环绕北半球寒温带鸟类繁殖区，具有代表性的鸟类有雷鸟、旋木雀、角百灵等。在温带鸟类繁殖区，具有代表性的鸟类有榛鸡、云雀、太平鸟等。在中亚干旱地区的鸟类繁殖区，具有代表性的鸟类有草原百娄、沙百灵等。在亚热带的鸟类繁殖区或居留区，鸟类的种类最多，具有代表性的鸟类有多种犀鸟、多种拟啄木、鹧鸪、画眉、灰斑鸠、多种鸦雀、多种噪鹛等。在热带—亚热带的鸟类繁殖区或居留区，具有代表性的鸟类有栗喉虎、棕沙燕、环颈鹎、黑水鸡、大白鹭等。

属于哺乳纲的野生动物的种类也相当多，在陆栖脊椎动物的总种属中约占20%左右，但经济利用价值却在野生动物资源中居首要地位。世界陆栖的哺乳动物的分布也具有明显的地区性。如在寒带—寒温带地区，最典型的哺乳动物有驯鹿、马鹿、驼鹿、河狸、熊貂、棕熊、雪兔等，均为喜冷的北极型动物群的主要代表种。在温带地区，具有代表性的哺乳动物有多种鼠类、蝙蝠、松鼠、狍、艾虎、狗獾、伶鼬、紫貂、麝、黄鼬、兔等。在中亚干旱地区，具有代表性的哺乳动物有之趾跳鼠、野驴、鹅喉羚、草原鼢鼠、草原旱獭等。在高山、高原地区，具有代表性的哺乳动物有多种鼠兔、白唇鹿、马麝、雪豹、藏狐、藏原羚、岩羊、北山羊、野绵羊、旱獭等。在热带—亚热带地区，哺乳动物的种类复杂多样，具有代表性的哺乳动物有长臂猿、懒猴、熊猴、象、椰子猫、毛猥、豚鹿、野牛、水獭、云豹、麂、青鼬、豹猫、虎等。在我国的横断山—喜马拉雅山区，具有代表性的哺乳动物有大熊猫、小熊猫、白臂鹿、羚牛、金丝猴、黄腹鼬、黑麂、小麂、黑仰鼻猴等。

属于爬行纲的野生动物的种类次于鸟纲，约占陆栖脊椎动物总种属的15%。现存的两栖动物主要有蚓螈目、有尾目和无尾目三大类。其中有尾目两栖动物分布于世界各地，无尾目两栖动物在古北界和东洋界都缺乏特有的科，而以热带地区最为繁盛。蚓螈目两栖动物也主要分布在热带、亚热带地区，我国仅有鱼螈一种，在广东和云南省南部西双版纳地区曾有发现。

野生动物资源和其他生物资源一样，具有鲜明的可更新性和循环性。由于它们对生活环境条件的要求十分严格和特殊，所以对生态系统平衡的要求更加敏感。野生动物资源本身有着独特的生态规律，不允许外界因素影响其正常的增殖速度；否则，将会引起野生动物资源数量的急剧变化，甚至有导致种群灭绝的危险。而且野生动物资源还与森林、草场、土壤、水源等生物圈资源诸要素组成了一个错综复杂的陆地生态系统，只要其中任何一个自然要素发生变化，野生动物资源的数量和分布也就跟着发生变化。如在森林、草原中生存着相应的食草动物或食肉动物，如果森林被砍伐了，就失去了栖息条件，食草动物迁徙，数量减少，食肉动物也就跟着减少，甚至绝迹。所以，对野生动物资源能否合理利用，以及其生态环境条件能否保持，都直接影响着野生动物的种类和数量的增加或减少。

2. 野生动物资源的分布

野生动物的分布，一方面与自然环境的关系非常密切。绝大部分野生动物种类的分布，均与一定的自然区划相一致或极为相近。有些种类的分布比较狭窄，限于一个自然地区或热量带；有些则可跨越几个自然地区或热量带，甚至占据整个自然区。主要分布于某一自然区划单元的动物群，可在一定条件下向另一自然区划单元渗透。另一方面，野生动物的分布受人类活动的影响也很大。人类活动可以促使一些野生动物种类在自然界绝灭或濒于绝灭，使野生动物分布区缩小或形成断裂分布。当然，人类活动也可以促使野生动物分布区扩大，栖息扩展，并使其数量增加，因而，可以不同程度地，甚至完全地改变某地动物群的原来面貌。许多动物的生态特点也往往由于受到人类经济的影响，而发生很大的变化。因此，从野生动物的生态特征方面看，地球上各气候带和主要植被类型对动物生态的影响非常显著。在各个主要的热量植被带中均各有不同的常见种和优势种。它们对各带环境有较高的适应性，而且有相应的生态习性。以它们为主，构成若干热量-植被带的生态地理动物群，它们有着不同的经济利用价值。

以我国为例，由于我国存在着大基本自然区——季风区，蒙新高原、青藏高原和五个自然地带——寒温带、温带、暖温带、亚热带、热带，它们对野生动物的分布具有明显的影响。前者的影响，表现为湿润、干旱和高寒条件的作用。后者的影响，表现为热量条件的作用。同时，长期以来人类经济活动也影响着野生动物的分布，因此，在我国形成了以下六个基本的生态地理动物群。

(1) 寒温带针叶林动物群

寒温带针叶林动物群分布在欧亚大陆“太加”村的南部边缘地带，在我国见于东北北部和新疆的最北部地区。这里森林茂密，是著名的林区，动物经受人类活动的影响较少，种数虽然不多，但动物数量比较丰富。

在针叶林带中有蹄类动物是比较多见的，其中作为北半球寒温带——极地代表的驯鹿、驼鹿、马鹿和野猪等为优势种。食肉类中的黄鼬、香鼬、艾虎、獾、狐、狼、棕熊、水獭等均普遍。其他尚有黑熊、青鼬、貉、狸猫、猞猁和熊貂等。小型兽有树栖的松鼠、半树栖的花鼠和地栖的林姬鼠、两种鼢、雪兔等。其中松鼠是针叶林带中最大量的毛皮兽，它的数量年变化比较稳定。在落叶松原始林中，红背鼢占绝对优势。在森林采伐后的地区，棕背鼢数量大增，红背鼢相对减少。它们对红松的更新均有危害。林中的屑岩坡以北鼠兔为优势。沼泽草甸则以苔原田鼠为主。针叶林带有严寒的冬季，是我国优质野生动物毛皮的主要产地。

针叶林带中的鸟类，在东北北部黑琴鸡、榛鸡、斑翅山鹑、环颈雉等比较繁盛，均是重要的狩猎对象。益鸟中的小斑啄木鸟、黑啄木鸟和三趾啄木鸟等比较常见，宜加以保护，因有利地林木生长。

针叶林带中的爬虫类和两栖类动物比较少见，在爬虫类中有胎生蜥蜴、棕黑锦蛇等，在两栖类中有东方铃蟾、蛤土蟆等，均有药用价值。

(2) 温带森林动物群和温带森林草原动物群

温带森林动物和温带森林草原动物群分布在针叶林带以南，直至秦岭、淮河以北的广大温带季风地区。前者主要栖息于温带阔叶和针阔叶混交林中，后者主要栖息于无林高原和平原地区。

在温带阔叶和针阔叶混交林地区，森林动物比较丰富，兽类中以有蹄类的狍、野猪、马鹿最为常见，其中狍、野猪等为优势种。著名的梅花鹿、东北虎等有少量保存。食肉兽中尚可见到貉、狸猫、黑熊、棕熊、艾虎、青鼬、黄鼬、狐、狼、獾等，其中以黄鼬、香鼬等占优势。小型兽仍以松兽占优势。但森林动物分布总的趋势是越往南，种数越减少。

温带森林和森林草原的鸟类，各地颇不一致，但有一些共同的优势种和常见种，如大山雀、沼泽山雀、三道眉草鸦等最适于次生草、灌丛生活，喜鹊、灰喜鹊、田鸦、环颈雉等在许多地区为留鸟或冬候鸟。在北部山地森林内有黑琴鸡、榛鸡、太平鸟等。在无林的荒漠草原地区有沙百灵、凤头百灵等。

在此类地区，两栖类和爬虫类逐渐增多，其中两栖类分布比较普遍并成为优势种类的有蟾蜍和青蛙等。爬行类中的蛇类，广泛见于各地的优势种有虎游蛇、红点锦蛇、蝮蛇等。

(3) 亚热带林灌-草地-农田动物群

亚热带动物群主要分布在秦岭、淮河以南，南岭以北的广阔地区。区内农业开发历史甚为悠久，绝大部分山地丘陵的原始森林，早经砍伐并经人工经营，次生林地和灌丛、草坡所占面积很大，平原和谷地几乎全为耕地，大部分是水田。亚热带森林动物的原来面貌，有极大的改变，而沦为次生林灌-草地-农田动物群，并普遍受到人类活动的影响。

区内典型的林栖动物，只保存于少数面积不大的森林中，如在西南山区林中有为数不多的猕猴、短尾猴等。而赤腹松鼠、长吻松鼠等在许多地区为林中优势种。广大业经开发的山地、丘陵次生林灌和草地，常见的有蹄类有小麂、毛冠鹿、野猪和林麝等，其中小麂在许多地区是主要的优势种，是狩猎的主要对象，它的毛皮在野生优质毛皮中占首要地位。在广大农耕地区，黑线姬鼠和多种家鼠为优势种类。广泛栖息于区内多种环境的食肉兽，主要是中小型种类的黄鼬、獾、貉、豹猫等占优势，其他如果子狸、灵猫、狐等也比较常见。

鸟类中最普遍的优势种，主要是与人类活动有密切关系或喜栖息于农耕环境中的许多种类，如麻雀、金腰燕、棕头鸦雀、喜鹊、斑鸠、画眉等。

爬虫类和两栖类的种类和数量，在区内各地显著增多，显示了亚热带地区湿热自然环境的特色。爬虫类中最常见的有多种蛇类和龟鳖类等。两栖类多栖息于区内各地的耕作环境中，最普遍的优势种，属于南方类型的有蛙类，属于北方类型的有蟾蜍等。

(4) 热带森林-林灌草地农田动物群

在我国，热带森林动物群主要分布在云南南部和南岭以南，包括海南岛、台湾等地。它们的主要特征是组成复杂，树栖、果食、狭食和专食性种类多，一般不贮藏食料。生态现象的季节性变化不明显，现今只保存于少数未经砍伐或少经砍伐的原始林地。在广大开发地区形成次生林灌、荒草坡和农田动物群，种类趋于简单，地栖动物显著增多，出现优势现象，但与北方环境中的优势现象无法相比。

热带森林动物群组成的复杂性，表现在有许多特有的科、属、种，在热带森林中的种类，往往达到高峰。如两栖类中的50%以上，爬行类中游蛇科的85%以上，鸟类中啄木鸟科的90%以上，兽类中鼬科的63%都集中于热带森林。热带森林中树种复杂，分层很多，隐蔽条件良好，植物性食料丰富。因此，范围不大的相同的环境中，往往栖息着许多种类，而无明显的优势种。热带森林树冠分层很多，藤萝密布，“顶盖”往往相连，隐蔽条件好，因而树栖、半树栖动物很多。

(5) 温带荒漠、半荒漠动物群

温带荒漠、半荒漠动物群分布在我国西北最干旱的地区。动物群组成与草原动物群类似。兽类中以啮齿类和有蹄类动物最为繁盛，但由于生活条件更差，群聚性的种类和数量分布的区域性变化比草原地带更大。鸟类比草原地带更贫乏，两栖类更不多见，但爬行类则相反，有不少种类特别适应于沙漠、戈壁的环境，数量也较多。

荒漠、半荒漠地区的啮齿类动物以沙鼠和跳鼠为主，前者主要栖息于戈壁中，后者主要栖息于沙质荒漠中。有蹄类中最普遍有鹅喉羚、野驴等。食肉兽中常见的有狼、狐和沙狐等。鸟类十分稀少，最常见的有沙鸡、角百灵等。两栖类中只有绿蟾蜍。爬行类中，蜥蜴的种类和数量都比较丰富。荒漠中的蛇类，以沙蟒和花条蛇等最为常见；在半荒漠地带以蝮蛇为最多，经常危害畜群。

(6) 高原森林草原-草原、寒漠动物群

高原森林草原-草原、寒漠动物群主要分布在青藏大高原及与其周围毗连的高山地带。青藏大高原的东南部边缘，现代自然环境比较复杂，动物栖息条件较好，地质年代中曾为动物的“避难所”，至今仍为高山高原动物的分布中心。但从整个高原来说，分布最广泛的环境是高山草原和高山寒漠，这对动物生活有较多的限制，因而动物贫乏，尤其是两栖爬行类更是如此。然而那些特别能适应于此种环境的种类，仍得以大量繁殖，而竞争对象很少。

青藏大高原的东南边缘，地形复杂，河流外流，河谷切入高原，大多偏于南北走向，受南来气流的影响较大。在高山带，山地针叶林、高山灌丛和高山草原相互交错，并随海拔、坡向而有明显的变化，高山森林和草原与动物相互混杂和渗透，构成高原森林草原动物群。

兽类中的有蹄类大多在森林与草原间活动或作季节性迁徙，如白唇鹿、马鹿、马麝及狍等，其中以白唇鹿和马鹿最为常见，狍只限于高原北部。这个地带中，食肉兽有狼、猞猁、狐、香鼬等，鸟类中有马鸡、兰马鸡、高原山鹑等，爬行类中有雪山蝮等，两栖类中有矮蛙、西藏蟾蜍等。

3. 我国野生动物资源的特点

(1) 动物成分的丰富性

我国所产陆栖脊椎动物，据目前所知，约有2千多种，约占全世界全部种数的9.9%。已知世界上兽类有19个目、4 237种，我国有13个目、430种，占世界兽类的10.1%。就鸟类来说，我国境内已知有1 186种，再加上亚种，共有2 148种，超过整个欧洲、北美洲的种数，是世界上拥有鸟类种数最多的国家之一。

(2) 特产种类的多样性

产于我国的陆栖动物中，不少种类为我国所特有或主要分布于我国。例如雉科的珍稀种类，据1979年濒危野生动植物种国际贸易公约统计，全世界共有30种，而我国就有16种，占了一半以上。闻名中外的鹤类，全世界有15种，我国有9种，也占一半以上。自古以来享有盛名的画眉类，全世界有46种，产于我国境内的有33种，占3/4以上。其他如鸟类中的马鸡、丹顶鹤、长尾雉、鸳鸯，兽类中的金丝猴、羚羊、毛冠鹿和梅花鹿等，均为我国特有的珍贵动物种（图2-29）。

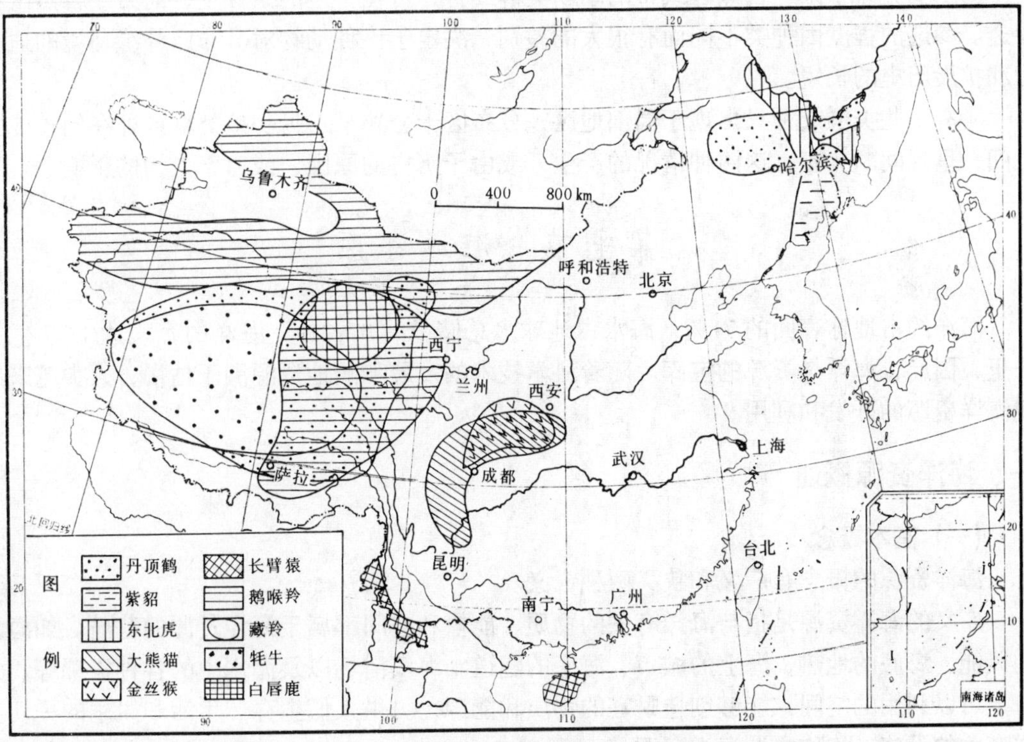

图2-29 中国几种主要珍稀动物及其分布

第四纪以来，我国由于未遭受到像欧亚大陆北部那样广泛的大陆冰川的覆盖，所以，动物区系的变化，不像欧亚大陆北部那样剧烈，因此在我国还保存了一些比较古老或珍、稀的种类。举世闻名的大熊猫，就产于我国横断山脉北部及其附近。它在分类学上具有特殊的地位，自成一科。我国新疆和蒙古人民共和国交界的砾质荒漠（戈壁）地带，尚保存着现今唯一生存的野马。柴达木西部和塔里木沙漠深处，可能还有野生双峰驼。洞庭湖和长江下游的白鳍豚是世界留存到现代的两种淡水鲸中的一种。长江中下游一带的扬子鳄是世界上罕见的鳄类之一。南起华南，北至华北都有分布的大鲵，即娃娃鱼，是世界上现存最大的两栖类。“物以稀为贵”，这些特有的珍贵和稀有动物，大都产于范围非常窄小的生态环境中，而且数量有限，濒临灭绝，所以成为全世界所关注的动物，被列为国家的保护对象。

（3）动物区系的地方差异性

各自然区和温度带在一定历史时期内对动物分布的阻碍和限制作用，对于不同的种和不同的类群，有很大的差别。我国三大基本自然区——季风区、蒙新高原和青藏高原对动物分布的影响，分别表现为湿润、干旱和高寒环境的影响，构成了与其相适应的三大生态地理群。三大自然区的界线，基本上也就是三大生态地理群的界线，呈非地带性特征。分析我国陆栖脊椎动物分布的现状与自然条件之间的关系，可归纳为以下几点：

①少数适应性很强的世界性或大陆广布的类群或种，几乎可见于全国各地。

②绝大部分类群或种对自然条件有不同程度的依赖性。它们的分布均与一定的自然区或带相一致。有些种类的分布比较狭窄，限于一个自然区或温度带，有些则跨越几个自然区或温度带。

③主要分布于某一自然区或带的动物类群或种，可在一定的条件下，向另一自然区或带渗透。渗透的程度因种类不同而有很大的差别，决定于该种动物对分布区外缘环境的适应能力和扩展历史的长短。

④有一些类群或种只出现于局部地区，分布区十分狭窄；另一些类群或种在同种或同属之间，呈现间断分布。这两种情况的产生，或由于历史的原因，或由于人为的影响。

第七节　海洋资源

海洋约占地球表面的71%，海水占地球水总储量的97.2%，海洋的容积达13.7亿立方公里，因此，海洋是资源的宝库。随着科学技术的发展和陆地资源濒于枯竭，人类越来越重视海洋资源的开发和利用。

一、海洋资源概述

（一）基本概念

海洋资源的概念有广义和狭义两种含义。

广义的海洋资源是指与海洋有关的物质、能量和空间都属于海洋资源的范畴。如海洋上的风能、海底的地热、海上的城市、海底的隧道、海滨浴场以及海水中的各种资源等。凡是海上可以利用的空间，能够创造财富的物质和能源，可供人们生存、生活和娱乐的一切与海洋有关的设施，均称之谓海洋资源。

狭义的理解是指来源、形成和存在方式都直接与海水有关的资源。如海水中的动、植物，各种化学元素，海水运动具有的能量，海底矿产等。

（二）基本特征

1. 海洋资源分布广，数量大

由于海洋占整个地球面积的70%以上，所以与海水有关的各类资源在地球上的分布范围十分广阔，而且类型多，数量大。如鱼类资源储量全世界约7 000万吨左右，而其中的85%来自海洋。世界上95%的锆石、90%的金红石、90%的金刚石、80%的独居石、75%的锡石都来自滨海砂、矿。而海洋石油约占世界石油总储量的40%。海水中的黄金总含量相当于陆地储量的170多倍。银相当于陆地储量的7 000多倍。世界上97%以上的水集中在海洋里，总体积为十三亿七千立方公里。海水中含有地球上已知100多种元素中的80多种。

2. 海洋资源开发潜力巨大

限于科学技术水平，海洋资源的开发利用度很小，存在着巨大的潜力。如海洋给人类提供的食物相当于陆地全部农产品的1 000倍，但目前对海洋生物的利用还不到1%。海洋潮汐能的蕴藏量约27亿千瓦，波浪能约为10～100亿千瓦，海流能约为50亿千瓦，盐度差能约为26亿千瓦。这些能量相当于现今地球上全部动、植物生长所需能量的1 000多倍。但目前仅开发了其中的一小部分。因此，在陆地资源日益减少的情况下，海洋资源将是人类取之不尽，用之不竭的资源宝库。

3. 海洋资源的有限性和脆弱性

海洋资源虽然数量巨大，但有些资源亦属于不可再生资源。如油气资源和海底矿产。随着陆地矿产资源的日益减少，滨海砂、矿也会随之减少。海洋中的生物资源，特别是近岸水域、河口和港湾，极易受到陆源污染物排放的影响，致使近岸海域和海岸带生态环境恶化，部分海域生物种类减少，海域赤潮发生日趋频繁。所以控制海洋污染发展，保护海洋生态和海洋资源不受破坏是急待解决的问题。

二、海洋资源分类

（一）按资源的性质、特点、存在形态分类

从资源的性质、表现特征以及存在的方式、状态等，可将海洋资源分为六个大类：

①海洋生物资源：包括渔业资源、药物资源和珍稀物种资源。

②海底矿产资源：包括金属矿产资源、非金属矿产资源和石油及天然气资源。

③海洋空间资源：包括土地资源、港口与交通资源和环境空间资源。

④海水资源：包括盐业资源、溶存的化学资源和水资源。

⑤海洋新能源：包括潮汐能资源、波浪能资源、海流能资源、温差与盐差能资源和海上风能资源。

⑥海洋旅游资源：包括海洋自然景观旅游资源、娱乐与运动旅游资源、人类海洋历史遗迹旅游资源、海洋科学旅游资源和海洋自然保护区旅游资源。

（二）根据资源所处的地理位置进行分类

利用位置原则，对海洋资源分类，是在通常的海洋学研究中使用的比较分类方法。

①海岸带资源：包括潮上带资源、潮间带资源和潮下带资源。

②大陆架资源：包括大陆架海底资源、大陆架水体中的资源和海面资源。

③海岛资源：包括海岛陆地资源、海岛海岸带资源和岛架资源。

④深海与大洋资源：包括深海资源和大洋资源。

⑤极地资源：包括南极大陆资源和周围海域资源。

三、我国海洋资源概况

中国濒临太平洋西部边缘，包括渤海、黄海、东海和南海。上述海区总面积约 473 万平方公里。

(一) 海岸带资源

我国目前把海岸带调查的宽度，作为海岸带宽度，我国海岸带的面积约为 35 万平方公里，占全国国土面积的 2.9%。

我国海岸带自然资源，不仅品种多、类型齐全、储量丰富、潜力大，而且资源的分布趋向性强、复合程度高，与陆地资源互补性较好且开发利用便利（图 2-30）。

1. 生物资源

我国海岸带生物资源近岸线海底栖息生物有 2 200 多种，滩涂底栖生物有 1 500 多种，可供滩涂养殖的生物有 238 种，沿海重要的渔业捕捞有 70 多种。

(1) 渔业资源

渔业资源是海岸带生物资源的主体，我国海岸带有大量江河淡水注入，滩涂和海湾较多，分布有河口、湿地沼泽、红树林、珊瑚礁等高产区。因此，渔业资源基础很好。

①潮下带浅水区：在水深 15m 等深线之内的面积约为 12.38 万平方公里。生物资源主要为鱼类、甲壳类和头足类。

鱼类多为洄游种，少量的为定居和移动范围较小的种群。在黄、渤海，暖温性种占优势，暖水性种次之，还有少量的冷温性种。在南海则反之，暖水性种占优势，暖温性种很少，没有冷温性种。东海为南北海域的过渡区。潮下带鱼类种的数量，已发现 481 种，其中资源量较大的有：黄鲫、鲮鱼、银鱼、花鲈、青鳞鱼、带鱼、牙鲆、二长棘鲷、白姑鱼、大黄鱼、小黄鱼等 74 种，约占潮下带鱼类资源量的 90%。由于海岸带鱼类中洄游种所占比例较大，所以鱼类资源结构随季节、水温等因素尚有明显的变化。

潮下带有一定活动能力的无脊椎动物，主要是甲壳类和头足类，已发现有 120 多种。其中有重要意义的是：对虾、鹰爪虾、白虾、乌贼、章鱼、三疣梭子蟹等 20 个种，在形成资源量上占主要地位。该带无脊椎动物在高峰月资源量粗估约 16.53×10^4t 左右。

②潮间带滩涂区：潮间带生物种类繁多，约有 1 500 多种。其中有软体动物 500 多种，甲壳动物 300 多种，各种藻类约 350 多种。

据调查统计，我国滩涂区域的平均资源量约为 249.5g/m^2，软体类动物约占 57%；其次为甲壳类动物，占 35.7g/m^2。这两类动物加上藻类植物构成滩涂生物资源的主体，即占生物量的 96.9%。在海区分布上，南海单位面积生物资源量最高，渤海次之，东海和黄海低于全国平均量。

(2) 植物和森林资源

在狭长的海岸带上，由于决定植被的自然环境和历史演化条件的多样性，我国海岸带的植被具有起源古老、种类繁多、成分复杂、区分类型多的特点。特别是东南沿海，已发现海岸带区域种子植物 4 516 种，分属 250 个科，1 570 个属。

从植被区划图反映，海岸带植被基本上是同纬度陆地植被区系在沿海的伸延。由北而南划分为九个植被岸区，即辽东半岛沿海针叶、阔叶林岸区，渤海沿海盐生植被岸区，山东半岛沿海针叶、阔叶林岸区，江苏沿海盐生植被岸区，浙、闽沿海常绿阔叶林岸区，闽东南、台北沿海季风常绿阔叶林岸区，桂、粤、台沿海常绿季雨林、红树林岸区，海南岛沿海季雨

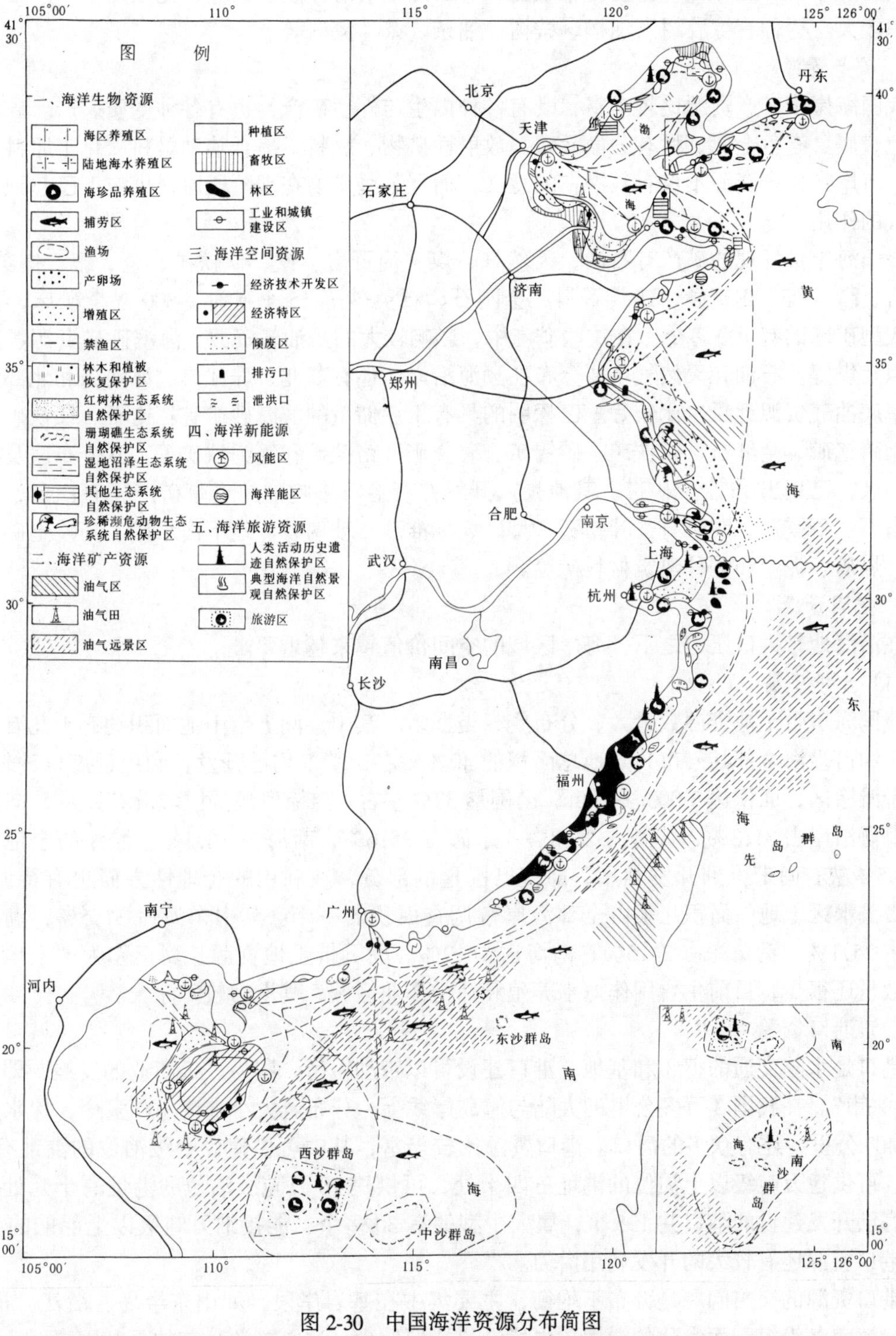

图 2-30　中国海洋资源分布简图

林、红树林岸区，南海诸岛珊瑚礁常绿林岸区。其中具有典型海洋植被特征的是：渤海沿海和江苏沿海的盐生植被，闽、台、粤、桂、琼海岸带红树林植被，以及珊瑚礁岛生植被等。盐生植被中的沼泽芦苇群落、红树林植物群落都有着很高的生态与经济价值。

我国海岸带林业资源，主要分布在热带、亚热带沿海丘陵、山地，尤以广东、广西、福建面积较大。树种有橡胶树、油桐、桉树、油茶、茶、漆树等。

2. *矿产资源*

我国海岸带矿产资源比较丰富，既有各种内生与外生矿产，也有各种变质矿产。矿种包括黑色金属、有色金属、稀有分散元素、放射性矿物、燃料、冶金辅助材料、化工原料、建材等。海岸带矿产资源不仅有其潜在的意义，而且某些矿物在现阶段原料供应上已起到了不可替代的作用。

我国海岸带发现的矿产有石油、天然气、煤、油页岩、铁、钛铁矿、金、银、锆英石、独居石、磷、硫、建筑砂、建筑石料、金刚石、石英砂等65个矿种，800多个矿床，其中属于大型矿床的有100多个。在这些矿产中，影响较大的是油气资源、海滨砂矿资源、建材资源以及煤等。石油和天然气主要分布在渤海沿岸，还有苏北、珠江口、海南岛和北部湾等浅海海底油气资源远景也比较好。已探明的具有工业储量的滨海砂矿有：锆石、钛铁矿、独居石、磷钇矿、金红石、磁铁矿、砂锡矿、砂金矿、铬铁矿和铌钽铁矿等，其分布遍及沿海各省、区，已划出12个成矿带。其他投入开发并有经济影响的海岸带矿产还有：金、金刚石、滑石、菱镁矿、明矾石、叶蜡石、型砂、标准砂、玻璃砂、地下卤水矿、高岭土矿、石膏矿、煤矿、泥炭和多种建筑材料矿等。

3. 空间资源

在沿海地带人口压力之下，海岸区域的空间价值越来越重要。

(1) 土地资源

我国海岸带土地资源数量大、分布广、类型多。其中，潮上带土地面积约有十几万平方公里，约占沿海全部县（市）陆地总面积的40%左右，基本均已开发，利用程度也比较高。潮间带滩涂区，面积达3 000多万亩，已围垦37%左右。滩涂资源的区域分布，从北向南减少，渤海沿岸占31.3%，黄海占26.8%，东海占25.6%，南海占16.3%。滩涂的土地资源还有45%左右尚未得到开发利用，即使已围垦的部分，在利用的合理性方面也有待调整。潮下带浅水区土地，面积几乎占全部海岸带调查面积的一半。其中东海占31.5%，渤海和黄海占25.1%，南黄海占24.5%，南海占18.9%。潮下带土地资源，真正作为“土地”利用的数量还很少，目前主要用作海水养殖和捕捞作业区域，其潜力较滩涂大。

(2) 港口资源

港口是水陆交通的枢纽和基地。港口建设可以带动城市、贸易、工商业的发展，即所谓“以港兴市”。在我国3万多公里的大陆与海岛岸线上，分布着大小港湾100多个，深水岸段长达400公里，还有众多的河口。港口资源比较丰富，其中可供建设中级泊位的港址有100多处，可供建万吨级以上泊位的港址三四十处，可供建10万吨级泊位的港址有十几处。目前沿海已开发建设的港口共135个，属大中型的有30多个，能接纳万吨级以上船舶的有21个。港口资源还有较大的开发利用潜力。

港口资源的突出问题是分布不均衡，主要集中在基岩岸段，如山东半岛、浙江、福建、广东、海南岛沿海，而大片的淤泥质岸段港口资源较少，这是资源分布的不利因素。

(3) 环境空间资源

我国海岸带浅水区水体比较活跃，多数河口、海湾水体交换能力较强，具有较好的稀释扩散能力。作为一种资源是可以开发利用的。经调查和初步论证，根据需要与可能，本着科学、经济、生态等原则，在全国海洋功能区划中划出了倾废、排污区，以指导、管理浅水区环境空间功能在这一领域里发挥作用。

4. 海水资源

海洋中最大量的物质是海水。海水的资源价值表现在三个方面：第一，海水作为直接利用的资源；第二，利用海水中溶解的自然矿物元素；第三，将海水转化成价值更高的淡水。

海水直接利用通常是指海水用于工业冷却水，现在海水冷却已在电力、冶金、石油、化工等部门采用。据报道，日本仅在电力工业部门到1995年底海水冷却水用量已达1 590～1 760亿立方米。我国沿海城镇也开始了推广海水冷却的应用。海水作为冷却水既降低了成本，又节省了淡水，从而减轻了城镇淡水供应的压力。

海水制盐和化学元素的提取也是海水应用的重要领域。我国海岸适于盐业生产的岸段较多，资源条件优越，海盐业生产量一直在世界上处于领先地位。另外，海水中还含有大量的金属与非金属元素，这些元素的提取目前大多还处在研究阶段。若研究成功，海水将成为人类未来的重要矿产来源基地。

海水淡化是缺水地区淡水来源的重要途径。经过几十年的研究，蒸馏法、电渗析法、反渗透法已逐渐成熟，进入推广应用阶段。我国北方淡水短缺，常因此而影响城乡的生产、生活，从长远来看海水淡化不失为一条可行之路。

5. 海洋新能源

我国沿海蕴藏着较为丰富的海洋能资源，主要有潮汐能、温差能、波浪能、潮流能和盐差能（表2-23）。

表2-23　全国海洋能资源蕴藏量

省区			辽宁	河北	山东	江苏	上海	浙江	福建	台湾	广东	广西	海南	全国
潮汐能	可开发资源量	装机容量（10^4 kW）	59.40	1.02	12.42	0.11	70.4	891.39	1 033.2	5.62	57.38	39.31	8.96	2 179.31
		年发电量（10^8 kW·h）	16.35	0.20	3.75	0.05	22.80	269.91	284.13	1.55	15.20	11.11	2.29	624.36
		坝址数(个)	51	20	24	2	1	73	88	17	49	72	27	424
温差能		装机容量（10^4 kW）								680.0			132 100	132 780.0
波浪能	理论蕴藏量	平均功率（10^4 kW）海域												50 000 000
		平均功率（10^4 kW）沿岸	25.50	14.36	160.98	29.13	16.48	205.34	165.97	429.12	173.95	8.09	56.28	1 285.20
潮流能		平均功率（10^4 kW）	113.05		117.79		30.49	709.03	128.05	228.25	37.66	2.31	28.24	1 394.85
		水道数(个)	5		7		4	37	19	16	4	3	130	
盐差能		平均功率（10^4 kW）	295.66	109.59	326.57	190.84	7 393.11	522.83	637.28	36.40	2 807.66	54.40	87.69	12 498.03

（1）潮汐能

我国潮汐能，估计总的蕴藏量约为1.1亿千瓦，可以开发的地点有数百处之多，总装机容量约为0.217亿千瓦，年发电量为600多亿度。从潮差在各海区分布可知，我国潮汐能资源主要集中在浙江和福建省沿海地区，约占总资源能量的80%以上，可开发量所占比重更大，高达88%。我国潮汐能的开发已有数十年的历史，期间带先后建成了几十座潮汐电站，由于不同原因，相当一部分没有继续下来，现仍在运转的尚不足 10 座，其开发程度也比较低。

(2) 风能

我国沿岸和近海陆地区域，年均风流密度 200 ~ 300W/m^2，有效风速年积累 6 000 ~ 7 000 h，两项指标均高于风能丰富区的下限值，因此，都属于风能丰富区。其中半岛和岬角等突出海岸，风力资源更为丰富。过去风能的开发主要是通过风力机带动机械，用于提水和农副产品加工等活动。自从 20 世纪能源危机后，风能资源利用转向发电，作为现代能源的补充。我国海岸带风能资源丰富，应加强开发利用。

(3) 波浪能

波浪作为一类海洋自然能资源，储量也十分巨大。据理论计算，世界海洋的波浪能为 2.7×10^{12}W，仅其可以利用的部分（即波的平均周期 8s，有效波高 1.5m 以上者），总能量功率就为 27 亿千瓦。若风能效率最高时，其波能形成的资源量将可增大至 700 亿千瓦。

我国沿海波浪能资源量也很可观，据理论计算总功率为 2 300 万千瓦。其在沿海的分布基本上与风力资源趋势一致，以广东、浙江、福建和山东四省最多，理论功率约为 411 ~ 608 万千瓦；其次是江苏、辽宁、上海和河北，理论功率约为 40 ~ 80 万千瓦；广西是最少的区段。在一年中的变化，多与季风活动的特点一致，冬季较高，春季和夏季较低。在受台风影响的海区，当台风多发的夏、秋两季时，波浪能也会增高，甚至出现全年的最高值。波浪能的开发，我国与世界其他沿海国家一样，正在加紧试验中，大连、青岛、北京、天津、南京等地都在进行波浪发电装置的研制和海上试验，可望在不久的将来达到小型装置的实用化。

(4) 盐差能

在江河的入海处，由于淡水和海水的盐度不同，海水对于淡水存在渗透压以及稀释热、吸收热、浓淡电位差等浓度差能。这种能量可以用以转换成电能。我国入海江河多，径流量大，无凝浓度差能资源有一定储量。但目前所做工作很少。

6. 旅游资源

旅游资源是海岸带最具特色，地位较为重要的资源之一。我国海岸带的基础自然环境条件决定了旅游资源具有：第一，资源种类多，数量大；第二，景观质量高，特色突出；第三，具有开发利用便利等长处。

(1) 海岸自然景观

我国海岸中的基岩岸、泥质岸、沙质岸、沼泽湿地岸、生物岸等类型，各有其独特的景观，有其各异的旅游开发价值。

①基岩海岸：有的是巍峨雄伟的山峰，有的是低缓的丘陵，其上其下，或林木葱郁，或悬岸峭壁，或缓流蜿蜒，或瀑布急下，情景交融。基岩海岸，我国各海域都有分布，黄海和渤海区有辽东半岛、山东半岛、苏北丘陵，东海区分布在浙、闽沿海和台湾岛，南海的两广和海南都广泛发育，其中著名的景区有大孤山、老铁山、东联峰山、碣石山、成山头、崂山、云台山、普陀山、天台山、括苍山、雁荡山、太姥山、鼓山、清源山、莲花山、白云山、冠头岭等。

②泥沙质海岸：在我国海岸中，泥质与沙质海滩都有大面积分布。其中沙质海岸是娱乐性旅游的宝贵资源，开发较早。这类资源主要分布在基岩海岸区域，如兴城、抚宁、昌黎、山东半岛沿岸，连云港、海南岛、北海等地。泥质海滩，列入旅游资源为时不久，但其风光和近来兴起泥浆运动，预示着很好的利用前景，泥滩在长江以北分布普遍。

③河口与生物海岸：我国河口海岸的烟波浩淼的景色可以称著于世。如长江口、黄河口的波澜壮阔，九龙江口、韩江口的秀媚风光，更有钱塘江的气势磅礴的涌潮等。生物海岸，景色别具一格，有辽宁盘锦的大苇田，闽台、两广和海南沿海的红树林，海南岛周围的珊瑚礁等。

（2）海岸人文景观

我国历史悠久，创造了灿烂的民族文化，其中海洋文化也是一个组成部分。在海岸区域遗留下来的，反映我国人民海洋科学技术、开发利用状况和海洋观测的遗迹、遗物非常多。它们又与海洋自然环境融为一体，使人文景观资源内容更为丰富，如旅顺古要塞、丹东九连城、兴城宁远卫城、营口金牛山旧石器遗址、山海关老龙头和长城、蓬莱水城、成山头古遗迹、连云港宿城、宁波镇海古海塘和军事要塞、钱塘江海塘、泉州开元寺、惠安崇武古城、厦门胡里山炮台、温州江心寺、厦门南普陀、南沃猎屿统城、虎门要塞、沙角炮台与威运炮台、湛江上林寺等。

（3）奇异景观

因特殊或特定的自然过程或事件而形成的自然景象，一般出现的几率较低，往往是舍此一处而在其他地方不复见到。我国海岸区的奇异海洋现象有山东篷莱的海市蜃楼、钱塘江口涌潮、福建深沪湾的古海底森林和海南东寨港水底村庄等。

我国海岸旅游资源，集海、景、物等优势，目前开发利用无论内容，还是深度、层次都远远不够，其潜力巨大，前景广阔。

（二）大陆架与专属经济区资源

按照国际组织在20世纪50年代初所下定义，“大陆架是环绕大陆，从低潮水位到海底坡度急剧增大转折处之间的区域”。根据其地质结构，大陆架本质上是被海水淹没的陆地。大陆架是国家管辖海域的主要的海底区域，一般与其200海里专属经济区具有一致性。大陆架与专属经济区水域的自然资源是国家海洋资源的主要部分。我国大陆架海域辽阔，渤、黄、东海基本处在大陆架上，南海位于我国一侧的传统海疆线之内。国家管辖的广大海域，从一定意义说，也是我国的一种资源。

1. 生物资源

我国海域生物种类繁多，全部生物种为15 000种以上（据最新统计已达20 278种），其中动物约占70%，原生生物约占27%。在海洋动物界中，以脊椎动物和节肢动物的种数最多，分别占动物种数的29%和26%；次为软体动物，约在14%以下；环节动物约9%；腔肠动物占7%；棘皮动物为5%。在原生生物界中，原生生物种数少于藻类，约占34%，而原生藻类为66%。原生藻类中，硅藻约占61%。我国海洋生物种的具体分布是，原核生物界种数为180多种，原生植物界种数约为3 400余种，真菌界的种数少于20种，植物界的种数少于160种，动物界的种类约为9 170种，总计为13 000余种，不含微生物。世界海洋中最富生物多样性的区域是西太平洋海域，我国海域属于或邻近这一海区，所以，物种丰富是必然的。

（1）渔业资源

我国海域中，最具有捕捞价值的海洋动物鱼类约2 500余种，头足类84种，对虾类90种，蟹类685种。其中鱼类是大陆架和专属经济区资源的主体。它们在我国管辖海域里形成了70多个渔场。

①渤海的渔场有：辽东湾、滦河口、渤海湾、莱州湾等。主要的渔业资源种类是小黄

鱼、带鱼、鲻鱼、鲅鱼、鲐鱼、梭鱼、鲆鱼、鲽鱼、对虾、毛虾等。

②东海渔场主要有：长江口、口外、舟山、舟外、鱼山、鱼外、温台、闽东、闽外、闽中、闽南、台北、台东等。资源种以大小黄鱼、带鱼、银鲳、鲐鱼、海鳗、鲽鱼、石斑鱼、墨鱼、枪乌贼、对虾、文昌鱼、鹰爪虾等为主。

③南海渔场主要有：汕尾、甲子、汕头、东沙、中沙、西沙、南沙、珠江口、电白、铜鼓、陵水、三亚、莺歌海、昌北、北部湾等。资源种以大黄鱼、带鱼、二长棘鲷、竹英鱼、海鳗、金枪鱼、长尾大眼鲷、中国枪乌贼、康氏马鲛、银鲳、灰鲳、刀鲚、对虾等为主。

(2) 药用生物资源

目前海洋生物入药的种类已达700种之多，在我国仅渤海，开发的药物生物种就有158种。已进入应用和试用的有海带、珊瑚、马尾藻、海蜇、贻贝、乌贼、海蛇、海盘车、石花菜、海龟、海绵、海参、角叉莱、海马、海葵、藤壶、裸甲藻、硅藻、水母、寄居蟹、中华鲎、海胆、玳瑁、海豚等，均可以制药，用于抗菌、抗凝剂、生长刺激素、毒素、麻醉剂、抗血脂、驱虫、抗溃疡、抗肿瘤、降血压、生长抑制素、止痛和营养保健等方面。我国海洋生物种类多，为丰富的药用生物资源创造了条件。

(3) 珍稀濒危物种资源

我国海域有一定的封闭性，海域生物与外海、大洋沟通程度相对较低，海域生物地方性较强。既有世界海洋性生物物种，也保存有许多地方种。其中不少为北半球早已灭绝的古老孑遗物种和一些在进化上属于原始或孤立的类群，特有属、特有种都比较丰富，仅鱼类就有80种，甲壳类、软体类、浮游类中的特有种和地方性类都较多。

我国海域保存下来的古老孑遗生物种和在进化中属于原始物种的有鹦鹉螺、中华鲎、柱头虫、文昌鱼、中华鲟、白鲟、海豆牙和酸浆贝等。

我国海域分布的特有种更多，主要有儒艮、斑海豹、北海狮、北海狗、中华白海豚、鲸类、海龟、棱皮鱼、玳瑁、黑头海蛇、红珊瑚、江豚、虎斑宝贝、栉孔扇贝、唐冠螺、大乌蹄螺、夜蝶螺、皱纹盘鲍、中华锉蛤、刀海龙、海马、黄唇鱼、松江鲈、长吻六腮、滩头鲤、椰子蟹、龙虾、海鲑、长吻虫、舌形虫、散触毛虫等。

2. *矿产资源*

通过几十年的地质调查和勘探，证明我国大陆架和深海海底蕴藏着极为丰富的石油、天然气资源。另外，还发现深海区域有锰结核、钴结壳和热液矿产资源，其前景也有待深入调查、勘探。

(1) 石油和天然气资源

我国海域油气资源，除分布在海岸带区之外，还分布在大陆架和深海区，而且蕴藏量相当丰富。

经调查，共发现18个中新生代沉积盆地，总面积超过130万平方公里。石油资源量约500亿吨，天然气资源量约22.3万亿立方米。近海大陆架已发现9个含油气沉积盆地，其中6个已勘探清楚。

①渤海含油气盆地：面积约7.3万平方公里，是辽河油田、大港油田和胜利油田向海延伸部分。该盆地油气资源十分丰实，石油资源量约为46亿吨，地质储量为4~10亿吨。

②南黄海含油气盆地：面积约10万平方公里，是陆地苏北含油盆地向海的延伸部分。经勘探，该盆地石油地质储量为2~3亿吨。

③东海含油气盆地：面积约46万平方公里，是我国近海已发现的沉积盆地中面积最大、

远景最好的盆地。该区的油气地质储量为40~60亿吨。

④珠江口含油气盆地：面积约14.7万平方公里，石油地质储量约为40~45亿吨。

⑤莺歌海含油气盆地：包括东西莺歌海盆地。东盆面积约为4万平方公里，预测天然气资源量占6.4万亿立方米，石油资源量约40亿吨。西盆面积约为3.9万平方公里，石油资源量约27亿吨，天然气资源量约2.3万亿立方米。

⑥北部湾含油气盆地：面积为3.5万平方公里，经勘探，石油资源量约21亿吨，天然气资源量为5 900亿立方米。

(2) 其他矿产资源

在南海深水区，分布有钴结壳、锰结核资源。钴结壳含有丰富的钴、镍、金、铂等多种金属矿产。它主要分布在水深1 500~1 900m的海山上，如宪北海山、珍贝海山、双峰海山等。其厚度一般为1~3cm，厚者可达4~5cm，已发现最大一块为77×50×19（cm），重39.3kg。锰结核主要分布在北纬14°~21°30′、东经115°~118°、水深2 000~4 000m的海盆和陆坡上，其直径为5~14cm，目前发现在中沙群岛南部和东沙群岛东南及南部比较富集。

3. 海洋能

大陆架及深海区的新能源，依其利用区域选择的合理性衡量，有希望的是温差能和海流能资源。根据《中国海洋资源开发研究》提供的资料，温差能主要分布在南海，按垂直温差在180℃以上计算，可供开发的面积约为3 000km²，其热资源约1.5亿千瓦。海流能资源全海域都有分布，其中仅黑潮流所蕴藏的能量，每年可发电量为4 170亿度。这类能源将来若能投入开发，其数量和价值都是巨大的。

(三) 海岛资源

按照《联合国海洋法公约》规定，"凡在高潮之时，仍高出水面的海中岛屿，其自然条件能够维持人类居住，居住者或在其上从事经济活动者，均拥有划定领海、毗连区、大陆架和专属经济区的各项权力。"对于"群岛"，还有如下规定："凡一群岛屿，包括若干岛屿的若干部分，相连的水域和其他自然地形，彼此密切相关，以致这些岛屿、水域和其他自然地形在本质上构成一个地理、经济和政治的实体，或在历史上已被发现为这种实体，这种群岛还可以享有群岛水域制度。"《联合国海洋法公约》使海岛的资源范围和随之产生的资源种类、储量、影响等，都相应有了重大变化，突破了海岛本身，而有了周围广大海域连同自然资源的整体归属上的意义。实际上，往往海岛周围水域资源的价值，要大大超过孤立海岛本身的自然资源价值。由这一层意义评价海岛自然资源的地位、作用，无疑会得到新的认识，从而海洋中各类岛屿，不论它有什么样的地理状态，距离有多远，或者有无居住条件等，都应受到高度关注。海岛的存在就是价值，海岛的拥有就是财富。

我国海岛数量多，海域分布范围广，尤其是南海、东沙、西沙、南沙群岛星罗棋布于南海全海域之中。我国岛屿仅面积在500m²之上的就有6 500多个，属于群岛集中分布的有50多个。岛屿的总面积约为8万平方公里，其中最大的是台湾岛和海南岛。台湾本岛面积35 759km²，连同钓鱼群岛、澎湖列岛等，面积则为36 025km²。海南岛略小于台湾岛，面积为34 000km²。

1. 海岛生物资源

海岛生物资源可分为陆地和水域资源，其种类和数量在我国都占有一定地位，有些品种还具有举足轻重的影响。

(1) 陆生动植物资源

生物种类繁多，每一个海岛都可称为百草园、动物园。海南岛植物种类约有 4 200 多种，占全国种数的 1/3。其中药用植物约为 1 000 多种，占全国的 1/5；属于果木类的植物有 29 科、53 属、4 000 多个种。兽类 77 种，占全国兽类种数的 21%；鸟类 344 种，占全国的 26%。野生动物被列为国家一级保护对象的有 14 种，即海南坡鹿、黑冠长臂猿、云豹、白腹军舰鸟、白鹳、白肩雕、海南山鹧鸪、黄腹角雉、白颈长尾雉、孔雀雉、巨蜥、蟒等；被列为国家二级野生保护动物的有 36 种。西沙群岛是鸟之王国，聚居着白鲣鸟、燕鸟、金行鸟等 40 多种海鸟，白鲣鸟的数量可达 5.6 万只。黄海山岛也是一个鸟类的聚居、停留地，已发现有鸣禽、涉禽、陆禽、水禽、猛禽共计 128 种，其中潜鸟、军舰鸟、灰鹤等是珍稀罕见的鸟类。

森林资源，海岛上的森林资源主要分布在南部、东部的海岛上，其中首推台湾岛，次为海南岛。台湾岛的森林资源非常丰富，其森林覆盖率达到 60%，森林面积约 190 多万公顷，约为安徽、江苏、浙江三省之和，较欧洲山林之国的瑞士还要多一倍。海南岛分布着热带雨林，尖峰岭林区还保存着大片的原始森林，其他一些岛屿也有不同数量的森林资源。

瓜果资源，热带、亚热带的海岛瓜果资源在全国也占有突出地位。海南岛是果园之乡，野生与栽培果木很多，有 400 多种，龙眼、荔枝、芒果、巴蕉、桃金娘、腰果、榴连果、锥果、杨梅、酸角、油梨、番石榴、甜蒲、波萝蜜、柑桔、菠萝、山竹、油甘子、野无花果、人心果等，都很有名，部分还是岛上的特产。台湾岛四季产鲜果，品种多，质量好，都很有名，主要有香蕉、菠萝、木瓜、柚子、龙眼、芒果、槟榔、柑桔等 80 多个品种。台湾岛还是我国甘蔗和蔗糖的最大产地，种植面积仅次于稻田，为两广、川、闽四省蔗田种植面积之和，谓为“东方糖库”亦不为过。

(2) 水域动植物资源

海岛和群岛水域，由于生态环境条件优越，其生物资源是海洋中最好的分布区之一。我国海域主要渔场，相当一部分都是围绕海岛和群岛水域形成，如全国最大的舟山渔场和东沙渔场、西沙鱼场、中沙渔场、南沙渔场等。海岛水域生物多样性强，如我国已建立的唯一的一处以海洋生物多样性保护为主旨的国家级海洋自然保护区，就设在浙江温州外海的南麂岛上。

2. 海岛旅游资源

(1) 自然景观

按其成因和地貌形态，我国海岛可分为大陆岛、火山岛、珊瑚岛和冲积岛。大陆岛成因于海陆变迁，是原为陆地山脉或丘陵，后被海浸淹没的残留部分，如台湾岛、海南岛、长山列岛、蛇岛、庙岛列岛、舟山群岛、金门岛等均属此类岛屿；火山岛则成于海底火山喷发物质和岩浆溢出堆积，如澎湖列岛、钓鱼岛群岛、火烧岛、兰屿等。这两类岛屿都由基岩构成，在地貌形态上，多奇峰异石，悬崖峭壁，雄奇壮观，又有沙滩岩礁和溪流爆布，其景色饱含着大海的神韵和自然的浑然之气。

台湾岛有所谓的“宝岛之景”，即阿里山、日月潭、太鲁幽谷，清水大断崖、玉山积雪、安阳夕照、南湾极点、潮湖渔火，其中除安阳夕照和潮湖渔火是人文风物之外，其他景观全与地质构造和地貌形态所呈现之山峦、溪流相关连。阿里山以其奇峰巍峙、溪壑纵横、幽谷飞瀑为旅游的景区；太鲁幽谷，是一个地质断裂形成的 20km 的大理石峡谷，谷中断崖绝壁，比比皆是，绝壁垂立，最高之处达到 1 660m，仰望蓝天，陡壁直插云霄，甚是壮观；清水大断崖，位于岛之东海崖，是长 21km 的断层海岸，高 800m，陡立的石壁，直落海底，岩性以质地坚硬的片麻岩、大理石为主的变质岩系，宛如一堵铜墙铁壁阻挡着来自太平洋的狂涛巨浪的侵袭。断崖、巨浪、隆隆的涛声，构成了动人心弦的自然风物系统。其他如玉山积雪、南湾极点等，也是以地势高和构造地貌状态而取胜的自然景观。

海南岛，亦多奇山异景，有海南第一山中山，其山并非雄伟挺拔，仅只有 200m 高，但其峰回路弯，曲径通幽，林泉洞天，多怪石岩洞和峭立的岩障，加之葱茏的林木和潺潺的流水，形成一幅自然和谐之美的画卷。有天涯海角，它是邻近的马岭山脉向海洋里的延伸。据地质学的研究，在 2 000～3 000 万年前，这一区域处于海下。后在喜马拉雅造山运动时期，该地断块台升，成为一个岬角的海崖地貌。岩性为花岗岩，在风浪和其他外力作用下，侵蚀、剥蚀作用塑造了外形浑圆的巨石或石柱，屹立于沙滩之上或海水之中。因其遥居南天，形态不俗，千百年来引发了不知多少人的遐想。北宋苏轼在谪居海南时，见到这些散落滩面与海上的大小岩石，有感而写下了“突兀隘空虚，他山总不和。君看道旁石，尽是补天遗”的诗句。天涯海角因其奇而出名，又因其沧桑人事的关联成为海岛的一大胜景。与海角毗邻的鹿回头、大东海等也是久负盛名的景观佳处。

其他基岩岛屿，虽不如台湾、海南两岛类型多样，但也均有着各种各自的自然景观特色，如舟山群岛鸟沙悬门的石山群和沙滩，嵊泗列岛的岱山十景；广西的龙门七十二径；福建平潭岛的岚岛三绝（即：沙滩，其中竹屿沙带，长约 15km，宽 1km；石，各种奇石、怪石；风，风多、风大）；东山岛的天下第一石，又名风动石；山东长山列岛南隍城岛的奇礁异石，月亮湾的花斑彩石；辽宁长山群岛的海蚀地貌等。

冲积岛，系泥沙滩积而成，分布在各大河口三角洲区，如崇明岛等。它们有平坦的地形、开阔的滩涂和湿地沼泽、繁茂的植被，以其简单的自然美，可提供一种别样的感受。珊瑚礁岛，又可称为生物岛，由珊瑚礁的遗骸长期堆积而成，南海各群岛统为这类岛屿，水下为绚丽多姿的珊瑚世界，水面之上为热带风光，现在已是潜水活动的热点之地。

（2）海岛人文景观

我国海岛人文景观同样丰富。与世界其他各地的海岛相比，在所保留的历史遗迹、遗物的数量、时间的跨度上，更为优越而富特色。台湾和海南岛自不必说，它们拥有的中华民族的历史文化遗产是系统的，如台湾岛的石器文化、仰韶文化、凤鼻头文化（相当于龙山文化）、商周直到近代的文化等。海南岛自秦汉设郡以来，历代古迹都有保存，仅其祠堂庙宇就有 200 多处。其他许多海岛，由于面积较小，人类活动的范围和内容不及台湾、海南两岛大，但其历史文物古迹留存的数量也不少，其中有的岛屿还比较系统，如庙岛列岛已发现从旧石器到新石器的遗址与各种石制工具，以及其后的彩陶文化、龙山文化、商周青铜器、汉代漆器、唐三彩、宋代瓷器等，还有始建于宋宣和四年（公元 122 年）的海神娘娘庙等；舟山群岛发现的新石器时期孙家山遗址，以及散布群岛各岛的历代寺庙建筑，如祖印禅寺、慈之庵；普陀山的普济寺、法雨寺、慧济寺；岱山的广济寺等。其中，特别是普陀山寺庙非常集中，据资料统计约有 200 余座。该岛自公元 917 年慧锷在普陀山潮音洞建“不肯去观音院”始，便成了佛教的“佛地净土”。在海岛人文景观中，需要提到的是我国人民反抗来自海上侵略的历史遗址，如山东半岛北侧刘公岛北洋水师提督府、北洋海军忠魂碑、铁码头、船坞、水师学堂和古炮台；福建东山岛建于明朝洪武年间的防倭寇的铜山石城；广东南澳岛建于明代继之清代的总兵府、八千斤炮及附近猎屿的铳城和建于清代的南澎灯塔等。

（3）天然的海岛公园

海岛中不少岛屿，既有地形地貌之奇，又有珍禽异兽和花草树木，因而成为不加修饰的天然海岛公园。我国海岛中具备天然公园条件的，在各海区都有分布。但天择物存，南部海区更为适宜的气候环境，“塑造”的这种岛屿更多。如海南岛的大州岛、南湾猴岛和西沙鸟岛。大洲岛，全岛林木茂盛，几十条溪流沿沟谷而下，又有很多岩洞与巨大裂隙，栖息着珍稀的金丝燕，是我国主要的燕窝产地。向岸一侧有一条500多米洁白的沙滩，景色美丽。南湾猴岛面积15 000多亩，海拔最高处250m，岛上山泉流水，花木葱茏。因其有花，有果，又有1 200多只猕猴栖息其中，所以又被称为花果山，猕猴岛。西沙鸟岛，位于西沙群岛的东岛，面积1.4km^2，周围是蔚蓝的大海，沙滩纯白，岛上生长着茂密的椰子树、野枇杷树、羊角树、桐林和藤类植物，树藤枝叶交织，几无空隙，聚居着40多种鸟类，经常停留栖息的达五六万只。此外，北部湾的斜阳岛、万山群岛的外伶仃岛、雷州富湾附近东海岛、辽东半岛西南侧蛇岛等，均属“天造海设”的花园岛屿。

我国海岛旅游资源，尤其是远离海岸的岛屿，开发程度比较低。即使是已开发的近岸岛，其开发层次、深度也很不够，因此，具有雄厚的资源潜力。

3. 海岛港口资源

海岛港口资源主要分布在基岩海岛，珊瑚岛也有些建港条件。对于面积不大的岛屿，虽然有较大的水深和一定的岸陆空间及洄淤较少等有利因素，但也有海面开敞，风浪较大，以及远离经济发达地区和增加转运环节等弊端。不过，由于目前大陆海岸港口资源的开发程度较高，局部经济高度发达区已没有多少再建新港的港口资源，再者海岛的全面开发也只是时间问题，沿海经济区一旦卷入邻近的海岛，海岛港口的选建则是需要的。基于这种情况，不论大岛还是小岛的港口资源都是重要的海岛资源。

台湾、海南两岛港口开发较早，台湾已建设了基隆、高雄、花莲、台中、苏澳等大中小港口，海南已建秀英、三亚、清澜、八所等中小型港口。两岛尚有一定潜力，如海南岛已勘察选定了海口新港，马村、乌场、南山港新码头，洋浦、三都等新的港址。其他较之为小的海岛开发程度都很低，仅有一些自用的小码头或小港。初步调查发现，许多岛屿具有很好的建港条件，能够建设万吨级以上码头的有菊花岛、舟山烟墩、桃花岛、绿华山岛、东山岛、野鸭山、大衢山岛两岸、六横岛西北岸等，可建中型港口或码头的有大长山、小长山、砣矶岛、北隍城、南长山、海洋岛、嵊山、嵊四、南澳岛、大万山、上川岛、下川岛、黄岩岛、太平岛、永兴岛，以及南沙群岛中的一些岛屿等。其中舟山群岛的港口资源最为丰富，有的可以建成几十万吨级的大型深水港。

4. 可再生能源资源

对于海岛开发极有意义的是风力能源和波浪能源。这两类能源在我国海岛区的分布条件最好。

(1) 风力资源

海岛区与邻近的海岸区比较，多是风能参数最大的地区。年平均风速约为6~8m/s，年平均有效风能密度为200W/m^{2}以上，有效时数达6 000~8 000h。风能最丰富的岛屿在浙江、福建两省的外海，其中风能密度和有效时数分别在200W/m^{2}和5 000h以上的风能丰富区有：长海、长岛、千里岩、两连岛、余山、嵊山、太衢山、下大陈、北麂、台山、平潭、东山、北茭、北石霜、东澳、上川、涠洲等；分别在400W/m^{2}和7 000h的特别丰富区有：余山、嵊山、下大陈、北麂、台山、平潭、东山、北石霜、东澳等岛区。

(2) 波浪能资源

我国波浪能的分布具有沿岸岛屿周围水域较大陆岸边大，外围海岛又较近岸岛屿大的特点。若以波能密度为单位考察岛屿的波浪能资源，平均波能密度大于 10kW/m² 的为波能最为富集区。浙江中部外海岛屿，如台州列岛、东矶列岛、鱼山列岛等；福建平潭岛以北的岛屿，如平潭岛、马祖列岛、北石霜列岛、台山列岛等；西沙群岛和奥东沿海岛屿等都是波能分布的最富集区。其中大陈岛海区高达 17.46kW/m²，北石霜列岛为 14.78kW/m²。大陈岛年最高值可达 31.45kW/m²。其次是浙江北部、福建南部、渤海海峡、山东半岛和长江口外区域的岛屿，波能密度在 5～8kW/m² 之间，这些岛屿的波能也是可以开发利用的。

（四）公海和国际海底区域的资源

公海区域，系指沿海国家管辖范围之外的全部海域，其主要部分是大洋区域。在广大的公海范围内，所蕴藏的各种资源是十分庞大的。但由于科学技术和经济能力的局限，至今人类对这个区域的了解还非常肤浅。根据现在调查研究的成果，大洋中的生物资源、洋底锰结核资源、热液矿产资源和空间资源等对世界的继续发展，将会产生巨大的影响。

联合国大会及有关海洋法会议明确规定，公海资源是人类共同的财产，应向各国公平开放，并提出“应特别顾及发展中国家的利益与需要”。

我国既是一个人口最多、毗连太平洋的国家，又是一个发展中的国家，在自然资源的世界人均占有量上所处的位置靠后，我国有充分的理由得到部分公海区的资源利益。在《联合国海洋法公约》的规定范围内，我国积极地进行了太平洋底锰结核资源的勘探工作，初步查明了几十平方公里范围锰结核的资源量，并依法向联合国国际海底管理局筹备委员会提出了矿区申请。1991 年 2 月 28 日该筹备委员会在第九届春季会议上，审查批准了我国 15 万平方公里的开发矿区，使我国成为继印度、法国、前苏联、日本之后的第五个先驱投资者。对于公海海域的生物资源，我国还是某些种群的鱼源国之一，如西北太平洋的大麻哈鱼，我国理应享有这类资源的利益。依照《联合国海洋法公约》，“所有国家均有权由其公民在公海捕鱼，作为鱼源国在专属经济区以外进行这种捕捞，有关国家应保持协商，以期就这种捕捞条款和条件达成协议，并适当顾及鱼源国对这些种群加以养护的要求和需要”。鱼源国应该拥有合理的资源捕捞量和养护上的责任与管理作用。今后，我国需进一步加强对公海生物资源的利用，以及养护责任与作用的履行和发挥。

第八节　旅游资源

一、旅游资源概述

（一）旅游资源的概念

旅游资源（Tourism Resources）是国土资源的重要组成部分。关于旅游资源的科学含意，目前还没有统一的或公认的定义，下面仅介绍几种见解：

“凡吸引旅游者，并为之带来知识和新的感受的事物”，称为旅游资源；

“对旅游者具有吸引力的以山水名胜自然风光为主的自然资源和以历史古迹、文化艺术、革命纪念地为主的人文资源”，称为旅游资源；

“对旅游者产生经济价值的观赏对象，即对旅游者产生观赏吸引力的资源”，称为旅游资源。

综合以上几种观点，可以归纳如下定义：“凡对旅游者产生吸引力，并具备旅游功能和价值的自然景观和人文景观”，统称为旅游资源。

旅游资源本身价值观念，主要体现于观赏价值、历史价值、艺术价值、科学价值和娱乐健身价值。同一旅游资源，有可能兼而有之，即既有历史价值又有艺术价值，或既有观赏价值又有科学价值等等。

(二) 旅游资源的产生

从宏观角度讲，旅游资源是由自然赋存、人工创造、自然与人工结合三种情况而产生的。

自然赋存旅游资源是具有观赏性及游娱性的自然景观与自然环境。它是自然界的诸多因子，在不同的历史形成条件及演变阶段，作用于不同的地理环境而形成的，而且它始终处于发展变化之中。因此，自然旅游资源是由地球的圈层结构而决定的，受地球环境地域分异的控制。例如，地球表层是由岩石圈、生物圈、水圈和大气圈而组成，岩石圈表面形成各类地质和地貌类旅游资源；水圈内形成江、河、湖、海、泉、瀑等水体旅游资源；生物圈形成动物、植物、微生物等生物类旅游资源；大气圈内形成风、雷、雨、电等瞬息万变的气象类旅游资源以及温湿凉热等气候旅游资源。

人工创造旅游资源的产生，是人类长期的社会劳动和生产实践而创造和积累起来的文明成果。由历史的继承性、文化的差异性、社会的创新性而形成。具有历史价值、艺术价值和科学价值及观赏价值的人文景观，给人类以文化、艺术美的享受。各民族在自己的发展进程中，逐步形成和发展起来的风土民情，各有其风格和特色，是人文旅游资源重要组成部分，使旅游资源更加充实，异彩纷呈。

自然与人工相结合而产生的旅游资源，是人和自然相结合的产物。人类不仅利用自然环境，更能巧妙地妆饰自然环境。“登山竭古刹，游湖赏楼台”，正是人工与自然巧妙结合的结果。西湖、太湖等等，作为湖泊是自然界演变的产物，但各种人工建筑给以点缀，就大大提高了旅游观赏价值。从某种意义上讲，纯自然赋存的旅游资源，大多经过人工的修饰、改造，是自然与人工相结合的产物。就某一个具体的景点来说，当然有其产生的主导因素，有很多就属于自然赋存，或人工创造的。

(三) 旅游资源的基本特征

1. 空间分布上的区域性

各类旅游资源总是分布在一定的地理环境或一定的区域之中，地理环境在空间分布上的差异，必然导致旅游资源在空间分布上的差异，即具有明显的区域性特征。例如，当前世界旅游活动热点的“3S”景观，主要分布在中低纬度基质砂岩海岸，如地中海沿岸、孟加拉湾沿岸、中国南部沿海、夏威夷群岛和加勒比海沿岸。奇峰异洞的岩溶山水主要分布在热带和亚热带石灰岩发达的地区，如中国的云贵高原和广西盆地、南斯拉夫西部和美国西部。而不同地理环境下的人类，在同自然界相适应的过程中，也形成了具有不同地域特色的文化，如世界佛教寺庙主要分布在印度、中国、日本、朝鲜和东南亚一些国家，基督教教堂主要分布在欧美一些国家，伊斯兰教清真寺主要分布在西亚、中亚和北非地区。我国园林有南方园林、北方园林和岭南园林之别，南方园林明媚秀丽、淡雅朴素；北方园林多富丽堂皇，具皇家园林气派；而岭南园林则具有明显的亚热带风光特色。因此，不论自然风光或是人文旅游资源，在空间分布上均存在着鲜明的区域性。

2. 时间上的韵律性

旅游资源在时间上呈现出一定的变化性，并形成和具有一定的韵律。旅游资源的韵律性是由于各地区所处的地理纬度、海拔高度和地形条件不一，季节变化与季节长短有差别，如隆冬季节的吉林树挂、深秋时节的香山红叶、夏季多雨时的黄山云海、春季烂漫时的洛阳牡丹。有些景物甚至在一日之中也会呈现出不同的形态，如庐山云雾，在一日内就可能会变化出多种姿态，给人以无尽的遐想。由于自然界节律或节气的影响，一些旅游节日也呈现出时间分布的韵律性，如哈尔滨的冰灯节、潍坊的风筝节、洛阳的牡丹花会、云南的火把节，都有其不同的时间分布。

3. 构景要素的组合性

构成一个旅游景观的要素是复杂的、多样的，而孤立的景物要素是很难形成具吸引力的旅游资源的。例如，黄山因奇峰、怪石、云海、古松而闻名，构景要素包含了山、石、植被、天象等诸多组合要素。而长江三峡作为我国的一条“黄金旅游线”，沿途不仅可以观赏两岸的“风景长廊”，而且可以探访巴楚古代遗址、古建筑及古战场，亦可以体验葛洲坝水利工程和即将建成的三峡大坝水利工程之雄伟壮观，这同样是自然、人文、社会等景观要素的有机组合。因此，旅游资源的组合形式是多样的。正是由于其组合的复杂性与多样性，才形成了不同特色的旅游景观体。

4. 美学上的观赏性

旅游资源同一般资源最主要的区别，就是它具有美学特征，具有观赏性，无论是名山大川、奇石异洞，还是文物古迹、民族风情等等，展现在旅游者面前，可以引发其美的感觉或者美的联想。因此，美学观赏性一方面是强调旅游资源的观赏性，另一方面更是突出了人与自然的融合，具和谐之美。由于旅游者性格、气质及审美的能力水平的差异以及自然、人文、社会旅游资源和美感、价值、结构、布局的因时因地不同，旅游欣赏也是多层次和多样性的。但毫无疑问，旅游资源的美学特征越突出，观赏性越强，在国内外的知名度就越高，对旅游者的吸引力也就越大

5. 开发利用的永续性和不可再生性

有些资源（如矿产资源）在利用过程中将被消耗掉，或有些资源需要自然繁殖、人工饲养、培植和再生产来补充（如生物资源）。但旅游资源在利用过程中，其本身并不会被旅游者的旅游活动消耗掉，旅游者只是从种种旅游活动中，如观光、泛舟、滑冰、休疗、度假等，获得自身所需的身心放松和美好感受。从这个角度来讲，旅游资源具有开发利用的永续性。然而，这种永续性并非是绝对的，它只有在对旅游资源进行适当的开发和保护的条件下才能实现。如对自然景观的过度开发利用超过其环境承载力，则使资源质量下降，不能为以后的旅游者提供同样高品质的风景；由历史遗存下来的许多历史文物、人文古迹，是由过去特定的历史条件塑造形成的，许多都是具有唯一性的，一旦破坏，即使进行人工修复，也难现昔日风采。因此，旅游资源一旦遭到破坏，也存在着不可再生性的一面。

二、旅游资源分类

（一）旅游资源分类原则

旅游资源内容非常丰富，类型多种多样，因此旅游资源分类是一个复杂的问题，其分类系统和分类方法迄今并没有统一。事实上是由于旅游资源的产生和价值有其多重性，人们的追求和着眼点不一，难以取得公认的分类原则。目前，多数人主张根据旅游资源的性质、特点来加以分类。同时，在分类过程中，一般应该遵循整合性、独立性及实效性的分类原则。所谓整合性原则，就是从不同角度将旅游资源的基本架构分解为几大部类，而这几大部类整合在一起仍能够保持旅游资源基本架构的整体性与完整性；所谓独立性原则，就是可划分的

几大部类旅游资源相互之间应该是独立的，不会出现相互包容或重叠的情况；所谓实效性原则，就是旅游资源的分类是建立在一定意义基础之上的，它可以从选定角度更加清楚地认识旅游资源的内容与特性，从而能更有效地对之予以开发、利用与保护。

（二）旅游资源基本属性分类

这是目前应用最广泛的一种分类。这种分类方法是依据旅游资源的性质，将其分为自然旅游资源和人文旅游资源两大类。这种分类方法简明扼要、应用方便、归类明确。

1. 自然旅游资源

自然旅游资源指能使人们产生美感的自然环境和物象的地域组合。构成自然景观的基本要素包括山、水、光、气候、动物、植物。这些景观的巧妙组合，构成千变万化的景物和游憩环境。通过人类的视觉、听觉、嗅觉、触觉、联想、理念的感知印象，综合分析判断，产生美感，进而获得精神和物质享受。自然旅游资源包括以下几个方面：

①地质旅游资源：典型地质构造、标准地层剖面、古生物化石点、自然灾害遗迹等。

②地貌旅游资源：观赏岩洞、名山风光、峡谷风光、峰林景观、丹霞景观、海蚀风光等。

③水体旅游资源：湖泊风光、河川风光、瀑布风光、名泉风光、风景河段、漂流河段、海滨风光等。

④气象气候旅游资源：避暑胜地、日出与日落、海市蜃楼、冰雪风景、树挂奇景、天象胜景等。

⑤生物旅游资源：森林风光、草原风光、古树名木、珍稀植物群落、特殊物候景观、野生动物栖居地、典型的自然生态景观等。

2. 人文旅游资源

人文旅游资源是人类历史文化的结晶，是民族风貌与特色的集中反映，它既含有人类历史长河中遗留的精神与物质财富，也包括当今人类社会的各个侧面。它的开发利用，强烈受到开发者的社会意识形态与文化素养的支配。人文旅游资源一大特征是可以被人们有意识地创造出来，例如人们可以通过建造博物馆、游乐园、文化宫以及组织各种民间喜庆活动，或文化节、戏剧节、电影节、艺术节、音乐节等来丰富旅游内容。总之，一个国家、一个地区具有的独特风格的民族习俗、历史发展、文化艺术等可构成人文旅游资源。人文旅游资源包括有：

①历史古迹旅游资源：古人类遗址、古陵墓、古建筑、古工程、历史文化名城等。

②宗教文化旅游资源：各类宗教建筑、宗教园林、宗教艺术、宗教文化现象等。

③风土民情旅游资源：传统节日、民居服饰、美味佳肴、传统手工艺品、土特产品等。

④现代工程建筑旅游资源：地方标志建筑、现代城市风貌、水电工程、交通设施等。

⑤文化游乐旅游资源：游乐场所、狩猎场、体育保健、文化设施、动物园、植物园、博物馆、公园等。

除了按旅游资源的属性分类外，还有按旅游活动的性质、旅游资源的吸引力级别分类的方法等。

三、我国旅游资源及其分布

（一）中国旅游资源形成背景

1. 辽阔疆域、锦绣河山

中国是世界上最大的国家之一，拥有陆地面积960万平方公里，占地球陆地面积的1/15，纵跨世界各大温度带，除靠近极地的苔原带和永久冻土带以外，地球上所有温度带应有尽有，寒、温、热三带俱全。此外，还拥有长达18 000km的海岸线、5 000余座沿海岛屿和面积达470多万平方公里的广阔沿海。

幅员辽阔的国土为中国复杂多样的自然环境奠定了坚实基础。多样的地形包含了高寒的山地、平顶的高原、崎岖的丘陵、肥沃的平原和聚宝般的盆地五大基本地貌类型；丰富的水分总量导致了神州大地上河川纵横、湖泊棋布；良好的生态环境孕育了丰富的动物资源和独特的天然植被类型。千差万别的自然条件形成了全国各地多彩多姿、各具特色的自然景观。

2. 悠久历史，灿烂文化

丰富的远古文物遗存和近4 000年的文字记载证明，中国是世界上最古老的文明古国之一，有源远流长、灿烂辉煌的华夏文明。许多重要的古人类旧石器遗址已成为闻名中外的考古旅游胜地。迄今发现的遍布全国的7 000余处新石器时代文化遗存，更展示了华夏祖先从母系氏族社会到父系氏族社会的进展历程。而秦皇汉武、唐宗宋祖又把华夏文明推向新的高峰，使封建社会中创造的灿烂文化在很长时期内处于世界领先地位。

在文学艺术方面出现过瑰丽多姿的楚辞汉赋、闪烁着青春活力的盛唐诗歌、画中有诗的宋元山水意境和雅俗共赏的明清市民文艺等一系列在人类文明史上永放异彩的奇葩。此外，遗留在神州大地上难以胜数的各种文化遗址、地上地下文物和古今民族建筑，更是举世无双的人间瑰宝。其中如雍容华贵的七大古都，价值连城的秦汉唐宋帝陵，中西合壁的石帘艺术，美轮美奂的宫殿苑囿，玲珑剔透的江南园林，美妙庄严的古刹宝塔，横跨江河的各类桥梁以及五彩缤纷、各有千秋的各类民族建筑等，构成自成体系、最形象最具体的文明古国象征。

3. 众多民族，万千风情

中国拥有56个民族，其中汉族占绝大多数，各民族在长期的历史发展过程中，以自己的辛勤劳动，开拓了祖国疆土，发展了地区经济，各自形成了本民族的历史特点、民族文化和独特的风俗习惯，为缔造多彩多姿的中华文明和团结统一的多民族国家建立了不朽的功勋。

中国各族人民大多数能歌善舞，具有优秀的文化艺术传统，在漫长的岁月里创造了大量优美动人的诗歌、神话、历史传说和各种文学作品，建造了很多雄伟壮观、绚丽多彩又特色鲜明的乡土建筑，其音乐舞蹈、雕塑绘画、戏剧曲艺、节日喜庆、文娱体育、宗教仪式、民居住宅、服饰饮食以至接待礼仪，无不具有鲜明的民族风格和地域特色，成为很有吸引力的民俗文化旅游资源。

中国各族人民有许多生动活泼、五彩缤纷的传统民间活动，具有浓郁的地方色彩和强烈的生活气息。如汉族的清明节、端阳节、中秋节、重阳节，少民族的泼水节、火把节、尝新节、花山节、达努节、肉孜节、库尔班节……，以及许多历史上形成的亦商亦娱的集市庙会，如三月街、花儿会、弹唱会、那达慕会等等，活动形式多样，奇趣可观。

(二) 中国旅游资源分区

地理环境的地表区域分异呈现一定规律性，这是旅游资源分区理论的基础。也就是说，旅游资源的发展规律和分布特点，总要受到地理环境地域分异规律的制约和影响。其原因是：第一，旅游资源本身就是地理环境重要的构成因素之一，如地貌旅游资源、水体旅游资源、气象旅游资源、生物旅游资源等，许多自然旅游资源本身就具有地理环境要素和旅游资源要素的“双重属性”；第二，旅游资源处在特定的地理环境中，它们的分布、生成和发展不仅受制于周围的环境，同时也对环境有一定影响，旅游资源同地理环境有着十分紧密的联系。因此，中国旅游资源的分区是参照地理分区，按中国旅游资源区域组合的特点，就中国旅游业的地域结构体系进行的划分。目前，有关中国旅游资源的区划有许多方案，本教材将采用雍万里（1993）的地理分区方案，该方案将中国旅游资源划分为 10 个一级旅游区，具体内容简述如下。

1. 东北——林海雪原·火山景观旅游区

范围：辽宁、吉林、黑龙江三省全部，属内蒙古大兴安岭林区部分。

主要旅游地与风景名胜区：鸭绿江畔的丹东、大连海滨、老铁山与蛇岛、沈阳故宫与北陵、千山、长春八大部与净月谭、伊通火山群、长白山、北国风光吉林、东北明珠镜泊湖、宁安地下森林奇观、齐齐哈尔与扎龙自然保护区、德都五大连池火山景观。

2. 华北——古都古迹·名山旅游区

范围：陕西、河南、山西、河北、山东五省，京、津二市。

主要旅游地与风景名胜区：中国旅游中心——北京、雄伟的八达岭长城、秦皇岛与北戴河海滨、承德避暑山庄、太原与晋祠、“清凉世界”五台山、北岳恒山与悬空寺、大同与云岗石窟、泉城济南、东岳泰山、曲阜三孔、青岛海滨与崂山、蓬莱仙境、开封与宋城一条街、中原避暑胜地鸡公山、中岳嵩山与少林寺、洛阳与龙门石窟、三门峡、西岳华山、古都西安、半坡古文化遗址、秦始皇陵与兵马俑丛葬坑、骊山与华清池、茂陵与乾陵、黄帝陵、革命圣地延安。

3. 东南——名山胜水·园林景观旅游区

范围：江苏、浙江、安徽、上海。

主要旅游地与风景名胜区：六朝古都南京、扬州瘦西湖、镇江三山、无锡太湖、苏州园林水乡、世界大都会上海、杭州与西湖、瑶琳仙境、富春江与千岛湖、雁荡山、楠溪江、宁波与天一阁藏书楼、天童寺与阿育王寺、嵊泗与普陀山、屯溪古镇、道教圣地齐云山、黄山天下奇、佛门圣地九华山、琅琊山、天柱山。

4. 华中——名山峡谷·古迹旅游区

范围：江西、湖南、湖北三省，重庆市和四川省大部分地区。

主要旅游地与风景名胜区：革命摇篮井岗山、龙虎山、三清山、庐山、长沙与岳麓书院、南岳衡山、国家森林公园张家界、武陵源、岳阳楼与洞庭君山、武汉与黄鹤楼、随州与大洪山、襄樊与古隆中、道教圣地武当山、历史名城江陵、葛洲坝、清江百岛湖、神农架长江三峡、大宁河小三峡、成都与武侯祠、都江堰与青城山、峨嵋天下秀、大熊猫故乡卧沟、广元与洲门关。

5. 华南——海湾海岛·热带景观旅游区

范围：福建、台湾、广东、广西南部沿海、海南岛及南海诸岛。

主要旅游地与风景名胜区：山海大观——太姥山、武夷山、武夷山自然保护区、福州与鼓山、古城泉州、海上花园厦门、宝岛台湾、阳明山火山公园、阿里山与日月潭、花莲港与青水断崖、鹅銮鼻灯塔、华南重镇广州、七星岩与鼎湖山、深圳与珠海、湛江与湖光岩、北海、海南门户海口、海上森林奇观、中国的“夏威夷”——三亚、坝王岭与尖峰岭、美丽富饶的南海诸岛。

6. 西南——喀斯特景观·民情旅游区

范围：广西大部分地区、贵州、云南中部和东部。

主要旅游地与风景名胜区：桂林山水甲天下、阳朔山水甲桂林、程阳风雨桥、桂平西山、金田起义旧址、贵阳与地下公园、世外桃园花溪、遵义与娄山关、梵净山、黄果树瀑布与犀牛洞、路南石林奇观、春城昆明、大观楼、西山与滇池。

7. 横断山地——高山峡谷景观·民情旅游区

范围：西藏东部边缘、四川西南部、云南西部。

主要旅游地和风景名胜区：三江并流、丽江与玉龙雪山、古城大理与三月街、苍山与洱海、美丽富饶的西双版纳、飞龙白塔与果真八角亭、孔雀的故乡橄榄坝、西双版纳自然保护区、热带植物园。

8. 内蒙——草原景观·民情旅游区

范围：包括大兴安岭针叶分布区以外的内蒙古自治区。

主要旅游地与风景名胜区：呼伦贝尔与呼伦湖、沙海奇观——大青沟、草原盛会拉达慕与祭敖色、呼和浩特与昭君墓、五当召与美岱召、响沙湾、黄河凌汛奇观、成吉思汗陵。

9. 西北——荒漠绿州·古迹旅游区

范围：甘肃省大部分地区、宁夏回族自治区、新疆维吾尔自治区。

主要旅游地与风景名胜区：银川与塞外风光、小滚钟口与西夏王陵、须弥山石窟、青铜峡一百零八塔、麦积山石窟、古丝绸之路上的兰州、河西走廊与丝绸之路、天下雄关——嘉峪关、敦煌与莫高窟、鸣沙山与月牙泉、阳关与玉门关、火洲吐鲁番与葡萄沟、高昌故城、新疆明珠乌鲁木齐、博格达峰与天池、神秘的罗布泊、楼兰古城遗址、古丝绸之路上的中转站喀什。

10. 青藏——高原雪山·宗教旅游区

范围：西藏自治区、青海、四川西北部阿坝藏族自治州、甘肃南部甘南藏族自治州。

主要旅游地与旅游圣地：九寨沟与黄龙寺、西宁与塔尔寺、明山与青海湖、荒漠中的宝库柴达木、戈壁滩上的格尔木、可可西里与沱沱河、“世界屋脊之屋脊”——阿里高原、寺庙之城——拉萨、拉萨象征——布达拉宫、后藏中心日喀则、扎什伦布寺、萨迦与萨迦寺、世界第一高峰——珠穆朗玛峰。

（三）中国的旅游资源概况

1. 自然旅游资源

（1）山地旅游资源

①风景观赏山岳旅游资源：风景观赏山岳即所谓的风景名山。名山景观是一个地域范围较大的空间综合体。它下有基岩，表有地貌形态、土壤、植被、流水和人类文明遗迹，上至天空中的雨、雾、风、云、日、月光辉等。这多种因素在特定的名山空间之内，相互交映而形成种种有形、有声、有色、动静结合、赏心悦目的优美景观。我国的名山主要有：

历史文化名山：传说中的名山，如“三山五岳”中的三山——蓬莱、瀛州、方丈；古代历史文化名山，如著名的五岳——中岳嵩山、东岳泰山、西岳华山、北岳恒山、南岳衡山。

风景名山：如黄山、三清山、武陵山、千山等。

疗养型山地：如避暑胜地庐山、天目山等。

宗教名山：如武当山、崂山、青城山、龙虎山四大道教名山。佛教的“四大道场”——五台山、峨嵋山、普陀山、九华山。

特殊景观名山：主要指一些成因特殊的山地，如黑龙江的五大连池火山、长白山天池等。

②体育探险登山旅游资源：主要指为体育登山活动开放的高大山峰，此类山地，海拔较高，有许多是终年积雪，适宜登山和冰雪旅游。著名的如日本的富士山，俄罗斯的高加索山，东欧的喀尔巴阡山，南欧的阿尔卑斯山，美州的安第斯山，中国的喜马拉雅山、喀喇昆仑山、天山、贡嘎山、四姑娘山等（表 2-24）。

表 2-24 我国开放山峰概况

<table>
<tr><th>山 峰 名</th><th>所在省（区）</th><th>所属山脉</th><th>主峰海拔（m）</th><th>中国第一次登山时间</th></tr>
<tr><td>珠穆朗玛峰</td><td>西 藏</td><td>喜马拉雅山脉</td><td>8 848</td><td>1960 年 5 月 25 日</td></tr>
<tr><td>希夏邦马峰</td><td>西 藏</td><td>喜马拉雅山脉</td><td>8 012</td><td>1963 年 5 月 2 日</td></tr>
<tr><td>贡 嘎 山</td><td>四川西部</td><td>横断山脉</td><td>7 590</td><td>1957 年 6 月 18 日</td></tr>
<tr><td>慕土塔格峰</td><td>新 疆</td><td>昆仑山脉西部</td><td>7 564</td><td>1957 年 7 月 7 日</td></tr>
<tr><td>公格尔山</td><td>新 疆</td><td rowspan="2">帕米尔—昆仑山脉</td><td rowspan="2">7 719</td><td rowspan="2">1961 年 6 月 17 日</td></tr>
<tr><td>公格尔九别峰</td><td>新 疆</td></tr>
<tr><td>博格达山</td><td>新 疆</td><td>天山山脉</td><td>5 445</td><td></td></tr>
<tr><td>阿尼玛卿峰</td><td>青 海</td><td>昆仑—阿尼玛卿山脉</td><td>7 160</td><td>1960 年 6 月 2 日</td></tr>
<tr><td>四姑娘山</td><td>四 川</td><td>邛崃山</td><td>6 250</td><td></td></tr>
<tr><td>乔戈里峰</td><td>新 疆</td><td>喀喇昆仑山脉</td><td>8 611</td><td></td></tr>
<tr><td>加舒尔布鲁姆峰</td><td>新 疆</td><td>喀喇昆仑山脉</td><td>8 068</td><td></td></tr>
<tr><td>布洛阿特峰</td><td>新 疆</td><td>喀喇昆仑山脉</td><td>8 047</td><td></td></tr>
<tr><td>加舒尔布鲁姆第二峰</td><td>新 疆</td><td>喀喇昆仑山脉</td><td>8 034</td><td></td></tr>
</table>

(2) 水文旅游资源

水作为旅游资源，是构景的基本要素。无论是江河湖泊，还是涌泉飞瀑，水在构景时都具有声、形、影、色、光、味等形象生动的特点。按水体性质及自然界水色的基本形态，可分为河流湖泊、瀑布、泉水、海洋等。

①河流类：我国是一个山高水长，河流众多，河川旅游资源十分丰富的国家。主要有我国第一大河——长江，是我国著名的“黄金旅游线”，其中最典型的景观资源集中于三峡区。第二大河——黄河，由于其泥沙含量过大，进入华北平原后，两岸大堤相夹，成为“悬河”或“地上河”景观。黄河流域文化古迹众多，高原风光、塞上江南、黄土风貌、千里平野等，都是引人入胜的自然景观。此外，黑龙江、珠江、塔里木河、淮河、湘江、钱塘江等都蕴藏着丰富的旅游资源。

②湖泊类：湖泊类型多样，有断裂凹陷形成的构造湖，如云南滇池；火山口形成的火山湖，如长白山天池；冰川作用形成的冰蚀湖，如我国西藏地区的帕桑错、布托错等；山崩、熔岩流或冰川阻塞河谷形成的堰塞湖，如东北的五大连池、镜泊湖，藏东南的易贡、古乡

等；干旱地区风蚀盆地积水形成的风蚀湖、浅水海湾泻湖，如杭州西湖；还有人工湖泊等。

我国著名的旅游湖泊区有：杭州西湖、鄱阳湖、洞庭湖、太湖、滇池、洱海、五大连池、长白山天池等。

③瀑布类：瀑布是当河水自河床跌坎或悬崖处倾泻而下时形成的，我国淮河、秦岭以南地区，由于地形特点和湿润气候，形成较多的瀑布、其中尤以皖、浙、赣、闽、粤、台、桂、滇、黔、川、藏各省区为多。贵州黄果树瀑布是我国第一名瀑。黄河壶口瀑布是黄河上最大的一处瀑布。此外，庐山的众多瀑布、雁山大龙三秋瀑布、云南大叠水瀑布、黄山三瀑、崂山潮音瀑、长白山瀑布、镜泊湖吊水楼瀑布等都是有名的旅游胜地。

④泉水类：我国是世界上多泉的国家之一，矿泉总数约 2 000 余处，按地理分布可划分为几个矿泉区。

西藏矿泉区：集中了 600 余处矿泉，且多为温泉和高热泉。主要有古堆温泉、那曲温泉、木各加间隙喷泉、阿里地区的热爆炸泉、拉萨北部的羊儿井高热沸泉等。

云南矿泉区：约有矿泉 400 余处，多为热泉和高热泉，一般温度在 50℃以上，最高达 110℃。安宁碧玉泉早已成为旅游名胜区。

闽粤台矿泉区：集中矿泉约 500 余处，且以温泉为主。其中福州温泉最为著名，是福州市一大名胜，福州市也因此被称为温泉城。

除以上三大矿泉区外，山东、辽宁、四川、陕西、浙江、江西等省矿泉也很多，如山东济南市就有泉城之誉。

我国以泉为中心的游览疗养胜地，比较著名的有：广东从化温泉，云南安宁的“天下第一汤”，陕西临潼华清池，重庆的南温泉、北温泉，广西陆州温泉，东北的五大连池药泉，鞍山汤岗子温泉，南山汤山和北京小汤山温泉等。

⑤海岸带：海岩带作为旅游资源是从海浴的普及开始的，并逐渐发展到海岩景观欣赏和以海岸为舞台的形形色色的旅游活动。我国著名的海岸带旅游区有：大连海湾，河北的北戴河、南戴河，山东的青岛、烟台、威海海滨，浙江的普陀山海滨，福建的厦门海滨，广东的汕头，海南岛的天涯海角，台湾的基隆等。

(3) 气候旅游资源

气候良好宜人是开展旅游活动的必要条件之一。温暖晴朗的天气、和煦明媚的阳光、奇特多彩的天气和气象均为旅游资源的重要组成部分。大气是构景因素中最活跃、最富于变幻的因素，常形成宇宙奇观。天气景观和天气变化、气象因素变化与区域地形特点有密切关系，而以日、月、风、云、雨、雾、霜、光等为主要因素。高山和海边观日出，气势磅礴，绚丽壮观。如山顶观日出为泰山四大自然景观之一，著名的夕照景点有临潼“写山晚照”、承清“磬锤夕照”、燕京“金台夕照”。黄山云海历来闻名遐迩，庐山云雾也颇动人。海市蜃楼和佛光均是因光线折射产生的神奇景观，在山东蓬莱和浙江普陀有过多次观赏记录。

我国地域广阔，气候差异较大。处于不同纬度或气候区，可具有不同的气候旅游资源。即使在同一季节，也可以在全国开展多种气候旅游，如隆冬季节在林海雪原、千里冰封、万里雪飘的东北地区，可开展滑雪、溜冰、冬猎、冬泳、观赏冰雕等旅游活动。而在海南岛等南国疆土可以避寒，开展滑水、帆船等水上娱乐活动。

(4) 生物旅游资源

动植物是自然界中最活跃、最存生机的因素，是自然环境的主体，也是自然景观的主要标志。植物不仅具有较高的观赏价值，而且对人类环境及人体的卫生保健具有重要的作用，许多国家开发的森林浴等森林旅游，被认为是一种最好的休憩与健身活动，我国目前已开发森林公园300余处。森林旅游以其独具魅力的名山胜景、幽雅的环境及清新的空气，吸引着越来越多的游客，森林旅游业作为一大产业正在我国兴起。

珍禽异兽正成为旅游观赏的重要内容。如我国峨嵋山的猴子、弹琴蛙、大熊猫、金丝猴及珍贵的海生生物均是宝贵的动物旅游资源。我国已在东北小兴安岭、广东韶关、河北承清等地建立狩猎区，在青岛海滨、无锡太湖等地开发了垂钓旅游。

2. 人文旅游资源

人文旅游资源主要分为：历史遗迹、宗教文化、古代陵墓、古建筑、古园林和民俗风情。

(1) 历史遗迹类

①古人类遗址：我国是世界上古人类发源地之一，因此，许多地方都陆续发现了古人类化石及其他遗址等。1965年在云南元谋县发现的元谋人，距今有170万年，是旧石器时代早期猿人的代表。此外，现已发现的古人类遗址还包括更新世早、中、晚期的蓝田人、北京人、古坝人、长阳人、丁村人、柳江人、山顶洞人等（表2-25）。

②古都：人类进入奴隶社会，随着国家的出现，首都成为当时国家的政治、经济、文化中心。一个朝代、一段历史所发生的重大的历史事件、人物活动和美丽的传说故事，都同当时首都相联系。例如河南偃师尸乡沟商城、二里头，郑州商城，安阳殷墟，西周的陕西岐山、扶风两县间的周原遗址，西安附近丰镐遗址，春秋战国时洛阳东周城遗址，曲阜鲁故城遗址，楚纪南故城遗址，郑韩城遗址，赵邯郸故城遗址，燕下都遗址，秦阿房宫遗址，汉未央宫遗址，邺城曹魏遗址，鄂城东吴遗址，唐长安城遗址，宋东京和临安遗址，金中都，元大都，明清北京遗址等等。其中著名的六大古都，即北京、西安、洛阳、开封、南京、杭州已建成旅游城市，推出了许多有特色的景点。

③古战场遗址：古战场，一般都有险要据守的地形，并留下一定的战争遗迹。如宜昌、江陵和赤壁一带，历史上曾是赤壁和夷陵的古战场，遗留有多种具有传说的古迹。“七五”期间将赤壁古战场列为第二类重点旅游项目，“八五”期间推出著名的“三国”旅游线。此外，像晋楚城濮之战、齐魏马陵之战、楚汉成皋之战、曹袁官渡之战、东晋淝水之战、中日甲午海战等古战场，正在开发之中。

(2) 宗教文化类

在历史上对我国社会思想文化产生影响较大的宗教主要为伊斯兰教、道教和佛教。

①伊斯兰教约在公元七世纪中叶传入我国，宋元以后有一定发展，明末清初出现过一批伊斯兰教者，经堂教育开始兴起和发展，建立了一批清真寺，如新疆喀什的艾提尕清真寺、广州的怀圣寺、泉州的清净寺、西安的清真寺、北京牛街的清真寺等。

②道教是我国一种古老宗教。它源于古代巫术，秦汉时代的神仙方术。道教形成于东汉顺帝（公元126～144年）年间，沛国（现江苏省徐州西）人张陵在四川创立，奉老子为教主，历代相传到金朝大定年间到王重阳，又创建以道为主，兼收儒家、佛家的全真道。王重阳的弟子丘处机成为全真教首领时，全真教成为道教中最有影响的一个流派。道教多为神教，祭神的寺庙称道宫、道观。北京白云观景是全真教著名道观。崂山、武当山、青城山都属道教名山。

③佛教在历史上对我国文化影响最深、最广。被称为佛教三大建筑的石窟、寺院、佛塔在我国比比皆是，是珍贵的旅游资源。我国最著名的石窟有敦煌莫高窟、大同云岗石窟和洛

表 2-25　中国重要古文化遗址简表

名　称	地　点	发现及发掘年代	年　代	主要遗存
元谋猿人遗址	云南省元谋县	1965	距今约 170 万年	猿人门齿化石、石器等
蓝田猿人遗址	陕西省蓝田	1963～1964	旧石器时代早期	猿人化石、石器、骨器、动物化石、用火遗迹
郧阳人遗址	湖北省郧果梅铺	1975～1976	距今约 100～50 万年	猿人头盖骨、上下颌骨、牙齿等化石，石器、动物化石
北京猿人遗址	北京房山周口店	1927～1929	旧石器时代早期	古人类牙齿三枚、古生物化石
长阳人遗址	湖北省长阳县	1956	旧石器时代中期	古人类化石
丁村遗址	山西省襄汾县丁村附近汾河两岸	1953	旧石器时代中期	牙齿三枚、旧石器、大量哺乳动物化石
山顶洞人遗址	北京房山周口店	1933	旧石器时代晚期	“新人”化石、骨器、石器和装饰品
河姆渡遗址	浙江省余姚河姆渡村东北	1973	新石器时代	石斧、石刀、骨铲及石纺轮、骨针、陶器，陶器多施彩绘
仰韶文化遗址	河南省渑池县仰韶村南台地上	1921	新石器时代母系氏族公社繁荣时期	黑陶、已炭化的稻谷遗迹及种植工具骨耜等
半坡遗址	陕西省西安市半坡村	1954	新石器时代	居住区窑场、公共墓场、骨器、石器、陶器，陶器多施红底黑花彩绘
大汶口文化遗址	山东省宁阳堡头村	1959	新石器时代	磨制石器、氏族公共墓地、灰陶、红陶及少数彩陶器等
龙山文化遗址	山东省丘龙山镇城子崖	1928	新石器时代晚期	磨制石器，陶器以薄胎晶亮白黑陶为代表
郑州商代遗址	河南省郑州市及附近	1950～1952	夏商时代	房基、残存城垣、墓葬和铸铜、制陶、石器、骨器、手工作坊
殷墟遗址	河南省安阳市小屯村及周围	1899～1928	商代	甲骨文、青铜器、宫殿遗址、王陵及贵妃墓、大量奴隶祭祀坑

阳龙门石窟三处。此外，还有甘肃安西榆林窟、麦积山石窟、炳灵寺石窟、河北郸响堂山石窟、四川的大足石窟、宁夏的须弥山石窟以及新疆的克孜尔千佛洞等。

洛阳白马寺为我国第一座佛寺。四大佛教名山都有规模宏大的佛庙。五台山的佛光阁、承德避暑山庄外八庙、北京雍和宫、拉萨的布达拉宫、嵩山少林天台崇的祖庭国清寺等各具风格。此外，还有独马寺、栖霞寺、灵岩寺等，古寺之多，犹如灿烂群星，数不胜数。

塔是佛教藏经和藏舍的地方，比较著名的有河北定县开元寺塔、山西县佛宫寺释迦塔(县木塔)、西安大雁塔、河北景州塔、浙江杭州的六和塔等。据估计，历代遗留下来的古塔全国约有3 000座以上，是一批珍贵的历史遗产。

(3) 古墓类

①陵墓：陵墓中以皇陵和名人陵墓最具旅游价值。古代帝王官宦都是选择所谓“乾坤聚秀之区，阴阳汇合之所”建造陵墓，陵区规模宏大，风景秀丽，建筑豪华，因此，陵区本身就是一处风景旅游胜地。我国比较著名的皇陵主要有陕西黄陵县的中华民族的祖先轩辕黄帝陵和临潼县马山之北的秦始皇陵；渭河北岸咸阳原上分布着9个两汉皇帝陵，渭河北岸分布着唐太宗的胎陵和高宗的乾陵；河南巩义市洛河南岸集中了北宋7个皇帝的陵墓，构成了一个庞大的陵墓群；南京紫金山独龙阜玟珠峰下的明孝陵是现今最大的帝王陵墓；北京昌平县无寿山的明十三陵；河北遵化县马兰峪的清东陵和易县永宁山下的清西陵。除帝王陵墓外，还有一些地方蕃王、官宦、历史名人的陵墓也有很高的研究和旅游价值，如藏王陵、王建墓、孔陵、武侯祠、岳坟等。

②崖墓和悬棺葬：崖墓即是沿山崖处人工凿洞，最深达90m，长约6m，宽达10m左右，高达2.8m，由墓门、享堂、墓道和棺组成。从东汉到南北朝，均以崖墓形式安葬，主要分布在四川宜宾、乐山、彭山一带。

悬棺是在悬崖高处，凿孔，安设桩，将棺木放在桩上。在我国主要有三处：宜宾地区兴文和珙县、三峡地区、武夷山九曲溪。

(4) 古建筑类

①长城、城墙、宫殿：万里长城是人类历史上罕见的伟大工程，是中国劳动人民智慧与创造性的见证。长城是中国的骄傲，以其无以伦比的雄姿吸引着世界各国游人，是我国最为宝贵的世界级旅游精品。

中国古代，上自天子王侯的都城，下到郡、府、县的场所，都有城墙和护城河的围绕。目前保存完整的城墙只有北京故宫紫荆城、西安、平遥、兴城、寿县和江陵的城墙。险峻的城墙、高耸的城楼、宽阔的护城河，显示出的雄伟森严的气势和很高的建筑艺术水平，对游人有极大的吸引力。

宫殿是古建筑中最高级、最豪华的类型，是帝王专有的居所。宫在秦以前是居住建筑通用名，殿则指大房屋。秦汉以后，宫殿成为帝王居所中重要建筑专用名。在首都中，宫殿是国家权力中心。北京故宫是世界上现存最大、最完整的木结构建筑群，在历史的久远和规模上都超出了法国凡尔赛宫、俄国圣彼得堡冬宫、英国白金汉宫和美国白宫，因此，联合国将其列为世界文化遗产。

②坛、庙：坛是古代用于祭祀天、地、社稷等活动的台型建筑，其中以帝王的祭坛建筑最为宏伟。北京城内的清代祭祀坛有天坛（园丘坛）、地坛（方泽坛）、日坛（朝日坛）、月坛（夕月坛）、祈谷坛（祈年殿）、社稷坛、先家坛、天神坛、太岁坛、先蚕坛等。

庙是古代又一类祭礼性建筑，可分为如下三类。

祭祀祖先的寺庙：古代帝王寺庙称为太庙。庙制历代不同，夏五庙，商周七庙，东汉以后只立一座太庙，分供各代皇帝神主。北京劳动人民文化宫是历史上唯一保存下来的太庙建筑。贵族、显臣、世家大族奉祀祖先的建筑称家庙或宗祠。广州的陈家祠是现存祠堂建筑中保存最完整、规模最大、建筑极为精美的世家宗祠，具有很高的艺术观赏价值。

奉祀圣贤的庙：祭祀圣贤先哲的庙遍及全国，其中以祭祀孔子的文庙和关羽的武庙最多。孔庙以曲阜孔庙最大，历史最久，规制也最高。此外，还有北京的孔庙、四川富顺孔庙、贵州安顺孔庙、上海嘉定文庙等。祭祀武圣关羽的武庙以山西解县最大。此外，还有北京的武庙、安徽亳县关帝庙、洛阳关帝庙等。

祭祀山川神灵的庙：我国祖先为了风调雨顺，国泰民安，拜天地祭神灵，认为山系大柱支撑着苍穹，与天相接从而产生对大山的敬仰。

中原大地上，以黄河为中心，西有华山，北有恒山，南有衡山，东有泰山，中有嵩山，尤以泰山雄伟高大，成为自黄帝起，历代帝王的柴望、巡狩、封禅到设神祭祀的对象，并建庙，以帝王规格祭祀泰山神，泰岳庙是泰山上下最大的古建筑群，成为登泰山观赏价值最高的对象。

③名楼伟阁：最为著名的有黄鹤楼、岳阳楼、大观楼、烟雨楼等。此外，也有城市中心或高地上建立钟鼓楼，如北京城内的钟楼和鼓楼、西安城内的钟楼、河北蓟县鼓楼，还有防卫性的关楼、城楼、角楼、箭楼等。

④亭、水榭和游廊：主要为我国古典园林建筑小品。

⑤古代桥：古桥从结构和形式看，有拱桥、梁、孛桥、浮桥、廊屋桥。其中最有特色的属石拱桥，如河北赵县的赵州桥、北京芦沟桥、福建泉州的安平桥、洛阳桥、苏州城外的宝带桥、上海青浦的普济桥、放生桥、江苏吴江县的垂虹桥等，都是古代石拱桥。

(5) 古典园林类

我国的古代园林如同我国的古建筑、绘画一样，在世界上独树一帜，别具艺术情趣和观赏价值。

我国古代园林据其建筑风格与特点，一般分为三大类型：

①北方型：以北京为代表，多为皇家园林，其规模庞大，建筑体态端庄，色彩华丽，风格上趋于雍荣华贵，体现帝王威风与富贵的特色，如颐和园、北海公园、承德避暑山庄等。

②江南型：以苏州园林为代表，多为私人园林，一般面积较小，以精取胜，其风格潇洒、活泼、玲珑、素雅、曲折幽深、明媚秀丽，富有江南水乡特点，如拙政园、网师园等。

③岭南型：以广东园林为代表，其风格介于北方型和江南型之间，既有北方古典园林的稳重、堂皇和逸丽，也融会了江南园林的素雅和潇洒，因而形成了岭南型园林轻巧、通透明快的风格，如广州越秀公园、潮州西湖等。

(6) 民俗风情类

我国历史悠久，民族众多，汉族和各少数民族共同创造了中国的历史和文化，其多姿多彩的民俗风情亦是宝贵的人文旅游资源。

①民俗旅游：民俗旅游是以比较接近生活中自然形态的民间文化（民间娱乐、民间信仰、民间风俗、民间文艺）为主要观赏对象的旅游活动。其中尤以民间竞技、民间游戏、民间工艺最具吸引力，如赛马、射箭、摔跤、赛龙舟、斗牛、放风筝、跳跳板、民间绘画、剪纸、雕塑等，最为著名的如潍坊风筝游，通化“人参之路”游，哈尔滨的冰灯游，江南的龙舟竞渡，蒙古族的摔跤、赛马，维吾尔族的羊叼等。

②少数民族风情旅游：我国各民族都有自己的发展历史、文化和风俗习惯，如住房、服饰、发式、饮食、礼仪、婚丧嫁娶、宗教信仰等，各有特色，均可构成民俗风情旅游的内容。此外，还有回族的开斋节，蒙古族的骑射、赛马、摔跤，维吾尔族的能歌善舞、骑马、摔跤，傣族的泼水节，白族的三月街，苗族的赶秋等。

第三章　国土资源调查与评价

国土资源的合理开发利用与保护，要建立在对国土资源调查、评价的基础上，调查是评价的基础，评价是资源开发规划、合理利用的前提。

第一节　国土资源调查

资源调查是服务于资源开发利用的前期基础工作，主要由各类专业人员完成。国土资源调查是根据资源开发的目的要求，运用科学的方法和手段，有目的、有步骤地收集、记录、整理分析和总结各类资源的数量、质量、空间分布状况以及发生规律和相互关系，掌握相关因素的信息与资料，查明可供利用的资源，明晰各类资源的属性、特色和功能，为资源的科学评价、国民经济发展的长远规划以及资源的合理开发利用与保护等的科学决策提供依据。

一、概述

资源、环境是人类生存和发展的基础条件，是促进经济可持续发展和社会全面进步的基础。我国作为发展中的人口大国，资源与环境问题日益突出。

国土资源调查是国家的战略任务。它要为国家进行宏观调控提供基础性资料和依据，为政府履行“规划、管理、保护和合理利用”的国土资源管理职能服务，为社会公民提供公益性国土资源信息。

国土资源调查的任务是通过对各类资源的野外勘察，查明全国及各区域的资源种类、数量、质量及分布，认识其发生、演化及时空分布规律和资源要素与环境要素的关系。国民经济建设的需要，科学技术水平的提高，资源开发力度的加强，不断对国土资源调查提出新的要求。

根据国土资源的分类，在我国领土和管辖海域范围内可分为土地、矿产、水、海洋、气候、生物、旅游等七类基础性调查，同时针对整个国土资源的统筹规划，又可进行公益性、基础性、战略性的综合调查。

二、国土资源调查的内容与方法

（一）国土资源调查的内容

国土资源调查主要是系统地查清调查区域内资源的类型、数量、质量、性质、特点、潜力以及有关的自然、社会、经济环境条件等的基本情况。

由于各类国土资源的特性各异及调查的目的不同，因而具体到各类资源调查的内容也不尽相同。

1. 土地资源调查

土地资源的基础调查主要是土地资源构成要素调查、综合性土地资源调查和土地利用现状调查等。

（1）土地资源构成要素调查是进行土地资源调查首先要调查的内容，主要调查研究土地的各构成要素以及它们之间的相互关系，为土地类型划分、土地资源的评价提供科学依据。

(2) 综合性土地资源调查是指对一个地区进行综合性的土地资源调查，在调查的基础上进行有关专业的系列研究，以全面了解该地区的土地资源状况。根据调查的特点又可分成三类：

①基础性的综合性土地资源调查：它主要针对那些过去有关资料比较少的地区，查清该区的土地资源的类型、质量、分布及其开发前景等宏观规律。

②单一性土地资源调查：主要是对某一类土地资源进行综合的全面了解，以一类资源为主体，一方面结合该类资源的外部生境条件，另一方面对该类资源本身的一些性状、结构、质量等进行深入分析研究，为该类土地资源的利用与开发提供系统依据。

③一定开发目的的区域土地资源综合调查：它适用于一个地区为一定开发目的而进行的多学科综合调查。

(3) 土地利用现状调查是一种比较单一性的土地资源调查，主要是查清各种利用方式的土地数量、质量、分布状况及相关面积，为国家和地区的土地利用、规划、开发、管理等服务。

2. *矿产资源调查*

(1) 矿产资源调查要掌握全国或区域的矿产资源种类、矿床类型、分布、地域组合特征，矿产资源探明储量及其前景、人均拥有量，矿产资源质量、潜力、矿床开采条件及主要矿种的勘查，并以我国短缺的大宗支柱性矿产资源为主要调查对象，注意矿产资源开发利用现状及存在问题。

(2) 矿产资源潜力调查要加强新地区、新类型矿产调查，加大中西部矿产资源勘查力度。

(3) 加强主攻矿种调查，主攻矿种为石油、天然气、煤层气、铜、金、银、优质锰、铀、地下水等，兼顾钾盐、铬、钴、锡、富铅锌、重要非金属矿产等紧缺矿种。此外，还要探寻锂、稠油沥青、天然气水合物等潜在的可替代资源。

(4) 开展重要成矿区、成矿条件、成矿规律的调查，海上油气资源战略调查，主要产煤区的煤层气资源调查，重要城市及地区的高温地热资源调查，进一步加大我国管辖海域矿产资源调查力度。

3. *水资源调查*

水资源问题是关系到人类生存和发展的重大问题之一。很多国家从20世纪70年代即开始水资源的调查工作，主要针对水资源种类、分布、数量、质量、特点及其开发利用现状进行调查和研究。

(1) 地表水资源：调查地表水（包括河流、湖泊、沼泽和冰川）的降雨量、水位、流速、径流量、水质、蒸发、季节性变化及其化学组成；了解大的河流、湖泊、水库的面积大小、深度、水位、流量及季节性变化规律，以及其与地下水相互补给状况、农业灌溉和排水能力；了解冰川分布、总覆盖面积，冰川总储水量、多年平均融水量等。

(2) 地下水资源：地下水资源量、地下水出现深度、流动方向、矿化度和水化学类型及其地下水文地质条件资料。此外，也包括饮用水井和灌溉水井水位和季节性变化幅度及其与地下水、地表水补给关系等。

(3) 污水资源：地下水及地表水的污染类型、污水量、污染程度等。

(4) 水资源量：全国及各区域各种水资源的总量、人均占有量、目前的利用率和潜在的开采量、水资源的质量、地下水开发利用程度及其存在的问题等。

(5) 水利措施：水库数量、容量、引水、提水和排水工程规模，灌排系统的完善程度和渗漏状况等。

4. 生物资源调查

生物资源不仅是人类生活消费品和工业原料的重要来源，而且也是生态系统的核心，需要调查研究生物资源的种类、分布状况、生物群落的概貌及生物多样性等。

(1) 森林植被的种类、数量、质量、分布面积、林龄结构、地域组合特点及其差异、开发利用现状及存在问题等。

(2) 草场资源的分类、分布、生境条件、植被条件，草场资源的数量、质量、生产潜力(产草量、草地载畜能力、草地营养)，草场资源利用状况和存在问题等。

(3) 渔业资源主要包括海洋鱼类和淡水鱼类的种类、分布、数量、品质，水环境条件，鱼群的洄游规律及其开发利用与保护的现状和存在的问题。

(4) 野生动物资源的种类、分布环境、特产种类的多样性和不同动物区系的地方差异性等。

5. 海洋资源调查

(1) 掌握中国海名、海区的位置、面积、水深、大陆岸线、滩涂面积、年输沙量、主要港口等信息。

(2) 海洋生物资源调查：海洋生物资源种类、分布、蕴藏量、年可捕捞量、属性及其对海水温度、盐度、海流、饵料等条件的要求。

(3) 油气资源调查：油气资源类型，油气盆地的分布、沉积面积、沉积厚度、构成，油气资源储量（包括探明储量）及其勘探开发现状。

(4) 港口资源调查：港口类型、港址、深水岸段长、港口年货物吞吐量、泊位、泊位线总长等。

(5) 滩涂资源：滩涂总面积、分布范围，海涂面积、分布、构成等。

(6) 海洋矿产资源：调查其类型、分布、储量、开发利用程度等。

(7) 海水资源：海水资源总水量、构成、海盐产量、海水淡化现状等。

(8) 海洋能源：海洋能源类型（包括潮汐能、波浪能、海流能、温差能和盐差能等自然能源）分布、总蕴藏量、技术允许利用功率、开发利用条件等。

6. 气候资源调查

(1) 水分资源：全国或各调查区域的降水量、水分盈亏量、空气湿度、土壤水分以及年际变化、季节分配、时空分布规律等。

(2) 热量资源：气温（平均气温、最高温、最低温)、积温、生长期、无霜期、温度强度及热量分布规律、区域差异等。

(3) 光照资源：包括全国及各调查区域的光质、光照量（太阳总辐射量)、日照时数及其变化等。

(4) 风能资源：调查风能能量、能量密度、时空分布等。

(5) 水热光资源组合类型、类型分区、生产力指数、综合开发利用等。

(6) 全国或区域的灾害性天气的分布规律、影响时间、区域等。

7. 旅游资源调查

(1) 自然旅游资源

①地质旅游资源：地质构造、地质剖面、化石、岩石、熔岩、岩溶、丹霞、风化、冰川、黄土造型、风沙造型、河谷、海岸岩礁、海蚀海积、地震及火山遗迹、洞穴、峰林、峡谷等景观。

②地貌旅游资源：山岳、丘陵、平原、盆地、高原、草原、峡谷、沙漠、岛屿、水域、林地、滩地等具有特点或代表性的景观。

③水体旅游资源：湖泊、溪潭、江河、瀑布、海洋、海岸、潮汐、滩涂、泉源、现代冰川等景观。

④生物旅游资源：野生动植物种和植被森林、特异的植物群落；珍稀动植物种、古树名木、微生物、观赏类动物、花卉、绿地等景观。

⑤气象气候旅游资源：日、月、星辰、云、雨、雾、雪、霜、虹、霞、光影、佛光、风、海市蜃楼、天空色彩、冷暖、日出日落等要素。

(2) 人文旅游资源

①文物古迹旅游资源：古文化遗址、历史遗址和古墓、古建筑、古园林、古摩崖石刻、古代文化设施及其他古代经济、文化、科学、军事活动遗物和纪念物。

②革命纪念地旅游资源：现代革命家和人民群众从事革命活动的纪念地、战场遗址、遗物、纪念物等。

③民族民俗旅游资源：地区特殊风俗习惯、民族风俗、特殊的生产、贸易、文化、艺术、体育和节庆活动、民居、村寨、音乐、舞蹈、壁画、雕刻艺术等。

④现代经济、技术、文化、艺术、科学活动场所等形成的旅游景观。

(3) 环境质量

①地质地理背景：地震、断层、火山爆发、滑坡、崩塌、泥石流、水地流失的历史状况及其发展趋势。

②气象气候：气候条件、特征、小气候情况、影响气候因素的分析，气温、湿度、降水量、风向、风速、无霜区情况及其变化规律，台风、龙卷风、海啸、洪水、冰冻等自然灾害发生的频率。

③水文：水系流域或海域特征、水位、水温、水量、河流泥沙、凌汛、潮汐情况及其发展变化。

④大气、水体质量：大气、水体分布，各种有害物质的本底值及其变化规律，污染源的状况和分析。

⑤土壤、植被类型及其分布：植被、森林覆盖率及树种、猛兽与有害生物情况及分布，植物和野生物保护情况。

⑥其他自然和人为灾害，地方流行病的情况等。

(4) 旅游活动条件

①旅游交通：旅游区对外水、陆、空交通条件和设施，临近旅游区的居民点、城镇的距离和交通条件，旅游区内各景点的交通联系的条件和设施情况。

②生活服务设施：食宿服务、购物、医疗卫生等设施情况和服务质量。

③公用设施：水、电供应、污水处理、环卫、通讯邮电和安全等设施情况。

④社会、经济、文化情况：周边地区经济、文化发展现状及规划目标、生活物资供应条件、旅游商品供应、学校及文化艺术团体等情况。

⑤旅游活动内容：休闲、度假、观光游览、体育探险、文化艺术、科学考察等旅游内

容，导游、介绍、游览休息的条件及服务水平。

⑥旅游区内旅游资源分布情况和组成游览路线的条件，以及其他有关游览活动的条件。

(5) 旅游业发展现状和发展条件

①现状：已经形成的旅游活动范围和可能确定为旅游区的范围；为维持景观特色，自然环境质量和便于管理的连续、完整地域面积的大小。

②发展：可能开辟的旅游活动面积以及旅游开发区内自然环境保留地面积可占的比例。

(6) 客源及市场调查分析

①进行问卷调查，分析现有以及潜在的客源状况。

②对邻近资源及区域间资源的相互联系进行调查分析。调查分析邻近资源与区域内资源的相互联系。

8. 国土资源综合调查

国土资源综合调查是针对全国或一定区域而开展的综合资源调查。从地表到地下、从陆地到海洋的综合调查评价，从整体上把握土地资源、矿产资源、海洋资源、生物资源、旅游资源等多种资源所构成的国土资源系统。在资源调查的基础上，还要进行国土资源信息建设和国土测绘。通过网络向社会提供基础地质、土地资源、矿产资源、环境和灾害等公益性信息服务。要完成全国 1:25 万影像数据库建设，七大江河流域重点防范区 1:1 万影像与数字高程模型数据库建设，以“数字国土”的形式为国家和社会提供各类资源数据和信息，为国家制定国土资源规划和资源合理利用以及生态环境保护政策等提供依据。

（二）国土资源调查的基本方法与技术

资源调查方法的选择和技术的运用直接关系到资源调查结果的可信度，因此必须选择科学的方法。传统的资源调查包括多种形式，如实地考察、访问、收集资料、建立实验站点和遥感调查等。但随着科学技术的快速发展，资源调查技术在基本理论、技术水平、技术装备、工艺操作、规范标准等方面都有较快发展，并在实践中得到推广应用。如通讯卫星、全球定位系统、遥感等技术已逐渐运用于资源调查中，加上各种不同专业的高精度观测仪器、探测器、分析仪器等现代化的仪器设备，便进一步提高了调查的工作效率，有利于解决更为复杂的问题。

资源调查多采用以现场考察为主的多种方法与技术相结合的综合考察方式。

(1) 室内分析与野外考察相结合的调查

可采用收集资料、访问、现场调查等多种方式进行。收集资料为间接调查法，是通过收集调查对象的各种现有及历史信息、数据和情报资料，从中摘取与资源调查项目有关的内容，进行分析研究。访问调查是用访谈询问的方法了解资源情况获取需要的资料信息的一种方法。通常可通过设计调查表或面淡、电话等手段进行。现场调查即野外考察法，是调查者在现场对被调查事物和现象进行直接观察或借助仪器设备进行观测、记录，以获得资源信息、资料的调查方法。该方法能客观地反映被调查对象的实际，资料的真实性高，调查结果更接近于实际，它是资源调查中最常用的一种实地调查法。

由于各类资源分布在一定的地域范围内，所以只有通过对调查区的综合考察，才能全面系统地了解其分布位置、变化规律、数量、质量、结构、功能、价值等。

(2) 在定性考察的基础上，利用高新技术辅助调查

现代高新技术辅助调查已成为资源调查不可缺少的手段。20 世纪 70 年代以来，遥感技术与计算机科学等技术的不断引进和应用深化，开拓了资源调查研究的深度和广度，研究水

平有了很大提高，现代资源调查也取得了显著进展。当前，国外地质调查工作普遍采用通讯卫星（CS）、全球定位系统（GPS）、地理信息系统（GIS）、遥感（RS）、地质三维分析可视化（VS）等高新技术，以及各种大型观测仪器、航天航空器等仪器设备的运用，实现了对国土资源更深层次和更广范围的调查和研究。

遥感遥测技术，特别是航天遥感大大提高了调查研究的速度和质量。遥感技术的广泛应用使区域资源综合考察发生了质的变化。采用遥感技术调查方式，收集多种比例尺、多种类型的遥感图像和与之相匹配的地形图、地质图、地理图等，解译图像中资源信息，不仅能对资源的类型定性，而且能成为资源的定量标志；不仅可提供面上的资料，补充路线调查和定点观测的不足，而且还可以获得地面实地调查无法取得的资料和信息。通过卫星照片、航空照片等遥感图像的整体性，可以全面掌握调查区资源现状，判读各地物的空间布局和组合关系，为开发资源提供可靠线索。多光谱扫描系统在资源综合考察中的应用，不仅为资源科学研究提供了大量资料，更重要的是，同时取得了整个资源系统的信息，并可以在时间上进行连续定期监测。以地球资源卫星（陆地卫星）为标志的空间遥感技术，已为人类认识地球、调查资源和监测环境及时不断地提供基本图件和科学数据，特别是卫星照片的广泛使用，大大缩短了区域资源调查或普查的周期，工作效率成倍提高。

计算机科学和空间技术相结合，使资源数据库和资源信息系统成为现代资源调查研究的强大技术手段，在资源数据库建立的基础上发展成资源信息系统是必然的趋势。资源信息系统是在计算机硬软件设备支持下，对有关数据进行预处理、输入、存贮、查询、检索、运算、计算、分析、显示、更新和提供应用的技术系统，以研究和处理各种空间实体及其复杂关系为主要特征。运用计算机辅助野外空间属性数据采集技术及其数据传输和数据处理、全球卫星定位系统应用技术和其他现代测绘技术进行实地调查，不仅可以提高工作效率，而且也可以提高调查的精度。它实际上是在数据库支持下，把系统理论、系统分析、资源信息采集、自动化制图等新技术综合在一起应用的综合性技术系统。同时运用 GPS 技术完成全国或区域各比例尺地质图件及矿产地、水文、土地利用现状等调查成果的数据化，建立具有信息管理、综合分析的国土资源基础数据库、图库，实现实施过程和调查成果的数字化、网络化，建立资料交换和共享制度，向国家和社会提供国土资源的基础资料和相关信息。计算机的广泛应用为资源调查的模式化、定量化、全球化和战略化研究提供了便利的技术手段，为复杂的资源系统研究及需求预测分析提供了更多的方便。随着资源数据库和资源信息系统朝着具有统一标准、多层次和分布式系统的方向发展，与遥感技术紧密结合、直接接口，以及具有智能分析与决策的专家系统等方面的深入发展，必将加速资源科学研究的现代化进程。

（三）国土资源调查的一般工作程序

资源调查是一项技术性较强的工作，无论采取哪种方式，进行哪方面调查，都必须有严格的工作程序，这样才能提高工作效率和调查质量。一般而言，可分为三个阶段：室内准备阶段、现场调查阶段、内业处理阶段。

（1）室内准备阶段

①组织准备：资源调查是综合性很强的科学工作，它涉及到多门学科，所以要求调查人员要具备多学科的知识和科学素质。为保证调查质量，首先要建立一支专业队伍，从组织上予以保障。队伍要进行技术培训和专业协调，让队员掌握资源调查的一般工作程序和方法以及相关学科的知识，以确保工作的顺利进行。

②资料准备：资料准备的主要任务是收集、整理、分析所需调查地区的各种专业图件与

数字、文字资料、工作底图（包括地形图、遥感图件等)。具体包括调查区自然、社会和经济环境等方面的文献资料；工作底图的收集以作为专业调查的基础图件，其中准备调查区大比例尺的地形图是非常必要的，以作为野外调查时的填图底图；遥感影像资料的收集与整理(包括航空照片和卫星影像与磁带)。

③制定工作计划：根据调查的任务、目的和调查的技术规程，首先进行总的调查方案设计，主要包括调查的目的要求、调查内容、项目、调查工作期限、调查资料的收集方式和方法，调查资料整理分析的方法、质量要求以及提交调查结果的形式与图表等；然后要修订更为详细的工作计划，确定具体工作方法、进度、质量、要求、费用预算等。通过工作计划的层层落实，以保证调查工作的圆满完成。

(2) 现场调查阶段

准备阶段的工作就绪以后，就进入资源调查的野外考察阶段。

首先，要进行路线勘察，对调查区进行全面普查，了解调查区概貌，为防止遗漏，应尽量利用有关部门现有资料和同熟悉当地情况的人员进行交谈。

然后，借助图表、航卫片报告和较大比例尺的地形图以及先进的仪器设备对调查区域进行系统、全面的调查。应用遥感技术、GPS 技术和实地调查相结合，构成多元立体资源调查数据获取方式，并将收集资料结果标绘在一定比例尺的地形图上，确定其分布状况和规律等。对于需要详细勘查的则在概查和系统调查基础上进行，根据调查目的与要求进行重点调查。各类资源调查要符合行业调查规程的要求，以保证资源调查的精度。

(3) 内业处理阶段

这个阶段主要将所调查的资料进行整理、分析研究，最后完成调查报告和图件。

①资料整理。首先对资料进行鉴别、核对和修正，审查资料的适用性与准确性，删除有错误的资料，并补充、修正资料，使其达到完整、准确、客观。

②应用计算机技术，对资料进行编码与分类、分析处理，编绘图件。

③编写调查报告。调查报告一般包括以下几项内容：调查区域的自然地理特征及社会经济概况。调查目的、对象、内容、方式与方法等。阐明全部有关数据，包括问题提出、论证过程、结论引出、分析研究方法等。各类资源的数据、质量与分布（附图)。论证的总结和资源开发利用建议。

一份完整的调查报告一般由标题、目录、概要、正文、结论与建议、附件（数据汇总表、背景材料、资源分布图、资源分析表等）几个部分组成。

第二节 国土资源评价

为了合理地开发利用国土资源，有效地治理保护生态环境，必须对国土资源进行分析评价。国土资源评价实质上是从人类利用的角度对国土资源进行鉴定和分等定级。通常是从质和量两方面来衡量的，当然还应结合资源本身在时间上的动态变化和对资源开发利用的技术水平以及国民经济对资源的不同需求特点采取相应的方法进行评价。评价目的不同，评价的内容和方法也就不同。根据评价的目的，国土资源评价一般可分为单项评价和综合评价两类。本节将着重介绍国土资源评价的理论与方法、内容和指标体系等。

一、国土资源评价概述

(一) 国土资源评价的基本原则

由于人类社会生产和生活活动各异，对国土资源的要求也各不相同。例如，对同一江河的水资源，水利部门的要求是供水、灌溉，电力部门的要求是装机发电，交通部门的要求是航道运输，水产部门的要求是养鱼捕捞。而从整个国土资源的合理利用来讲，对资源的评价应注重高度的综合性和宏观战略性。不仅对资源数量和质量进行一般性评价，同时也要进行全局性、综合性、经济合理性的评价。确立正确的资源评价原则是保证国土资源评价客观性、科学性和实践性的关键。因为评价原则是在人们认识资源形成发展变化规律基础上的理论概括，是客观规律的反映；同时又是进一步认识资源评价的内在规律的依据，是洞察客观规律的手段。

资源评价必须遵循以下基本原则：

1. 全面分析与综合评价、优势突出评价相结合的原则

国土资源各要素在自然界中都是相互联系的，所以在资源评价中必须面向整个地区自然综合体。进行综合评价时，要从各个要素的评价入手，把单要素评价作为整体评价的各个环节，然后进行全面分析，综合评价。

在分析评价中，要对整个地域起决定性影响的主导因素（优势资源）加以重点评价。主导因素可以是单项要素，也可以是多个要素的组合。同时，还要充分注意劣势资源，分析评价不利因素，并研究克服或改善不利因素的方法与对策。

2. 区内协调与区际联系评价相结合的原则

由于国土资源的分布具有地域性和不平衡性，各地域内的资源及其组合又不相同，且同一资源在不同地域及社会经济条件下发挥的作用也不同；再者，资源评价的深度和侧重点也因地域的大小、人口的多少而有所差异，所以资源评价要放在特定地域内进行，反映地域特征。

某一地区的资源优势是相对于其他地区而言的，因此，评价一个地区的资源时，应立足本区，放眼全国，对资源开发的评价应具有全局观念。此外，对资源的评价还必须注意把近期与长远结合起来考虑，分析未来一定时期内对社会发展的影响和制约作用，以及未来开发利用的远景潜力。

3. 自然科学与技术、经济科学相结合的原则

自然的可能性应与经济的合理性相结合。例如一块土地在一定的水热条件下，既可种小麦、花生、棉花，也可植树、种草。但一定区域在特定的历史时期，其最佳利用方案只能选择一个，即所谓“因地制宜，因时制宜”，“宜农则农，宜林则林，宜牧则牧”。

技术的可能性与经济的合理性相结合。随着现代科学技术的发展，人类在开发利用自然资源中可通过各种科学手段，扩大某一资源的利用领域或改变其利用方向。但其在经济上是否合理，则应具体分析评价。如一些地区的围湖造田，在技术上可能，但在经济和生态效益上却不一定合理。

4. 经济、社会效益与生态功能相结合的原则

从全局的、长远的观点看，三效益是一致的，具有良好生态效益的资源利用，必然会取得良好的经济和社会效益。但在资源评价实际中，也会出现只重视当前经济利益，而忽略生态、社会效益的短期行为，从而造成严重的后果。因此，必须从长远利益出发，使资源评价

建立在资源的永续利用基础上，在评价中坚持生态、经济、社会效益统一的原则。

（二）国土资源评价的基本内容与步骤

1. 国土资源评价的基本内容

无论是单项的还是综合的国土资源评价，其内容都应该包括三部分，即数量、质量和结构。只有对这三个方面进行综合评判，才能正确评价区域资源。此外，还包括资源的时空分布、环境条件等的评价。

（1）资源的数量与质量

在一定的时空范围内，人类的需求和技术水平是一定的，因而对环境中资源的利用有一个幅度，这便是资源数量。低于或高于这个幅度，人类便不可能利用。保证程度就是标定可利用部分和不可利用部分之间的比例关系。显然，资源数量大小和保证程度不仅与形成环境有关，而且与人类经济、技术发展水平有关，具有区域性和时间性。

数量是表明资源丰度的重要指标之一。评价一个国家或地区的国土资源时，首先要了解该国或地区所拥有的各种资源的总数量，如土地总面积、耕地、林地、草地的面积，水资源总量、河川径流量、水能蕴藏量，生物资源的品种数，矿产的品种数、各矿种的储量等。同时，要结合人口劳动力数量，分析评价各种资源的人均占有量和资源在地域空间上的密度。在评价资源绝对数量的同时，也要分析评价其质量特征。质量的好坏，直接影响其开发利用的经济效益。如对于牧草资源，要分析其营养成分、蛋白质含量及牲畜的适口性；对于矿产资源要着重分析矿石的最低品位、平均品位等。

（2）资源的结构特征

资源的结构表示区域国土资源的复杂程度、稳定状态和分布差异，它与开发布局有很大关系。

（3）资源的时空分布和组合特征

资源的时空分布和组合特征是影响生产布局的重要因素。在评价资源时，要分析研究其地理分布与组合特征，论证其对开发利用和生产力布局的作用与影响。同时，也要分析资源的时空分布规律及其对国民经济建设与人民生活的影响。

（4）自然环境条件的评价

要对资源开发区和人口聚居区的自然环境条件进行评价，分析研究其地形、地貌、气候、水文、工程地质、地震地质和其他地质灾害等因素及其对资源开发的影响。

（5）资源开发利用的效益评价

要分析评价资源开发利用的预期经济效益和社会效益，同时也要分析评估未来可能发生的生态变异和工程变异。例如，为开发某河水资源而修筑大型水库，就要事先分析评价预期可获得电力、灌溉、航运、水产等经济效益和就业、防灾（防洪、抗旱）等社会效益，以及因筑坝后可能发生的水生生物变迁、地下水位升降、淹没损失、诱发地震或滑坡等生态的、工程的结果，并分析研究补救措施与防范对策。

2. 资源评价基本步骤

无论是单项资源评价还是综合资源评价，评价的程序大致相同。

①确定评价的工作目标，整理已有的资料数据，拟定工作计划。

②确定评价的地域范围。

③确定所需评价的资源种类。

④确定资源的评价衡量指标。

⑤单项评价按照确定的评价指标，对各种资源逐项进行评价。

⑥综合评价，在单项评价的基础上，对整个地域的国土资源予以综合评价，找出本区的优势资源和劣势资源，揭示资源开发利用的有利和不利方面，在资源综合分析评价的基础上，依据自然技术可能性与经济合理性相结合的原则，对今后资源开发利用与生产建设布局提出相应建议。

⑦资源用途的评价研究，根据当地社会经济状况及发展的要求，提出资源利用方面的意见，拟定利用方案，并对方案中各类资源的必要性和限制因素进行分析。此外，将资源划分结果与利用要求进行比较，根据比较结果考虑是否需要改变利用方式，进而采取有效的改造措施。

⑧生态环境评价，在综合分析评价某一地域的资源之后，还要对该区的生态环境进行评价，并提出整治国土、保护环境、维护生态平衡的有关对策。

（三）国土资源评价的基本原理与方法

不同类型的资源，由于各自属性的不同，所采取的具体评价方法是不相同的。如土地资源的评价可分为直接法和间接法。直接评价方法是指通过试验了解土地资源对某种用途的影响大小，从而确定适宜性及适宜程度，并划分出相应等级；间接评价方法则是指对影响土地资源生产力的各种性质作出诊断，以此推论土地资源的质量高低。间接法的门类众多，大致可归纳为分类法和数值法两大类，前者以定性为主进行评价，具有高度的概括性和实用性；后者则有定量涵义，较为客观，且可在计算机上进行处理。矿产资源的评价也有两种方法，一种是地质评价（又称定性评价或相对评价），一种是经济评价（又称定量评价或绝对评价）。前者是对矿产资源的自然、技术和经济进行综合论证，是整个评价工作的基础；后者则是对矿物原料的开发利用进行经济效果论证，用定量的指标来论证矿产资源开发利用的合理性和经济效果的大小。Cargill 等（1997）总结了六种主要的评价方法：区域价值估计法、体积估计法、丰度估计法、矿床模拟估计法、德尔菲估计法和综合估计法。对水资源的评价包括对地表水、地下水的评价以及水资源的综合评价等。水资源评价中，对水资源数量的计算是主要部分，其中尤以地下水资源计量最为复杂，目前常用的方法为水平衡分期计算法、分级割算法等。

二、国土资源评价的指标体系

国土资源按部门分类，主要包括：土地资源、矿产资源、水资源、气候资源、生物资源、海洋资源、旅游资源等七大种类。由于各类资源的性质、功能、利用特点的不同，各有不同的评价类型。如在土地资源评价中，根据评价的侧重点不同和土地的用途差异而将土地资源评价分为土地资源适宜性评价、土地资源生产潜力评价、土地资源经济评价、土地资源质量评价以及其他类型的土地资源评价。而一般情况下，对国土资源的评价主要是针对开发利用而言的，按资源利用现状和开发潜力分为两大类指标，即基础指标和开发利用评价指标。

现将七大类国土资源评价指标体系按顺序列于表 3-1 中。

表 3-1 国土资源评价指标体系表

资源名称 \ 评价指标	资源评价基础指标	开发利用评价指标
土地资源	土地总面积（km^2）	
	山地面积（km^2）	垦殖指数：
		$\frac{垦殖土地面积}{土地总面积}\times 100\%$
	平原盆地面积（km^2）	复种指数：
	水面面积（不含海域）（km^2）	$\frac{全年作物种植面积}{耕地总面积}\times 100\%$
	耕地面积（ha或亩）	
	林地面积（ha或亩）	森林覆盖率：
	草场面积（ha或亩）	$\frac{林地面积}{土地总面积}\times 100\%$
		土地利用面积类型及其面积
	人均土地面积（亩/人）	农业用地：粮食作物用地、经济作物用地等
	人均耕地（亩/人）	林业用地：用材林、经济林、防护林等
	人均林地（亩/人）	畜牧用地
	人均草地等（亩/人）	水产养殖业用地
	土壤类型及其面积	工矿交通用地
	土地资源质量状况	城镇居民用地
矿产资源	矿产资源品种总数	优势矿产品种数
		劣势矿产品种数
	矿产探明储量（t或其他单位）	矿产保有储量（t或其他单位）
	矿石平均品位（%或其他单位）	矿产可采储量（t）
		矿石工业品位（%或其他单位）
		矿产工业储量（t）
	矿物物理化学特性	矿石埋藏深度（m）
	伴生、共生矿物和有害杂质含量	矿产地质位置、交通运输条件
		矿山水文地质、工程地质条件
		矿产年开采量（t）
	能源矿产探明储量与性状：煤炭、石油、天然气、地热、核能矿产等	各能源矿产保有储量 可采储量
	金属矿产矿种、储量与品位： 黑色金属：Fe、Mn、Cr等 有色金属：Cu、Pb、Zn、Al、W等 贵金属：Au、Ag、Pt等 稀有金属：Ta、Nb、Li、Be等 稀土金属：铈族、钇族矿产等	实际年生产能力 各种金属矿产保有储量 可采储量 年生产能力
	分散元素矿产：Ge、Ga、Se、Te等	各种非金属矿产保有储量
	化工原料非金属矿产：P、S、K等	可采储量
	冶金辅助原料非金属矿产：溶剂灰岩、白云岩等	年生产能力
	建筑材料非金属矿产：水泥灰岩、大理石等	
	特种非金属矿产：金刚石、水晶等	

续表 3-1

评价指标 / 资源名称	资源评价基础指标	开发利用评价指标
水资源	水资源总量（m^3）	年耗水总量（m^3）
	地表水资源总量（m^3）	工业耗水总量（m^3）
	地下水资源总量（m^3）	农业耗水总量（m^3）
	人均占有水资源量（m^3/人）	城市生活耗水总量（m^3）
		地下水可采量（m^3）
	亩均占有水资源流量（m^3/亩）	水库总库容和有效库容（m^3）
	河川多年平均径流量（m^3/年）	水资源开发利用率（%）
	河流总长度（km）	内河通航里程（km）
	江湖水面总面积（ha或亩）	可养殖水面面积（ha或亩）
		可养殖水面开发利用程度（%）
	水能理论蕴藏量（kW）	可开发水能蕴藏量（kW）
	人均水能拥有量（kW/人）	水电站已装机容量、年发电量（kW、度）
	水资源水质状况	水能开发利用程度（%）
	水资源与水能资源时空分布规律	
气候资源	气候型（大陆性气候、海洋性气候）	
	气候带（热带、温带、暖温带……）	
	太阳辐射能总量（4.18×10^3J）	太阳能利用率
	太阳辐射通量密度（4.18×10^3J/cm^2）	
	日照时数（h）	
	多年平均积温（℃）	农作物光能利用率
	无霜期（d/a）	≥0℃积温（℃）
	多年平均降水量（mm）	≥10℃积温（℃）
	多年平均风速（m/s）	农作物一年几熟制
	年风能总量（kW）	降水相对变率和保证率（%）
	气候资源时空分布特点	可开发利用风能量（kW）
		风能利用率（%）
生物资源	动物资源种数	
	野生陆栖动物种数与性状	
	水生动物种数与性状	全年水产总值（万元）
	鸟类种数与性状	全年渔获量（10^4t）
	毛皮兽类和其他经济动物种类	野生动物毛皮产量（万张）
	家禽家畜动物种数与性状	畜牧业生产总值（万元）
	珍稀保护动物种数与性状	全年牲畜出栏数（万头）
	动物资源时空分布特点	猪、牛、羊肉年总产量(10^4t)
	植物资源种群数	
	森林植物资源情况	森林木材蓄积量（m^3）
	草原植物资源情况	全年森林采伐量（m^3）
	粮食作物种数与性状	造林面积（万亩）
	经济作物种数与性状	造林成活率（%）
	珍稀保护植物种数与性状	全年粮食作物总产量（10^4t）
	植物资源时空分布特点	全年各类经济作物总产量(10^4t)

续表 3-1

评价指标 / 资源名称	资源评价基础指标	开发利用评价指标
海洋资源	领海与内海面积（km^2） 海域专属经济区面积（km^2） 大陆架面积（km^2） 滩涂面积（km^2或亩） 海岸线总长度（km） 海洋生物资源种数 主要经济鱼类情况 大陆架石油资源储量（t） 天然气资源储量（m^3） 其他矿产资源情况 海洋能源资源：潮汐能、波浪能、温差能等理论蕴藏量	已开发利用的盐场面积 已勘探的大陆架面积 已利用的滩涂面积 已开发利用的港口数，海洋运输业情况 全年海洋渔获量（t） 海水养殖总产量（t） 海洋石油总产量（t） 天然气总产量（m^3） 潮汐能可装机容量（kW） 潮汐电站已装机容量（kW） 海洋能源开发利用程度
旅游资源	旅游资源类型 自然旅游资源 人文旅游资源 旅游区（片）数 旅游点个数 各旅游点性状、特征 客源数量	已开发旅游点个数 旅游接待设施情况（如宾馆数、床位数等） 全年旅游总人数 旅游收入总额 资源密度 环境容量（客人量、容时量） 景点布局和组合 资源地理位置、交通条件、自然环境条件

三、国土资源分类评价

（一）土地资源评价

土地资源评价是根据特定的目的对土地的性能进行质量鉴定，包括对土地的各个要素：气候、地形、土壤、植被、水等以及土地利用有关的社会经济条件进行全面、综合的考察，阐明土地对某种用途的适宜程度、限制程度、生产潜力、经济效益及对环境有利与不利的后果。

土地评价的类型，主要有土地资源生产潜力评价，土地资源适宜性评价和土地经济评价。

1. 土地资源评价的方法

土地评价的方法可分为直接评价法和间接评价法两大类。

（1）直接评价法

是指通过试验去了解土地对于某种用途的适宜性及适宜程度。例如，在几种不同的土地上种植同一种作物，采用相同的农业技术措施，观察和测量作物生长状况的差异，根据作物产量的高低评定这几种土地的生产能力高低。这类方法在农业部门使用较多，其优点是评价结果比较准确和可靠。但严格来说，这种准确和可靠性只局限于试验地点或试验区。如要将这类试验结果外推使之代表整个土地评价单位，可能会出现较大的误差。此外，直接评价也常受到资料和时间的限制，尤其在大范围地区进行土地评价，这种方法的局限性是显而易见的。因此，迄今的土地评价，大多采用间接评价法。

(2) 间接评价法

就是通过分析土地的各组成要素的属性对土地利用的影响，然后加以综合，去评定土地的等级。

间接评价法又可分为两类。一类是归类法（Categoric System），它是针对一定土地利用方式的潜力大小或适宜性及适宜程度，以定性方式将评价结果表示成不同类别等级。例如美国农业部的土地潜力分类和联合国粮农组织的土地适宜性分类均属于此。另一类是数值法（Numericae System），或称参数法（Parametric System），其原理是，选出决定土地生产能力的诸要素，根据这些要素的特点定出评价标准，并对某种土地利用方式的潜力或适宜性求得不同的指数，然后对各项指数进行数学运算得出总指数，借此对土地作出等级评定。根据运算法则，数值法可分为加（减）法、乘（除）法和代数法三种。例如著名的斯托利指数分等（Storie Index Rating）就是采用乘（除）法的一个典型实例。

归类法和数值法各有优缺点。在具体评价时究竟采用什么方法，要视评价的目的、所具备的资料及人力、物力和时间等而定。发展趋势是归类法和数值法的结合。

土地间接评价法一般包括以下步骤：

①确定与土地利用有关并可较易测定的土地性质（Land Characteristics），即地形、土壤、气候、水文等方面的有关指标，如坡度、土层厚度、地下水埋深等。

②根据土地性质，综合出若干与土地利用方式密切相关的土地质量（Land Quality）。这种土地质量比土地性质更为综合，因此更适合用于土地评价。

③对土地作出评价。评价可从三个方面进行，即适宜性（Suitability）评价、潜力（Capability）评价和经济（Ecomomy）评价。

2. 土地资源评价类型

(1) 土地资源生产潜力评价

它主要根据土地的自然性质（土壤、气候和地形等）以及对于土地的某种持久利用的限制程度，就土地在该种利用方面的潜在能力对其作出等级划分。

我国土地资源生产潜力评价体系如下：

①分级系统：该系统先按土地生产力的区域性将全国划分为若干区，区内再进行类、等、型三级划分。

土地区为分类系统的零级单位，它的划分以气候和水热条件为依据，反映区域间生产力的对比。在同一区内，具有大体相近的土地生产能力。全国划分为9或11个土地区。

土地适宜类是在土地区的范围内依据土地对农、林、牧业生产的适宜性划分的。适宜类的划分大体如下：宜耕土地类、宜农宜林宜牧土地类、宜农宜牧土地类、宜农林土地类、宜林宜牧土地类、宜林土地类、宜牧土地类、不宜农林牧土地类等8类。

土地资源等是在适宜类范围内，反映土地的适宜程度和生产潜力的高低，是评价的核心。其中宜农土地分为1~3等，宜林土地分为1~3等，宜牧土地分为1~3等。

土地型是在同等的范围内，按其限制因素及强度划分的。在同一土地型内，具有相同的主要限制因素和相同的主要改造措施。在同一等内，型之间只反映限制因素的不同、改造对象和改造措施的不同，没有质的差别。

②土地限制因素：土地限制因素主要考虑那些较长期影响土地生产力和土地质量的较稳定因素，如土壤侵蚀、地形坡度、土壤质地、有效土层、障碍土层、盐碱化及改良条件、水

文及排水条件、水分、温度、土壤硬盘等。具体情况可参考表3-2。评价时，要善于抓住当地主要限制因素。每个限制因素可按对农、林、牧业的限制程度分为最适宜、中等适宜、勉强适宜和不适宜。

表3-2 土地资源限制因素评级表

评级	坡度	水侵蚀	风蚀	有效土层	障碍土层	土层质地
0	< 3°	不明显	不明显	> 50cm	无	壤质
1	3°~5°(7°)	轻度面蚀(0°~5°),有少量纹沟	轻度风蚀,有沙纹	> 50cm	> 50cm	壤质
2	5°~15°	中度面蚀(5°~10°),有少量浅沟	中度风蚀,植物根出露	30~50cm	50~40cm	偏粘或偏沙
3	15°~25°	强度面蚀(10°~20°),有少量切沟	强度风蚀,出现沙垄	10~30cm	40~30cm	粘土、沙土或含砾量较高
4	25°~35°	强度面蚀(20~30°),切沟较密,少量冲沟,植被覆盖度10%~30%	极强度风蚀,出现砾垄	< 10cm	30~20cm	粘土、沙土或含砾量高
5	> 35°	极强度面蚀(> 30°),有大量切沟,植被覆盖度 < 10%			20~10cm	砾质、裸露基岩20%~50%
6					< 10cm	砾质、裸露基岩 > 50%

评级	土壤肥力	土壤酸碱度	盐碱化及改良条件	地表积水	沼泽化程度	水源保证率
0	高	pH6.0	无	无	潜育层距地面 > 60cm	有稳定保证
1	较高	pH6.0~7.5	轻度,30cm土层平均含盐量 < 0.3%,需农业技术改良	季节积水,每年季节积水	轻度40~60cm	有一般保证
2	中等	pH4.5~6.0 pH7.5~8.5	中度,30cm土层平均含盐量0.3%~0.5%,必须采取农业技术措施	全年地面积水	中度20~40cm	水源不足,保证率低
3	较低	pH > 8.5或 pH < 4.5	强度,30cm土层平均含盐量0.5%~1.0%,需要水利改良措施		强度 < 20cm	水源严重不足
4	低		盐碱滩30cm,土层平均含盐量 > 1.0%,目前可以改良			
5			盐碱滩30cm,土层平均含盐量 > 1.0%,暂时不能改良			

(2) 土地资源适宜性评价

土地适宜性评价是评定土地在一定用途条件下，土地对该用途的适宜性及适宜的程度，所以土地适宜性评价涉及四个方面的问题：一是要了解土地评价单元对一定土地用途所要求的土地条件的满足程度，因此就需要知道土地本身的性质；二是使土地利用的目的达到该用途所要求的基本土地条件；三是要了解土地的性质是否满足一定土地用途对土地条件的要求，就需要将土地的性质与土地的用途所要求的土地条件相比较；四是通过一定的标准确定土地性质与土地用途所要求的土地条件比较之后，进行土地对该用途的适宜性分类（图3-1）。

通过土地评价单元的土地质量与一定利用的土地用途要求的比较，只得到二者相吻合情况的信息，而不清楚土地对一定利用是否适宜及适宜性程度如何。为此，就需对土地进行适宜性分类。

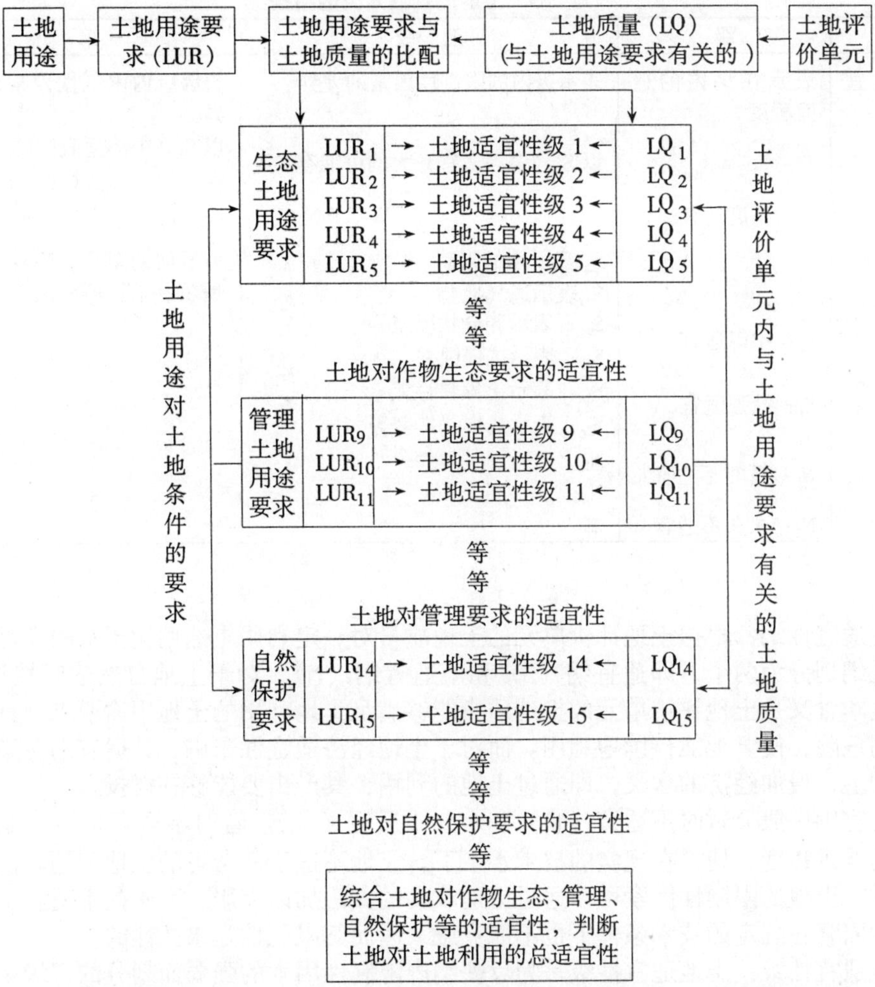

图 3-1　农业土地利用的土地用途要求与土地评价单元的有关土地质量比配程序

①土地适宜性分类的概念：土地适宜性分类就是根据一定的标准，确定土地对一定用途适宜与否以及适宜程度高低。根据土地适宜性分类中是否采用量比的标准，可将土地适宜性分为两类：

定性土地适宜性分类：它只是根据土地评价单元的土地质量与土地利用的土地用途要求相比的吻合情况，定性地大致说明土地对一定的利用是高度的适宜、中等的适宜、勉强的适宜或不适宜。

定量土地适宜性分类：它是用量的指标定量地说明土地对一定的利用是高度适宜、中等适宜、勉强适宜或不适宜。

②土地适宜性分类的系统：根据《联合国粮农组织的土地评价纲要》（1976），土地适宜性分类采用的是四级分类体系（表 3-3），即土地适宜性纲（Orders）、土地适宜性级（Classes）、土地适宜性亚级（Subclasses）和土地适宜性单元（Units）。

表 3-3 土地适宜性分类的结构

纲	级	亚级	单元
表示适宜性种类	表示在纲内的适宜程度	表示级内的限制性因素的差异	表示级内限制性因素的微小差异
S	S_1：高度适宜	以 S_2（中等适宜）为例可能有：	以 S_2（中等适宜）的 S_{2e} 亚级为例，$S_{2e\text{-}1}$、$S_{2e\text{-}2}$ 表示：S_{2e} 这一亚级内可以区分两种抗侵蚀性能力不同的单元，但这两个单元是在中等适宜的范围内
		S_{2m} 表示水的限制 S_{2o} 表示通气性差	
适宜	S_2：中等适宜	S_{2n}：表示养分状况差 S_{2e}：表示抗侵蚀差 S_{2w}：表示土壤耕性差	
	S_3：勉强适宜	S_{2v}：表示扎根条件差等	
N	N_1：暂时不适宜	N_{1m} N_{1me}	
不适宜	N_2：永久不适宜	等	

土地适宜性纲：根据土地评价单元的土地质量对一定利用土地用途要求的满足情况将土地适宜性纲划分为两个，即适宜纲（S）和不适宜纲（N）。对于土地自然适宜性评价而言，适宜的基本含义是土地评价单元的土地质量能够满足土地利用的土地用途要求，且无破坏土地资源的危险，使土地能持续地利用。而对于土地经济适宜性来讲，其适宜的含义还需在前者的基础上，增加经济的含义，即通过土地的利用，其产出要能够补偿投入。

不适宜纲一般分暂时不适宜（N_1）和永久不适宜（N_2）。暂时不适宜是指土地由于限制性因素的严重程度，使得在现实的技术水平下，土地不适于所考虑的土地利用。但是限制性是暂时的，土地的限制性因素可以通过土地改良的方法加以克服。而永久不适宜则是指土地的限制性因素在既定的技术条件下也不能克服，因而其限制性是永久性的。

土地适宜性级：土地适宜性级是为反映纲内限制性因素的强弱而划分的。级是按纲内适宜性程度递减的顺序用连续的阿拉伯数字表示，级的数目不作规定，一般在适宜性纲内级的数目分为三级。

S_1 级为高度适宜，土地对一定用途及持续利用无限制性或只有轻微的限制；

S_2 级为中等适宜，土地对一定用途及持续利用有中等程度的限制性；

S_3 级为勉强适宜，土地对一定用途及持续利用有严重限制。

土地适宜性亚级：是根据级限制性因素的种类划分的，它是由具有帮助记忆意义的小写字母作为下标来表示的。如 S_{2m}、S_{3me}，m 表示水分的限制性，e 表示侵蚀的危害性。

土地适宜性单元：是亚级续分单元，它表示的是亚级内限制性因素的空间变异性，亚级内所有的单元均有相同的适宜性程度和亚级水平的相同限制性因素种类。适宜性亚级的表示是在亚级符号的下标后面用连字符加一阿拉伯数字，如 $S_{2e\text{-}1}$，$S_{2e\text{-}2}$ 等，在一个亚级内划分单元的数目视实际情况而定。

根据上述，土地适宜性的符号可归为图 3-2。

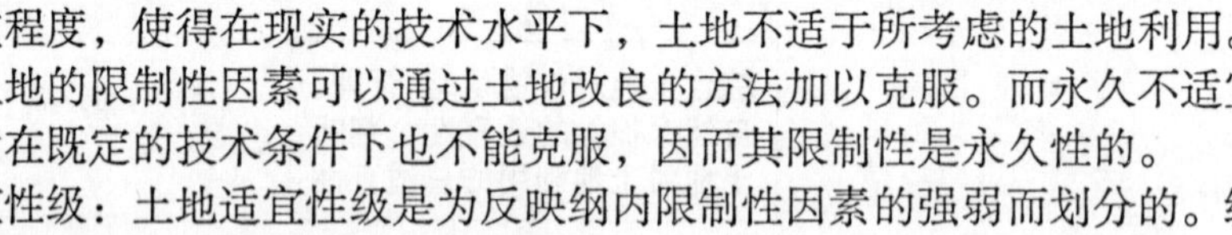

图 3-2 土地适宜性分类中的适宜性符号含义

(3) 土地经济评价

土地经济评价是从社会和经济的角度来研究土地自然评价、土地潜力评价和土地适宜性评价结果的可行性，也称为经济适宜性评价。土地经济评价可分为两种类型：一种是广泛的社会经济分析过程，即分析某地区各种土地利用类型在各种土地类型上的经济、社会可行性；另外一种是在以上分析的基础上或单独进行的更细致的分析过程中，主要对某一土地利用方式进行可行性的经济分析，即主要为投入与产出关系方面的分析。

①土地经济评价指标

土地经济评价要采用某些指标，这些指标名目繁多，含义各不相同，适用场合也不同。对于农业土地经济评价，概括而言，主要采用以下三类指标：

A. 土地经济效果指标

土地经济效果指标，从农业生产角度来说，又可称为土地生产率指标，它是综合反映土地质量与农业技术经济效果的指标。

土地生产率的计算公式为：

$$\text{土地生产率}=\frac{\text{产量或产值}}{\text{土地面积}}$$

在具体工作中主要使用下列指标：单位土地面积的产量或产值、单位农用土地面积的产量或产值、单位耕地面积的产量或产值、单位播种面积的产量或产值、单位土地面积的净产值［(农产品产值－消耗的生产资料价值）/土地面积（农用地或耕地面积)］、单位土地面积的纯收入（土地盈利率）［（农产品产值－生产成本）/土地面积（农用地或耕地面积)］。此外，还有单位面积原木（竹）产量、单位面积林产品产量等。

土地经济效果指标是土地经济评价的总体指标，可直接用于土地经济评价，尤其是那些用投入与产出之差来表示土地优劣的指标，如单位土地面积的净产值和纯收入（土地盈利率)。这类指标一般适用于集约化水平较低的地区，使用这类指标有助于鼓励土地利用者去挖掘土地利用的潜力。

B. 土地经济分析指标

在土地经济评价中，土地经济分析指标一般用于辅助计算与分析，揭示土地的具体利用特征。它包括以下四组指标：

生产资料消费指标，如农业集约化水平、单位面积播种量、单位面积施肥量、单位面积用水量和单位面积用电量。

成本费用与资金占有指标，如农作物亩成本（费用)、平均每亩耕地拥有资金量和平均每亩耕地拥有固定资产。

土地利用及其结构指标，如每亩耕地的国家财政对农业的投资、每平方公里的公路网密度、每平方公里的航道密度、每平方公里的修配网点密度和距主要城镇距离。

C. 土地经济效果分析指标

土地经济效果分析指标在土地经济评价中也属辅助计算与分析指标。它包括以下两组指标：

技术效果指标，如农作物良种化程度、适时作业率、技术措施增产率、水利设施的保证灌溉面积、水井分布密度、渠系分布密度、草场载畜量指数、造林成活率、造林密度、采伐率和单位面积木材蓄积增长率。

生产耗费效果指标，如每单位物质费用的农产品产值、每单位直接生产费用的农产品产值、成本利润率、每斤商品肥的产量、施肥的边际产量和每斤种子的产量。

需要指出的是，以上各类指标是土地经济评价中涉及的一些主要指标。由于评价目的和方法不同，在具体使用时应有所取舍。

②土地经济评价类型

A. 区域土地经济评价

投入产出比较：土地经济适宜性的确定需要比较投入和产出。投入包括物质投入，如农业土地利用中的化肥、种子、药物及机械用油或电等，非物质投入包括劳力及技术等。产出则包括各种产品，如粮食、棉花，依作物而定。对于不同土地在不同利用方式情况下的差别，可以用该土地在相同管理方式（相同的投入）下的产量（产出）差别，或用达到相同产量时投入的差别来表示。

边际效益分析：这里主要是分析一种土地对几种不同的土地利用方式的效益差别或者是不同土地对一指定土地利用方式的效益差别。通常可以用单位土地面积的效益差别表示。

主要分析步骤如下：

(a) 从土地自然评价结果中，选择少量最适宜的土地利用类型，对其不同利用类型的不同适宜程度的效益进行分析，这种分析是建立在一定的假设投入水平上的。

(b) 对以上各种土地利用类型及适宜性等级的组合，估计经常性的输入，包括物质输入、劳力以及在采取特殊管理方式下的投入。

(c) 依据各种土地利用类型，确定不同适宜程度的产量或输出。

(d) 确定输入、输出物质及产品的价格。

(e) 各种固定资产的折旧费用、服务费用及税收等。

以上各种土地类型在各种土地利用类型下的总投入和总产出之差就是各种土地类型在各种土地利用类型下的边际效益，即单位面积的年收入。

B. 单项（工程）土地经济评价

单项（工程）土地经济评价同农业经济上的工程效益可行性分析有相类似的性质，但具有不同的目的和不同的表达方式。

通过一个“工程”预计受益区，在“工程”实施后，各种土地利用方式下，每亩土地的净收入的差别（净增收入），可以看作这个“工程”的效益。要评价土地对该“工程”的适应性，则要考虑到如下两个因素：总“工程”年平均消耗和土地开发年消耗（就是除工程以外的土地开发费用，这里同“工程”施工前的土地开发费用不同，是由于“工程”的实施而采取的新的田间配套措施）。

在这三个要素中，净增收入同土地开发年消耗小于总“工程”年平均消耗，即表明总“工程”年平均消耗没有从工程受益中得到补偿，实施这样的“工程”从经济上看是不合算的。

（二）矿产资源评价

矿产资源评价，主要是评价其开采条件和开发技术的可能性以及经济上的合理性。矿产资源评价一般分地质评价和经济评价两类。

1. 地质评价

地质评价是应用地质技术的方法，从地质矿藏本身的形成、分布规律与工业技术的要求出发，研究矿产资源远景与开发有关的各种要素（主要是矿床类型、储量、质量及其开采条件等），以便确定勘探方向和肯定其是否具有工业价值，提出开发利用可能性的依据。

地质评价一般选用的评价指标有以下几项：

(1) 矿床类型

矿床类型有矿床成因类型和矿床工业类型之分。不同的矿床类型，影响着采矿、选矿和冶金工业的冶炼方法与工艺流程。在同一矿床类型中，由于矿床规模、形态、产状、空间分布和物质成分的不同，它们对采矿、选矿和冶金工业的冶炼方法和工艺流程也有着不同程度的影响（表 3-4）。

表 3-4　矿床类型及其对开发利用的影响（以铁矿为例）

铁矿类型		主要矿石	品位（%）	储量比（%）	对开发利用的影响		
					采矿	选矿	冶炼
岩浆型	钛磁铁矿	钒钛磁铁矿、钛铁矿	14～34	7.6	地下开采	需采用特殊工艺流程	需采用特殊工艺流程。可炼特殊钢。伴生有益元素，可综合利用
	含磷灰石磁铁矿		>60			品位较富，一般不需选矿	因矿石含磷量较高，需在托马氏炉中冶炼
接触交代型（矽卡岩型）		磁铁矿、赤铁矿	20～70	2.4	地下开采	品位较富，一般不需选矿	因矿石含硫量较高，需在碱性平炉中冶炼
热液型		磁铁矿、赤铁矿		0.5	地下开采	品位较富，一般不需选矿	因矿石含硫量较高，需在碱性平炉中冶炼
风化壳型（残余）		褐铁矿、其他铁的氢氧化物		3.2	露天开采		
沉积型	陆相	赤铁矿、含水赤铁矿、土状褐铁矿等	20～50	19.4		需选矿	
	海相	鲕状赤铁矿、肾状赤铁矿、鲕状褐铁矿、菱铁矿			一般进行地下开采，在适当条件下可露天开采	需选矿	
变质岩型		磁铁矿、赤铁矿、假象赤铁矿	一般品位为 14～40，富矿为 60 左右，也有高达 70 的	60	一般进行地下开采，在适当条件下可露天开采，多为大型矿	需选矿	
未分				6.9			

此外，矿床类型的划分，可以对某一地区的矿产远景作出估计（表 3-5），并作为矿山开发计划的依据之一。

表 3-5 世界铜矿床类型

矿床工业类型	储量占世界储量（%）	产量占世界产量（%）	品位（含铜%）
1. 层状铜矿型	50	23	3～4.6，平均 3.5（含 C_0、U）
2. 斑岩铜矿型	40	50	0.9～2.2，平均 1.3
3. 含铜黄铁矿型	6	12	1.5～5
4. 脉状铜矿型	3	7	4～10
5. 矽卡岩铜矿型	1	1	2～8
铜镍矿床		6	1～2

（2）矿产储量

矿产储量是经过地质勘探手段，查明埋藏地下的资源数量。由于勘探程度的不同，矿产储量一般分为以下几种（表 3-6）。

表 3-6 矿石储量分类、分级

分类	分级	用途	储量	矿体产状和构造	矿石质量和技术加工性质	开采条件及水文地质条件
开采储量	A_1	可作为编制矿山开采计划的依据	已详细圈定	已查明	已充分研究	已详细查明
设计储量	A_2	可作为矿山企业设计和投资的依据	已相应圈定	大致查明	已详细研究	已查明
	B		已相应圈定	基本查明	已试验和研究	基本查明
	C_1		同上，或由 B 级向外推算的储量	基本查明	有概括了解	初步了解
远景储量	C_2	可作为编制地质勘探设计的依据	由 C_1 级向外推算的储量	—	—	—
地质储量	根据区域地质测量、矿床分布规律或根据地质构造单元，结合已知矿产地的成矿条件所预测的储量，只能作为地质普查找矿之用					

矿产储量的大小，特别是设计储量和远景储景，决定未来企业可能的生产规模、投资额和生产年限等。如油田企业的服务年限、最大年产量与油田工业储量及其规模类型有密切的关系，如表 3-7 所列。

表 3-7 油田开采的储量要求

规模类型	工业储量（10^8 t）	采油企业服务年限（年）	年产量（10^4 t）
特大型	>2	>50	>400
大 型	0.5～2	30～50	100～400
中 型	0.1～0.5	10～30	30～100
小 型	<0.1	<10	<30

(3) 矿石质量

每个矿床的工业价值不仅决定于矿石储量的多少，而且还决定于矿石质量的差别，其中影响矿石质量的因素主要有以下几个。

①矿石自然类型：一般有工业价值的黑色金属矿石主要是氧化物，有工业价值的有色金属矿石主要是硫化物。因为不同的矿石自然类型有不同的工艺技术加工条件和不同的工业用途，所以这是影响矿石质量的因素之一。

②矿石品位：这是决定矿石质量的最关键的指标。在其他条件相同的情况下，矿床品位的高低直接影响着生产成本。

③矿石的加工技术特性：它主要指影响矿产加工利用的一系列因素。如对于金属矿床和部分非金属矿床（提取其中某种有用组分）来说，一般是指矿床中主要有用成分的品位及其存在形式、使矿石加工过程复杂化或增加成本的可能性等；对于一般作为建筑、造型、压电、熔剂、耐火等用途的非金属矿物来说，主要是指它们的各种物理机械性质和加工性能。

④矿石的综合利用：组成金属和非金属矿产的矿物成分一般是不均一的。根据矿石中矿石矿物和脉石矿物的比例，可分为块状矿石和浸染状矿石；根据矿石中所含的有用组分，可分为简单矿石和复杂矿石。各种矿产类型都有着不同的综合利用价值。

一般而言，矿床品位越高，冶炼一吨矿产所消耗的矿石就越少，经济效果就越大。品位高的富矿可以不经过选矿直接入炉冶炼。贫矿需经过选矿、烧炼后才能使用，从而会增加投资和生产费用。

对于不同的矿产资源来说，确定其矿产资源质量的指标也有所差别。如铁矿石中所含的有害及有益成分也是确定其质量的主要指标；铁矿石的结构及其机械性能也直接影响着矿石的选矿性能。铜矿的质量指标主要取决于矿石中有用组分的含量及其稳定性、矿石中的矿物类型及其工艺特性，以及多成分的综合利用等；从采矿角度讲，铜矿按品位可分为富矿（含铜量大于2%）、中矿（含铜量为1%～2%）和贫矿（含铜量小于1%）。我国开采的铜矿品位一般为0.8%～1.0%之间，品位在1%以上的便属于富矿。衡量铝土矿质量的最主要标准是氧化铝的含量和铝硅比；铝土矿中有害成分，如硫、氧化钙、氧化镁、磷等的含量也不能超过一定的限度。

(4) 矿床开采条件

矿床的开采条件主要指矿体产状、形态及大小、矿层厚度、埋藏深度、矿石顶底板围岩的机械强度和稳定性，以及矿区的水文地质及地貌气候条件等。这些条件对矿山的基建投资、生产成本、生产规模等产生巨大影响，是选择矿山开采方式的重要技术因素之一。其中尤其是埋藏深度，不仅决定着开采方案的确定，还影响着剥离系数的大小。而剥离系数则是影响露天开采时技术复杂程度和成本高低的主要因素，如对于开采来说，油、气藏的埋藏深度越浅，建井投资越节省。

(5) 矿区自然经济条件

矿区所处的经济地理条件，主要指矿床的经济地理位置和该矿在国民经济中的需要情况，其所处地理位置是否适合生产布局，特别是矿区的交通运输条件方便与否，对于大型的、开采量大的矿床有重大意义。

2. 经济评价

经济评价是在地质评价的基础上，从国民经济发展需要、当前技术水平与矿藏合理利用的原则出发，应用经济与技术经济的方法，全面分析各种因素（包括自然与社会经济两个方面）对矿藏开发利用的影响，以论证其开发利用的经济效果。这项工作涉及自然、技术和经济等各个方面。对矿产资源的经济评价是从数量上来了解各个矿床所提供的产量和价值，以便更全面地评价各矿产资源开发利用的经济效果。一般选用以下几个指标：

（1）年开采能力（年生产力）

矿产资源的年开采能力一般用年产量来表示，它是对矿物原料资源进行经济评价时首先应注意的一个数据指标。

每个矿山年生产力的确定，决定于矿床规模（Q）和企业年限（T）。假设最大的年生产力为 A，则：

$$A = \frac{Q}{T} \text{或} \frac{Q \cdot K_n(\text{选矿时矿石回收系数})}{T \cdot K_p(\text{开采时矿石贫化系数})}$$

通过上式确定 A 时，还要考虑采矿技术条件的可能性。因为每个矿山每年采矿的生产规模既决定于采矿系统的机械化状况、开采地段设计要素的大小，又受到矿石硬度、矿体厚度、矿体产状、倾角及稳定性和矿区水文地质条件所制约。

（2）投资

具有相同生产规模的矿山企业，投资量越大，矿床开发利用的经济效果就越差，所以投资量的多少是评价矿床开发利用价值的决定性因素之一。

从投资的角度对矿床进行评价，不仅要看总投资的多少，而且要看投资比例的高低。

$$\text{投资比例} = \frac{\text{总投资}}{\text{年生产力}}$$

一般的规律是，随矿山企业年生产力的增加，投资比例有所降低，从而开发利用的经济效果更加显著。

（3）成本

每个矿山企业的产品成本取决于采矿方法和系统、年生产能力、总投资和投资比例。这些因素是互相联系的，不是单个因素起绝对的作用，必须综合考虑，才能对产品的生产成本做出确切的评价。每个矿山企业开采和选矿的成本，包括工资、材料费用、电能、地质勘探费用偿还率、固定资产折旧费用等。

产品成本的确定，一般采用经验公式来估算，因为总成本（n）是矿床地质储量（E_0）、矿床厚度（m）、矿体与覆盖层厚的比值（s）、品位（a_0）的函数，所以 $n = f(E_0 \cdot m \cdot s \cdot a_0)$，各参数不能单独确定成本高低。

（4）价值

所谓“价值”就是矿山最终产品的国家调拨价格。运用“价值”指标对矿物原料进行经济评价时，一般采用精矿（即采矿及选矿企业的成品）的价格。

（5）利润

矿床开发的利润，即矿石本身的提取价值扣除矿产资源的技术加工成本的剩余部分。在实际工作中，计算矿床开发利润一般采用 B.N. 库索奇金所提出的计算公式。

当评价金属矿床时，采用如下的公式：

$$A = g \cdot c \cdot Q - (P_1 + P_2 + P_3)$$

式中：A 为每吨矿石国家可以获得的利润；

g 为矿石中某种金属的平均品位；

c 为某种金属的回收率；

Q 为某种金属的国家调拨价格；

P_1 为每吨矿石的开采成本；

P_2 为每吨矿石的选矿成本；

P_3 为每吨矿石的冶炼成本。

将 A 值乘以矿床储量，即可得出开发全矿床所可能取得的总利润。在利润中起决定作用的因素是品位；在技术加工成本中，矿床埋藏条件和矿石的矿物组成则对选冶成本起最大的作用。

对于非金属矿床，用露天方法开采，而且也不必经过选矿或冶炼的过程，开采的矿石经过破碎或加工后直接利用。对于这一类矿床，可应用开采矿床的有关实际指标，计算就地开采的矿石成本，然后与一般类似条件下的矿石价值比较，按下述公式进行计算：

$$C = \frac{BП + Д}{K}$$

式中：C 为 1t 矿石的价值(或生产成本)；

B 为剥土 1t 的费用；

$П$ 为覆盖层厚度与可采矿层厚度之比；

$Д$ 为开采 1t 矿石的费用；

K 为在开采时，商品矿石的产出率。

如果矿石必须富选，应该根据富选时增加的消耗费用，按下述公式计算：

$$C_1 = \frac{C + OB}{K_1}$$

式中：C_1 为 1t 经过富选矿石的价值(或成本)；

C 为 1t 未经过富选矿石的价值；

OB 为富选 1t 矿石的费用；

K_1 为富选后矿石的产出率。

（三）水资源评价

对于水资源的评价主要包括地表水、地下水的评价及水资源的综合评价。

1. 地表水资源评价

地表水资源评价一般选用水量、水质和水能等指标。现将几项指标分别叙述如下：

(1) 水量

水量是评价一个地区或流域内水资源丰富程度的首要指标。所谓水量的多少，主要是指在正常情况下，当地地表水可以自产多少，外地流入本地多少，本地流到外地多少，以及这些水量的年内分配、年际变化和在本地区的分布情况。此外，还包括当地水资源的控制利用程度。

水量的大小一般用地表径流量来表示。所谓地表径流量，是单位时间内流经某一测流断面（过水断面）的水量，有瞬时流量、日平均流量、年平均流量和多年平均流量之分，通常以 m^3/s 为单位。计算某时段通过某一测流断面的总水量，用下列公式推求：

$W = QT(m^3/s)$(以某时段计)

或　$W = Q \times 31.54 \times 10^6 (m^3/s)$(以年计)

式中：W 为河流径流总量；

Q 为时段平均流量；

T 为时间，以 s 为单位。

按照上式求得的是绝对流量，它只能表示每条河流的径流特征。由于绝对流量受多种因素的影响经常发生变化，而且还不便于各河流量之间加以比较，进行对比评价。因此，为了对比不同河流的流量特征，使各河之间具有可比性，通常还采用相对流量指标，其中包括径流模数、径流深度、径流系数等指标。

① 径流模数也叫径流率，即在某一流域面积中，平均每平方公里每秒钟流出的水量。计算公式为：

$$M = \frac{Q \times 10^3}{A}$$

式中：M 为径流模数；

A 为流域面积；

Q 为流量，以 m^3/s 计。

② 径流变率(K) 又称模比系数，是各年径流模数与正常径流模数之比。如某年径流变率为：

$$K_i = \frac{M_i}{M_o}$$

式中：M_o 为多年平均径流模数(正常径流模数)；

M_i 为某年的径流模数。

径流变率也可用各年流量(Q_i) 与正常径流量(Q_o) 之比求得，即

$$K_i = \frac{Q_i}{Q_o}$$

③ 径流深度是在某一观测时段内所测得的径流总体积，平均分布在测站以上的流域面积上所得到的水层高度，以 mm 表示。其公式为：

$$Y = \frac{W \cdot 10^9}{A \cdot 10^{12}} = \frac{W}{A \cdot 10^3}(\text{mm})$$

式中：Y 为径流深度(mm)；

W 为径流总量(m^3)；

A 为流域面积(km^2)。

④ 径流系数即一定时期的径流值与同时期内流域降雨量之比，或径流深度与同时期降雨量之比。公式为：

$$a = \frac{W \cdot 10^9}{A \cdot 10^{12} \cdot x} = \frac{W}{A \cdot 10^3} \cdot \frac{1}{x} = \frac{Y}{x}$$

式中：Y 为径流深度(mm)；

x 为降水量(mm)；

a 为没有单位的比值，常以百分数表示。a 值大时，说明降水量多变为径流；a 值小时，说明降水量的大部分被蒸发或下渗。

除用流量来表示地表水资源量大小外，还利用水位高低的变化规律来辅助说明地表水资源量的丰富程度。

水位和流量的关系极为密切，江河水位的变化主要是由于流量的增减。流量是本质，水位是流量变化的反映。表示流量和水位关系的曲线，称为水位流量关系曲线，用途相当广

泛。在推求未经实测过的江河流量时，只要有水位资料，即可通过水位流量关系曲线，推求出流量资料。

表示水位特征的指标，主要有以下几种：最高水位与平均最高水位、最低水位与平均最低水位、平均水位、中水位（指水位历时曲线上历时50%的水位）、正常水位（为多年水位平均值）。

水位随时间而变化。随时间变化而变化的水位曲线叫水位过程线，以 $H(水位) = f(t)$ 的函数关系表示（t 表示时间）。一般多采用日平均水位在一年中的变化过程，并注明最高和最低水位出现的日期和数值。也可绘制年最高水位和年最低水位曲线，供航运和灌溉参考。在此基础上，还可以进一步绘制水位频率曲线和历时曲线，标出各种水位出现的次数和在一定时期内高出某一指定水位的天数，以便于各江河间的水量进行对比分析评价。

（2）水质

关于水质的要求，一方面要查清水的物理化学性质，以便对生活饮用、工业供水以及农业灌溉用水做出评价；另一方面，遇有污染时，还要查清水中的有毒物质和污染源。

具体对水质进行评价时，一般选用以下几类评价参数指标。

①感官性评价：水的颜色、味道、气味、透明度或混浊度，是水遭受污染与否的直接指标，常是初步判定水体污染的数据。

②氧平衡评价：即水体中所溶解的有机物浓度。由于有机物的组成比较复杂，要想分别测定各种有机物的含量比较困难，一般采用溶解氧（DO）、生物化学需氧量（BOD，简称生化需氧量）、化学需氧量（COD）、总有机碳（TOC）和总需氧量（TOD）等5个指标来表示有机物的浓度。

③毒物指标评价：它主要是指水中溶解的重金属元素和有机物的累积性毒物。其中危害较小的重金属元素如铁、锰、铜、锌等，这些都是人体必需的微量元素，但过多又会产生不良影响。它们是饮用水卫生指标中必须注意的指标。危害较大的重金属元素如汞、镉、铅、铬等都是累积性毒物，对人体有很大的危害性。至于水中溶解的有机物，绝大部分是无毒的，如醣类、脂肪、蛋白质等。有毒的有机物质多为石油化工产品和人工合成的有机物质。它们在水中一般不易被微生物分解，对溶解氧影响不大，但是却会对人体和生物造成很大危害。

（3）水能

①水能蕴藏量：河流水能蕴藏量主要取决于河流的水量和河段的落差，即水能蕴藏量和水量、落差成比例关系。而且水量和落差结合不好，也会影响河流的水能蕴藏量。

对一个地区或一条河流的水能蕴藏量进行评价，一般选用下列公式，以估算出理论上的水能蕴藏量。

$$N = r \cdot Q_0 \cdot H (\mathrm{kg \cdot m/s})$$

式中：N 为水能的理论蕴藏量；

r 为水的密度（1 000kg/m^3）；

Q_0 为过水流量（m^3/s），常采用多年平均流量；

H 为落差（m）。

因为 1kW = 102kg · m/s

1a = 365 × 24 = 8 760(h)

所以 $N = \frac{1\,000}{102} \cdot Q_0 \cdot H$

$= 85\,848 Q_0 \cdot H$(度)

由于水量（即河流的过水流量）取决于排水量和再蒸发量，落差取决于地区的地形条件，因而依据当地的降水量、再蒸发量和地形落差变化的基本数据，运用以上的计算公式，即可大致估算出不同大小地区范围的理论水能蕴藏量。

一个地区的实际水能蕴藏量和理论水能蕴藏量的比值，称为水能蕴藏量的利用系数。利用系数越大，开发利用价值越高；反之，开发利用价值越低。

②水能开发条件：水能的开发利用，主要是通过建立水电站，将位能转变成电能。而水电站的建设受自然条件，特别是地理位置、地形和天然降水量的限制比较大。且水电站的建设投资较大，工期较长，所需建材、机器设备多，修建水坝淹没损失也比较大。所以，水电站所在地区的自然经济和技术条件，对水能资源的开发利用价值也有很大影响。如果地质基础条件优越，遇到的岩层均为坚硬的火成岩，抗压强度极高，河床覆盖层比较薄，地震烈度在六度以下，库区基本上无渗漏之虑，那么就非常有利于大型水电站的修建。如果不具备上述坝址条件，就会给修建大型水电站带来极大困难。

河流的含沙量小，可以延长水库的寿命；河流的含沙量大，将缩短水库的寿命。这对投资大、工期长、所耗物资多、对国民经济发展影响比较大的大中型水电站来说，关系尤为重大。

在一般情况下，堤坝越高，库容越大，发电量越多，淹没损失也越大。要使淹没损失减低到最小限度，就得相应地减低坝高，缩小库容，限制发电站规模，减少发电量，形成一个此长彼消的权衡关系。所以，水能资源的开发，水电站的修建，非常注意库内淹没指标和人口迁移指标的高低。二者一般用单位千瓦淹没耕地数和迁移人口数来表示。可在相同发电量的前提下，对比这两个指标，较低者，发电成本较低，经济效果较好；反之，发电成本高，经济效果也就差。

水电站所处的经济地理位置，特别是水电站位置与能源消费中心之间的距离，影响着水能资源开发利用的先后次序，制约着水电站的投资和生产规模。

2. 地下水资源评价

地下水评价主要从水量、水质、地下开采条件等方面评价。

(1) 水量

四种储量概念，即静储量、调节储量、动储量、开采储量。

① 静储量：静储量对潜水来说，系指在天然条件下，多年变化最低水位以下含水层中重力水的体积，在数值上等于计算区域面积(F)、含水层厚度(H)及给水度(μ)三者的乘积。

$$Q = \mu \cdot H \cdot F(\mathrm{m}^3)$$

对于承压水层来说，静储量包括两部分。一部分是承压水头未下降到隔水顶板以前，承压水层在其上部地层的垂直压力作用下，因含水层孔隙变形而释放出的水量和液体膨胀而增加的水量，可称为弹性静储量，在数值上等于计算区域面积(F)、承压水层压力水头(H)及承压含水层弹性给水度(μ)三者的乘积。但是应当注意，弹性给水度通常比疏干给水度小得多，因此与疏干含水层相比，每下降一米所给出的水量要小得多。承压含水层的另一部分静储量，系指含水层顶底板之间重力水的体积，一般可按下式计算：

$$Q = \mu \cdot H \cdot F$$

式中：Q 为承压含水层的疏干静储量(m^3)；

μ 为承压含水层的疏干给水度；

F 为计算区域面积(m^2)；

H 为承压含水层厚度(m)。

② 调节储量：对于潜水而言，系指天然条件下，多年变化最高水位和最低水位之间含水层中的重力水的体积，同样可以用计算区域面积(F)、变动带厚度又称自然变幅(ΔH)及给水度(μ)三者的乘积来计算。

③动储量（地下水天然流量）：一般指在天然条件下流经某一断面的地下水流量，其值等于通过断面的各含水层（包括潜水含水层和承压含水层）流量的总和。

④可以开发利用的水量：系指某一含水层在一定区域范围内，通过各种途径获得的补给量。补给来源有降雨、河流及灌溉渗入补给，地下水的径流补给，其他含水层的越层补给及人工补给等。

(2) 水质

地下水资源的水质要求基本与地表水相同，但由于其所处的环境条件，其要求也有独特之处，主要从地下水的物理性质和化学性质两方面评价。

①地下水的物理性质：包括密度、水温、颜色、透明度、嗅（气味）、味（味道）、导电性及放射性等。这些指标对地下水水质的影响如下所述。

密度：决定于所溶解盐分之含量，盐分越多，密度越大（淡水类型的水密度接近于1)。

水温：极冷的水水温为0～4℃，冷水水温为4～20℃，温水水温为20～37℃，热水水温为37～42℃，极热的水水温为42～100℃，沸腾的水水温>100℃。

颜色：纯水是无色的。当含有某些物质时，水就带有颜色。如含铁的水是红褐色，含硫的水是绿黄色等。

透明度：决定于水中固体及胶体悬浮物的含量，根据其透明程度可分为透明、半透明、不透明等。

嗅：决定于水中含气体的成分及有机质，如硫化氢气体具有臭鸡蛋味。

味：好的水无怪味道，含氯化钠的是卤味，含镁及钠的硫酸盐的是苦味，含矾的是酸味等。

导电性：取决于水中所含电解质的数量及性质。一般以导电率表示。淡水导电率在 $3.3\times15^{-5}\sim1.3\times10^{-3}\Omega/cm^2$ 之间。

放射性：取决于水中放射性物质含量。一般放射性微弱。循环于放射矿泉地区的地下水，其放射性增强，因此成为寻找放射性物质的标志之一。

②地下水的化学性质：主要是其水化学类型影响地下水的矿化程度。在地下水中含量最多的离子有：阳离子 Ca^{2+}（钙离子)、Mg^{2+}（镁离子)、$Na^{+}+K^{+}$（钠离子+钾离子)，阴离子 HCO_3^-（重碳酸根离子)、SO_4^{2-}（硫酸根离子)、Cl^-（氯离子)。

水的总矿化度即水中所含离子、分子及化合物的总量，以g/l表示。

通常以水的离子组成确定水的化学类型，以矿化度大小决定水的矿化程度（表3-8)。

此外，根据我国《生活饮用水卫生标准》，并参考世界卫生组织及一些国家饮水卫生标准，结合我国情况拟定地下水水质评价标准，即生活饮用水卫生学质量综合分级标准（表3-9)。

表 3-8 不同化学类型的地下水的矿化度

水的矿化种类	总矿化量（g/l）	主要水化学类型
淡　水	1	SO_4-Ca（硫酸-钙型水） HCO_3-Ca（重碳酸-钙型水）
弱矿化水	1～3	SO_4-Mg·Na（硫酸-镁、钠型水） 少量 Cl（少量氯型水）
中等矿化水	3～10	SO_4（硫酸型水） Cl（氯型水）
盐　水	10～35	Cl（氯型水） SO_4（硫酸型水）
盐　液	>35	Cl（氯型水）

表 3-9 生活饮用水卫生学质量综合分级标准

指　标	单　位	Ⅰ级水	Ⅱ级水	Ⅲ级水
色 度	度	<15	<50	>50
浑浊度	度	<5	<25	>25
pH 值	pH 单位	6.5～8.5	6.0～9.0	<6.0 或>9.0
总硬度	毫克 $CaCO_3$/升	<450	<700	>700
铁	毫克 Fe/升	<0.30	<1.0	>1.0
锰	毫克 Mn/升	<0.10	<0.50	>0.50
耗氧量	毫克 O_2/升	<3.0	<6.0	>6.0
氯化物	毫克 Cl^-/升	<250	<600	>600
硫酸盐	毫克 SO_4^{2-}/升	<250	<400	>400
氟化物	毫克 F^-/升	<1.0	<1.0	>1.0
砷	毫克 As/升	<0.05	<0.10	>0.10
硝酸盐氮	毫克 N/升	<2.0	<23	>23
总大肠菌群	个/升	<3	<60	>60

Ⅰ级水（安全卫生水）：除耗氧量不超过 3.0 毫克/升为参考其他国家标准制定的暂时标准外，其他 12 项指标均符合《生产饮用水卫生标准》（GB5749-85）的规定。

Ⅱ级水（尚安全卫生水）：考虑到氟化物对人体健康影响未改动（不超过 1.0 毫克/升）。总大肠菌群通过对比试验，确定我国目前检验方法的 60 个/升相当于世界卫生组织建议值 10 个/100 毫升。其他指标参照世界卫生组织建议《发展中国家小型集中式供水水质最低标准》的规定。

Ⅲ级水（不安全卫生水）：达不到Ⅱ级标准的水。

凡是任何水有一项或一项以上的指标超过Ⅰ级或Ⅱ级水的标准，就降为下一级。

（3）地下水的开采条件

地下水的开采条件取决于其成因类型。

存在于地壳最表层的上层滞水，一般分布不广，储量不大，而且季节变化明显，易受污染，取水利用价值不大；潜水分布广，潜水水位、水质、水温随气候改变而变化。但根据其埋藏条件不同，地下水的储量各有不同。如孔隙潜水，埋藏于河谷平原冲积物中者，由于砂砾层透水性良好，地下径流条件好，含水量丰富，水质良好。自流水的储量也与其地质构造有密切关系。如孔隙自流水多埋藏在由松散沉积物构成的向斜、单斜、山前平原及盆地的沉积构造中，尤其在巨大的自流水盆地。这种盆地特征是分布范围广泛，地层岩性较稳定，含水层厚度也较稳定，经受的构造变动较少，地层倾斜较缓。这种自流水储量丰富，适合农业灌溉。裂隙自流水分布范围不大，储水量不十分丰富。溶隙自流水水量比较丰富，适合于农业灌溉用水。

3. 预期水资源供需评价

水资源供需分析，如果仅是从量的方面反映各区的余缺情况，还不能完全说明各分区之间的差异。事实上，同样的缺水量，两个不同的分区水资源紧缺程度和性质是不一样的。为此，要从不同角度来综合评价各区的供需情况，以便合理开发利用水资源。

根据我国地形、气象特点和农业地带分区，在全国 302 个三级区的基础上，划分为东北、黄淮海、黄河上中游、西南、东南、西北内陆和青藏高原等七个大区，然后计算 302 个三级区的十项指标。①耕地率（亩/km^2）：耕地面积与土地面积之比。②耕地灌溉率：灌溉面积与耕地面积之比。③人口密度（人/km^2）：总人口与土地面积之比。④工业产值模数(万元/km^2)：工业总产值与土地面积之比。⑤需水量模数（$10^4 m^3/km^2$）：现状计算需水量与土地面积之比。⑥供水量模数（$10^4 m^3/km^2$）：现状 P = 75% 的供水量与土地面积之比。⑦人均供水量（m^3/人）：现状 P = 75% 的供水量与总人口之比。⑧水资源利用率：现状 P = 75% 的供水量与总资源量之比。⑨及⑩缺水率："基期"水平年及预期水平年，P = 75% 时的缺水量与需水量之比。最后根据这十项指标及自然社会条件的相似性，对每个大区又划分为若干个类型区，全国共组成 31 个评价区。

在此基础上，采取模糊数学综合评分的方法和根据缺水率、人均供需水量及水资源利用率进行分类分析的方法，得到评价结果。

（四）生物资源评价

1. 森林资源的评价

森林资源评价一般选用以下几个指标。

(1) 林地面积

林地面积是衡量一个地区森林资源经济利用价值的首要指标。所谓林地面积，是指林业用地面积中，林木郁闭度达到 0.4 以上的有林地（包括天然林和人工林）。林木郁闭度介于 0.1～0.3 者称为疏林地，0.1 以下者称为无林地。一般言之，有林地的面积越大，其经济利用价值越高；反之，越低。

林地面积除用以上绝对数量指标表示外，还可用相对数量指标，即森林覆盖率来表示。

$$森林覆盖率 = \frac{有林地面积 + 灌木林面积}{土地总面积}（\%）$$

森林资源的覆盖率达到一定的密度（约相当于土地总面积的 1/3 以上），就有利于从以下几方面改善农业生产条件：调节大气候，改善小气候；涵养水源，保持水土；防风固沙，保护农田免受风沙侵袭。

但各个地区的自然条件和社会经济条件不同，人们培育、经营森林，发展林业生产的目的要求也不一样，从而对各个地区森林覆盖率的高低提出了不同的具体要求。如在平原农业地区，生产建设一般以农业为主，这里培育森林的目的主要在于保护农田、保证稳产高产丰收，林业用地面积的多少，应以能够实现农业所需要的良好生态环境为前提，把森林覆盖率限制在较低的水平上。在高原丘陵农牧交错地区，农业、牧业密度大，这里培育森林的目的，主要在保护农田和草场，为农业、牧业的稳产高产创造条件，因而对森林覆盖率的要求一般要高于平原农业地区。在山区，生产建设一般以林为主，在土地资源利用上，林业用地应占优势，森林覆盖率应保持比较高的水平，以取得更大的森林生态经济效益。

正由于此，在我国《森林法》中规定，全国森林覆盖率应达到30%，山区应达到40%以上，丘陵区应达到20%，平原区应达到10%，并以此为基本要求，对各地区的林业用地面积进行分析评价。

(2) 森林资源的数量和质量

森林产品的数量和质量依据林种的不同而有不同的指标要求。对用材林资源来讲，主要指标是森林蓄积量和所产木材的品种及材积级别。其中森林蓄积量中首先是森林蓄积总量，其次是可利用森林资源所占的密度，特别是后者有更重要的实用价值。

如以我国川西和滇北地区的森林资源为例，全区森林积蓄总量占全国森林总蓄积量的1/5，仅次于东北林区，居全国第二位，占川、滇二省森林总蓄积量的70%以上。全区森林总蓄积将近$13 \times 10^8 m^3$，目前或最近可采伐利用的近成、过熟林分总蓄积量占2/3。其中利用价值最高、材质优良、用途最高的云、冷杉占2/5，其他为云南松及针叶林和阔叶林。

对于特用经济林、竹林、果树资源等林种来讲，则主要应考虑林副产品的种类、数量、质量等方面。

(3) 森林资源结构

森林是一种生物地理群落，决定这个群落发生和发展的主要动力，一方面在于植物与环境之间的相互作用，另一方面在于植物之间的相互作用。由于这些作用的结果，使任何森林（林分）在外貌上都具有一定的结构，即在森林发育过程中，不同类别的植物（主要是林木）具有一定的比例。

森林结构（包括树种结构、层次结构、年龄结构和森林密度等）是影响林分生长、生产力以及稳定性的重要因素，同时也影响着森林的多种多样防护作用的发挥。

森林的树种结构有以下影响：如以单纯林与混交林比较，营造单纯林便于适地种树，技术要求比较简单，便于机械操作，抚育、采伐也比较简易，但对自然灾害和虫害的抵抗力比较弱。而混交林的优缺点则与之相反，树种搭配得当，可以充分利用地上地下空间，更好地发挥地力，比单纯林有较高的生产力，而且抗御自然灾害和虫害的能力比较强，在一定条件下能满足对森林的多方面要求。

森林的层次结构有如下影响：一般的森林都可分为立木、下木、活地被层、层外植物等数层，其中最重要的是立木。立木本身根据树冠状况还可分出数层，立木的层次在林业上称为林相，故有单层林与复层林之分。森林的层次结构不仅改变着外界环境，并且使森林的小气候和土壤状况也发生垂直的变化。林分的单层和多层也是影响林分抗风力和对病虫害的抵抗力的因素。此外，改善森林的层次结构还可加强林木的光合作用效率，促进土壤及乔木树种之间的新陈代谢和能量交换。

森林的年龄结构有如下影响：如以同龄林与异龄林比较，同龄林由于树干互相庇荫，整枝良好，树干比较通直，所以造林技术容易，抚育、采伐便于进行，而且单位面积上可获得较大的出材量；异龄林则护土作用强，当把成熟林采伐后，耐荫树种易于天然更新，而且异龄林对风害、雪害的抵抗力也比较强。

森林的密度是表示林分水平结构的一个指标。它以单位面积的林木株数来表示。一般说来，森林的密度影响到林冠的郁闭状况，林木对土地资源的利用程度，以及环境条件的变化，同时也影响到林木质量、生长和总生长量。此外，森林的密度还影响到林分的稳定性。

(4) 森林资源的分布和开发利用条件

森林的分布具有明显的地带性特点，不同地带性的森林植被类型具有不同的经济利用价值。森林分布也具有明显的区域性特点，随着气候、地理条件的变化而形成不同的林区、林种和蓄积量以及特有的林副产品。此外，森林分布与人类的经济活动有着密切的关系，人为的因素也在影响着森林分布的变化。

森林资源的开发利用条件具体表现在森林资源的集中程度和丰富程度是否有利于采伐企业的建立，林区附近的工农业发展水平是否有利于为林区提供必要的机械设备和粮食及其他农产品。林区河川的水运、动力资源的保证程度、林区的保证程度、林区的气候、地貌条件也影响着森林资源的开发利用。

2. 草场资源的评价

草场评价一般选用以下几个指标。

(1) 草场生境条件

草场类型的形成受环境条件，特别是气候、地貌、土壤、植被等生境因素的影响非常显著。

①气候：在自然环境中，气候是基本条件，它决定着植物所得到的温度、光照、降水数量和分配，并且决定着草场的基本特性。其根据是地带性的生物气候条件是生物（牧草和牧畜）立地条件最本质的表现，并且在一定的历史时期相对稳定，在不同的气候带形成不同的草场类型。正是在生物气候条件的基础上发生和发展着各种生物现象和生境现象，制约着草场各个组成部分如土壤、植被、牲畜、野生动物等的存在和发展，从而影响着畜牧业生产的形式和基本方向。因此，气候条件不仅是形成草场的基本因素，也是对草场进行评价的基本依据之一。

②地貌：草场的自然条件在很大程度上取决于地貌因素。通常大地貌往往决定着草场的地理分布。如位于不同地貌地区的草场，其大气候条件是不一样的。地区距离海洋越远，受海洋气候影响就越小，因而年降水量也就越少，气候干旱；反之，则降水量多，气候比较湿润。纬度高的地区温度低，生长季短，但夏季日照长，从而也就影响着草场植被的类型。

大、中地貌往往导致地区气候、水文、土壤的变化。一般不同坡向接受的热量和光照不同，谷地昼夜温度变化较大。水分再分配和土壤机械组成的变化受坡向影响最大。通常岗坡地土质比较干燥，而低洼地及河漫滩地则比较潮湿。因而草场植被的成分及结构在同一地区内，要受大、中地貌所制约。至于小地貌则只能看作草场内部的条件，同样显著地支配着草场内部生态条件。所以地貌条件是草场植被、气候、土壤等特征的综合表现，同时也是草场类型划分的主要依据。

草场地貌不但决定着草场植物生活的各项要素，同时它对于草场利用也有很大的影响。通常大、中地貌对地区地表水资源多寡及地下水埋藏深度起着决定作用。山地的河网密度较大，内陆地区的湖盆和洼地往往是地表水汇聚的场所，河间台地及高阶地往往地下水埋藏较深，而河漫滩地及山前洪积扇裙缘则地下水埋藏较浅。因此，地貌在很大程度上决定着草场的水源问题。

此外，地形起伏、坡度大小还影响着牲畜放牧活动、草场饲料的利用率以及利用方式(放牧或割草)。

③水源：水、草是评定草场经济利用价值的两大重要因素。水在草场资源经济利用价值

方面的重要性，仅略次于草，但比其他条件又显得重要。缺水草场尽管草群丰茂，但往往因为缺乏水源而不能充分利用。草场水源包括地表水（河、湖）及地下水（井、泉）。水源丰富与否决定于水源相隔的距离和水量。水源相距越近，水量越大，供水保证率越高；反之，供水保证率越低。如果牧畜饮水在10km以外，供水就无基本保证，草场也只能在冬季积雪时才能部分利用。

④土壤基质：不同的土壤粘粒、砂粒以及有机质等其他成分，构成了不同的土壤基质条件。它决定了土壤的物理化学性状，从而影响草场植被的生长和草场的放牧利用。如结构良好的土壤，不仅具有良好的通气性和透水性，可以供给植物生活所必需的养料和水分，而且适于植物根的活动，往往形成覆盖完整、产量高、品质好的草丛，成为优良草场。而结构不良的草场，多数成分失调，有机质不足，是比较低劣的草场。因此，在草场利用上，对土壤基质主要应考虑生草土壤的发育程度和土壤的机械组成，以鉴定草场的饲用植物的生长情况和草场的耐牧条件，从而确定草场的经济利用价值。

(2) 草场植被条件

草场植被是草场的主体因素，也是人类利用草场的直接对象。它能决定草场的基本特征(如植被的组成、发育强度和草场自身性状等)、草群质量和草场利用的发展方向。

评价草场植被条件，一般需要具体分析以下三点。

①草场植被覆盖度：草场植被覆盖度越大，经济价值越高；反之，经济价值越低。而且不同的草场类型，草场植被的覆盖度相差很大。如森林草甸草原的草场植被覆盖度可达60%~80%，干草原的草场植被覆盖度可达35%~50%，而荒漠、半荒漠草原的草场覆盖度则多在30%，甚至10%以下，其经济利用价值远远不如前者。只有南方山丘草丛，由于生物气候条件优越，往往生长着繁茂的草场植被，有很高的经济利用价值。

②草场饲用植物构成：草场的饲用植物构成直接影响着各类草场的经济利用价值。各类草场草群的变化规律如表3-10所列。

表3-10 各类草场草群的变化规律

项目 草场带	草群覆盖度（%）	草层高度（cm）	鲜草产量（kg/亩）	草群组成（w_B%）			
				禾本科	豆 科	杂类草	灌木及半灌木
森林草原	60~80	30~50	200~400	13.6	5.3	81.1	—
干草原	35~50	20~40	100~200	67.9	1.1	21.1	9.9
荒漠、半荒漠草原	15~25	10~20 草本3~5	25~100	31.8	—	12.4	55.8
荒 漠	5~10	半灌木 0~25 灌木40~70	15~50	1.0	—	—	99.0

③草群品质和产量：这是评价草场饲用植物经济利用价值的两个主要方面。对草场的质量进行评价时，主要依据草场草群的品质，产量则是划分级别的唯一指标。

草场草群的品质一般按其所属成分的比例来决定，通常禾本科及豆科质量较高，而莎草科及杂类草质量较低。但是禾本科中不同种之间质量的差异也较大，如羊草比芦苇质量高，芦苇又比野古草质量高。杂类草中不同种属，种的植物质量差异悬殊更大。许多种杂类草在开花期以前或结实后的籽实，牲畜都很爱吃，并且它们的营养价值也很高，如葱属、蒿属等许多种都是如此。

因而按植物成分的适口性来鉴定草场草群的质量，更能客观反映其本质。同时植物适口性的好坏与其利用率高低通常成正比关系。为了按植物适口性评价草场草群的质量，草场植被按牲畜的适口性可分为优、良、中、劣、不食或很少食几个类别。然后再按草场产草量的多少划分若干草场产草级别，以评定各类草场的等级。

(3) 草场生产潜力

通过评价草场的生产潜力，要弄清楚草场牧草的生产量有多少？能发展多少牲畜？能生产多少畜产品？增产途径是什么？为此，需要具体分析以下两个方面。

①载畜量与载畜能力：载畜量即草场上实际的家畜饲养量，也称为牧场实际的密度容量。它在一定程度上反映了草场生产能力的水平和经营管理的效果。由于家畜繁殖、死亡、淘汰等过程随着草场牧草数量、质量在季节和年份上的不断波动，加之每年气候、灾情、饲养管理、草地培育手段等条件的不同，因而载畜量也总是不断地变化着。就一年而言，冬春季载畜量为最低期，暖季达到高峰。这些波动和变化，说明了草场生产的年度、季节不平衡和生产发展的不稳定。

载畜能力是指草场在中等程度利用下，全年放牧期内可能容载的牲畜最大定额，它是一种理论数值。载畜量小于载畜能力，表明草场生产还有潜力。但由于载畜量受多种因素影响而变化，因而估算载畜能力时，务必考虑到可能出现的因素，从而使载畜能力接近客观实际。否则，就可能造成超载，使草场生产力大大下降。

中国温带草原区地带性草地单位面积的载畜力，与俄罗斯、美国、蒙古等国的温带草地的载畜力无明显差异。全国温性草甸草原类、温性草原（典型）类和温性荒漠草原类的载畜力平均分别为1.29羊单位/公顷、0.72羊单位/公顷和0.40羊单位/公顷（表3-11）。其中东北、内蒙古高原东部和黄土高原东南部的温性草原的载畜力较高，而甘肃、青海东部、东疆、南疆和西藏雅鲁藏布江河谷等地的温性草原的载畜力较低。

②畜产品的年产量和单位面积产量：根据草场生态系统的理论分析，从草场生产流程的全过程看，载畜量和载畜能力只是一个中间状态，草场生产的最终目的是获得畜产品。获得畜产品与牲畜数量有直接关系，没有一定数量的牲畜，草场的植物产品——牧草就得不到充分利用。

计算畜产品的年产量和单位面积产量时，常把各类畜产品产量换算成统一的畜产品单位。1个畜产品单位相当于1kg增重0.7kg净肉，含有138.05兆焦耳代谢能。按国内先进地区的试验数据，以5kg青草为1个饲料单位，每10个饲料单位（50kg青草）生产1个畜产品单位。据此，全区草场总产量除以50，即可得出全区总畜产品单位生物产量。同实际产量（经济单位）相比，即可得出全区草场的生产能力。

(4) 草地营养

草地牧草营养物质的含量决定了草地饲用价值的高低。草地牧草营养物质的含量受植物种类、物候期、生境条件，特别是草地土壤等多种因素的影响。一般用抽穗、现蕾期牧草饲用部位的营养物质含量评定草地的营养价值。

草地牧草营养一般用牧草中粗蛋白质、粗脂肪、无氮浸出物、粗纤维、粗灰分含量、总营养物质量的比例来衡量。

表 3-11 草地载畜能力

草地类	草地面积（万公顷）	草地有效面积（万公顷）	单位面积草地载畜力（羊单位/公顷）	理论载畜量（万羊单位/年）
全　国	39 283	33 180	1.30	44 892
温性草甸草原类	1 452	1 283	1.29	1 616
温性草原类	4 110	3 637	0.72	2 445
温性荒漠草原类	1 892	1 705	0.40	613
高寒草甸草原类	687	601	0.36	170
高寒草原类	4 162	3 544	0.35	1 029
高寒荒漠草原类	957	775	0.20	127
温性草原化荒漠类	1 067	914	0.32	275
温性荒漠类	4 506	3 060	0.25	727
高寒荒漠类	753	559	0.12	60
暖性草丛类	666	586	2.25	1 345
暖性灌草丛类	1 161	978	2.02	2 124
热性草丛类	1 424	1 142	2.53	3 798
热性灌草丛类	1 841	1 409	2.16	3 942
低地草甸类	2 522	2 104	2.03	4 054
温性山地草甸类	1 672	1 492	2.17	2 981
高寒草甸类	6 372	5 884	1.19	6 013
沼泽类	287	225	2.60	573
未划类型的零星草地及改良草地	3 752	3 202	3.44	13 000

注：草地有效面积指扣除草地范围内小块零星的裸地、农田、林地、道路、村庄、水域等非草地类后的草地面积。

研究表明，在草地气温相同的气候条件下，从东部湿润草地向西部干旱草地过渡，牧草含氮量逐渐增加，灰分含量渐趋升高，而碳水化合物含量逐渐减少。在草地水分（即湿润度）相同的条件下，北方草地随着纬度北移，海拔较高的山地草地随海拔升高，温度下降，牧草粗纤维含量降低，而粗蛋白质和无氮浸出物的含量升高，草地营养价值提高。也就是说，北方草地较南方草地营养价值高，海拔较高的山地草地较同纬度的低海拔草地营养价值高。

按照 K. Nehring 草地碳氮营养比计算，在中国草地中，氮碳营养比 1∶6～1∶12 的中比草地，面积最大，多为温性草原、高寒草原和温性荒漠草地，适于发展饲养细毛羊、半细毛羊、马。氮碳营养比＞1∶12 的宽比草地，面积居中，多为湿润草地和次生草地，蛋白质含量低，而碳水化合物含量高，适于养乳牛、山羊、肉用牛。氮碳营养比 1∶44～1∶60 的窄比草地，面积较小，富含蛋白质，主要为高寒草甸，适于发展毛用羊。

（五）海洋资源评价

海洋资源评价主要按资源类型分别进行评价，其中生物、油气、砂矿、多金属结核、能源等的评价内容与指标可以参照其他资源评价方法，在此主要阐述港口资源评价、海洋鱼类资源评价。

1. 港口资源评价

海口资源评价的主要指标有港口的港址条件、港口年吞吐量、港口泊位、泊位线长度、港区自然岸线总长度。

2. 海洋鱼类资源评价

一般选用以下几个指标：

(1) 鱼类的数量变动

鱼类的数量变动，也称鱼类资源变动，主要是通过渔获量的变动而显示出来的，而且其变动往往表现得很剧烈。如烟台鲐鱼渔获量的波动幅度超过 10 倍以上；西太平洋经济鱼类渔获量的波动幅度，鳁鱼为 1 ~ 4.3 倍，秋刀鱼为 1 ~ 25 倍，鲹鱼为 1 ~ 12 倍；大西洋亚速海的梭鲈鱼为 1 ~ 10 倍，虾虎鱼为 1 ~ 75 倍之多。

(2) 鱼群的洄游规律

在浩瀚的海洋中，鱼类的分布不仅有相对的集中性，而且还有着共同的和独特的洄游规律。

根据鱼类不同的生活阶段，可以把鱼类的洄游分为以下三种类型。

①生殖洄游（产卵洄游）：鱼类为了繁殖后代，每年在一定的季节集群游向一定范围的海区进行产卵，谓之产卵洄游。产卵鱼群绝大多数游向沿岸、河口一带进行产卵。

生殖洄游按产卵场的不同，又可分为三类。一类由深海游向浅海和近岸，为数占大多数，主要的海洋鱼类有大黄鱼、带鱼、青鱼、鳓鱼、兰元鲹鱼等。另一类由海里游向江河，或者由江河下游游向上游，这一类称之为“溯河性”鱼类，它们平时生活在海洋里，其性成熟后，则由海洋进入淡水河川进行产卵，主要鱼类有鲥鱼、鲑鱼、大马哈鱼、银鱼等。还有一类鱼，如鳗鲡等，由江河游向海洋，称之为“降河性”鱼类，它们平时生活在淡水河里，当其性成熟后，则要由江河洄游到深海里产卵。

②索饵洄游：鱼类经过长途的洄游到产卵场产卵后，体力消耗极大，鱼体消瘦。有一些鱼产卵后亲体即大量死亡，如乌贼、对虾、鳗鲡、鲑鱼、大马哈鱼等。绝大多数鱼类产卵后由于恢复体力的需要，则开始大量摄食。此时密集的产卵鱼群开始分散索饵。有些鱼有明显的索饵场，由产卵场洄游到索饵场进行索饵（如日本鲐鱼）；有些种类有明显的索饵期，但无明显的索饵场（如大、小黄鱼，带鱼等）。此种洄游的目的在于索饵，因此其洄游路线、方向往往受饵料生物的变化和移动的影响，饵料生物的状况支配着索饵群体的动向。但索饵阶段鱼群的移动速度一般较慢，群体较为分散。

③越冬洄游：越冬洄游并不是在所有的鱼类中都能见到。只有生长在中纬度的海洋鱼类、温水性的鱼，这种习性才特别明显。大多数鱼类经过索饵阶段后，鱼体肥满度迅速增加，体内存积了大量脂肪，此时鱼肉鲜美。由于季节的转换，近岸水温开始下降，鱼类是变温动物，对水温的变化甚为敏感。鱼类为了适温的要求，追求适合其生存的水域，便引起集群性的移动，谓之越冬洄游。一般越冬洄游都是由近海到深海，由北向南洄游，目的是寻求适宜水温，所以也称适温洄游。越冬洄游速度的快慢，在很大程度上取决于水温下降的快慢。鱼类在越冬洄游期间，通常减少摄食或停止摄食。鱼类到达越冬场后活动能力降低，新

陈代谢缓慢，一般摄食强度低，主要靠体内积存的脂肪越冬。开春随着气候的变暖、性腺的成熟，鱼类又开始生殖洄游。

(3) 渔场条件

海洋鱼类在其生活过程中，通过洄游得以完成其生活史中的各个重要生命活动，诸如生殖、越冬和索饵成长等。由于洄游，鱼类集合成群，定期在一定地点大量出现，这就形成了“渔场”，洄游的进行即表现为渔场的移动。因此，研究鱼类的洄游，从而找出其规律性，对于掌握海洋渔场的分布，大力发展海洋渔业生产有着重大的实践意义。

海洋渔场的形成，除取决于因洄游而聚集的鱼群外，还受许多其他有关因素的影响，从而使各个海区的渔场有着不同的开发利用价值。这些有关因素主要是以下几个：

①海区位置：海区位置包括两方面的含义，一为经纬度位置，另一为海陆位置。二者直接影响到海洋气象、水文、海流和江河入海情况等，从而影响着海洋鱼类的洄游行动。如我国黄海受季风影响显著，风向、风速随着季节移换，季风强弱影响海流与水温的水平和垂直变化，对鱼群洄游的提前和推迟有一定作用。

海流的循环运动与海洋鱼类的洄游规律关系更为密切，不少鱼类几乎是随海流而洄游。各种暖水性鱼类也多随着海流北上，到达暖流与寒流交会之处，那里水环境条件发生变化，出现上升流，海水中饵源丰富，形成了集中丰产的渔汛。

近陆海区，容纳江河入海，接受来自大陆的大量淡水、养分和饵料，为滋养和繁殖海洋生物提供了有利条件。

②海水深度：海水的深度影响着海洋中浮游植物的光合作用。光线的强度随着海水深度而递减。一般根据海水中光线含量的多少，将海洋垂直地划分为三层。真光层，在这一层内的光线较强，足以供植物的光合作用之需。这一层从海面向下延伸到深度 80m（或大于 80m）的地方，所有的浅水带均位于这一层内。弱光层，这一层内的光线微弱，其深度范围大约从 80m 左右到 200m（或大于 200m）。在这一层内，植物不能正常生活，所出现的植物大部分是从真光层内沉下来的。无光层，位于弱光层之下。在这一层内，植物不能生活，生活在这里的动物也多是一些食肉动物。因此，大陆架范围内的浅海地带比深海地带浮游植物繁茂得多，浮游微生物、浮游动物也相应丰富多样，因而海洋类资源也就丰富得多。

③海底地形和底质：不同的海底地形和底质，适应着不同鱼类栖息、繁殖和洄游的生态习性，影响着海洋鱼类的种和量的组成。如渤海海底较为平坦，绝大部分海区的水深不超过 30m，沿岸及河口附近的水深均在 20m 以内，而且处在黄河、海河、辽河入海处，每年带入大量黄色泥砂，在河口附近形成烂泥浅滩，湾内底质多泥质，是著名的鱼、虾产卵场和洄游索饵场所。在东海海区，舟山群岛以北为砂岸，海底地势平坦，大部分为砂底、砂质泥底。舟山群岛以南则以岩岸为主，近岸除很窄的砂砾地带外，分布着砂质泥带。底质不同，洄游、群集的鱼类也有所差别。如墨鱼喜栖息温暖而水澄清的海区，春夏随水温上升游来沿海，在岩礁间海藻繁盛的地方产卵。因此，它主要产在舟山群岛及其以南的岩岸地带，远非砂岸海区所可比拟。

④渔港和渔业基地条件：渔港是专供渔船停泊，装卸渔需品和作为避风的港湾，是渔业作业的根据地。渔港加上陆上的一切为渔业服务的加工厂、渔船修造厂、渔具厂、码头、渔需品供销部门、鱼市场及相应的渔业管理机构和设备，便形成一个完整的渔业基地。

渔港和渔业基地的条件直接影响着海区渔场的开发利用。如我国沿海有众多的渔业比较集中的港湾、基地和岛屿，特别是在南海远海区还有众多的珊瑚礁（即西沙、南沙、东沙等群岛），这为开发利用我国辽阔海域的海岸鱼类资源提供了非常有利的条件。

（六）气候资源评价

1. 气候资源综合评价

（1）质量分级

气候资源的种类很多。水、热、光、气是其中的四大资源。考虑到空气资源随时间和空间的变化量较小，由此造成的生物产量差异不大。因此，在分析我国气候资源时，只作了水、热、光资源分析。各资源的数量多少、年内分配、年际变化表示一地区单项资源的好坏。然而各地资源的内涵十分丰富，水分资源即包括降水量、水分盈亏量、空气湿度、土壤水分以及它们随时间的变化等；热量资源可以用积温、生长期、温度强度及其保证率表示；光资源则包括光质、光量、光时及其变化等内容。所以在气候资源的数量、质量分析中，必须选择一个既简单、又方便、还能反映质量差异的指标。为此，我们选用了年降水量、年≥0℃积温和年太阳总辐射量，并各分四级，用以表示我国水、热、光单项资源的质量优劣（表 3-12）。

表 3-12　水、热、光资源年总量分级

质量分级 / 资源种类	4（丰富）	3（较丰富）	2（欠丰富）	1（贫乏）
水（mm）	>900	400～900	200～400	<200
热（≥0℃积温）（℃）	>6 000	4 000～6 000	2 500～4 000	<2 500
光（10^{14} J/km^2）	>6 000	5 000～6 000	4 000～5 000	<4 000

上述分级均考虑到它们的植被和农业意义。年降水量>900mm一级，水分资源丰富，植被为森林，种植业主要为农田稻作，属湿润气候；400～900mm一级，水分资源较丰富，植被为森林、草原，种植业主要为旱作，平原区有较好的灌溉条件，属半湿润气候；200～400mm一级，水分资源欠丰富，植被为草原、半荒漠，属半干旱气候，其中300～400mm地区有部分旱地，作物靠天然降水，有一定产量，但很不稳定，多数地区的种植业必须灌溉，否则无所收成；年降水<200mm一级，为荒漠，属干旱气候，在绿洲有些植被和农作，其余地区植被稀少。年≥0℃积温6 000℃以上一级，属中亚热带—热带气候，热量资源丰富，种植业一年可三熟，以热带、亚热带林果木等植被为主；4 000～6 000℃一级，属暖温带—北亚热带气候，热量资源较丰富，种植业一年可两熟，多为温带林果木等植被；2 500～4 000℃一级，属中温带气候，热量资源欠丰富，种植业年仅一熟，但可种喜温作物，有温带林果木等植被；<2 500℃一级，属寒温带、高原温带、高原亚寒带气候，最多只能种一季喜凉作物，果木已少见，植被以针叶林和草地为主。光资源的分级指标，除考虑到对生物产量的影响外，还考虑到它作为一种能源的应用。

（2）数量分析

按照水、热、光资源的上述分级指标，我们在全国1∶900万水、热、光资源等值线图上，量算了各资源不同量级的控制面积以及占国土总面积的百分比，用以表示我国单项气候资源各质量级的数量多少。有些资源还计算了控制面积上的资源总量，也表示其数量多少

(表 3-13)。

表 3-13 中国水、热、光资源各质量级的数量

质量分级	相对面积(%)			资源总量	
	水	热	光	水($10^{12} m^3$)	光($10^{14} J$)
4(丰富)	25	14	41	2.88	25 400
3(较丰富)	28	26	29	1.61	15 400
2(欠丰富)	18	30	24	0.52	10 400
1(贫乏)	29	30	6	0.28	2 100

2. 气候资源生产力

气候资源生产力，是单项气候资源及其组合类型的最高表现形式，是气候资源的最好评定指标。为此，我们计算了单项资源和资源类型的生产力指数。

气候资源生产力可以用绝对数字表示，也可以用相对数字表示。我们采用气候资源生产力指数(相对数)，表示一个地区单项资源或资源组合类型生产力的相对大小。就单项资源而论，我们把气候资源丰富，质量最好一级的生产力定为 1，其余各质量级的指数大小，根据各自对生产力的贡献加以确定。考虑不同区域天然植被的生产力，不同熟制和单季作物的产量，在除去其他资源的影响后，确定了单项资源的生产力指数(表 3-14)。

表 3-14 水、热、光单项资源生产力指数

资源种类 \ 质量分级	4(丰富)	3(较丰富)	2(欠丰富)	1(贫乏)
水	1.0	0.6	0.3	<0.1
热	1.0	0.8	0.5	<0.4
光	1.0	0.9	0.8	0.7

在单项气候资源生产力指数中，水分资源生产力指数变化最大，从 0.1 以下到 1.0；其次是热量资源，变化在 0.4 以下到 1.0 之间；光资源变化最小，为 0.7～1.0。这与水、热、光资源对作物和植物生育的影响以及由此造成的产量区域差异较为一致，能够较好地反映中国各地的气候资源生产力状况。

气候资源类型的生产力指数，是该类型单项资源生产力指数的连乘积。这与目前通用的，把气候资源生产力作为水、热、光的函数基本一致。

气候资源类型及其生产力指数，表示综合气候资源的质量优劣；气候资源类型所控制的面积，表示其数量的多少。各气候资源类型的生产力指数及其控制面积列于表 3-15 中。

表 3-15　中国气候资源各类型的生产力指数及其面积

类　型	生产力指数	相对面积（%）	类　型	生产力指数	相对面积（%）
443	0.90	2.1	313	<0.22	4.5
442	0.80	11.3	312	<0.19	2.2
433	0.72	3.0	224	0.15	3.8
432	0.64	2.8	223	0.14	4.8
431	0.56	6.4	214	<0.12	7.6
333	0.43	4.6	213	<0.11	1.1
332	0.38	2.3	134	<0.08	7.3
323	0.27	6.0	124	<0.05	6.1
322	0.24	5.8	123	<0.05	3.4
314	0.24	2.9	114	<0.04	12.0

从表 3-15 可以看出，中国气候资源各类型的生产力指数相差甚远，最高者达 0.90，为水、热资源均丰富，光资源较丰富地区；最低者在 0.04 以下，是水、热皆贫乏，光资源丰富的地区。二者高低相差 20 多倍。这种差异反映了中国各地气候资源质量的差异。全国气候资源生产力指数的平均值较低，只有 0.3。这主要是由于我国西部地区水、热资源质量较差，面积又较大造成的。从表中还可看出我国综合气候资源数量、质量的大体情况。

3. 气候资源类型分区及分区生产力

(1) 类型分区

考虑到农业气候资源类型之间的相似性，以及便于国家宏观地指导农业生产、开发资源，按照农业气候资源生产力指数大小，把 20 个农业气候资源类型合并为五个农业气候资源类型区。农业气候资源生产力指数 >0.5 者为第Ⅴ类型区，本区农业气候资源丰富，生产力高；0.3～0.5 为第Ⅳ类型区，本区农业气候资源较丰富，生产力较高；0.2～0.3 为第Ⅲ类型区，本区农业气候资源欠丰富，生产力较低；0.1～0.2 为第Ⅱ类型区，本区农业气候资源贫乏，生产力低；<0.1 为第Ⅰ类型区，本区农业气候资源极贫乏，生产力极低。

(2) 分区生产力

农业气候资源类型区的平均生产力指数，是该类型区所包含的农业气候资源指数的加权平均值。类型区的相对生产量则是由平均生产力指数和面积计算出来的。计算时除去了戈壁、沙漠和冰川等不毛之地，同时考虑到耕地，特别是灌溉耕地的生产力差异。各类型区的资源状况和生产力如表 3-16 所列。

表 3-16 中国农业气候资源类型区的生产力

类型区	相对面积（%）	绝对面积（$10^4 km^2$）	平均生产力指数	相对生产量（%）
Ⅴ	25.6	246	0.72	63
Ⅳ	6.9	66	0.41	11
Ⅲ	19.2	184	0.25	15
Ⅱ	19.5	187	<0.14	8（上限）
Ⅰ	28.8	277	<0.06	3（上限）
全国	100.0	960	0.30	100

从表 3-16 可以看出，中国农业气候资源类型区的生产力指数和相对生产量相差很大，只有国土总面积 25 .6% 的第Ⅴ类型区，平均生产力指数高达 0.72，相对生产量占全国总量的 63%；而占国土总面积 28.8% 的第Ⅰ类型区，平均生产力指数小于 0.06，相对生产量不足全国的 3%。从上述分析不难看出，东南部是中国气候资源最丰富，生产力高，生产量大的地区，其次是中东部，而广大的中西部地区，农业气候资源贫乏，生产力低，生产量小。农业气候资源的这种分布状况，是农业发展战略决策必须考虑的问题。

（3）单项资源分区生产力

单项资源各质量分级控制区域内的农业气候资源生产量如表 3-17 所列。

表 3-17 中国单项资源各质量级的生产量（%）

质量分级 / 资源种类	4（丰富）	3（较丰富）	2（欠丰富）	1（贫乏）
水	62.5	28.2	6.7	2.6
热	37.0	37.5	15.1	10.4
光	8.3	33.5	46.1	12.1

从表 3-17 可以看出，制约中国农业气候生产力的因子主要是水、热，光资源的作用没有充分发挥，受到水、热资源的限制，所以光资源丰富地区的农业气候资源生产量反而较少，光资源较丰富和欠丰富地区的气候资源生产力都较大。

（七）旅游资源评价

旅游资源评价是指按照某些标准来确定某一旅游资源在全部旅游资源或同类旅游资源中的地位，也就是从纵向和横向两方面对旅游资源进行比较，以确定某一旅游资源的重要程度和开发价值。

1. 旅游资源评价的内容体系

根据不同的目的，可以建立不同的旅游资源评价体系。本教材主要介绍区域旅游资源综合评价体系，其主要内容包括以下三个方面。

(1) 旅游资源的系列要素评价

①旅游资源的密度：又称旅游资源丰富度，是指在一定地域上旅游资源集中的程度。这种资源密度是度量一个区域旅游资源开发规模、丰富程度和可行性的重要指标之一，也是对旅游地进行开发建设的基本科学依据。

②旅游资源容量：又称旅游承载力，或称旅游饱和度，是指在一定的时间条件下，一定空间范围内的旅游活动容纳能力。

③旅游资源的特质：又称旅游资源的个性，是指旅游资源的特色。特色是衡量一个地区对游客吸引力大小的重要因素，也是旅游资源开发的可行性、超前性的决定条件之一。

④旅游资源的价值和功能：旅游资源的价值主要包括艺术观赏价值、文化价值、科学价值、经济价值、美学价值等方面；旅游资源的功能一般是与它的价值相呼应的。艺术、美学价值高的旅游资源，其旅游功能主要表现在观光方面；文化价值和科学价值高的旅游资源，其功能主要是科考和历史文化遗产保护等；此外，还有娱乐、休憩、健身、医疗、商务功能等。

⑤旅游资源的地域组合特点：不同类型旅游景点的布局和组合，是旅游地资源优势和特色的重要反映，在评价中必须予以足够的重视。旅游资源密度较大，相距甚近，又有多种类型资源的协调配合，并呈线型、环闭型或马蹄型旅游线排列，是一个风景区最佳的组合态势。

⑥旅游资源的性质：任何风景资源都有自己特定的性质，评价时必须加以确立和明示。因为旅游资源的性质将决定该资源的利用功能、开发方向；同时对区域开发规模、程度及旅游设施也有一定影响。

(2) 旅游资源开发条件评价

①区位条件：即旅游资源所在地区的地理位置和交通条件。地理位置是确定旅游资源开发规模、选择路线和利用方向的重要因素之一，它不仅影响风景的类型和特色，而且影响旅游市场客源。一个旅游区景色再美，但交通不便，行程困难，那也很难招徕游客。可见，位置和交通条件是评价旅游资源开发的首要因素。

②环境因素：旅游资源所处的环境包括多种类型，如自然环境、社会环境、政治环境、投资环境等。这里所说的环境主要是指自然环境条件，如气候、植被、水等环境质量 。在评价旅游资源的开发规模、水平时，必须对上述环境因素所带来的影响进行综合的分析，包括土、气、水环境的质量分析，根据环境因素的作用机理和影响范围、深度、速度，预测旅游环境的演化状况和后果。

③客源条件：客源数量是维持和提高旅游资源效应的重要因素。没有最低限度的游人，风景资源再好，也难以开发和利用。所以调查客源及其数量，是评价旅游资源功能的基本条件之一。客源市场的调查包括多种内容：某项旅游资源所吸引的客源市场，吸引客源层次的特点，辐射距离和范围，游人在观赏本资源时所产生的反应，在季节上出现的变化。

④地区经济发展水平：一个地区旅游资源的开发，必须有坚实的经济基础作后盾。因为旅游地的建设需要一定的资金、物资、人力和科技素质。这些条件均与该地区经济发展水平密切相关。资金主要用于旅游地的游娱、维护、美化、安全、卫生、餐饮、住宿、道路、场地、管理及供水、供电、通讯等基础设施，其中相当一部分用于旅游资源的维修、护卫、装饰、美化等建设项目。上述资金的筹措，必须依赖于这一地区的经济发展水平。

⑤建设施工条件：旅游资源的开发必须有一定的设施场地。这种场地主要用于建设游

览、娱乐设施和接待、管理设施。这些设施要求不同的地质、地形、土地、供水等条件。旅游资源的开发与上述条件的难易、优劣有密切关系，因此也应列为开发条件系列的内容。

⑥旅游开发序位：在对旅游资源系列要素和开发利用条件的评价完成后，最后应用一个总的开发序位排列，即根据已经得出的各种量的指标，确定旅游资源开发的难易程度和不同类型之间的关联程度，决定各项旅游资源开发的先后顺序。

(3) 旅游资源的效益评价

旅游资源的效益包括经济效益、社会效益和环境效益三方面。这是衡量一个地区旅游资源是否具备可开发性的重要指标。经济效益的评价集中反映了旅游资源的开发会给风景区和附近地区带来何种直接或间接的效益，对当地经济发展有何影响。社会效益的评价集中反映了旅游资源开发的社会文化意义和可能造成的影响。环境效益的评价则集中反映了旅游资源的开发是否会造成资源的破坏和环境的恶化。以上三项内容的评价应该说是相互关联、互为影响的，在评价中应综合考虑 、权衡利弊，从而得出科学的结论。

2. *旅游资源评价的方法*

旅游资源评价方法也包括定性和定量评价两种。定性评价虽然简便易行，但会有评价者偏好的局限性，而定量评价则可使评价结果更科学、更客观、更准确。目前定量评价方法大致有以下三个特点：一是指标量化，即对评价对象所选取的评价因素赋予评价指标数量化特征。二是评价模型化，即将各评价指标间的关系用数字模型表示出来，然后计算得到评价结果。因为这种函数关系十分复杂，所以评价者总是近似地将它归结为某种线性关系。三是评定标准公众化，即在给各个评价指标评定具体标准值时，公众意见（即旅游者）已逐渐代替了少数专家的意见。在此，具体介绍两种评价方法。

(1) 定性评价方法

定性评价目前已有几种评价体系，在此，介绍上海社会科学院黄辉实对旅游资源的评价方法，它主要是从资源本身和资源所处的环境来评价。

①在旅游资源本身方面，采用了六个标准，即美、古、名、特、奇、用。

美指资源是否给人以美感。美感是欣赏者对于美的认识以及由于美所引起的主观感情。美感固然有历史性和阶段性，但这种属性与人们对美的欣赏的共同性并不是绝不相容的，而是可以互相渗透的。在评价旅游资源时，要注意资源给人的联想和资源构成要素给人的综合美。

古即有悠久的历史。如古庙、古塔、古城等古建筑，古墓、古战场、古书院等遗址。这些旅游资源反映了古代文化和古人类的生活，可以使人产生联想，增加新的感受。所以古具有特殊的吸引力，且越古越有历史和科学价值。在评价旅游资源时，一般要与美结合观赏，以领略历史文物的艺术价值。

名是具有名声的事物或与名人有关的事物。资源对旅游者来说，有一种熟悉性。这种熟悉性或来自于文、史等各种著作，或来自于各种中介物。熟悉性越强越广泛，就越有名，如埃及的金字塔、比萨的斜塔、中国佛教四大名山等。与名人有关的资源，一方面具有名声，一方面它本身也具有一定的特点，评价时要足够重视。

特指特有的、别处没有的或少见的资源。如秦陵兵马俑、云南的石林、少数民族节日、婚礼等以及熊猫、金丝猴等珍禽异兽。“特”来源于资源的差异性，正是这种差异性对旅游者构成极大的吸引力。

奇是给人以新奇之感的资源。如四川峨嵋金顶的佛光、云南大理的蝴蝶泉、浙江平湖县南北湖的日月同升。这些资源多由于当地诸多自然条件偶合形成，在时间上不易掌握，因此对旅游者有奇异的吸引力。

用是给人以使用价值的资源。这种资源在人文旅游资源中的手工艺品、日用品方面是很多的，在自然旅游资源方面也有，如有医疗价值的温泉、泥疗，供观赏食用的名品、异果。

上述六项评价标准并不是排他的，而是互为联系的，在评价时应注意综合分析。

②在评价资源所处的环境方面，主要包括季节、污染、联系、可进入性、基础结构、社会经济环境、市场等七个标准。

季节：有的地方寒冷季节较长，有的地方热天较长，由于季节的不同，风、雨和日照时间的不同，资源在该地的价值也会不同。例如，滑雪运动在寒冷时间较长的地区评价较高，海滨资源则在热天和日照时间较长的地区评价较高。

污染：一项资源如果处在不能控制的噪声环境中，或者如果附近有放射性物质或有毒气体等，它的价值就会大受损失，甚至毫无价值。

联系：各资源之间常常是联系的。有的在性质上有联系，如苏州寒山寺与张继那首脍炙人口的《枫桥夜泊》诗文碑刻是有联系的，长江运河与两岸景色和人民生活有关系。在互有联系的资源之间，有的相互辉映，有的相互带动。总之，以附近可联系的资源越多越好。

可进入性：是指接触资源的可能性，即一般所说的进得去，出得来，散得开，主要是指交通条件。交通条件不便，资源虽好，功能也难以发挥。反之，交通方便会提高资源的利用价值。

基础结构：分为联结的基础结构和分配的基础结构两种。前者是指资源地区以外的，是为了与其地区相联结的，如公路网和其他服务；后者是在本地区以内的，是为了发展的。如果一项资源缺乏联结的基础结构，就会和缺乏进入性一样，只能暂时贮藏起来。分配的基础结构也是需要大量资金的。从经济角度着眼，评价资源时不能忽视基础结构的情况。

社会经济环境：这一点在评价人文旅游资源方面尤应注意。有的资源从它本身来看，质量并不高，但与其所处的社会经济环境及与其他资源综合起来评价时，却可能得出不同的评价。在这方面，上海就是一个突出的例子，上海在旅游资源方面是比较贫乏的，且缺少有质量的旅游资源。但就整体形象而言，上海作为国际知名的大都会，整个城市在社会、经济和文化方面具有独特的风貌，在这一方面是国内其他城市都不能与之比拟的。所以，上海本身就可以说是一个瑰丽的资源，以其丰富多彩的社会文化和人民生活为代表，在国际、国内旅游中具有独特的吸引力和优势。

市场：是旅游商品生产和销售的出发点和归宿。旅游经济活动就是围绕旅游市场展开的。对于一个国家、地区或旅游企业来说，能不能对旅游市场作出正确的分析，对于旅游资源开发决策和市场开拓至关重要。旅游市场反映的是所有旅游者对各种旅游活动的整体需求，因而旅游市场分析对旅游资源的评价来说同样至关重要。

以上这七项标准分属自然环境、经济环境和市场环境范畴，对旅游资源的开发利用价值影响较大，评价时必须进行客观定性描述。

（2）定量评价方法

①层次分析法：旅游资源评价应包括以下几个方面内容：资源价值、景点规模和旅游条件。对这些指标进行量化，困难很大。但首先可以按重要性进行排序，采用层次分析法确定这些指标的权重。

对于一个总目标 μ，各影响因素 P_i（$i=1, \cdots, n$）的重要性分别为权重 ω_i（$\omega_i>0$，$\sum_{i=1}^{n}\omega_i=1$），则 $\mu=\sum_{i=1}^{n}\omega_i P_i$，$P_i$ 为第 i 个评价因子的评分，如图 3-3 所示。

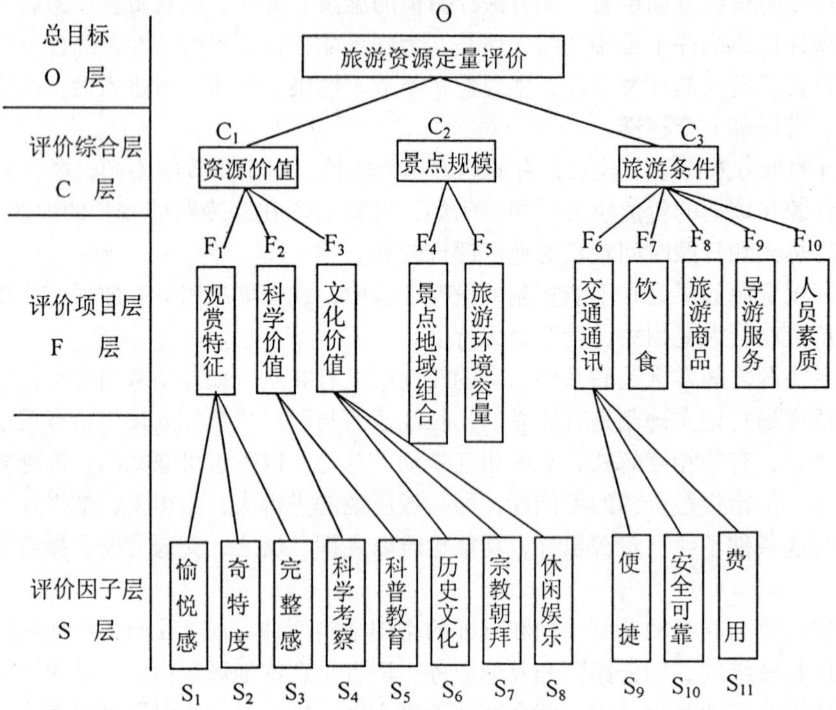

图 3-3 旅游资源定量评价模型树

（保继刚，《北京旅游地理》，1987）

该评价方法首先得确定本底权重（Background Weights），如表 3-18、表 3-19、表 3-20 所列。

表 3-18 评价综合层排序权重及位次一览表

（保继刚，北京旅游资源定量评价，《北京旅游地理》，1989）

	资料价值	景点规模	旅游条件	总权重	均 值
代号	C_1	C_2	C_3	$\sum_{i=1}^{3} C_i$	
权重值	0.724 1	0.158 4	0.117 5	1	0.333 3
位 次	1	2	3		

表 3-19 评价项目层排序权重及位次一览表

（保继刚，北京旅游资源定量评价，《北京旅游地理》，1989）

	观赏特征	科学价值	文化价值	景点地域组合	旅游环境容量	总权重	均值
代号	F_1	F_2	F_3	F_4	F_5	$\sum_{i=1}^{10} F_i$	
权重值	0.447 9	0.076 5	0.199 5	0.088 5	0.069 9	1	0.10
位次	1	4	2	3	5		
	交通通讯	饮食	旅游商品	导游服务	人员素质		
代号	F_6	F_7	F_8	F_9	F_{10}		
权重值	0.057 9	0.026 3	0.006 4	0.011 9	0.014 9		
位次	6	7	10	9	8		

表 3-20 评价因子层排序权重及位次一览表

（保继刚，北京旅游资源定量评价，《北京旅游地理》，1989）

	愉悦感	奇特感	完整度	科学考察	科普教育	历史文化	总权重	均值
代号	S_1	S_2	S_3	S_4	S_5	S_6	$\sum_{i=1}^{11} S_i$	
权重值	0.205 8	0.121 0	0.025 1	0.051 4	0.095 9		0.781 9	0.071 1
位次	1	2	3	8	6	4		
	宗教朝拜	休闲娱乐	便捷	安全可靠	费用			
代号	S_7	S_8	S_9	S_{10}	S_{11}			
权重值	0.037 5	0.066 3	0.024 8	0.008 2				
位次	7	5	9	10	11			

在评价项目层10个因素中，观赏特征、文化价值、景点地域组合分别排第一、二、三位。

最后根据资源定量评价参数表，即可获得最终的综合评价结果（表3-21）。

②指数评价法：旅游资源的指数评价法分为三步。第一步是调查分析旅游资源的开发利用现状、吸引能力及外部区域环境；调查内容要求有准确的统计定量资料。第二步是调查分析旅游要求，主要调查内容有：游客需求量、旅游者人口构成、逗留时间、旅游花费趋向、需求结构、需求的节律性等；调查旅游者需求的最好办法就是在旅游市场上询问旅游者。第三步是总评价的拟定，即在前两步所做工作的基础上，建立表达旅游资源特质、旅游需求与旅游资源之间关系的若干量化模型。旅游资源评价指数为：

表 3-21 旅游资源定量评价参数表

（陈传康等，《北京旅游地理》，1989）

评价综合层	分值	评价项目层	分值	评价因子层	分值
资源价值	72	观赏特征	44	愉悦感	20
				奇特感	12
				完整度	12
		科学价值	8	科学考察	3
				科普教育	5
		文化价值	20	历史文化	9
				宗教朝拜	4
				休闲娱乐	7
景点规模	16	景点地域组合	9		
		旅游环境容量	7		
旅游条件	12	交通通讯	6	便捷	3
				安全可靠	2
				费用	1
		饮食	3		
		旅游商品	1		
		导游服务	1		
		人员素质	1		
合计	100	100			

$$E = \sum_{i=1}^{n} F_i M_i V_i$$

式中：F_i 为第 i 项旅游资源在全部资源中的权重；

M_i 为第 i 项旅游资源的特质与规模指数；

V_i 为旅游者对第 i 项资源的需求指数；

n 为资源总项数。

最后，可以应用调查结果和评价指数确定旅游资源的旅游容量、密度、节律性和开发序位。

南非费朗哥·费·费拉里奥在南非旅游资源评价时就采用了这种方法。他还采用了旅游潜力指数这一评价指标。计算公式为：

$$I = \frac{A + B}{2}$$

式中：I 为旅游潜力指数，代表某地旅游资源具有的旅游吸引力；

A 为旅游需求；

B 为旅游可得性部分，即供给。

四、国土资源定量评价的数学方法

定量评价已经成为国土资源评价中不可缺少的一部分。该方法主要是将国土资源评价数量化，即将影响资源评价的各个因素用一定的数学方式表达和运算出来。在国土资源定量化评价中，常用的方法有：经验指数和法、经验指数乘积开方法、模糊聚类法、层次分析法、动态模拟法等。

（一）经验指数和法

所谓经验指数和法，是根据经验去判断参评因素权重的一种方法，即按影响资源的强度进行经验和统计分级，然后用各因子之和的相应数来表示其评价质量。其步骤见图 3-4。

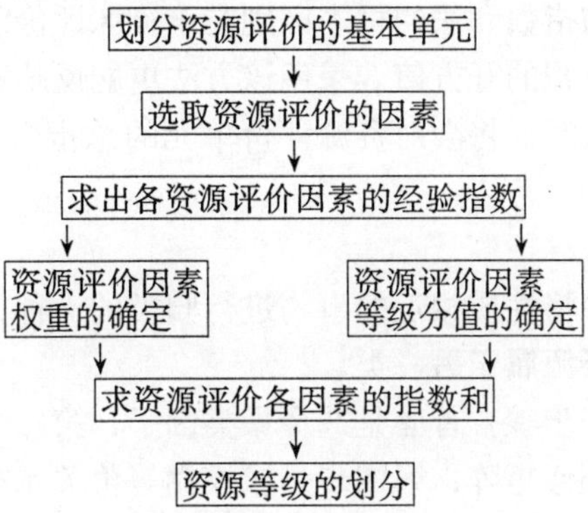

图 3-4　经验指数和法的资源评价工作框图

1. 划分资源评价的基本单元

在根据所收集的资料绘制成图的过程中，确定影响资源评价单元和把各评价单元的大小及位置标明在图上。

2. 选取资源评价的因素（评价项目）

即指构成各类资源的各个要素的性质。其中要选取重要的、对资源利用影响较大的要素及性质作为资源评价单元的评价因素。例如，对土地资源进行评价，有气候、水文、地质、土壤等要素。各地要因地制宜地选取影响资源利用较大的要素作参评因素。

3. 求出各资源评价因素的经验指数

在所选取的全部评价因素中，并非每个因素对资源利用的影响都是等价或相同的。因此，在求各评价因素的指数时，首先要确定评价因素的权重，然后将各评价因素对资源评价单元的资源利用影响的强度进行划分，并赋予各强度等级以一定的分值，进而求出资源评价因素的经验指数，它是资源评价因素权重和等级分值的乘积。

资源评价因素权重的确定可以通过经验法、回归分析法、主因子分析法等得到。经验法主要是根据资料及广泛吸收专家、技术人员的意见，将资源评价因素排列秩序，确定其权重值；回归分析法是通过资源评价因素与资源生产力（质量）之间建立一种近似的线性相关关系，建立回归方程，通过一定的方法确定因素权重；主因子分析法是通过归结复杂因子为 n 个综合因子的多元统计方法，进行标准化处理，确定主因子，进而确定其权重的方法。

资源评价因素等级是该因素对资源质量的影响强度。在应用指数和法进行资源评价时，要赋予资源评价因素对资源利用的影响程度的一定分值，可以采用经验法和模糊线性隶属函数因子方法获得。

4. 求资源评价各因素的指数和

将影响资源评价的各因素的经验指数相加，得出各评价单元资源评价因素的指数和。

5. 划分资源等级

根据资源评价单元的指数和大小区分该地区内的资源等级。

$$E = \sum_{i=1}^{n} F_i M_i$$

式中：F_i 为第 i 项资源评价因素在全体因素中的权重；

M_i 为对应的等级分值。

(二) 经验指数乘积开方法

经验指数乘积开方法与指数和法的根本区别在于资源评价因子的总指数不是各因素的指数相加，而是各因素的指数积的开方值。采用该方法更能反映资源质量等级的实际情况。如当某一评价因素的指数较低时，将会对资源评价单元的总指数产生的影响比指数和法显著，从而降低资源的质量等级。

(三) 模糊聚类法

聚类分析是数理统计中将性质相近的事物进行归类的一种方法。即某一隶属度的资源属于一类，而另一隶属度的资源属于另一类。

模糊聚类分析的方法和步骤：首先是选择聚类因子，第二步是确定各评价因素的参数与分值，第三步是建立模糊相似矩阵，第四步是求模糊等价关系矩阵，第五步为模糊聚类。

用模糊聚类分析，可以根据实际问题中给出的客观条件和研究目的，对每种分级评价给予一定限制，从而选择所需的评价结果。例如对土地评价时，其中适宜性因素、限制性因素的选择和指标的确定，可以随研究目的和区域地理特点的差异而灵活掌握。

在实际中，还可选用回归分析法或主成分分析法来筛选主导因子，然后进行聚类分析，可使结果更客观些。

一般在具体工作中，它和经验指数和法所取得的结果是很相近的。

设对某一对象（如土地评价单元）进行等级评定，作为考虑的着眼点，有 p 个评价因素 F_1，F_2，…，F_p，每一个评价因素都有一个离散化的状态集，记为 V_1，V_2，…，V_p，其中 $V_i = \{V_{i1}, V_{i2}, \cdots, V_{im_i}\ (1, 2, \cdots, p)\}$。

例如，F_1 = 土层厚度，它所对应的状态集为：

$$V_1 = \{V_{11}, V_{12}, \cdots, V_{17}\}$$
$$= \{>80, 50\sim80, 30\sim50, \cdots, 10\sim20, <10\}$$

又如，F_3 = 质地或岩性，它所对应的状态集为：

$$V_3 = \{V_{31}, V_{32}, \cdots, V_{36}\}$$

= {亚沙土、亚粘土，沙土、粘土，千枚岩，砂页岩，石灰岩，石英岩}（注意：V_{ij} 不一定是数量）

假定，每一个评价因素状态集 V_i 都是一个全序集，且满足：

$$V_{i1} > V_{i2} > \cdots > V_{im_i}$$

在实际应用时，要求这里所定义的序关系具有这样的含义：设 O_1 与 O_2 是两个被识别的评价对象，从因素 F_i 着眼，O_1 处于状态 V_{ij_1}，O_2 处于状态 V_{ij_2}，如果 $V_{ij_1} > V_{ij_2}$，那便意味着 O_1 优于 O_2（仅就因素 F_i 而言!）。

用 V_i（O）表示评价对象 O 在评价因素 F_i 方面处所的状态，每一个对象 O 都可以被向量［V_1（O），V_2（O），…，V_p（O）］所刻划，称为 O 的状态向量。

设 $U=\{O_t,\ t\in T\}$（T 为指标集）是被评定的对象集，要求将它们分为 k 个等级，可按如下步骤进行：

(1) 从 U 中选出 k 个对象 $O_1, O_2, \cdots, O_k$，要求对任意的 $1\leqslant i\leqslant p$，都有：

$$V_i(O_1) > V_i(O_2) > \cdots > V_i(O_h)$$

设 $O_1, O_2, \cdots, O_h$ 为参考对象(或典型对象)，称它们的状态向量为参考向量。

(2) 评定等级，就是要区分优和劣。但是这种“优”、“劣”具有一定的模糊性(Fuzzy)。因此它是论域 U 上的一个 Fuzzy 子集，记作 N。我们的任务就是要确定出 N 的隶属函数①，然后据其隶属度 $\mu N(O)$ 的大小来确定 O 的等级，称 $\mu N(O)$ 为评价对象 O 的分值(这个分值有时可扩大 100 倍成百分制分值)。参考对象的分值可由专家评定、经验判断或理论推估得出：

$$\mu N(O_j) = P_j \qquad (j = 1,2,\cdots,k)$$

(3) 确定评价因素的权数分配。权数分配相当于考虑问题的“着眼点”，它是评价因素集 $\{F_1,\ F_2,\ \cdots,\ F_p\}$ 上的一个 Fuzzy 子集，其归一化的隶属度记为：

$$C(\text{权数分配}) = a_1/F_1 + a_2/F_2 + \cdots + a_p/F_p$$

$$(a_i \geqslant 0, \sum_{i=1}^{p} a_i = 1, \text{且选定 } a_1 \geqslant a_2 \geqslant \cdots \geqslant a_p)$$

式中：a_1，a_2，…，a_p 称为诸因素的权重。

(4) 由 p_1，p_2，…，p_k 及 a_1，a_2，…，a_p 确定矩阵 A。

$$A = \begin{pmatrix} a_1p_1 & a_2p_1 & \cdots & a_pp_1 \\ a_1p_2 & a_2p_2 & \cdots & a_pp_2 \\ a_1p_k & a_2p_k & \cdots & a_pp_k \end{pmatrix}$$

A 的行向量就是各分级级别 k 个参考向量的一种数量表示。

(5) 矩阵 A 的改进。可以把评价对象 O 看作评价因素空间（F_1，F_2，…，F_p）中的一个点，矩阵 A 的列向量的各个分量，就是 k 个参考对象的分值 p_i 在子空间 F_i 上的一种射映。因此，它的列数对应于评价因素 F_i 的个数，它的行数对应于 F_i 的状态集 V_{ij} 的个数 m_i。如果 $k=m_i$，则 A 一般不需要改进；如果 $k>m_i$，则必然有 F_i 的某一个状态集 V_{ij} 对应于 A 中的第 i 列中两个或两个以上的分量值。为了使一个状态对应一个分量值，取它们的算术平均值作为 V_{ij} 的对应值；如果 $k<m_i$，就把 F_i 的 m_i 个状态归并为 k 个状态。这样矩阵 A 便改进为 $A'=(\lambda_{ij})$，相应地参考对象 O_i 的分值也变为：

$$P'_i = \sum_{i=1}^{p} \lambda_{ij}$$

为了使评判更加准确，矩阵 A' 还需要进一步改进为 $A'' = \lambda''\mu$。因为 Fuzzy 集 N 在 F_i 上的射映是论域 V_i 上的一个 Fuzzy 子集，记作 V_i。当把 V_i 离散化为 $V_i = \{V_{i1}, V_{i2}, \cdots, V_{im_i}\}$ 后，相应

① 设 $U=\{O\}$ 是给定的论域，若论域 U 中任何一个元素 O，都有一个 $\mu N(O)$ 与之对应，并且满足 $0\leqslant \mu N(O)\leqslant 1$，则称 $\mu N(O)$ 为隶属函数。

的 V_i 也被分离为论域分别为 V_{ij} 的 Fuzzy 子集 $V_{ij}(i=1,2,\cdots,m_i)$,则它们具有这样的性质:

①$\mu V_{ij1(x)} \geqslant \mu V_{ij2(x)}$(当 $j_1 < j_2$ 时);

②$\mu V_{ij(x)}$ 是单调减少的。

矩阵 A' 中的 λ'_{ij},实际上是论域 V_{ij} 上 $\mu V_{ij(x)}$ 的算术平均值,也是离散化后元素 V_{ij} 的隶属度。

在实际应用时,对象 O 所处的状态 $V_i(O)$ 往往不是标准状态〔即对任一参考对象 O_i, $V_{i(O)} \neq V_{i(o_i)}$〕。例如,当 O_1 处于状态 V_{12}(如:土层厚度 = 51cm),O_2 处于状态 V_{13}(如:土层厚度 = 49cm),这时就 F_1 而言,虽然 O_1 优于 O_2,但实际上却差别不大,如果这时再用 a_1p_2 和 a_1p_3 去分别表示 V_{12} 和 V_{13},那将对 O_1 和 O_2 的级别评定产生很大误差。为此,根据 V_{ij} 的性质,在可能的情况下,利用线性函数来近似表示 V_{ij} 的隶属函数,即:

$$100\mu V_{ij(x)} \approx a_x + b \qquad (x \in V_{ij})$$

并用这个线性函数代替 A' 中部分的 λ'_{ij}(在实用中如选 $i=1$, 2, $j=1$, 2, …, k 中的部分值),于是得到一个新矩阵 A^*:

$$A^* = (\lambda^*_{ij})$$

例如,$V_{12}=50\sim80$,对应的 $\lambda_{12}=17.9$;$V_{13}=30\sim50$,对应的 $\lambda_{13}=15$。建立了两个近似的隶属函数:

$$\mu V_{12}(x) \approx \frac{1}{100}(0.11x+10.7) \qquad (x \in V_{12})$$

和

$$\mu V_{13}(x) \approx \frac{1}{100}(0.12x+10.2) \qquad (x \in V_{13})$$

它们刚好在 $x=50$ 时值相等。当 $x=65$ 和 $x=40$ 时,

$$100\mu V_{12(65)} = 17.9, 100\mu V_{13(40)} = 15$$

其他可以类似处理。

(6) 设 $O \in U$ 为任一评价对象,$V_i(O)=V_{iji}$,根据矩阵 $A^*=(\lambda^*_{ij})$定义,

$$\mu N(O) = \sum_{i=1}^{p} \lambda^*_{iji}$$

为评价对象 O 的分值。

设 O_s 是一块被评价的土地,其评价因子所处状态为:$V_1(O_s)=V_{12}$, $V_2(O_s)=V_{22}$, $V_3(O_s)=V_{34}$, $V_4(O_s)=V_{43}$, $V_5(O_s)=V_{52}$, $V_6(O_s)=V_{63}$, $V_7(O_s)=V_{75}$, $V_8(O_s)=V_{86}$, $V_9(O_s)=V_{93}$,那么就知道了相应的 λ^*_{iji},于是:

$$\begin{aligned}\mu N(O_s) &= \frac{1}{100}\sum_{i=1}^{9}\lambda^*_{iji} \\ &= \frac{1}{100}[(0.11x_1+10.7)+(-1.3x_2+22.6) \\ &\quad +9.95+8.88+8.97+5.05+3.07+0.502+0] \\ &= 0.683 \qquad (x_1=70, x_2=7)\end{aligned}$$

即 O_s 的分值为0.683。

(7) 将对象 $O \in U$ 对 P_i 的相容度规定为:

$$\pi_0(O_i) = 1 - | \mu N(O) - P_i |$$

若 $\pi_0(O_i) = \max\limits_{1\leq j\leq k}\pi_0(O_j)$，便将评价对象 O 归入参考对象 O_i 一类，亦即归入第 i 级。

（四）动态模拟法

资源评价中，所选取的各个评价因素是作为一种静态观点引入的，而实际组成各资源的因素许多是随时间或在资源利用过程中发生变化的，某评价因素在 T_1 时间对资源利用影响较小，而在 T_2 时间对资源利用有较大的影响，如土地资源评价中，水分、养分在不同时间对土地生产力的影响就不同。因而采用动态模拟的方法，可以形象地描述评价因素在资源利用的不同时间影响资源利用的强度及不同利用阶段的主要环境因素。这样通过资源利用中各评价因素的变化模拟，对资源的质量等级进行划分。

（五）层次分析法

层次分析法是现代数学提供的一种简单决策方法。首先对资源的各种影响因素进行归类和层次划分，确定出属于不同层次和不同组织水平的各因素间的相互关系，构建资源的多目标决策树。然后对决策树各层次分别建立反映其影响因素之间关系的判断矩阵。通常用德尔菲法，对同一层次中的各因素间相对于上一层次的某项因素的相对重要性给予评判，获得判断矩阵的取值。最后进行整理、综合、计算和检验，得到资源评价综合层、评价项目层和评价因子层的排序权重及位次。根据权重排序，以 100 分按权重赋予各个因素分值，就得到资源定量参数值。利用评价参数表，可以按一定的划分标准对资源进行分项评价打分，最终得到综合评价结果。

（六）回归分析法

回归分析法是把一定地域范围内的资源评价因素及其与资源生产力之间的关系，近似地描述为具有线性相关关系的变量间联系的函数。这种线性相关关系可以用下列多元线性回归方程表示：

$$Y = B_0 + B_1X_1 + B_2X_2 + \cdots + B_mX_m$$

式中：Y 为生产力（产量）；

X_1、X_2、…、X_m 为资源评价因素；

B_0 为回归常数项；

B_1、B_2、…、B_m 为回归系数，表示自变量 X_1、X_2、…、X_m 每增加一个单位时，在综合影响的条件下，因变量 Y 的增长量。

在评价中应用回归分析法，可以近似地确定生产力与诸评价因素的相关关系，近似地确定评价因素之间的主次关系，从而达到筛选评价因素及确定它们的权重的目的。

应用回归分析法进行土地评价的步骤如下：

(1) 数据处理（上机前的准备）

可用3～5年的平均产量（单产）或纯收入作为回归方程的因变量 Y；把诸土地评价因素作为回归方程的自变量（X_1、X_2、…、X_m）。当采用产量指标作因变量时，必须采用土地的基本产量（本底产量），即实际产量扣除因施肥、农药施用、机耕和管理等带来的产量增长量。以施肥为例，可绘制施肥量－产量曲线，求得单位投肥的增产量，然后从实际产量中扣除肥料施用量所对应的产量增长，便近似求得土地的基本产量。

各土地评价因素的数据资料一般可通过抽样调查取得。有的因素如排水能力、沟渠配套等不能用数字表示，则可用记分法表示，如最优的评为 10 分，最差的评为 2 分，其余依次类推。

(2) 建立回归方程

在回归方程中，土地基本产量和土地评价因素为已知数，通过计算机运算求得上述回归方程中的回归系数 B_0、B_1、B_2、…、B_m 的估计值 b_0、b_1、b_2、…、b_m，然后列出以下回归方程（第一次回归方程）：

$$Y = b_0 + b_1x_1 + b_2x_2 + \cdots + b_mx_m$$

（3）回归总体效果检验

为了检验所求回归方程（第一次回归方程）的线性关系及其效果的显著程度，需要对其进行统计检验。

在多元回归方程中，常用复相关系数 R 和 F 检验值表示 Y 与土地评价因素之间的线性关系的密切程度：

$$R = \sqrt{\frac{u}{L_{yy}}} \quad (0 < R < 1)$$

式中：u 为回归平方和；

L_{yy} 为离差平方和。

复相关系数 R 表示的是各变量的综合影响。R 愈接近于 1，表明回归总体效果愈好；反之，回归总体效果愈差。

F 检验值是在回归方差分析的基础上，对方程的线性相关关系的显著性的一个重要检验，其计算公式为：

$$F = \frac{u/m}{Q/n - (m+1)}$$

式中：Q 为剩余平方和；

n 为样本容量；

m 为评价因素（自变量）的个数。

按公式计算出 F 值后，在给定显著性水平 α 后，可利用 F 分布表查出相应的临界值 $F\alpha[m, n-(m+1)]$。括号内的 m 与 $n-(m+1)$ 为自由度，其中第一个是对应于回归平方和的自由度，第二个是对应于剩余平方和的自由度。如果计算出的 F 值大于或等于查表得到的 F 值，说明 Y 与 m 个土地评价因素 x 之间总的回归效果显著；如果小于查表值，表明线性相关关系不密切。

（4）各自变量（评价因素）重要性的检验

回归方程总体效果显著，并不能说明各自变量与因变量之间的线性关系具有同等的密切程度。因此，在进行总体效果检验之后，还须逐一检验 b_i（$i = 1$、2、…、m）的显著性，以便从回归方程中剔除那些次要的、可有可无的变量，重新建立更能反映变量之间重要性的方程。常用 t 值检验法，计算公式为：

$$t_i = \frac{b_i}{\sqrt{C_{ij} \cdot S}}$$

式中：C_{ij} 为正规方程系数矩阵逆阵对角线上各元素；

S 为剩余标准差。

$$\left(S = \sqrt{\frac{Q}{n-(m+1)}} \right)$$

若 $t > t_a$（按给定的显著水平查 t 分布表得到的临界值），则认为该自变量作用显著。t_i 愈大，X_i 愈重要。在土地评价中，当 $t_1 > 1$ 时，该因素对 Y 有一定影响；$t_1 > 2$ 时，可认为是重要因素；$t_i < 1$时，可认为不显著，该因素应予剔除。

(5) 计算标准回归系数 b_i 和评价因素的权重

当方程中各自变量的单位均一致时，回归系数 b_i 可用来近似地衡量各自变量对因变量 Y 的影响程度。但是，在土地评价中进入回归方程的许多评价因素的量纲是不一样的，因此要计算标准回归系数 b'_i，并用它判断各评价因素的重要性。其计算公式为：

$$b'_i = b_i\sqrt{\frac{S_{ij}}{L_{yy}}}(i,j = 1,2,\cdots,m)$$

式中：S_{ij}为正规回归方程系数矩阵对角线元素，其矩阵形式为：

$$S_{ij} = \begin{bmatrix} S_{11} & S_{12} & \cdots & S_{1m} \\ S_{21} & S_{22} & \cdots & S_{2m} \\ \vdots & \vdots & \vdots & \vdots \\ S_{i1} & S_{i2} & S_{ij} & S_{im} \\ \vdots & \vdots & \vdots & \vdots \\ S_{n1} & S_{n2} & \cdots & S_{nm} \end{bmatrix}$$

由于每个 b'_i 与原来度量的单位无关，因此任意两者间的比较均可反映评价因素的重要性。若 b'_2 两倍于 b'_1，则 x_2 的重要性约两倍于 x_1。同时，由于标准回归系数 b'_i与原度量单位无关，因此也可作为确定评价因素权重的依据。其计算公式为：

$$P_i = \frac{b'_i}{\sum_{1}^{i} b'_i} \times 100$$

式中：P_i 为评价因素的权重；

b'_i 为标准回归系数。

(6) 确定评价指数和评价土地等级

为了确定评价指数，除了确定各评价因素的权重外，还要确定评价因素的级位指数（分数）。评价指数的计算公式为：

$$A = \sum_{i}^{n} a_i \cdot P_i$$

式中：a_i 为评价因素 i 的级位指数；

P_i 为评价因素的权重。

最后，再按总分值 A 的多少进行土地等级的评定。

在整个资源评价的定量评价中及国土资源系统的研究中都将与计算机技术相结合，使国土资源科学研究不断深入，这已成为资源调查、评价等资源科学研究的一大趋势。

第四章 国土资源开发利用与保护

国土资源开发利用不仅是为了满足当代人的经济增长和社会需求，而且还要考虑子孙后代的生存和发展。因此，国土资源的开发利用既要科学合理，使其产生最大的经济和社会效益，而且还要有效地保护资源，维护生态平衡，为国民经济持续发展和人类的生存创造一个良好的环境。

第一节 国土资源的分布规律与组合特点

一、国土资源的地域分异特点

（一）国土资源的地域分异背景

自然资源与世间一切事物一样都有其形成与演化、发生与发展的过程，自然资源的形成与分布受制于生成它的环境条件——地质地理环境和人类活动。我国地域辽阔，自然环境复杂多样，因此，国土资源的地域分布及组合规律与我国特有的自然地理环境密切相关。

1. 自然地理环境特点

自然地理环境是地表所有的自然地理要素，包括气候、地貌、水文、土壤、植被、动物等所组成的自然综合体。中国是全球自然地理环境最丰富多彩的国家之一，决定中国自然地理的基本因素是疆域辽阔，位处中纬度与欧亚大陆的东岸和复杂多样的地形结构，它们之间相互结合而形成中国自然地理环境的基本特色。

(1) 疆域辽阔，陆海兼备

中国陆地面积约有 960 万平方公里，占全球陆地总面积的 6.5%，在世界各国中仅次于俄罗斯（1 707 万平方公里）与加拿大（995 万平方公里），居世界第三位。

中国领土北起漠河以北的黑龙江心，南至接近赤道的曾母暗沙，南北长达 5 500km；东起黑龙江与乌苏里江汇合口，西至帕米尔高原，东西宽达 5 200km。与朝鲜、俄罗斯、蒙古、哈萨克斯坦、吉尔吉斯斯坦、塔吉克斯坦、阿富汗、巴基斯坦、印度、锡金、不丹、尼泊尔、缅甸、老挝、越南等 15 个国家接壤，国境线长达 2 万多公里。

中国拥有广阔的海域，东邻朝鲜半岛和琉球群岛，南邻菲律宾群岛、大巽他群岛、中南半岛与马来半岛，包括渤海、黄海、东海和南海四个海区，海域自然面积约 473 万平方公里。大陆海岸线北起鸭绿江口，南至中越交界的北仑河口，长达 1.8km。有海岛 6 500 多个，海岛岸线长 1.4 万公里。

由 960 万平方公里的陆地与 473 万平方公里的海域共同组成中国辽阔的疆域，提供各种自然过程的空间，也是生成丰富多彩的自然环境与自然资源的基地。

(2) 经纬度差大，以中纬度为主

中国最北境的黑龙江省漠河附近，位于北纬 53°31′；最南端的南沙群岛的曾母暗沙则为北纬 4°15′，南北跨纬度 49°16′。南北之间，太阳入射角大小与昼夜差别很大。由于太阳入射角的不同，引起气候（辐射能和温度，特别是冬季的温度）、土壤、植被等因素分布不同并呈带状差异，一般称为纬度地带性。

中国疆土约有98%位于北纬20°~50°之间的中纬度地区，与地域广阔的俄罗斯、加拿大所处的高纬度相比，热量条件显得更具优势，与美国和位处南纬的澳大利亚相当，但与位处低纬度的大国巴西、印度相比，则总体热量条件略逊。

按温度的差异，中国陆地上可以划分出九个温度带，从南而北为赤道热带、中热带、边缘热带、南亚热带、中亚热带、北亚热带、暖温带、温带和寒温带。此外由于青藏高原的存在干扰了热量带的分布，从而形成了一个特殊的高寒区（见表2-1）。

中国的经度位置，大体上西起新疆喀什市以西的帕米尔高原东缘，东经73°40′，东至黑龙江省抚远以东乌苏里江汇入黑龙江处的耶字界碑东角，东径135°5′，东西跨经度近62°。中国经度位置对自然地理环境的影响远不如纬度位置所起的作用明显。虽然各地理环境要素的分布在一些地区，特别在中国的北部地区，呈明显的经度地带性，但起主要作用的是海陆因素与季风的影响。

(3) 海陆分布与季风作用强烈

中国位于全球最大的陆地——欧亚大陆与最大的海洋——太平洋之间，西南境内又有全球最高最大最新的高原——青藏高原，季风气候异常发达，对自然地理环境的形成及地域差异起着非常重要的作用。

中国东部濒临太平洋，西南部距印度洋不远，大陆的水汽主要来自海洋季风，其降水量的分布大致上与距海洋远近成正比，即距海越近越多，越远越少。中国西部位处欧亚大陆的腹心，距太平洋、印度洋、大西洋与北冰洋甚远，加以四周高山阻挡，成为欧亚大陆的干旱中心。因此，中国的水分的分布状况与热量的分布状况不同，基本上由东或东南向西或西北渐减。

由于中国大陆东海岸的地理位置，使得西风带海洋性气候影响微弱，再加地转偏向力作用，冬季时沿海台湾暖流（黑潮）对大陆海岸的调节作用也不显著，因此即使在东部季风区，大陆性气候也有所表现，夏季较世界各地同纬度地区要热，而冬季较同纬度地区为冷，这就使得一年生的喜温作物能向北推移，而越冬作物与多年生作物的北界偏南。

高大的青藏高原的存在对中国的季风形成起着推动和复杂化的作用。首先在热力方面，青藏高原与同高程由于大气之间的温度差异，类似于海陆之间的温度差异。冬季高原上出现冷高压，夏季出现热低压，周围同高程的自由大气也分别为相对的低气压与高气压，这种形势产生了独特的高原季风现象：冬季，高原东侧平原的上空产生了东北风，从而加强了由于海陆分布而引起的东北季风；夏季，青藏高原热低压长轴所在的平均位置在北纬32°附近，这就大大破坏亚热带高压带，加强了高空东侧上空的西南季风，并增加了东部地区的降水。高原季风的存在，对西北地区干旱气候的继续加深也有着重要作用。除了高原本身阻碍了印度洋水汽的往北输送以外，夏季高原季风的北界正好位于新疆、甘肃荒漠地带的中心，是青藏高原热低压上空向四周流出气流下沉的地区，从而加剧了这些地区的干旱程度。

其次，在动力方面表现为青藏高原对气流的屏障和分流作用。冬季西风气候经过高原时，在高原西侧停滞并分为南北两支绕过青藏高原，到高原东侧又汇合再向东流出，这使西风带向南扩展5°~10°个纬度；夏季西风带北移，南侧的南支西风带也随之消失。青藏高原对于对流层的低空气流的屏障作用，使蒙古高原一带冬季受暖平流影响减少，有利于冷空气的堆积和蒙古—西伯利亚冷气压的加强；夏季则保护了印度半岛不受冷空气南下的影响，有利于印度热低压的维持。

因此，青藏高原对季风的形成与影响使中国季风气候不同于世界其他地区季风气候而具有其独特性。

(4) 地形复杂多样，山地面积大

中国地形总的特点是：高差大，西高东低，阶梯状下降，类型多样，山地面积大，结构复杂，地形骨架呈网络状结构。

中国地形按海拔高度，最高为 8 848m（珠穆朗玛峰），最低为 – 155m（吐鲁番盆地的艾丁湖）。各海拔高度所占比例见表 4-1。

表 4-1 我国领土面积按海拔高度所占比例

海拔高度（m）	<500	500～1 000	1 000～2 000	2 000～5 000	>5 000
占国土总面积（%）	16	19	28	18	19

中国地形由西向东，呈四级阶梯下降。青藏高原海拔在 4 000m 以上，为第一阶梯；昆仑山和祁连山以北，横断山以东，海拔 1 000～2 000m 之间，为第二阶梯，其间有云贵高原、黄土高原、内蒙古高原和准噶尔盆地、塔里木盆地及四川盆地；沿大兴安岭、太行山、巫山、雪峰山一线以东地区，大部分海拔在 500m 以下，为第三阶梯，包括东北平原、华北平原、长江中下游平原和辽东、山东及长江以南的广大低山丘陵；海岸线以东的中国近海大陆架，一般海水深度不到 200m，为第四阶梯。这四级阶梯构成了中国地形的基本轮廓，深刻地影响着中国气候、土壤和植被的分布，以及农业生产地域分异的形成（表 4-2）。

表 4-2 我国地势变化分区特征

阶梯区	范围	高度（m）	地貌	构造特点	环境问题
一	青藏高原	4 500	巨大山岭、高原盆地	强隆起区	
二	青藏高原边缘—横断山脉以东	1 000～2 000	高原、盆地	差异升降	水土流失
三	大兴安岭—太行山—雪峰山	<1 500 <500 <200	低山、丘陵、平原	沉积为主，局部隆起	洪涝
四	海岸线以东	> – 200	大陆架海盆	地降海升	

中国地貌类型，无论是在形态上还是在成因上都是多种多样的。由各类山地、丘陵、高原、盆地和平原组成了中国复杂而多样的地貌。据量算，中国山地面积约占国土总面积的 46.5%，丘陵占 19.9%，山地丘陵合计约占国土总面积的 2/3，平地仅占 1/3。以山地丘陵为主，山多平地少，是中国土地构成的一个主要特点。

中国平地分布有三个层次：第一层次分布在海拔小于 300m，约占全部平地面积的 35.5%，其中 100m 以下占 23.0%；第二层次分布在 500～1 500m，占 35.5%；第三层次分布在 3 000～5 000m，约占 11.8%。平地的分布基本上与陆地的三级阶梯相吻合。

中国山地按海拔高程是：海拔低于 500m 的山地占山地总面积 16%，其中低于 100m 的仅占0.9%；500～1 500m高程的占33%；1 500～3 000m高程的占19.1%，其中3 000m高程以上的占31.7%。3 000m以上高海拔山地比例大，几乎占了山地总面积的1/3。

中国丘陵按海拔高程是：海拔低于500m的丘陵占丘陵总面积的31.4%，500～1 500m高程的占29.8%，1 500～3 000m高程的占11.3%，3 000m高程以上的占27.5%。以500m以下低海拔所占面积最大，几乎占了1/3。

中国的地形结构受大地构造所制约，山脉的分布按照一定的构造带而有规则地排列。大体上以东西走向与东北-西南走向为多，部分为西北-东南走向与北南走向（图2-5）。这些山脉构成中国地形的基本骨架，把中国陆地分隔成许多网格，分布在这些网格中的高原、盆地和平原，都在一定程度上受这些山脉的制约。

地形是影响中国自然地理环境与自然资源，尤其是地面资源生成的重要条件。它起到能量与物质再分配和能量物质的流通与屏障、分支及阻滞的作用。高大的青藏高原对中国大气环流的影响已于上述。中国几条山脉，往往是中国气候和自然地理的重要分界线。如东西走向的山脉，南岭山地是南亚热带与中亚热带的分界线，秦岭山地是亚热带与暖温带的分界线，天山山地是新疆干旱暖温带与干旱温带的分界线。东北-西南走向的山脉，如大兴安岭、太行山、伏牛山、吕梁山、豫西、鄂西及湘西山地，以及长白山、闽浙山地等都是东南季风深入大陆的障碍，造成山体两侧水热条件的明显差异。如大兴安岭是半湿润的森林草原与半干旱草原分界线，太行山则是华北平原与黄土高原的分界线。地带性的分布、非地带性规律与垂直地带的突出表现，是中国自然地理环境与自然资源分布的一大特点。

2. 自然地理环境的地域分异

自然地理环境除具有整体性外，与之相对应的是地域性，即地域分异规律。所谓地域分异，是指自然地理环境各组成要素或自然综合体沿地表按确定方向有规律地发生分化所引起的差异。支配这种分化现象的客观规律也就称为地域分异规律。

自然界中地域分异的现象是非常显著的。从赤道到两极，从沿海到内陆，从山麓到高山顶部，甚至在局部地段（如山坡和谷底）都可以观察到不同属性的自然环境的规律性变化。毫无疑问，地域分异规律应该反映整个自然环境各个部分的空间分化。

（1）地域分异基本规律

自然地理环境在各种不同规模的地域分异规律作用下，分异出大小不等、属性有别的众多的自然区域。这些自然区域构成一个多级次、多类别的复杂的镶嵌系统，在空间上呈现一定的分布规律性。

形成地域分异的基本因素有两种：一是太阳辐射，一是地球内能。它们在自然地理环境中，在空间上或时间上的作用都是不平衡的，其作用的效应呈现出显著的矛盾性。两者在地表自然界中的异质和特殊作用，便决定了地域分异的两个最基本、最普遍的规律性，即地带性与非地带性。地带性和非地带性是地域分异规律本质成因的概括。而其他的地域分异规律则是基本规律的具体体现或派生出来的。

①地带性：由于地球作为一个行星所具有的形态和运动特性，以及它在宇宙中的位置，致使太阳辐射在地表分布不匀而引起的地域分异，称为地带性。

地带性的典型表现是地球表面的热量分带。因为热量分带是地球球形引起的太阳辐射呈东西延伸、南北更替的分异，因此它最能反映地带性的本质特点。地球表面获得的太阳辐射是随纬度的增加而减少的（表4-3）。

地球上的辐射平衡是随纬度的增加而由热量的盈余转变为热量不足的（表4-4）。

人们通常根据辐射平衡把地球表面分成热带、亚热带、温带和寒带等几个热量带（表4-5）。

表4-3 地球表面太阳辐射的纬度分布

纬度(°)	90	80	70	60	50	40	30	20	10	0
太阳幅射 [10^8J/(m^2·min)]	55.8	57.6	63.7	76.5	91.9	106.0	118.4	127.0	135.6	135.1

表4-4 地球上辐射平衡的纬度分布

纬度（°）	90	80	70	60	50	40	30	20	10	0
辐射平衡 [J/（m^2·min）]	－0.46	－0.46	－0.42	－0.33	－0.21	－0.042	＋0.042	＋0.17	＋0.21	＋0.29

表4-5 热量分带

热量带	寒带	温带	亚热带	热带
辐射平衡 [10^8J/（m^2·a）]	<1.47	1.47～1.9	1.9～3.1	>3.1

热量分带决定了其他要素的地带性分异。

②非地带性：非地带性的典型表现是地表的构造区域性。由于区域地质发展史的差别，不同地区有不同的地质构造组合，从而得出一系列大地构造分区。每一大地构造分区不仅具有区域地质发展史和地质构造组合的共同性，而且具有岩性组合的共同性以及共同的地貌表现特点，即表现为相应的大山系、大平原或大高原地貌，或表现为山脉、平原、高原等的中小级别的有规律的组合，在大地构造-地貌分异的基础上便可形成其他自然要素或自然综合体的非地带性分异。大地构造的空间分布格局不存在热量带那种近乎完美的数学规则性，相反常表现为使地带性发生畸变的破坏作用，使得地表热量和水分重新分配。在我国，非地带性的典型表现就是分异出这样的三大区域：东部隆陷区、西北差异上升区和青藏高原新褶皱高隆区。在这三大区域内分别发育着迥然不同的自然景观，成为我国自然地理环境结构的基本特色。

地带性的能量来自太阳辐射，非地带性的能量来自地球内能，因此地带性因素和非地带性因素互不从属，两者具有矛盾性；但它们又共同作用于自然地理环境中，两者存在着互相制约的联系，具有统一性。正是这两种基本的地域分异规律的矛盾统一性在不同规模的地域上发生作用，才使得自然地理环境产生复杂的空间分化。

(2) 中国自然区与自然地带划分

综合上述各种因素，可将中国划分为三大自然区、七个自然地区与19个主要的自然地带。

三大自然区是：东部季风区、西北干旱区与青藏高原寒区。东部季风区是东亚季风区与西亚季风区的一部分，大体上位于年降水量400mm等雨线以东的广大湿润半湿润地区，是中国主要农耕地区和主要的林区所在地；西北干旱区，是欧亚大陆草原与荒漠的一部分，大体上位于年降水量400mm以西的广大干旱、半干旱地区，是中国主要的牧场，有一部分为灌溉绿洲；青藏高寒区，这是一个世界上独特的自然地理区域，以高海拔、低温寒冷和空气稀薄为其特征。

七个自然地区是以温度条件与水分条件的组合为划分的主要依据。有东北温带（含寒温带）湿润半湿润地区，华北暖温带湿润半湿润地区，华中、华南亚热带湿润地区，华南热带（含赤道带）湿润地区，内蒙古温带半干旱地区，西北温带、暖温带干旱地区和青藏高原地区。

自然地带是气候（水热）、土壤和植被相互组合的综合自然体，所以又称为生物-土壤-气候带，它的分布是水平地带性与垂直地带性的结合，纬度地带性与经度地带性的结合，以及地带性与非地带性的综合表现为区域性。从全国范围看，由于受东南季风的强烈影响，使得自然地带沿纬度走向发生偏转，呈东北-西南走向，即由东南向西北更替。但是中国幅员辽阔，不同地区受季风影响的程度不同，加以地形因素，从而使中国自然地带走向与更替的规律也不同，大体上可分为四个区域，即南部、北部、西北部与青藏高原。

中国的南部，即秦岭—淮河一线以南，青藏高原以东的亚热带、热带地区，不仅受东南季风影响，也受到西南季风的影响，自然地带的分布与走向受纬度地带性规律所支配，呈东西走向，南北更替。由南向北为热带砖红壤季雨林地带→南亚热带赤红壤季风常绿林地带→中亚热带红、黄壤常绿林地带→北亚热带黄棕壤常绿林地带→夏绿混交林地带。

中国北部，即秦岭—淮河一线以北，东经107°以东的暖温带与温带地区，自然地带分布受经度地带性规律所支配，自然地带的走向呈东北-西南向，或南北向，即东西或东南-西北更替。暖温带系列，从东向西为暖温带棕壤夏绿林地带→暖温带褐土旱生森林草原地带→暖温带黑垆土（黄土）草原地带→暖温带灰钙土荒漠草原地带。应说明的是，分布在黄土高原的黑垆土大部分地区已侵蚀殆尽，仅作为地带特征而存在，实际上大面积存在的是母质——黄土或黄土状物质。温带系列，从东向西为温带暗棕壤针阔混交林地带→温带黑土、黑钙土森林草原地带→温带栗钙土草原地带→温带棕钙土荒漠草原地带。东北地区的温带系列按经度地带性分布表现最为明显，自然地带几乎呈正南北走向。

中国的西北部，即东经107°以西，青藏高原以北的内陆地区，处欧亚大陆的腹心地带，不受夏季风的影响，自然地带受纬度地带性规律所支配，呈东西走向，从北向南是温带棕钙土荒漠草原带。从欧亚大陆的更大范围看，这个区域与邻近四周地区的自然地带呈同心圆分布，以荒漠为中心，经度地带性与纬度地带性的更替和转折，大约发生在中国的呼伦贝尔高原的西部、鄂尔多斯高原的西部和阿拉善高原的东部。

青藏高原处在特殊的地理区域，纬度低而海拔高，东部受西南季风和东南季风的影响，西部与北部又深居内陆，加以边缘和内部各山系的不同走向，因此使高原面上的自然地带的走向与更替呈现出错综复杂的情况。但由于水分条件是由东南向西北递减的，因此自然地带总的走向是呈东北-西南向，从东南向西北更替顺序是：高山灌丛草甸带→高山草原带→高山荒漠带。由于喜马拉雅山系的走向，使东部与西部自然地带呈弧形走向而环绕于高原的边缘。广大高原中部的自然地带呈弧形走向。青藏高原面上的水平地带通过边缘的山地垂直带与中国的其他地区的水平地带相连。其东部和南部的高山、亚高山草甸带通过山地各级森林带与中国南部亚热带、热带系统相连；东北部的高山、亚高山草原带通过山地各级草原、森林系统相连；东北部的高山、亚高山草原带通过山地各级草原、森林草原带与中国北方暖温带、温带系统相连；北部与西北部的高山荒漠带及荒漠带通过山地各级的荒漠及草原垂直带与中国西北地区干旱荒漠系统相连。青藏高原确是以它的独特的风格为中国乃至全球的自然地带增添了色彩。

（二）国土资源地域分异特点

由于我国自然地理环境特点及地域分异作用，以及人类活动对自然资源的影响，使其资源分布具有明显的地域性特点。

1. 土地资源地区分布不平衡

中国90%以上耕地分布在400mm等雨线以东的湿润、半湿润地区，尤其集中在华北平原、东北平原与长江中下游平原，80%的水田分布在秦岭—淮河以南的南方地区，85%的旱地分布在此线以北的地区，其中东北平原、黄淮海平原占全国旱耕地的60%左右。有林地集中分布在东北、西南和南方山区。天然草地则主要分布在400mm等雨线以西广大的干旱、半干旱地区。中国土地资源地区分布不平衡，受水分条件所制约，是土地资源分布的基本特点。

2. 水资源地区分布特点

在地区上总的趋势与降水量基本一致，由东南向西北内陆递减。中国南方多水，占水资源总量的81%，而土地面积占36.4%，产水模数达$65.4\times10^5 m^3/km^2$。尤其长江流域，占全国地表水资源总量的35.1%。中国北方水资源总量占全国的19%，土地面积却占全国的63.6%，产水模数仅$8.8\times10^5 m^3/km^2$，水资源普遍不足。尤其华北地区耕地面积占全国38.5%，而水资源仅占7.5%。水力资源则集中分布于西南的云、贵、川与西藏地区，占全国的70%，每平方公里蕴藏8.36×10^5多焦耳。

水量年际、年内变化大，是中国水资源的一大特点。淮河—秦岭以南，年径流变差系数值在0.50以下，淮河流域大都在0.60~0.80，华北平原超过1.0，东北的松辽平原与三江平原在0.80以上。北方河流的连丰、连枯期一般比南方河流长，丰、枯期的年径流差别大。连丰期大于5年的有松花江、永定河、滹沱河、黄河、长江、额尔齐斯河等，最长的为黄河，长达11年。

水资源年内变化与降水季节分配大致相似。一般长江以南受东南季风影响时间长，最大四个月水量发生在3~6月或5~8月，占全年的50%~60%；华北与东北地区，6~9月的四个月水量占全年的70%~80%，其中华北地区7、8月份占50%~60%；西南大部分地区最大四个月为6~9月或7~10月，水量占全年的60%~70%。冬季径流量少，南方只占全年径流量的10%左右；东北最少，占1%~3%。北方地区春季只占年径流量的5%，但西北春汛可达30%~50%。

3. 气候资源区域分异特点

中国全年太阳辐射量为33×10^8~$83\times10^8 J/m^2$，除川、黔地区外，大都相当或超过国外同纬度地区。中国处中纬度，亚热带、暖温带、温带占国土总面积的71%，从海南岛到黑龙江≥10℃的年积温大部分在9 000~2 000℃，一年可三熟至一熟，青藏高原不足1 000℃。≥10℃年积温在北纬40°地区比日本略高，与地中海地区相近；在30°地区比地中海地区多

500℃。但按热量资源分析，中国热量丰富与较丰富地区的面积略少于欠丰富与不丰富地区的面积，从这个角度来看，中国热量资源又不很丰富。中国平均年降水量为648mm，较全球平均年降水量偏小约19%，比亚洲偏少12%。约占国土70%的北方（即秦岭—淮河以北）与青藏高原，水分处于不同程度的亏缺状态，年降水量≤400mm的干旱、半干旱地区占国土面积的一半。水是气候资源组合中的薄弱环节。

西北内陆地区光热资源丰富，年总辐射量为$53\times10^8\sim83\times10^8 J/m^2$，≥10℃年积温3 500～4 800℃，年降水量<400mm，大部分地区为50～300mm，降水量严重不足，水是稀缺资源。青藏高原光能资源最好，是全国最高值，但热量条件最差，≥10℃期间的有效光合辐射不足$8\times10^8 J/m^2$，温度是限制条件。中国东半部光热水匹配比西部地区协调，但地区差异也显著，东北北部热量少；华北地区、黄土高原水分不足，特别是春雨少，春旱严重；江南地区夏季少雨，伏旱普遍；四川盆地与贵州高原光照条件最差。

4. 生物资源地区分布特点

生物生长受水、热、土地所约制，它的分布具有区域性。森林资源主要集中分布在东北、西南和南方山区，其面积与蓄积、用材等均占全国的80%以上，而广大的华北、西北地区实属少林、无林地区。

草地资源主要分布在西部干旱、半干旱的高原与山区，包括内蒙古、宁夏、甘肃、新疆、西藏、青海六省连同四川西部的甘孜、阿坝为西部牧区，共有天然草地43.27亿亩，占全国草地总面积的73%。其中蒙新牧区（内蒙古、宁夏、甘肃、新疆）23.27亿亩，占西部牧区的53.78%；青藏高原牧区（西藏、青海与四川西部）有20亿亩，占牧区草地的46.22%。东部农区共有草地15.73亿亩，占草地总面积的26.66%。

5. 矿产资源地域分布与组合特点

中国矿产资源由于成矿地质条件不同具有明显的地域差异。煤炭储量90%分布在长江以北，其中晋、陕、蒙三省区占全国保有储量的68%，而南方10个省区缺煤；铁矿集中分面在辽、冀、晋、川四省，占保有储量的60%，西北、华南分布少；镍集中分布在甘肃金川，占全国储量的70%；铜主要分布在江西、西藏、云南、甘肃；锡集中在云南和广西；稀有金属则以新疆为主；磷矿的80%分布在滇、黔、鄂、川、湘五省，广大北方和华东地区短缺；钾盐绝大部分集中在青海的柴达木盆地；石油则主要分布东北、华北和新疆，广大西南与华南短缺，但海上石油前景乐观。矿产资源分布集中，有利于开采，但又受交通运输条件制约。

东北、华北属铁矿、煤炭、石油为主的矿产资源配套类型，西南、华中属金属矿、化学矿为主的类型，西北属石油、煤炭、有色金属为主的类型，华东、华南属于矿产资源不丰富而有色金属较多的类型。

二、国土资源地域结构与组合特点

根据自然资源结构的相似性、自然资源开发与经济发展的联系性及区域的完整性，按照七大区分别介绍自然资源结构特点。

（一）东北区（黑、吉、辽、内蒙古东部）

宜农土地资源丰富，土壤肥沃，开发潜力大，以红松、落叶松、樟子松为主，是我国最大的天然林区和林产品加工基地。东北区是以羊草草原为主的天然草场。矿产资源丰富多样，已探明矿产资源80多种，约占全国探明矿种的2/3。其中铁、煤、石油等是本区的优势资源，而且资源搭配组合好，有利于开发。水资源北丰南欠，东多西少。

（二）华北区（京、津、冀、鲁、豫）

光热充足，降水少而集中，旱涝频繁。径流不丰，时空分配不均，水少而土多，组合不理想。平原面积大，耕地多，林牧地比例小。矿种多，组合条件好，开发条件优越，但优势矿产不突出。旅游资源丰富多彩，天然与人文结合，地上地下文化古迹灿烂辉煌。

（三）黄土-内蒙古高原区（晋、陕、宁及内蒙古中西部）

气候暖和，光能丰富，干旱少雨，多风沙。水资源短缺且分布不均，季节性强。草地比例大，土地质量低，难利用土地多。以煤炭为主的能源资源优势突出，铁与有色金属、稀土元素居重要地位。旅游资源丰富多彩。

（四）西北区（甘肃、青海、新疆）

土地辽阔，草地面积大，农、林地面积少。干旱少雨，水资源短缺。能源资源（石油、煤炭、水能）丰富，种类齐全。矿产种类多样，有色金属与盐类为优势资源。干旱、风沙、盐碱、水土流失严重，生态环境十分脆弱。

（五）长江中下游（沪、苏、浙、皖、赣、鄂、湘）

临海沿江，交通便捷，区位优势突出。气候温暖湿润，水热配合好，水资源丰富。土地资源类型多样，土地生产潜力高。矿产资源种类多，储量大。旅游资源丰富多彩。

（六）东南沿海区（闽、粤、琼、台）

以南亚热带、热带为主体，多温多雨，水资源丰富。山多平地少，耕地不足。生物资源丰富多样，矿产资源十分贫乏。海域辽阔，海洋资源丰富。

（七）西南区（川、滇、黔、桂、藏）

矿产、能源资源丰富，且配合较好，但石油资源短缺。草、林面积大，耕地少。水资源较充沛，但水多土少，田高水低，水土资源不协调。以大山名川、民族风情为特色的旅游资源丰富。

三、国土资源分布与区域经济发展

自然资源是地区经济发展的基础，自然资源的区域分布及其数量、质量、结构、组合特点等决定着地区经济的发展方向。我国地域辽阔，地区资源条件差异大和经济发展不平衡是基本国情之一，因此，资源开发和经济发展布局即是按照经济技术发展与地理位置、资源利用相结合的原则提出来的。

（一）协调东、中、西三大经济带发展，大力推动西部开发

三大经济带的划分反映了我国东、中、西部自然条件和经济社会差异性。中国东部沿海地区人口密集，城镇林立，交通方便，科技、文化、教育发达，经济实力雄厚，自我发展能力强，是我国经济发达地区与对外开放的前沿地带。中部人口较多，自然资源丰富，是我国经济教育发达地区。西部地域辽阔，人口稀少，自然条件差，经济技术不发达，是我国极待开发的地区。三大地区之间存在着明显的梯度规律。要正确处理三个地带的关系，充分发挥各自的优势和发展相互之间的横向经济联系，把东部地区的发展和中、西部地区的开发结合起来，逐步由东向西推进，达到全国经济的全面发展。

1. 东部沿海地带

东部地带包括辽宁、河北、天津、北京、山东、江苏、上海、浙江、福建、广东、广西、海南等12个省、自治区和直辖市。

东部地带位于我国地势的第三阶梯，大部分地区海拔在500m以下，季风气候，人口密集，经济最发达。土地面积$1.3\times10^7km^2$，占全国土地总面积的14%；人口4.72亿，占全国总人口的41%，是三大经济带中面积最小，人口最稠密的地带。该带海岸线长，海洋资源丰富，内外交通发达，基础设施较好，经济信息交流快捷，经济技术基础雄厚，经济效益好。但该地带能源不足，原材料短缺，淡水不足。

东部地带要充分发挥其经济、技术、人才、信息、区位及对外开放的优势，发展外向型经济，参与国际分工，利用国内外“两种资源、两个市场”，发展劳动、资金、技术密集型产业和创汇产品。充分发挥外联和两个辐射扇面的作用，使这一地带成为中国综合性的工业基础地，对外贸易基地，海洋开发基地和向各地输送技术、人才和信息的基地。

2. 中部地带

中部地带包括黑龙江、吉林、内蒙古、山西、安徽、江西、湖南、湖北、河南等九个省(区)。

中部地带平均海拔在1 600～2 000m之间，为地势上的第二阶梯。气候为季风和大陆性气候过渡，人口稍少于东部地带，资源丰富，经济发展水平不高。

中部地带土地面积$2.88\times10^7km^2$，占全国土地总面积的30%；人口4.08亿，占全国总人口的36%，平均人口密度小于东部。这一地带矿产资源十分丰富，煤、铜、铅、稀土等13种矿产保有储量占全国一半以上，石油、磷、硫铁矿等6种矿产保有储量占全国的35%～50%。它是全国的能源基地，煤电、化工、钢铁、有色金属工业基地，也是商品农业基地，交通运输业和科学技术都有一定的基础。

该地带未能完全发挥出其区位、资源、交通等优势，经济发展水平不高，工业产值较低，仅占全国的1/4。经济效益差，缺乏有竞争力的拳头产品和大宗出口物资。因此，中部地带应充分利用其资源优势和产业优势，大力发展传统的资源型产业。在经济技术基础较好的地区，进一步发展加工业和知识技术密集型产业。此外，应加强同西部地区的联合协作，利用其人才和技术优势帮助开发资源，培植产业，开拓市场，充分发挥其承东启西的作用。

3. 西部地带

西部地带包括新疆、西藏、宁夏、陕西、甘肃、青海、贵州、云南和四川等九个省(区)。

该地带属中国地势上的第一阶梯，大陆性气候，面积大，人口少。国土面积为$5.42\times10^7km^2$，占全国土地总面积的56%；人口仅2.6亿，占全国总人口的23%，是一个地广人稀的地区。该区少数民族多，经济文化相对落后。该地带的部分矿产资源比较丰富，如煤、石油、铬铁矿、镍、铝、铅、锌、钾盐、磷、汞等耕地占全国的1/4，林地占全国的1/3，草地占1/2以上，待开发的土地资源占全国的3/5。基础设施有一定基础，民族经济特色显著，漫长的边境线是沿边开发开放的有利条件。但该地带工农业基础薄弱，经济、科技、文化还不发达，人才缺乏，尤其交通运输困难大，在一定程度上影响了地区经济发展。

西部地带应立足于优势资源的开发，大力发展传统的资源型产业，适度发展加工工业。充分发挥沿边区位优势，进一步开放西部边境，加强同临近国家的经济技术交流，发展多种形式的边境贸易和经济合作。要吸收引进中西部地区的技术、人才、资金、信息，加强科技、教育、文化事业的建设，努力提高人口素质和自我发展能力，逐步改变经济、技术落后面貌，争取成为国家经济建设的重要基地。

（二）七大经济区

按照1996年国家制定的《国民经济和社会发展“九五”计划及2010年远景目标纲要》，提出以中心城市和交通要道为依托，形成七个经济区域，即长江三角洲及沿江地区、环渤海地区、东南沿海地区、西南和华南部分省区、东北地区、中部五省地区、西北地区。

1. 长江三角洲及长江沿江地区

位于中国大陆海岸线中部，以长江中轴线横贯东西，包括上海、江苏、浙江、安徽、湖南、江西、湖北和四川的40余个市及地区，面积$4\times10^6km^2$。

该区区位优势突出，集“黄金海岸”和“黄金水道”于一身，长江深入中国腹地，将三大地带连接，并与京广、京沪、京九、皖赣、焦柳等铁路干线交汇，便于梯次推进，联动发展，南北互助，拓展辐射，带动全国。沿海岸线有上海、宁波、南京等港口群，与世界上300多个港口通航。自然资源丰富，水量居全国之首，水能资源巨大；矿产资源种类繁多，钒、钛、铁、磷、硫、铜及建材资源较为丰富；经济实力雄厚，工业体系健全，拥有一批门类齐全，技术先进的钢铁工业、加工工业和高新技术产业。人才集中，经济市场广阔，发展速度快。

该区要充分发挥通江达海以及农业发达、工业基础雄厚、技术水平较高的优势，以浦东开发开放，长江三峡工程建设为契机，依托沿江大中城市，逐步形成一条横贯中国东西、连接南北的综合型经济带。

2. 环渤海地区

以渤海沿岸为核心，包括北京、天津两个直辖市和辽宁、河北、山东、山西和内蒙古，面积达$1.8\times10^7km^2$。

环渤海地区处于东北亚经济圈的中心地带，是中国东北、华北、西北三大区域的交汇点，具有独特的地缘优势，是中国重要的交通运输与邮电通讯通道的穿越区和起始区。矿产资源丰富，分布均匀，开采条件好。辽河、大港、胜利等油田为中国重要的石油生产基地，盛产原煤的山西誉为中国的“煤炭之乡”。国有大中型企业集中，基础工业实力雄厚，石油、煤炭、化工、冶金、机械电子、建材纺织业均很发达，是中国的重工业和化学工业基地。该区以北京为中心，以沿海开放城市为扇面，以省会城市为区域支点，构成了北方最重要的集政治、经济、文化、国际交往为一体的外向型、多功能的密集城市群落，是全国的科技文化中心。

该区今后要发挥交通发达、大中城市密集、科技人才集中、资源丰富的优势，以汽车、电子、高新技术等支柱产业发展和能源基地、运输通道建设为动力，依托沿海大中城市，形成以辽东半岛、山东半岛和北京、天津、河北为主的环渤海综合经济圈。

3. 东南沿海地区

包括福建、广东两省，面积$2.993\times10^6km^2$。该区与香港、澳门毗邻，与台湾隔海相望，具有发展外向型经济的区位条件。这里已形成了多层次的开放格局：深圳、珠海、汕头、厦门四个经济特区，湛江、广州、福州三个沿海开放城市，珠江三角洲及闽东南三角地区的经济开放区，经济增长迅猛，是全国经济发展最活跃的地区之一。但该区矿产资源短缺，煤炭、石油、铁矿等经济所需的矿产储量少，主要依赖区外供给。

该区今后发展应发挥毗邻香港、澳门、台湾的区位优势，以珠江三角洲和闽东南为主，大力发展资本技术密集的外资企业和高附加值的创汇农业，形成外向型经济发达地区。

4. 西南和华南部分省区

包括四川、贵州、云南、广西、海南、西藏和广东西部的湛江、茂名，面积 $1.42\times10^{7}km^{2}$。该区地处我国西南，与越南、老挝、缅甸等东南亚各国及南亚次大陆一些国家接壤，具有沿海、沿江、沿边“三沿”开放的突出区位优势。

该区拥有丰富的水能资源、矿产资源、热带-亚热带植物资源及旅游资源等优势资源，有与全国相连的铁路运输网及四通八达的公路，以及云、贵、川三省“三线”工业基础和比较雄厚的技术力量等。

该区的发展方向是发挥沿海、沿江、沿边和农林水、矿产、旅游资源的优势，以对外通道建设、水电和矿产资源开发为基础，依托国防工业的技术力量，形成全国重要的能源基地，有色金属和磷、硫生产基地，热带-亚热带农作物基地，旅游基地。

5. 东北地区

包括辽宁、吉林、黑龙江三省和内蒙古东部四个盟市，面积 $1.24\times10^{7}km^{2}$。

该区位于东北亚经济圈的中心位置，海岸线最长，边界线长，向南可与环渤海经济区相对接，向东可与图们江三角洲相连，向北侧与俄罗斯远东地区相邻。该区综合交通网络健全，是我国交通网密度较高、现代化运输方式比较齐全的地区之一。重化工业体系完整，钢、铁、钢材、原油、煤炭等产品在全国占重要地位。农业基础雄厚，耕地、林地、草场多，是我国重要的农林牧产品生产基地。石油、煤、铁矿资源丰富。毗邻的俄、蒙等国资源条件好，是我国利用“两种资源、两个市场”的理想地区。

东北地区是我国第一重工业经济区，基础工业和基础设施均具相当实力。但产业结构不合理，重工业比例过大。此外，该区水资源分布不平衡，相当部分地区缺水，严重地限制了当地经济的发展。

该区的发展方向是发挥交通发达、重化工业体系完整、土地和能源资源丰富的优势，加快老工业基地改造，搞好图们江地区开放、开发，综合开发农业资源，发展深加工业，形成全国重要的重化工业基地和农业基地。

6. 中部五省区

包括我国腹地的（河南、湖北、湖南、安徽、江西）五省，全区面积 $8.712\times10^{6}km^{2}$。

该区是我国承东启西、联南接北的枢扭地带，交通网络日趋完善。农业十分发达，是我国主要商品粮基地；工业企业门类齐全，基础雄厚；水资源丰富，水能蕴藏量大，煤炭、铜、铁、金、银等矿产资源丰富。

该区发展方向是发挥农业发达、工业基础雄厚、交通便利、资源丰富的优势，以陇海、京九、京广等铁路干线为纽带，形成重要的农业基地、原材料基地、机械工业基地和新的经济带。

7. 西北地区

包括陕西、甘肃、青海、宁夏、新疆五省区和内蒙古西部的三个盟市，总面积 $3.03\times10^{7}km^{2}$。

西北地区地处欧亚大陆的腹心地带，是东亚与中亚的接合部，拥有漫长的内陆边境线，是我国通向欧洲和西亚的前沿，具有良好的对外开放的前景。

该区气候干旱，地广人稀，生态环境脆弱。矿产资源丰富，煤、石油、天然气、镍、铅锌、钾盐为优势矿产。黄河上游有丰富的水能资源。交通线长，纵横交叉。农业以绿洲经济和畜牧业为特点，工业重型化、初级化严重。

该区占全国三成半面积，只有1/15人口，1/25国内生产总值，巨大的反差说明开发大西北的重要性。该区要发挥联系东亚和中亚的经济优势，农牧业、能源、矿产资源丰富和军工企业的优势，以欧亚大陆桥为纽带，加快水利、交通建设和资源开发，形成全国重要的棉花和畜产品基地、石油化工基地、能源基地和有色金属基地。

第二节 国土资源开发利用与保护

国土资源开发首先是为了取得经济效益。在资源开发中，为了取得更大的经济效益，必须以最少的活劳动和物化劳动消耗，做到低成本、高收入。各个地区的资源现状、经济基础、交通运输状况和劳动多寡与构成等，都在一定程度上限制地区资源的开发利用。因此，要针对本地资源的特点，选择有一定开发基础并有较大潜力的种类进行开发，可以做到投资少、见效快、收益大。但资源开发不能以损害生态环境为代价，以一时的快速增长而过度开发资源，导致资源枯竭。开发利用资源要有长远观点，因地制宜，统筹兼顾，要正确处理开发与保护的矛盾，既要考虑开发利用的经济效益，又要考虑开发利用的社会、生态效益，努力做到经济效益最大，生态效益最佳，社会效益最好。

一、国土资源开发利用的综合效益评价

（一）经济效益

经济效益是指人们在从事物质生产过程中劳动消耗和劳动占用同获得的适合社会需要的劳动成果之间的数量对比关系。

$$经济效益=\frac{劳动成果}{劳动消耗+劳动占用}$$

国土资源开发，都会消耗一定的物化劳动和活劳动，要占用一定的物化劳动量，因而也就有一个劳动消耗和劳动占用同成果之间相比较的经济效益问题。所以，经济效益是一个很广泛的概念。

所谓劳动成果，是指物质生产过程中新创造的使用价值，在国土资源开发利用中，指新增加的生产和生活资料产品。劳动消耗是指物质生产过程中为取得一定量的劳动成果所消耗的劳动，它包括劳动消耗和物化劳动消耗两个方面。就国土资源开发利用而言，活劳动消耗是指在国土资源开发中具有一定生产经验、劳动技能和科技知识的人所消耗的劳动量，物化劳动消耗是指投入到开发利用中的原材料、燃料、机器设备、房屋建筑、交通运输设施和输水、输电设施等生产资料的消耗量。在这些生产资料中，有些生产资料（如燃料、原材料）在一次开发利用中就消耗掉了，属于一次性消耗物资，也是劳动消耗的一种形式。但为了使国土开发利用工作能不断地进行，这些一次性消耗物质必须不断补充，并有一定的储备，这就形成劳动的占用。另一部分生产资料（如机器设备、房屋建筑、运输车辆等）的消耗，不是在某一个开发利用阶段就能消耗掉的，而是按一定的折旧率一部分一部分地以价值形式转移到新创造的社会产品中去而被消耗掉的，这是劳动消耗的另一种形式，这部分生产资料的价值在全部转移掉以前，在较长一段时间内是处于被占用状态，也是劳动占用的另一种形式。

要特别指出的是，国土资源开发的经济效益不仅包括劳动消耗和劳动占用与劳动成果之间的比较，而且还包括国土资源的消耗和国土资源的占用同劳动成果之间的比较。因此，在

考虑国土资源开发利用的经济效益的同时，除了要考虑劳动的节约外，还要考虑国土资源的节约。要以国土资源的低消耗，生产出更多的社会产品，取得更大的经济效益。

（二）社会效益

国土资源开发的社会效益是指对国土资源开发利用的地区及其外围周边地区的社会、经济发展的有益作用。国土资源开发利用在社会物质生产领域和非物质生产领域反映出来的社会效益，体现在劳动就业率的增加、人口分布合理、交通运输条件改善、经济结构和产业结构合理、社会产品种类和数量的增加、国民收入上升和人民生活改善等方面。例如：对我国中西部地区国土资源开发，不仅会改善中西部地区经济落后的面貌，促进经济全面发展，而且会促进中西部地区的政治、经济、文化、社会等方面发生深刻的变化。

（三）生态环境效益

生态环境效益是生态效益和环境效益的总称。生态效益，是指生命系统与环境之间的相互作用，所取得的有益于人类生产和生活的成果，也就是指人为的生态平衡带来的利益。环境效益，是指人们采取一定的措施，减少和防止工农业生产对人类生产、生活环境的污染所取得的有益成果，或提高环境质量方面所取得的成果，主要包括对“三废”的处理和综合利用。国土资源开发的生态环境效益，主要是指国土资源的开发不仅不造成对生态环境的破坏，而且可使暂时失去平衡的生态系统重新趋于平衡，使恶化了的环境向有利于生产、生活和资源更新方向发展，或者重建人工生态系统，提高国土资源的利用率，为社会创造更多的财富。

综上所述，经济效益、社会效益和生态环境效益三者之间关系密切。生态环境效益是经济效益、社会效益的基础，经济效益、社会效益是生态环境效益的后果，三者互为条件、相互影响。这就是人类为了生存要从自然界取走一些物质和能量，并以不同形式将物质和能量返还自然界。这就要对生产得以进行的自然界产生某些影响，即“改变自然”。在这个过程中，经济效益、社会效益与生态环境效益是同时产生、同时存在的，二者之间存在着共生性、相伴性的联系。在国土资源开发利用方案中，经济效益、社会效益和生态环境效益的方向基本上是一致的，有良好的社会效益和生态环境效益，必然有利于提高经济效益，但是二者之间有时也存在着矛盾。在开发利用国土资源中，没有一种经济活动具有百分之百的转化效率，必然要把越来越多的废物排放到环境中去。如果处理不当，不能按生态平衡规律办事，就极易造成自然环境和生态平衡的破坏。如有的开发方案从近期来看，有着良好的经济效益和社会效益，但从长远来看，可能会污染环境，损害生态系统的平衡，故这类方案一般不宜采用。如果已付诸实施，则应采取相应的补救措施，使近期利益同长远利益、局部利益同全局利益结合起来，使其对环境的污染程度和对生态环境的损害程度降到最低限度。

二、国土资源开发保护

虽然人类依赖利用自然资源的历史已有大约300Ma，但注重保护自然资源，强调合理有效利用自然资源始于20世纪初。毁林开荒、破坏资源的现象从人类活动之初即已开始，但到了20世纪初，随着人口数量的急剧增加、科学技术的大发展，对自然资源的开发利用达到了前所未有的最高峰，大大加剧了自然资源的供需矛盾，从而引起了世界各国，尤其是经济发达国家对保护自然资源的重视。如美国在20世纪30年代初提出了资源保护问题，并成立了国家资源保护委员会。前苏联也于20世纪30年代将保护资源等写进了宪法。我国于1982年在宪法修正案中加进了自然资源保护的内容，规定：“矿藏、河流、森林、山岭、草原、荒地、滩涂等自然资源，都属于国家所有，即全民所有。国家保障自然资源的合理利用，保护珍贵的动物和植物。禁止任何组织或者个人用任何手段侵占或破坏自然资源。”

（一）国土资源保护的涵义

1969年，联合国和国际自然保护协会对“自然保护”（即自然资源与自然环境保护）一词所下的定义为：“理性地使用环境，以达到人类生活的最高品质。”

在美国，资源保护的含义是指“合理利用”和“杜绝浪费”。

在阿兰·兰德尔所著的《资源经济学》一书中，对资源保护的定义是：“资源保护就是使自然资源在时间上的配置对社会最优。”强调长远观点，关心未来子孙后代的利益。

资源保护的中心任务是保护、增殖（可更新资源）和合理利用自然资源。其目的是为了给当代人和后代人建立最舒适的生活、工作和生产条件，以保证经济的持续发展和社会繁荣进步。因此，对自然资源的正确理解，才能合理有效地利用自然，使国土资源得到综合、系统地积极保护和利用。

寿嘉华等（1999）对国土资源保护所下的定义为：“科学合理有效地利用国土资源，使之发挥最大的经济、社会、环境效益，服务于人类当前，同时注重后代人的需要，在时间配置上达到对社会最优。”

（二）开发保护国土资源的基本原则

1. 经济、社会与生态环境效益相结合的原则

资源的开发利用是一种社会经济现象，其目的是为了促进地区的经济发展，取得更大的经济效益。开发资源必须与资源的性质相适应，立足于本地资源，选择有一定开发基础，并有较大潜力的种类进行开发利用。在开发利用过程中，应该不断加大开发利用的深度和广度，做到既充分利用资源，又能取得更大的经济效益。

开发资源要注意社会效益，把重点放在社会急需，影响国计民生的资源上，如能源等。资源开发要把三大效益结合起来，尽管经济效益高，社会效益大，但对生态环境影响较大的开发项目是不可取的；如果为了满足当代人的经济增长和社会需求，却破坏了子孙后代的利益，是得不偿失的。因此，资源的开发应遵循经济效益、社会效益和环境效益相统一的原则。

2. 当前利益与长远利益相结合的原则

由于资源的数量、种类、面积、质量的有限性和当代人开发利用资源的能力的不断提高，使得资源的种类、数量等以前所未有的速度在减少。特别是在资源开发上的短期行为和利用不当而造成资源的破坏和浪费日益严重。因此，在资源开发上要有科学的规划，要与国民经济的发展速度相适应，以当地资源的蕴藏量为依据，制定合理的开发速度。不可为一时的经济快速增长而过度开发资源，这种短期行为只能导致资源枯竭。因此，资源开发要有长远观点，既要开发，又要保护，要使资源开发永续进行下去。只利用、不保护，只顾当前、不顾长远的掠夺式开发利用，只会扩大资源供求之间的差距，导致资源的退化、灭绝，甚至出现恶性循环，给人类生存造成威胁。我们一定要吸取这方面的经验教训，处理好当前经济效益和长远经济效益的关系，正确掌握国土资源开发的评价期限，期限不能太短，也不能太长。一般应以10～20年左右的评价期为宜，生态环境效益可考虑更长的年限。具体确定评价的期限，还要依据开发工程的难易程度。

3. 因地制宜的原则

由于资源分布的地域差异及其经济发展的不平衡，因此，资源开发要因地制宜。按照本

地区资源的种类、性质、数量、质量等实际情况，采取最适宜的方向、方式、途径和措施来进行资源的有效利用。任意开发利用资源，轻者投入多、产出少，劳民伤财；重者破坏资源，甚至受到大自然的惩罚。只有充分认识地区的资源特色和优势，制定科学、合理的开发利用规划，与社会需要相适应，才能变资源优势为经济优势，取得更大的经济效益，如旅游资源的开发是一项新兴事业，要做到因地制宜，最终才能形成我国具有民族特色、地方色彩浓郁的、各具特色而又完整的旅行游览体系。

4. 统筹兼顾、综合利用的原则

资源的相互依存和共生组合是普遍的自然规律。因此，对资源必须综合地开发利用，不能单打一。比如矿产资源具有共生性和伴生性的特点，因此，需要综合开发，减少开发损失，综合利用，防止其对环境造成严重的污染、破坏。对土地资源的开发利用，也要从物质交换和能量转化角度考虑农业的综合利用，实现一业为主，农林牧多种经营，全面发展。

我国虽是资源大国，但人口数量太大，资源危机伴随着人口的压力将愈来愈大，因此，应充分利用资源，最大限度地挖掘它的生产潜力。

5. 科技进步实现社会经济发展和国土资源可持续利用的原则

从社会经济发展的实践看，科技进步掌握某种资源的加工技术，推动了经济发展和该种资源及相关资源的需求，促进了社会经济发展。由于传统资源具有稀缺性和不可再生性，长期的利用必然导致资源短缺甚至枯竭。以矿产资源为例，科技进步主要通过资源替代，发现和探明更多的矿产资源，改变矿产资源品种、质量要求和资源综合利用等方式实现资源的开源；通过综合利用，提高资源回收水平以及减少过速消耗等方式达到节约资源的目的。对土地资源来讲，科技进步通过造田、复垦、资源替代，提高管理水平，提高土地的综合治理，实现土地的开源与节流，保持土地资源可持续利用，从而缓解我国人口与土地资源的矛盾。总之，国土资源的开发利用与科技进步相互促进、相互制约，在一种动态平衡的基础上共同推进国土资源可持续利用。

（三）国际性自然资源保护趋势

世界各国早期的国土资源开发利用是从经济出发，由于单纯的经济目的使经济发展取得了巨大的进展，但带来了严重的资源破坏和环境污染。随着人类对资源保护的重视，国际间的交往不断增多，加强环境领域的国际合作，维护各国的权益，同时也承担相应的义务，许多国家先后缔结和参加了一系列国际条约、公约和议定书。如 1980 年，在联合国环境规划署与世界野生生物基金会的合作和财政支持下，国际自然及自然资源保护同盟公布了一项保护世界生物资源的纲领性文件《世界自然资源保护大纲》；1983 年成立了世界环境与发展委员会（俗称联合国特别委员会），1988 年成立了保护世界自然环境及生物而建立的资金援助机构——世界自然保护基金会；1992 年联合国环境与发展大会通过了《21 世纪议程》，它为各国治理环境，增强国力，加快经济增长，规定长期目标和行动计划，制定环境与发展战略提供了依据。

国际性自然资源保护趋势为：

①为保护和管理好土地资源和矿产资源，政府应运用立法和经济手段，鼓励土地资源和矿产资源的持续使用和管理。特别要关注农业用地，重视可持续发展；强调矿产资源有效的综合利用，积极开发替代品。农业和农村开发，以增加粮食产量和保存及恢复土地的生产力。

②为保护森林，应发展树木、森林和林地的多重生态、经济、社会和文化的作用与功

能，并把它们的价值纳入国民经济核算体系。

③为防止沙漠化蔓延，应优先考虑对尚未退化或仅仅轻微退化土地的使用政策和可持续发展的水资源管理；使用无害于环境的农业和畜牧业技术。

④为保护海洋资源，应加强预防工作，坚决实施《蒙特利尔海洋环境防止陆源污染危害的纲领》；控制海运造成的污染，并制定严格的减少意外事故的国际性法规；建立专门的经济区，以保护和维持海洋资源。

⑤为保护和管理淡水资源，首先应对淡水资源进行评价和保护，制定淡水的使用、质量、保护和改善的国家目标，对淡水供应与发展之间的关系应当有明确的模式，以便进行规划管理；其次必须发展节水技术和管理技能。

（四）中国的国土资源保护

随着我国人口、资源、环境与经济发展之间的矛盾日趋尖锐，转变传统的发展战略，走可持续发展的道路，改变长期沿用的发展模式，即以高投入、高消耗为发展的手段和途径，以高消费、高享受为发展的目标和动力，片面强调经济目标、经济发展的速度和数量，忽视对国土资源的保护、环境污染的防止，资源环境保护将逐步从末端控制走向全程管理和超前管理。

通过制定国土资源开发规划，完善有关法律制度，加强管理，促使节约、合理利用国土资源，防止污染、破坏，保证可再生资源的动态平衡，用经济手段保护国土资源。对国土资源消耗、利用进行边际成本核算，并体现在国土资源有偿使用价格上，促使节约、合理利用国土资源；预收国土资源恢复治理费；对造成资源环境破坏者进行制裁。

1. 土地资源保护

由于人口的不断增长，形成对土地资源的巨大压力，一是非农业用地不断扩大，二是土地利用的不合理开发，使土地资源不断退化，生产力下降，所以，切实加强土地资源保护是一项长期的基本任务。

（1）基本农田保护

基本农田保护措施主要是针对非农业用地的盲目扩展和土地质量退化。建国以来，我国虽重视开垦扩大耕地面积，但是，由于在相当长的时间内占用耕地和人口增长失控，造成耕地面积减少的问题非常严重。耕地减少的原因是多方面的，除了国家基本建设正常占地外，乱占滥用耕地是重要原因。基本农田是指从战略高度出发，为了满足国民经济持续稳定的发展，按照一定时期人口和社会经济发展对农产品的需求，依据土地利用总体规划确定的不得占用的耕地。

（2）水土流失防治

水土流失是我国土地资源退化的一个重要因素。水土流失又称土壤侵蚀，是指地球表面的土壤在外营力（水力、风力、重力等）作用下，发生的各种破坏、分离、搬运、堆积的现象。

我国水土流失既有自然地理原因，也有历史和现代社会经济原因。我国的山地和丘陵占有国土面积的1/3，由于地势起伏和坡度关系，表层的土壤颗粒易随地表径流顺坡流失进入江河、平原，进而流入海洋。另一方面，中国又是一个季风气候的国家，水旱季节交替明显，降水集中于夏秋，常以暴雨的形式出现，这种气候和降雨特点极不利于植被生长，极易造成水土流失。在社会经济因素方面，中国也有其特殊性，中国是一个农业古国，垦耕历史久远，加上战乱和历史上的大兴土木，使开发较早的中原及其邻近地区树尽林光，为水土流失的发生和加剧创造了条件。

目前，我国水土流失面积在 $3.67\times10^7\text{km}^2$ 以上，约占全国面积30%。全国以黄土高原地区最为严重，流失面积约为 43km^2，长江上游的西藏、青海、甘肃、陕西、四川、云南等省区，水土流失形势也很严峻。

在治理技术上，有水土保持生物措施与工程措施相结合，沟坡兼治，长短结合，治理与农林牧副渔综合利用相结合等。同时继续使用传统的有效蓄水保土耕作法，如等高耕作、水平沟种植、垄作农田等。山坡修建梯田是中国劳动人民的历史杰作。把山坡修成梯田，既保土又保水，许多这样的田已耕作了几百年。20世纪80年代以来，有很多政策与技术的创新，如户包式联产承包小流域治理、规模治理，拍卖“四荒”使用权，建立水土保持综合治理与开发经济实体等，都发挥了很好的作用，推进了治理速度和提高了治理效益。我国虽然在水土流失治理方面取得了令人瞩目的成就，但是一边治，一边破坏，点上治理、面上破坏的情况仍普遍存在。

我国的宏观水土保持工程计划正在实施，国家林业局规划和实施大规模的生态林业工程，以期构筑一个强大的生态系统，从根本上扭转中国的水土流失趋势，改善生态环境和走上持续发展的道路，如“三北”防护林体系建设，长江流域水土流失区建设长江防护林系等。

(3) 土地沙漠化防治

土地沙化的原因是复杂的，有自然因素亦有人为因素，一般来说是二者共同作用的结果，但人为因素是主导因素。

据有关研究表明，我国北方现代沙漠化土地的成因主要是人为活动减少了沙区植被所引起的。其中过度采樵为主占31.8%，草原过度放牧占28.3%，草原过度农垦占25.4%，水资源利用不当发生荒漠化占8.3%，只有5.5%是由于自然风力作用造成沙丘前移而导致农田或草场荒漠化。

我国的沙漠化防治工程包括沙丘固定、防止土壤风蚀和绿化以增加植被等三个部分。沙漠化土地的治理，必须以生物工程措施为主，因地制宜，因害设防，明确沙化地区以牧为主，加强草场建设，并控制载畜量，以保护草场和其他植被。

(4) 土地污染防治

随着工业化发展，工业排放的有毒有害废气、废水和废渣进入土壤的数量逐年增加，受污染的土地面积逐年扩大。其次是农药、化肥、地膜覆盖，使用不合理，利用率低，直接或间接污染土地，进而使动物和各种农畜产品中有毒有害物质积累，破坏食物链甚至整个生态系统。

防止土地污染必须“以防为主”，严格控制和消除污染源，防止重点是减少农药、化肥、污染水和固体废弃物等带给土地的有毒物质数量，减少毒素再循环。具体措施有：开展土地污染的调查与动态监测；严格执行“三同时”制度，即防治污染工程与主体工程同时设计、同时施工、同时投产；严格执行“三废”排放标准，严禁超标排放；提高“三废”处理率；合理使用化学农药，推广高效、低毒、低残留量的农药，提倡推广生物防治和综合防治病虫害的新措施；合理使用化肥，尽量配合使用农家有机肥料。对已经受污染的土地采取合理利用、调配种植品种等方式减轻污染危害。

(5) 土地复垦

土地复垦是指对被破坏或退化土地的再生利用及其生态系统恢复的综合性技术过程。由于采矿业是破坏土地最严重的行业，因此狭义地讲“土地复垦”是指对工矿业用地的再生利用和系统的恢复。

土地复垦的对象包括：一是占用农业用地（工业矿场、堆矸场、灰渣堆放场、露天开采剥离占压的土地、交通与生活区用地）；二是采矿形成的采空区及其波及的地表变形、塌陷、裂缝以及由此引起的水土流失、土质退化等问题。

土地复垦中要加强复垦规划的制定与实施。土地复垦规划的基本依据：一是待复垦土地被破坏的类型及程度；二是待复垦土地在被破坏前的自然适宜性和生产潜力；三是复垦土地的工程地质条件和应用机械的可能性；四是社会环境条件和经济因素。依据这四个因素的综合影响，土地复垦有三类不同的标准：一是接近破坏前的自然适应性和土地生产力水平；二是通过复垦改造为有新适宜性的另一种土地资源；三是恢复植被，保持其环境功能，减少水土流失，防止其土地质量的进一步退化。对于没有条件复垦或复垦不符合要求的，应当缴纳土地复垦费，专项用于土地复垦。此外，复垦的土地应当优先用于农业。

2. *矿产资源保护*

我国矿产资源保护的方式应由原来的直接保护向间接保护转移，要通过制定实施一套完善的矿业法律制度来规范矿产资源开发利用活动；用矿业发展战略、矿业政策来引导矿产资源的开发利用；用以征收矿产资源补偿费为主的完善的经济手段，促使矿山企业自觉地节约、合理利用矿产资源。

（1）对未开发利用矿产资源的保护

要禁止掠夺性开采，防止污染破坏。

（2）矿产资源开发过程中的保护

①矿产勘查过程中的保护：开采前必须查明矿产资源的储量、质量并实行综合找矿、综合评价，以便综合开发，最大限度地利用矿产资源。

②矿山设计阶段的保护：开采前必须做好工业设计，要确保矿产资源的设计利用率。

③矿山开采阶段的保护：提高采矿回收率是个关键，实施贫、富兼采，厚、薄兼采，大、小兼采的有效措施；重视矿坑的合理处理，避免造成对余留及相邻矿产资源的污染、破坏。

④选矿阶段的保护：提高综合利用率，提高选矿回收率，妥善处理“三废”。

⑤矿山冶炼阶段的保护：提高矿产品冶炼回收率，最大限度地综合回收有益元素。

（3）矿产品消耗过程中的保护

①节约：降低国民经济的发展对矿产资源消耗强度（单位产值对矿产品的消耗）。

②替代：用其他物质代替矿产资源，用低价资源代替贵重资源。

③二次利用：对废旧矿产资源加工再回收利用。通过综合回收利用途径，使产生的废渣、废水、废气变废为宝，化害为利，以最大限度地回收利用被视为废物的“二次资源”，有效地减少污染物排入环境。目前国内外许多矿山、冶金企业日益重视从废石、选矿厂的尾矿、前人留下的老尾矿、工厂废渣、废料及废液中综合回收金、银、贵金属以及其他有价值的金属和稀有金属，以充分利用这些“二次资源”。

3. *林区保护*

我国森林资源遭受破坏的程度十分严重，火灾、毁林造田等现象十分突出。保护林区首先要完善管理体制，设立专业经营机构，加强抚育管理和采伐管理，重点要保护建设东北、西南二大林区，发挥其木材生产和保护草原、平原农牧业生产的双重任务。变集中采伐为全面开发永续利用，积极开展综合利用，提高木材利用率，发挥南方九省集体林的作用和潜力。

4. 水资源保护

我国是一个严重缺水的国家，而且浪费惊人，破坏和污染水源的现象也十分突出。为适应我国发展和人民生活需要，必须合理开发利用，切实加强保护。

①建立严格的水资源管理制度，发挥现有水利工程效益。我国已建、正在修建大批的水利工程，要充分发挥供水工程潜力，提高用水效率，发挥水资源的综合利用效益。

②节约用水。我国是农业大国，节约农业用水非常重要。节约用水的措施，包括渠系的配套和渠道衬砌，减少或避免漏水；推广喷灌等措施，能节约用水 30% ~ 50%；城市工业用水中，提高工业循环用水率，可大大减少耗水量。

③为防患于未然确保安全用水，建立水源保护区，控制水体污染，治理好“三废”是搞好水源保护的根本措施。

5. 海洋资源保护

毗邻我国大陆的辽阔海域，大部分水深在 200m 以内，大陆架面积约占整个海区的 80%，是世界上海洋生产力最高的区域之一，是多种鱼虾产卵、索饵、越冬的场所。因此，要合理开发利用和保护我国的海洋资源，提高海洋资源开发利用的经济效益。

①加强法制，保护海洋。海洋具有世界性，防止海洋污染，要认真执行《中华人民共和国海洋环境保护法》。

②加强海洋科学的研究工作。结合我国的实际情况，当前应当重视：加强调查监测工作，掌握和了解我国海域污染的现状和趋势；开展重点河口海湾的自净能力和环境容量的研究工作；开展海洋污染对海洋生态系统影响的研究；重视增殖海区海洋学基础的调查研究。

③科学捕捞和海水养殖结合起来，使海渔业资源得到合理的保护。如有计划的留下足够的适当的群体组成基本资源数量，可人工增殖延续后代，保持一定的世代强度，为捕捞提供充足的物质基础。

④积极发展水产品的加工和资源综合利用。

⑤开发远洋渔业和南极新资源。

6. 旅游资源保护

旅游资源是旅游业发展的基础，旅游业要长期持续发展，必须认真做好旅游资源的保护工作。旅游资源的保护不仅包括旅游资源本身的保护，使之不受破坏，而且还涉及到其周围自然生态环境的保护问题。

旅游资源大多是自然及人类文化遗留下来的珍贵遗产，不但具有易受破坏的脆弱性，而且还具有难以恢复的不可再生特点，故旅游资源的保护措施也应多元化。

(1) 减缓旅游资源的自然风化

旅游资源的自然风化的起因是自然界由于光、热、水环境的变化引起的。存在这一问题的主要是历史文物古迹。如埃及的金字塔，我国的云冈、龙门、麦积山、敦煌四大石窟等名胜古迹均受到了自然机械风化的破坏。出露于地表的旅游资源完全杜绝自然风化是不可能的，但一定范围内改变环境条件使之风化过程减缓是可能的，如将裸露的景点加罩或盖房予以保护。

(2) 杜绝人为破坏旅游资源

旅游资源人为破坏的根源主要是广大民众保护旅游资源的意识不强，可加强旅游保护意识和知识的宣传教育，开展旅游资源保护的研究和人才培养，健全旅游资源法制和管理体系，完善风景名胜区保护系统。

(3) 对已破坏的旅游资源的恢复

绝大多数旅游资源被破坏后难以恢复，但有的历史古建筑、文化价值和旅游价值都比较高，虽然已经衰败，甚至不复存在，但仍可采用治理恢复措施重现其风采。这里主要采取培修复原、整旧如故和仿古重修的治理恢复措施。

旅游资源是存在于自然和社会生态系统中的，只有与环境协调的旅游资源才具吸引游客的魅力，故旅游资源的开发必须遵循生态学原则，保持旅游资源长存于世，永具魅力，从而造福于子孙后代。

第五章 国土资源的可持续利用

人口、资源、环境与发展已经成为当代国际社会普遍关注的重大问题，其中，资源问题又处于基础地位。人口增长和经济的发展，必须带来对资源需求的增长，而资源的不合理开发利用又带来一系列的环境问题。人们不得不转而寻求一种新的发展方式，即走“可持续发展”之路。

第一节 可持续发展与国土资源可持续利用

一、可持续发展

建立在自然资源大规模、高强度开发利用基础上的工业革命带来了前所未有的经济繁荣，创建了工业文明，然而，事物终于不可避免地走向了反面。20世纪初，特别是第二次世界大战以来，人类对自然资源的消耗成倍数增长。这种近乎没有节制的消耗，使得人类赖以生存的资源基础遭到了持续消弱，20世纪70年代和80年代两次席卷全球的能源危机震惊了全人类。同时资源的不合理开发利用、工业污染等造成了人类生存环境的急剧恶化。更为严重的是从20世纪初开始出现的环境问题日趋加剧，从局部逐渐波及到全球的每一个角落和每一个民族。围绕着这些问题，全球开展了大争论，诱发了一系列的重大事件。

1968年4月，在具有远见卓识的意大利经济学家利奥·佩契（Leo Bachall）博士的倡导下，来自10个国家的30位科学家在罗马科学院召开了一次以“人类目前和未来的困境”为主题的国际讨论会，并成立了非官方的国际团体——罗马俱乐部。在丹尼斯·梅多斯（Dennis Meadows）教授的指导下，经过四年研究，于1972年正式出版了《增长的极限》。该书明确指出，如果目前的人口和经济快速增长的模式继续下去，由于地球上可以利用的天然资源有限，或者受到生态系统净化能力的制约，世界将会面临一场灾难性的崩溃。而避免这种前景的最好方法就是限制增长，即“零增长”方案。该书震动了全世界。虽然描绘的前景过于悲观，忽视了技术进步的作用，但是是第一次对世人敲响的警钟，并为1973年爆发的石油危机所证实。

之后，美国政府于1977年发表了长达1 000多页的对未来的综合性预测报告——《公元2000年的地球》，这项报告对资源、能源问题给予了极大的关注。

1987年，世界环境与发展委员会发出了维护“我们共同的未来”的呼吁，要求各国共同管理好环境资源，以保证人类能在地球上生存下去并不断前进。随后围绕着资源、环境保护问题签订了一系列国际公约。

1989年，联合国召开“环境与发展”全球首脑会议，以期在全世界范围内采取协调一致的行动，解决当前的环境与发展问题，制定和实施既可满足当代人类需求，又不对后代人满足其需求构成危害的全球可持续发展战略。经过两年多的准备，1992年6月3日至14日，在巴西里约热内卢举行了举世瞩目的联合国环境与发展大会，会议通过并签署了五个文件，尤其最重要的《21世纪议程》明确指出要解决环境和发展问题，必须建立可持续发展的全球伙伴关系，成为各国制定和实施可持续发展战略的纲领性文件。中国政府高度重视里约热内卢环境与发展大会和《21世纪议程》，立即着手编制《中国21世纪议程》，阐明了中国政府在资源环境发展方面的基本方针——坚持走可持续发展的道路。

可持续发展战略以谋求社会的全面进步为目标，以经济发展为前提，以自然资源的可持续利用和良好的生态环境为基础。布鲁克菲尔德（H.E.Brookfield，1992）认为，可持续发展的本质是运用资源保育原理，增强资源的再生能力，引导技术变革，使可再生资源替代不可再生资源成为可能，限制不可再生资源的利用，使资源利用趋于合理。因此，自然资源的可持续利用是实现可持续发展战略的核心。

二、国土资源可持续利用

按照可持续发展战略的要求，资源的持续利用与目前只注重当代人需要和眼前利益的资源利用方式不同，它是在不损坏后代人满足其需求之自然物质基础的前提下，来满足当代人需要的资源利用方式。换句话说，资源可持续利用是实际分配合理，部门配置得当，经济、社会和生态综合效益最佳的资源利用方式。首先，对于国土资源，特别是不可再生资源（如能源、矿产、土地等）的耗用速度要合理，既要着眼于满足当代人的需要，让现代人生活得越来越好，也要为后人的生存和发展留有足够的余地，即资源代际公平合理。其次，由于社会对各部门产品的需求是多样的，以及由于各部门的资源产出率不同（如农用地产出率和收益低于工业和商业用地），因此，资源在产业部门间的分配，既要满足社会对各种产品的市场需求，又要适当考虑资源产出率较高的产业或部门，即资源配置要得当，在资源配置得当和资源利用空间布局合理的基础上，用最适宜的技术、最佳的利用目标组合及最有效的管理手段，实现资源利用的经济、社会和生态等综合效益的最优化。

从根本上说，资源的可持续利用，是一种技术上可能、经济上可行、社会可接受和无生态负效应的资源利用方式。显然，资源可持续利用不仅仅涉及资源利用本身，或只局限于资源的利用过程，也涉及到资源的勘查、开发保护及管理等诸多方面。因此，资源可持续利用涉及到人类开发利用国土资源的全过程。

实现资源的可持续利用必须要重视以下几点：

(1) 强调对资源供求关系的认识，增强资源稀缺观念和意识

资源稀缺是一个永恒的主题。不可再生资源由于其蕴藏量不再增加，用一点少一点，其资源危机更加严重。虽然有一部分可以通过回收重复利用，但最终仍然无法逃脱耗竭殆尽的命运。可再生资源虽然可以通过“再生”复重使用，但也都处于极度耗竭的状态，如水、森林、耕地等的可用资源量也在不断下降。因此，要充分认识资源固有的稀缺性以及随着人口的不断增加、生活水平的提高将使稀缺性更加明显。缓解资源稀缺的有效途径还是通过技术创新、经济刺激、行政约束、法律规范等方面合理地开发利用发挥资源的更大效益，减少资源浪费。

(2) 特别要重视资源利用的生态问题

只有不造成环境污染、不减少生物多样性的资源利用，才是可持续的资源利用方式。只有将资源视为生态系统的一个组分，以生态学的能量转化原理、物质循环规律等基本原理去认识资源开发利用的整个过程，才能在资源勘查、开发利用和保护的每一个环节避免对环境的破坏，协调资源特别是可更新资源各利用层次间的关系并以此提高资源的综合利用效率。在资源与环境这两大问题中，资源是矛盾的主要方面。事实上，今日对人类生存造成危害与

危险的各种环境问题，从根本上讲，都是资源开发利用不合理所造成的。因此，生态环境问题是资源可持续利用中的关键问题。

(3) 资源的代际公平分配，不仅是一个经济问题，更是一个社会伦理问题

是否注重资源的代际分配，是资源可持续利用与传统资源利用方式的区别。资源的代际公平分配必须建立在一定的约束和激励机制之上，要依靠经济手段（如价格、利率、成本核算等)、法律手段（资源法规）和行政手段（制约资源利用定额，颁发资源利用许可证等）实现代际公平分配。其中关键的问题是要防止和限制对资源，特别是不可再生产资源的过速耗用和提前耗用，以及防止超越可更新资源最大容许利用强度。此外，要制定严格的法规，约束政府的资源行为，克服其资源利用短期行为。

第二节　国土资源可持续利用评价

按照国土资源可持续利用的基本含义，评价国土资源是否符合可持续发展的要求，主要侧重于资源的保证程度、承载能力、资源利用的生态环境效益等。

一、国土资源供需评价

可持续发展的核心是要保证当代以及后代人对资源的需求。其中有资源的耗用速度问题，但首先要有资源量保证。因此，研究和评价资源量（包括实物量和价值量）是否满足可持续发展的要求以及经济、人口承载能力具有十分重要的意义。

评价国土资源的保证程度，主要根据资源量和资源潜在价值的变化来衡量。

假定过去某一时期的资源状况与人口、环境和经济的发展状况相适应，以其资源状况作为参照系，则判别资源可持续利用的标准有四种情形（李金昌，1997)。

(1) 资源实物量的变化率大于零，即 $r_1 = \Delta R_1 / R_{10} > 0$

式中：r_1 为资源实物量的变化率；

ΔR_1 为资源实物量的变化量，它等于当前资源实物量 R_1 与参照系资源实物量 R_{10} 的差值，即 $\Delta R_1 = R - R_{10}$。

对于可再生资源，一般情况下可以满足这一需求；但在出现相对耗竭的情况下，就不一定满足这个要求。对于不可再生资源，因其用一点就少一点，一般不会满足这个需求。为使其满足要求，必须寻找新的资源或替代资源。

(2) 资源价值量的变化率大于零，即 $r_2 = \Delta R_2 / R_{20} > 0$

式中：r_2 为资源价值量的变化率；

ΔR_2 为资源价值量的变化量，它等于当前资源的价值 R_2 与参照系资源价值量 R_{20} 的差值，即 $\Delta R_2 = R_2 - R_{20}$。

由于资源本身的质量存在差别，高质量的资源消耗多，低质量的资源消耗少，其价值量的减少就会比实物量减少得更快；特别是在有污染的情况下，即使实物量没有变化，其价值量也会减少。一个国家和一个地区的资源价值量，不仅与其资源的实物量有关，而且与资源的质量有关。因此，资源价值量变化率这个指标是比资源实物量变化率指标更为全面、更能反映本质的指标。

(3) 人均资源价值量的变化率大于零，即 $r_3 = \Delta R_3 / R_{30} > 0$

式中：r_3 为人均资源价值量的变化率；

ΔR_3 为人均资源价值量的变化量，它等于人均资源的价值量 R_3 与参照系人均资源价值量 R_{30} 的差值，即 $\Delta R_3 = R_3 - R_{30}$。

我国是一个人口大国，不仅人口基数大，而且人口增长数量多。所以，即使资源价值量维持不变，人均资源价值也会减少。为满足这一要求，必须扩大资源数量，提高资源质量。

(4) 单位国内生产总值的资源价值消耗量的变化率小于零，即 $r_4 = \Delta R_4 / R_{40} < 0$

式中：r_4 为单位国内生产总值的资源价值消耗量的变化率；

ΔR_4 为单位国内生产总值的资源价值消耗量的变化量，它等于当前单位国内生产总值的资源价值消耗量 R_4 与参照系单位国内生产总值的资源价值消耗量 R_{40} 的差值，即 $\Delta R_4 = R_4 - R_{40}$。

以上四个标准必须同时满足，才算资源是可持续的，才符合资源保证程度的要求。只要有一个标准或条件不满足，就不能说资源是可持续的。不满足的标准或条件越多，不可持续的程度越大。

二、国土资源承载力评价

国土资源承载力是指在一个可预见的时期内，在当时的科学技术和自然环境允许的条件下，国土资源对社会经济持续发展和人口数量的综合支持能力。对于国土资源承载力的研究最早最系统的是土地资源人口承载力，之后又有人对矿产资源承载力进行过研究。这里主要介绍土地和矿产资源的承载力研究。

（一）土地资源人口承载力研究

土地资源人口承载力研究：主要是探讨人口、食物（粮食）和资源（土地）之间的关系，其实质是研究人口消费与食物生产、人类需求与资源供给之间的平衡发展问题。具体地说，土地承载力是指在一定区域内的土地生产的自然潜力和一定投入条件下，可能生产的食物总量与一定的人均消耗量的总和之比的一个动态估算，即土地人口承载量（Population Supporting Capacity of Land）。

土地资源人口承载力计算方式可分两种：一种方式是按每年人均多少千克粮食计算。实际上它是一种概算，如按每年每人平均 375～400kg 粮食计算，而且不考虑粮食品种及人群的年龄、性别和职业。另一种方式是按每人每天需多少焦耳的热和多少克蛋白质，并将按不同年龄、不同劳动强度与不同性别的人折合为一个“平均人”，将不同作物产品分别折合成热量与蛋白质量，且折算为相应的农业生态区内的单位面积的生产量，两者相除即得单位面积土地所能承载的人口潜力。

此外，土地资源承载力还与土地的生产能力有关，随着科学技术的进步及土地投入的增加，一定面积土地的承载力也会相应地增加。

根据我国的生产力水平及土地资源情况，我国粮食的最大可能生产能力为 8.3×10^8t，这被认为是在可预见的未来能够逼近或达到的目标。如果采用人均 500kg 粮食的标准分析人口承载量的高限，我国耕地将能承载 16.6 亿人口；而以人均 550 千克粮食的标准分析人口承载量的高限，则我国耕地将只能承载 15.1 亿人口。由于实现最大可能生产能力需要相当长期的艰苦努力，而人口预测的中方案在 2045 年就达到 16.5 亿的峰值，高方案在 2065 年人口将达到 17.8 亿的峰值，所以，根据我国人口承载力情况，我国人口顶峰应力争控制在 16

亿左右。

（二）矿产资源承载力研究

矿产资源承载力的研究开始于20世纪90年代中期，在我国矿产资源经济研究中，是借鉴土地承载力的概念而发展的。所谓矿产资源承载力是指在一个可预测的时期内，在当时的科学技术和自然环境允许的条件下，矿产资源的经济可采储量（或其生产能力）对社会经济发展的支持能力。与土地承载力相比，矿产资源承载力研究又有自身的一些特点：

①由于矿产资源稀缺、耗竭和不可再生性，矿产资源承载力具有较强的时间性限制。土地承载力着眼于人地关系研究；矿产资源承载力研究，更多的是要探讨持续性发展下的承载力问题。

②矿产资源的可用性是一个动态的概念，从矿产资源的赋存到矿产品，要经过采选和冶炼，需要有相应的技术、经济条件，因而矿产资源承载力受当时的科学技术水平和经济条件影响较大。

③矿产资源的开发利用会对环境起破坏作用，所以部分矿产资源承载力会因环境的恶化、受环境制约而衰减。

④矿产资源承载力呈刚性特点。这是因为一方面由于开发利用周期长、投资大，开发生产的惯性大，难以及时随市场变化而调整；另一方面，矿产资源开发的品种少、用量大，但用途的选择性较弱。

⑤矿产资源承载力首先表现为对经济发展的承载力，而对人口和环境的承载力是间接的。

在对我国矿产资源与可持续发展研究中，分别设计了矿产资源对物质生产、人口生产和环境生产的承载力指标体系。其中对物质（经济）和人口的承载力评价指标分列如下：

矿产资源经济承载力评价指标：现有矿产资源经济承载力、预测矿产资源经济承载力、现有矿产资源经济平衡、预测矿产资源经济平衡。

矿产资源人口承载力评价指标：现有矿产资源人口承载力、预测矿产资源人口承载力、现有矿产资源人口平衡、预测矿产资源人口平衡。

三、国土资源可持续利用评价指标

可持续发展一词最初是从生态学的范畴中引申而来，现在已应用于更加广泛的经济学及社会学范畴，不同的学者对此有不同的理解。针对资源与环境，则应理解为保持或延长资源的生产使用性和资源基础的完整性，意味着使自然资源能够永远为人类所利用，不致于因其耗竭而影响后代人的生产与生活。表5-1所列出的指标是对多年来政府和研究人员在国土资源可持续利用方面所做工作的一些总结，并不能说明它是国土资源可持续利用指标的全貌。对于不同资源，可根据表5-1中的对应指标进行评价，也可以在此基础上根据不同资源在开发利用过程中的特点进行更进一步的分类。

表 5-1 国土资源可持续利用指标

指标分类	评价对象	压力指标	状态指标	响应指标
国土资源与环境	能源的供应与消耗 不可再生资源的消耗 经济活动的能源消耗 因能源利用而导致的污染 能源效率	矿物燃料的消耗 初级和最终能源消耗 各产业的能源消耗 交通运输能源利用 居民能源消耗 实际的能源价格	能源结构 能源消耗和产出	能源合理定价 能源发展规划
	淡水资源的供应与水质（保证水资源供应，以满足消费者和经济发展的要求，并鼓励水资源的有效利用） 水资源存量/供应 水消费 水资源开采的影响	地表（下）水的年开采量占水资源总量的比例 人均水消费量	地下水储量 淡水水体中大肠杆菌的密度 COD、BOD	
	水污染	各种污染物排放量	水体中污染物浓度	污染控制支出 污水处理投资
	海洋与海岸保护	沿海地区人口增长 向海洋排放的油类 向海洋排放氮和磷	海洋资源最大可持续产量与实际平均产量的比例 海洋资源存量与最大可持续产量的差额 藻类指标	参与有关海洋保护方面的情况
	土地资源的规划与管理	土地利用情况（结构）的变化 家庭数目 道路建设 城市建设用地 工业用地 其他用地	土地状况变化	自然资源管理方式的变化
	脆弱的生态系统：沙漠化与干旱	干旱地区生活在贫困线以下的人口	年降雨量指数 植被覆盖指数 受沙漠化影响的土地面积	
	脆弱的生态系统：沙漠化与干旱	干旱地区生活在贫困线以下的人口	山区自然资源的利用与条件 山区人口的福利水平	
	可持续农业与农村开发	农药的使用 化肥的使用 耕地灌溉的百分比 农业中的能源利用情况	人均耕地 受盐渍化和水涝灾害影响的耕地面积 土壤质量 表土的重金属含量	农业和农村教育 农业研究
	森林	树林砍伐量	森林面积变化	受管理的区域面积比例 受保护的森林面积占总森林面积的百分比

续表 5-1

指标分类	评价对象	压力指标	状态指标	响应指标
国土资源与环境	生物多样性		受威胁的物种占物种的百分比	受保护地区面积占整个面积的百分比 用于生物多样性研究和开发方面的投资 国家有关生物多样性保护的规章制度和指南等
	气候变化	各种温室气体的排放	浓度 气温变化	用于空气污染的投资 能源结构
	臭氧层破坏	消耗臭氧层物质的生产、消费、排放	氯的浓度 臭氧的含量	议定书的签定、CFC的回收、多边基金的分配
	酸化问题	SO_x、NO_x、NH_3 排放	N、P、BOD浓度	投资、协议签署
	空气污染	各种大气污染物的排放	主要污染物浓度	控制污染、控制投资
	固体废弃物	工业、农业、家庭的固体废弃物的生产和排放量		用于废弃物管理的投资 废弃物再回收利用率 市政废弃物的处置
	有毒、有害化学品	有毒、有害化学品的发生量 有毒、有害化学品的进出口	受有毒、有害化学品污染的土地面积	受到严格管理或禁止的化学品数目 用于有毒、有害化学品处理的投资

注：可持续发展的指标体系中，压力指标是指人类的生产和生活活动对环境造成的压力。状态指标是用来衡量环境质量和环境状态，特别是指由于人类活动而引起的变化以及因此对人类福利等的影响。响应指标是指人类对环境问题所采取的对策方面的指标。

第三节　国土资源最优利用模型

一、不可再生资源最优配置模型

不可再生资源指对人类有意义的时间范围内，资源质量保持不变，资源蕴藏量不再增加的资源。不可再生资源的利用是一个耗竭过程，因此，它的最优利用问题实际上是指在不同时期有限资源合理配置的问题。

（一）不可再生资源的最优利用原则

霍特林（H. Hotelling）最早研究了不可再生资源的优化使用问题，提出了"霍特林原则"。他指出，在最优条件下，不可再生资源的价格与开采成本之差，将按照与其他资产盈利率相同的速率增长。甚至当开采成本下降，租金上涨时，市场价格也会不可避免地上升，需求的数量将开始下降。在最优耗竭率条件下，资源将被耗竭，需求将持续地降至零，并且生产将完全停止。

近年来，有的经济学家在霍特林分析的基础上，融入了经济增长最优轨迹分析内容。这种方法通常用来比较其他资产收益率和自然资源收益率的差异，以及确定在各类市场条件下不可再生资源最优耗竭率的确定问题。较有影响的是达斯格普特和黑尔（P.Dasgupta and G.M.Heal）建立的一个简单模型。他们假定，生产 Q 依赖于某一特定不可再生资源 R 的耗竭和再生资本存量（例如资本商品）K，则 $Q=F(K, R)$。消费 C 被设定为社会福利 u 的增加，计划者的目标在贴现率为 r 的条件下使社会福利 u 最大化。图 5-1 是消费 C 随时间 t 的变化过程。从图中可以看出：

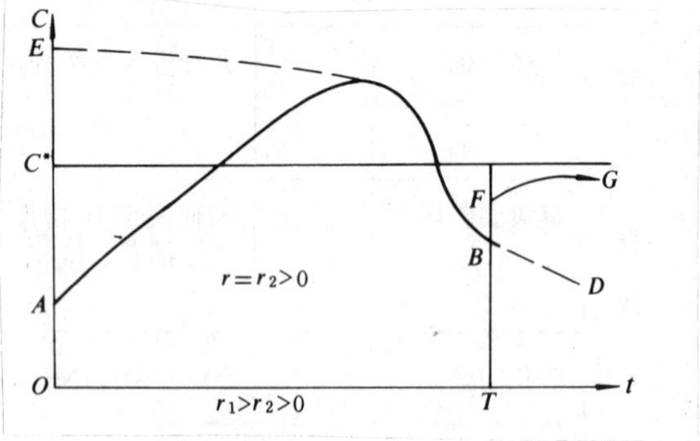

图 5-1 不可再生资源最优耗竭变化过程

（1）若不可再生资源对生产量必不可少（即 R 与 K 的替代弹性小于 1），贴现率 r 是正数，没有技术变化引起的替代品产生，则消费 C 将在初始阶段上升，然后下降趋近于零（曲线 ABD）。

（2）在功利主义社会中不考虑不可再生资源对后代的影响，因而其贴现率 r_1 更高，这样消费 C 的高峰点就在其起点之上。消费的变动如曲线 EBD 所示。

（3）若在 T 时间点有技术变化加入，则消费 C 获得新的动力，消费曲线在 B 点折向 F 点，并将再次上升（曲线 $ABFG$）。这类变化最终形成长期静态消费曲线 C^*。

西方经济学家沿着上述思路，结合技术变化、不确定性，对不可再生资源耗竭利用的不可逆等特征，进一步拓展了对不可再生资源的优化利用的分析。

在分析不可再生资源的优化利用中，分析市场条件等因素也占了相当大的比例。最初对不可再生资源的优化利用分析是在完全竞争条件下进行的。近年来的理论研究则大量集中在市场不完全条件下如何优化利用的分析上。如某些不可再生资源具有公共财产的属性，每一个开采者都力图在成本允许的条件下最大限度地耗竭公有的自然资源，从而偏离霍特林所确定的社会最优利用原则。相反，斯蒂格利兹（J.E.StigLitz）认为在排他性所有权（如垄断）条件下，不可再生资源的开采率可以达到最优。达斯格普特和黑尔进一步得出了在排他性所有权条件下，任何对最优开采率的偏离都会导致过度保护，而不是过度开采的结论。

此外，还有不少经济学家对霍特林的不可再生资源最优利用原则进行了实证研究。研究的结论表明，“霍特林原则”在整体上是可以成立的。

（二）最优耗竭率确定的基本条件

不少西方经济学家对确定最优耗竭率的基本条件做了比较详细的分析。他们分析的主要结论是：确定最优耗竭率的基本条件有两个，第一个是不可再生资源的价格应等于边际生产成本与机会成本之和，第二个是不同时点的特许权收益（Royalty）的现值必须相等。

不可再生资源与一般商品或资源不同的是数量有限、不可制造。这意味着今天的开采和消费有机会成本，即未来某个时期可能获得的收益。特别地，代之以一般的效率条件：价格 = 边际（生产）成本，就有：价格 = 边际（生产）成本 + 机会成本。这是确定最优耗竭率的第一个基本条件。

对于不可再生资源来说，机会成本中的重要内容之一是特许权收益。这一特殊收益，是由不可再生资源数量有限性决定的，指价格（或消费者愿意支付的价格）和开采成本之间的差额。同样的一种不可再生资源在不同的时点进行开采或消费可能获得不同的特许权收益。在不同时点进行选择取决于最大的净收益。

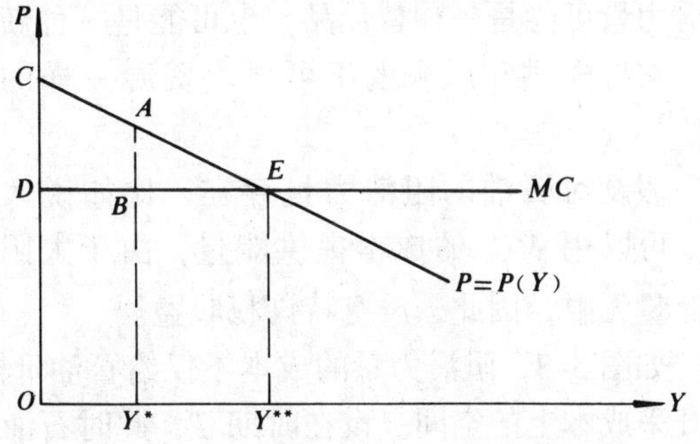

图 5-2 确定最优耗竭率的基本条件

费雪（A.Fisher）对如何进行选择举例作了如下说明：假设地下只埋藏有 10 桶石油，连续的边际开采成本是 2 美元/桶，t 时期的需求（$t=0$，1）为 $P_t=10-Y_t$，P 表示价格，Y 表示开采量，利率 $r=0.10$。

为简单起见，仅设定了两个时期，但其结论可以是扩展的。若单个时期净（社会）收益用消费者愿意支付的价格与产品的生产成本之差进行衡量，则在图 5-2 中，它是 $ABDC$。

由于总愿意支付是需求曲线的积分，总成本是边际成本曲线的积分，即：

$$\int_0^{Y_t}(10-Y')\,dY'-\int_0^{Y_t}2\,dY'$$

在第一时期，$\int_0^{Y_0}[(10-Y')-2]\,dY'$，因而：

最大化目标函数：$\max\limits_{Y_0,Y_1}\int_0^{Y_0}[(10-Y')-2]\,dY'+\int_0^{Y_1}\frac{[(10-Y')-2]\,dY'}{1+0.10}$

约束条件：$Y_0+Y_1=10$

建立拉格朗日表达式：

$$L=\int_0^{Y_0}[(10-Y')-2]\,dY'+\int_0^{Y_1}\frac{[(10-Y')-2]\,dY'}{1.1}+\lambda(10-Y_0-Y_1)$$

$$\Rightarrow\begin{cases}(10-Y_0)-2-\lambda=0\\ \dfrac{(10-Y_1)-2}{1.1}-\lambda=0\\ 10-Y_0-Y_1=0\end{cases}\Rightarrow\begin{cases}Y_0\approx 5.14\\ Y_1\approx 4.86\\ \lambda=2.86\end{cases}\Rightarrow\begin{cases}P_0\approx 4.86\\ P_1\approx 5.14\end{cases}$$

这就是说在时期 t_0，价格和边际成本之差即特许权收益等于 2.86 美元；在时期 t_1，则是 3.14 美元(5.14 − 2)。但注意当利息率为 0.10 时，其现值仍是 2.86 美元($\frac{3.14}{1.1}$)。因而在两个时期，特许权收益是相等的。

在上面的分析中，拉格朗日乘数 λ 是一种影子价格(Shadow Price)，它表明一桶埋在地下的石油将会增加的或开采出来后将会减少的收益。由此，在时间序列中，确定最优开采率的第二个条件是：所有特许权益的现值必须相等或未贴现的特许权益以利率上升。

如果将上面的例证分析加以扩展，那么，确定最优耗竭率的第一个基本条件可以改写成：

$$(P_1-MC)=(P_0-MC)(1+r)$$
$$\Rightarrow P_1=MC+(P_0-MC)(1+r)$$
$$\Rightarrow P_t=MC+(P_0-MC)(1+r)^t$$

在一般情况下，利率为正数，因而不可再生资源的价格处于上升状态。但价格不能无限上升，在上例中不能超过 10 美元（在此点，需求为 0)。更一般地，可以假设一种阻滞力量给不可再生资源的价格上升设定了一个限度。这种阻滞力量可能是一种替代品，也可能是一种新技术，它将提供和原来的不可再生资源一样的效用。

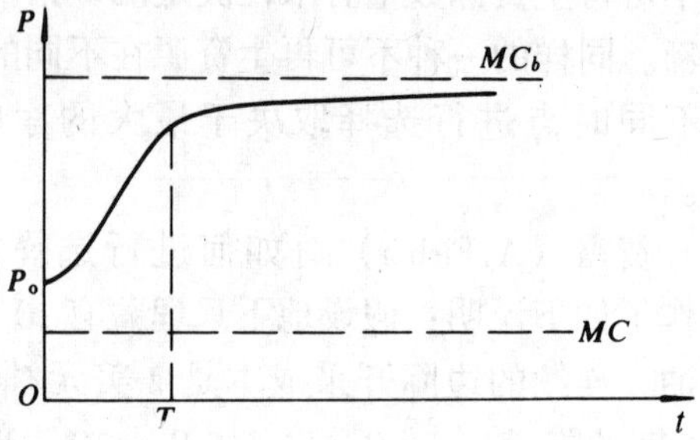

图 5-3　不可再生资源的价格上限

假设对石油的阻滞力量存在，比如说太阳能，可以用 MC_b 的成本提供能量，由于太阳能的储量无限，因此，没有特许权收益。

如图 5-3，阻滞力量的成本不仅给石油价格设置了一个上限，也决定特许权收益能够加到开采成本上的空间。设在时期 T，此时石油转向替代品，价格给定：

$$P_T = MC + (P_0 - MC)(1 + r)^T$$

又因为：$P_T = MC_b$

所以：$(P_0 - MC) = \dfrac{(MC_b - MC)}{(1 + r)^T}$

在 $t < T$ 时：

$$P_t = MC + \frac{(MC_b - MC)}{(1 + r)^{Tt}}$$

产出量在这一简单模型中的变化趋势是：在需求稳定、价格上升条件下是下降的。但也不尽然，因为需求也可能由于收入增加或使用技术的提高而上升。从资源趋向耗竭来说，产出最终是下降的。

（三）最优耗竭模型

在确立了不可再生资源最优耗竭的基本原则和主要条件之后，许多西方经济学家试图建立最优耗竭模型。霍特林 1931 年提出的模型被认为是在这一领域所做的最初尝试，但由于其数学方法的复杂性，不被当时的经济学家所理解。20 世纪 60 年代以后，赫芬达尔（O.C.Herfindahal，1967)、高登（R.L.Gordon，1967)、科敏斯（R.G.Cummings，1969)、舒尔兹（W.D.Schultz，1974)、威因斯坦和泽克豪斯（M.C.Weinstein and R.J.Zeckhauser，1975）等人对霍特林的最优耗竭模型做了进一步阐述和发展。克拉克（C.Clark）在《数理生物经济学》(Mathematical Bioeconomics，Wiley，New York）一书中对资源的最优耗竭模型做了更加详尽的说明。

尽管西方经济学家所提出的最优耗竭模型的复杂程度和目的方面有所不同，但是他们设立模型的总体思路与结果却大致是相同的。他们沿用的一般方法是：从模型最优解应满足的一组必要条件中，解出最优开采量和终止时间；然后将最优开采量和终止时间代入关于存量的微分方程，解出相应的关于存量的变动轨迹；并将存量变动转迹代入由生产技术条件决定的单成本函数，得出关于开采成本随时间沿最优开采量变动的轨迹；最后，将最优开采量、开采成本代入由供求条件决定的价格函数，得出市场价格随时间变动的轨迹。不同的经济学家由于设立的经济机制、市场结构等因素不一样，使用的分析手段不同，因而得到的开采量、终止时间、资源存量、开采成本、市场价格、特许权收益等变量的轨迹形状存在很大的差异。

费雪在 1981 年出版的《资源和环境经济学》一书中，对不可再生资源的最优耗竭模型做了比较一般的概括。

（1）目标函数：

$$\max_{\{Y_t\}}\int_0^T[n\int_0^{nY_t} - P(\xi)d\xi - nC(Y_t,X_t)]e^{-rt}dt$$

（2）约束方程：

$$\begin{cases}\dfrac{dX}{dt} = -Y_t \\ X_0 = \overline{X}_0 \\ X_T = \overline{X}_T\end{cases}$$

（3）汉密尔顿方程：

$$H = \int_0^{nY_t} P(\xi)d\xi - nC(Y_t,X_t) - W_tY_t$$

（4）最优耗竭条件：

$$\begin{cases}P(nY_t) - \dfrac{\partial C}{\partial Y_t} - \lambda_t = 0 \\ \dfrac{d\lambda_t}{dt} = r\lambda_t + \dfrac{\partial C}{\partial X_t} \\ \dfrac{dX_t}{dt} = -Yt\end{cases}$$

（5）最优控制条件：

$$\begin{cases}\dfrac{\partial H}{\partial Y_t} = 0 \\ \dfrac{dW_t}{dt} = rW_t + \dfrac{\partial H}{\partial X_t} \\ \dfrac{dX_t}{dt} = \dfrac{\partial H}{\partial W_t}\end{cases}$$

二、可再生资源的可持续利用方式

可再生资源是指能够通过自然力以某一增长率保持或增加蕴藏量的自然资源。对于可再生资源来说，主要是通过合理调控资源使用率，实现资源的持续利用。

可再生资源的持续利用主要受自然增长规律（Natural Growth Law）的制约。自然增长规律的主要含义是指可再生资源的增长是资源存量的函数。但是两者的关系不是单调的，存量的增加初期随存量的规模上升，之后又下降。存在这一拐点的原因是环境对资源有承载能力（Carrying Capacity），也就是其能支持的最大量。当存在数量或存量到达这一点时，增长必然降低，直至为零。

假设增长曲线为 $g(x)$，X 仍为资源存量，如图 5-4。当 $X = X_c$ 时，表明存量被耗竭完后无增长发生。

在这点之前有增长也可有停止，例如存量过度地分散。

另一个点是 X_m。在这点上，增长达到最大。这种与存量一致的最大化收获或生产无疑是可持续的，因而也是可持续的最大生产量（Maximum Sustainable Yield，缩写成 MSY）。存量的增长

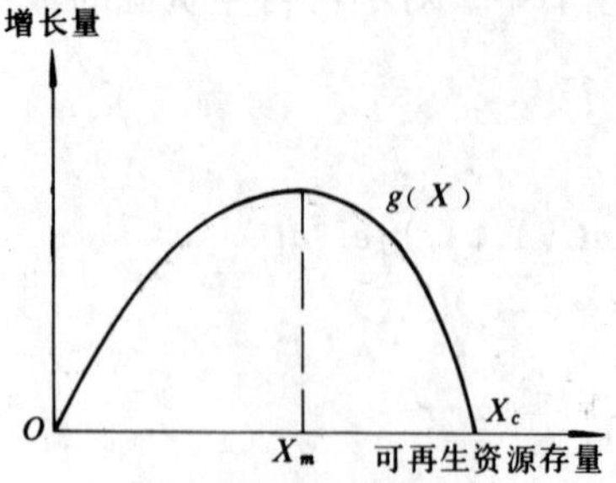

图 5-4　自然增长规律

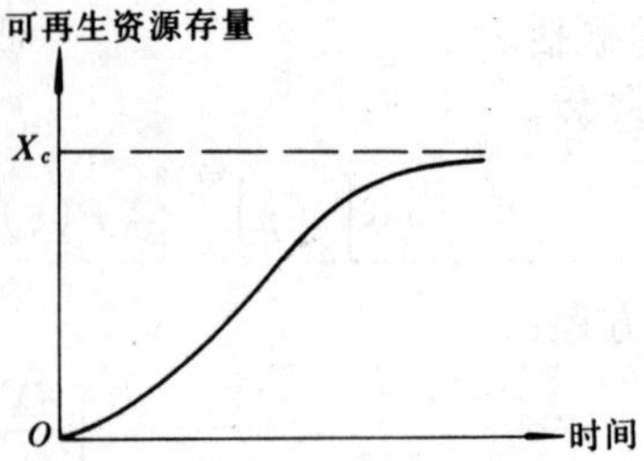

图 5-5　随时间积累的增长

也可如图 5-5 表示，它表明以时间为函数的累积的增长或存量的规模。当存量很小时开始上升，然后下降。曲线以一般的逻辑形式开始时连续加速，然后连续减速。当增长趋近于零时，存量达到了它的最大量 X_c。这是自然设定，通过它可以设法使资源的价值最大化。

单一所有者可再生资源的最优耗竭模型可设定为：

$$\max_{\{Y_t\}}\int_0^T [PY_t - C(Y_t, X_t)]e^{-rt}dt \tag{1}$$

从属于约束条件：

$$\frac{dX_t}{dt} = g(X) - Y_t \tag{2}$$

式中：P 为资源价格；

$C(Y_t, X_t)$是开采成本；

Y_t 是时间 t 时的流量；

X_t 是剩余存量。

这一问题的汉密尔顿（Hamiltonian）方程式是：

$$H = PY_t - C(Y_t, X_t) + \rho_t[g(x) - Y_t] \tag{3}$$

这里 ρ_t 是与约束条件有关的协变量。

对控制变量 Y_t 微分，并使其结果等于零，即：

$$\frac{\partial H}{\partial Y_t} = P - \frac{\partial C}{\partial Y_t} - \rho_t = 0 \tag{4}$$

这与不可再生资源的情况一样。

特许收益权 ρ_t 的变化率的表达式在现在的模型中要复杂一些，即：

$$\frac{d\rho_t}{dt} = r\rho_t - \frac{\partial H}{\partial X_t} = r\rho_t + \frac{\partial C}{\partial X_t} - \rho_t\frac{dg}{dX_t} \tag{5}$$

$\rho_t \frac{dg}{dX_t}$ 是一个新的因素，它可被译为一个附加的从拥有一单位资源存量中获得的红利(Dividend)中获得的超额增长的价值。

对每一种存量都有一个最优产量，方程(4) 和图 5-6 已给出。$X = X_t$ 的最优产量是 $Y = Y'(X_1)$，如此等等。在这一方程中获得的 X 与 Y 的价值轨迹在渔业资源耗竭模型中常被称作捕捞轨迹。

在图 5-7 中，三种不同的捕捞轨迹 Y_A^*、Y_B^* 和 Y_C^* 与不同的成本和需求相对应，每一种捕捞

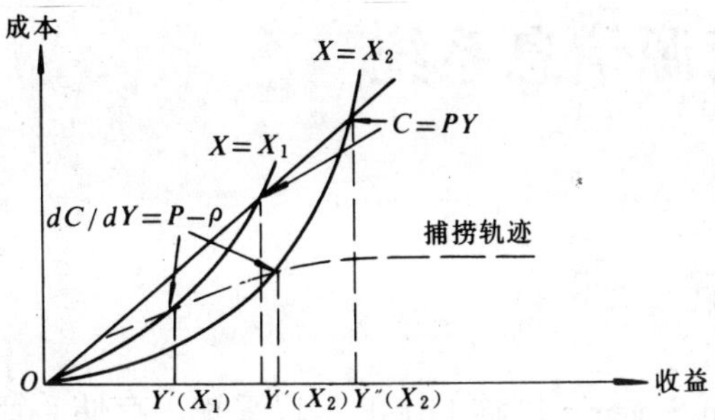

图 5-6 捕捞轨迹

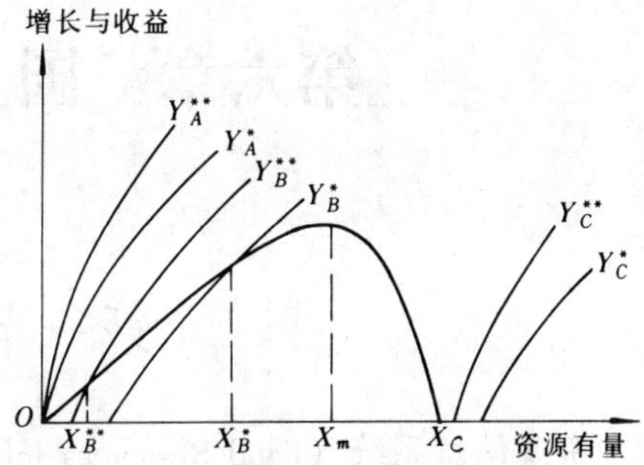

图 5-7 存量收益均衡

轨迹的稳定状态与增长函数相关,存量处于均衡状态。因为 $dX_t/dt = g(x) - Y_t = 0$。在这种结构中,捕捞轨迹 Y_C^* 反映了持续出现的捕捞困难,或没有捕捞价值,或兼有。在这种极端的情况下,最大稳定状态存量是 X_C。

相反的极端是捕捞轨迹 Y_A^*。在此点上,由于存量很大,鱼很容易被捕捞到,或捕捞价值很高,或兼有,物种开始灭绝。因为由 Y_A^* 给定的最优化生产超过由 $g(x)$ 确定的自然增长。轨迹 Y_B^* 代表了一种中间或更典型的情况(有了产出,但没有达到灭绝点)。当捕捞轨迹从下而上穿过增长轨迹时,产出和增长率将会纠正任何对均衡的偏离。

设想没有贴现(例如 $r = 0$),也没有与存量相关的边际成本(例如 $\partial C/\partial X_t = 0$)。在稳定状态下,$dP_t/dt = 0, dg/dx = 0$。在 MSY 存量,即 $X = X_m$ 情况下,MSY 与经济最优化一致。

当 $r > 0$ 和 $\partial C/\partial X_t = 0$ 时,均衡移向 X_m 的左边,存量被最大限度地开采。高登和斯科特(A.D.Scott)对这一状况进行过详细分析,他们认为,当厂商能够随意进入并且没有达成任何协议时,每个厂商都会忽视开采一单位的使用成本以及拥挤造成的不经济。公共物品性质的可再生资源的过渡开采有多种途径可以加以克服,最简单的办法是明确资源的产权,依靠所有者的自身利益加以遏制。近年来,许多沿海国家将其海岸线的管辖权外延至 200 海里就是运用此种办法管理渔业资源的例子。

另一种方式是对每一单位的可再生资源征税。其他的许多保护鱼类资源的控制手段也在广泛采用,如规定鱼网网眼的规格、缩短捕捞期等。

第六章 国土资源信息系统

第一节 概 述

国土资源信息系统（Land Resources Information System，简称 LRIS）是以采集、存储、管理、描述和分析国土空间和地理分布有关的资源数据的信息系统。它是以地理空间数据库为基础，在计算机软硬件环境的支持下，对空间相关数据进行采集、管理、操作、分析、模拟和显示，并采用一定的分析、决策模型，适时提供多种空间和动态的资源数据信息，为资源研究、综合评价、管理、定量分析和决策服务而建立起来的一种计算机应用系统。

由于自然资源包含的内容十分广泛，因而，国土资源信息系统是由若干子信息系统组成的一个庞大而复杂的大系统，其服务对象可概括为以下三个方面：

（1）为宏观决策者服务

具体地说是国家或大河流域一级，其区域范围相对稳定。这种系统往往着重于较长时期的趋势分析和预测。

（2）地区资源开发

根据地区开发目标，适当扩大或缩小，范围是相对的。这类信息系统主要用于区域规划、资源开发和综合治理。

（3）城镇系统（包括工矿区和农场）

这类系统用于实时管理地籍、城市供水、节能、环境保护、旅游交通等方面，要求它们实时检索、实时监测，是个动态系统。由于服务对象不同，各信息系统的性质便不同。第一类以统计型为主，空间型为辅；第二类则以空间型为主，统计型为辅；第三类最复杂，必须同时具备空间型和统计型两种性质，广度和深度兼而有之。

此外，由于国土资源本身研究内容的广泛性和复杂性，国土资源信息系统的建立表现为计算机的应用涉到了信息技术的多个领域，如高速并行处理技术、可视化技术、集成管理空间与属性数据的大型数据库技术、大容量存储技术、信息获取与处理技术、计算机模拟技术、网络通讯技术、人工智能技术等。因此，数字地球、数字国土概念的提出，对于进一步加强国家基础空间数据系统的建立，特别是国土资源数据库的建立，具有极其重要的现实意义和社会意义。

一、数字国土

数字地球是由美国副总统戈尔于 1998 年首次提出的，即一种可以嵌入海量地理数据的多分辨率和三维的地球表示，可以在其上添加许多与我们所处的星球有关的数据。概括地说，数字地球就是信息化的地球，它包括全部地球资料的数字化、网络化、智能化和可视化的过程在内，数字地球的核心思想是用数字化手段整体性地解决地球问题并最大信度地利用信息资源。

借鉴数字地球的建设构想和服务目标，数字国土的概念应运而生。作为数字地球而具特殊性的组成部分，数字国土包括全部国土资源资料的数字化、网络化、智能化和可视化的过程在内，以遥感、全球定位系统为主的空间技术和以计算机科学为主的高新信息技术相结合，完成国家综合资源调查计划，最终实现国土资源数字化，为国民经济建设和社会可持续发展实现长期和全方位服务，提供数据源，为国家开展数字地球信息网络建设提供大量基础信息。构筑数字国土的主要支撑技术有计算机及网络通讯技术、卫星遥感（RS）技术，全球定位系统（GPS）、地理信息系统（GIS）、虚拟现实技术、海量数据的存储处理技术、卫星图像智能处理、大型数据库等。目前，我国已积累了相当数量的卫星和遥感数据资料，一批国家级的地理数据库已经建立，包括国家基础地理信息系统 1∶100 万和 1∶25 万数据库，海洋信息资源、环境等数据库，气候气象数据库，矿产资源数据库，1∶50 万土地利用数据库、1∶10 万土地资源数据库等，这一切是发展数字国土进而建设数字地球最重要的组成部分。

二、国土资源信息系统构成

国土资源信息系统作为专题信息系统，是具有限目标和专业特点的地理信息系统，为特定的专门的目的服务，它可以分为各门类资源管理信息子系统和相应的监测信息系统，如土地资源管理信息系统、矿产资源管理信息系统、森林资源动态监测信息系统、土地利用动态监测系统、荒漠干旱化监测系统等。

结合地理信息系统的构成和国土资源信息系统的具体的特点，一般说来，一个完整的国土资源信息系统与 GIS 一样，通常由四个部分构成（图 6-1），它们是计算机硬件环境、软件环境、资源信息数据、系统维护和使用人员。

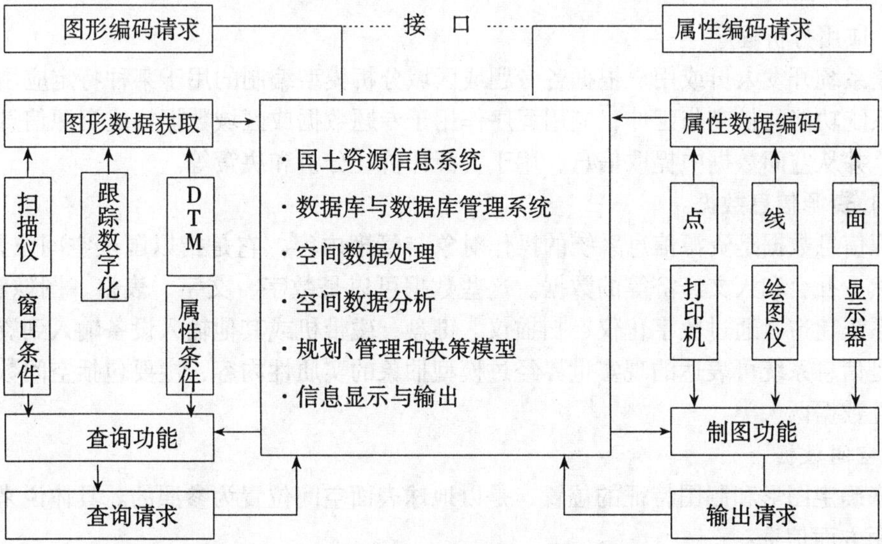

图 6-1　国土资源信息系统

(一) 硬件环境

国土资源信息系统的硬件配置一般包括以下几个部分：

(1) 计算机主机

可以是单机，也可以组成计算机网络系统来应用。

(2) 数据输入设备

用于将系统所需要的各种数据输入计算机，并将模拟数据转换成数字化数据。

其他一些专门设备，如数字化仪、扫描仪、解析测图仪、数字摄影测量仪、遥感图像处理系统、机助制图系统、图形处理系统等，它们均可以通过数字接口与计算机相联接。

(3) 数据存储设备

主要指存储数据的磁盘、磁带、光盘及相应的驱动设备。

(4) 数据输出设备

包括图形终端显示设备、绘图仪、打印机、磁介质硬拷贝机、可擦写光盘以及多媒体输出装置等，它们将以图形、图像、文件、报表等不同形式显示数据的分析处理结果。

(5) 数据通讯传输设备

配上网络系统连线、网卡及其他网络专门设施，资源信息系统就可通过网络与服务器或其他工作站交流信息或共享数据。

(二) 软件环境

国土资源信息系统运行所必需的各种程序，通常包括：

(1) 计算机系统软件

一般由计算机厂家提供，为用户开发和使用计算机提供方便的程序资源，通常包括操作系统、汇编系统、编译程序、诊断程序、库程序以及各种维护使用手册、程序说明等。

(2) 国土资源信息系统软件和其他支持软件

可以是通过地理信息系统工具专门开发的地理信息系统软件包，也可以包括数据库管理系统、计算机图形软件包、CAD 图像处理系统等，用于支持对空间数据输入、存储、转换、输出和与用户接口。

(3) 应用分析程序

这是系统开发人员或用户根据各专题或区域分析模型编制的用于某种特定应用任务的程序，是系统功能的扩充与延伸，应用程序作用于专题数据或区域数据构成资源信息系统的具体内容，并从空间数据中提取信息，用于资源评价、分析和决策等。

(三) 资源信息数据

资源信息数据是资源信息系统的操作对象与管理内容。它是指以国土空间位置为参照，描述自然、社会和人文经济等的数据。这些数据可以是数字、文字、表格、图像和图形等，它们由系统建造者通过数字化仪、扫描仪、键盘、磁带机或其他输入设备输入到资源信息系统中，是信息系统可表达的现实世界经过模型抽象的实质性内容，主要包括空间数据和非空间的属性数据两大类。

1. 空间数据

用来确定图形和制图特征的位置，是以地球表面空间位置为参照的。具体说来，它反映了以下两方面信息：

(1) 几何坐标

主要用于标识资源实体在自然界或包含某个区域的地图的空间位置，如经纬度、平面直角坐标、极坐标等。

(2) 实体间的位置相关性

即拓扑关系，表示点、线、面、网等实体之间的空间联系，如网络结点与网络之间的枢纽关系，边界线分面实体间的构成关系，面实体与岛或内部点的包含关系等。空间拓扑关系对于地理空间数据的编码、录入、格式转换、存储管理、查询检索和模型分析都有重要意义。

2．非空间的属性数据

用来反映与几何位置关系的属性，即通常所说的非几何属性，它是与资源实体相联系的地理变量或地理意义，一般是经过抽象的概念，通过分类、命名、量算、统计等方法得到。非几何属性分为定性和定量两种，前者包括名称、类型、特征等，如岩石类型、土壤种类、土地利用、资源分类、行政区划等；后者则包括数量和等级等，如面积、长度、土地等级、人口数量、降雨量、水土流失量、矿石品位、储量级别等。任何资源实体至少都包含有一个属性，而资源信息系统的分析、检索主要是通过对属性的操作运算来实现的。

（四）系统使用和管理人员

国土资源信息系统是一个动态的地理模型，是一个复杂的人机系统，仅仅有系统硬、软件和数据还构不成一个完整的资源信息系统，它必须处于相应的机构或组织环境内，需要人进行系统组织、管理、维护和数据更新、系统扩充等工作(图 6-2)。

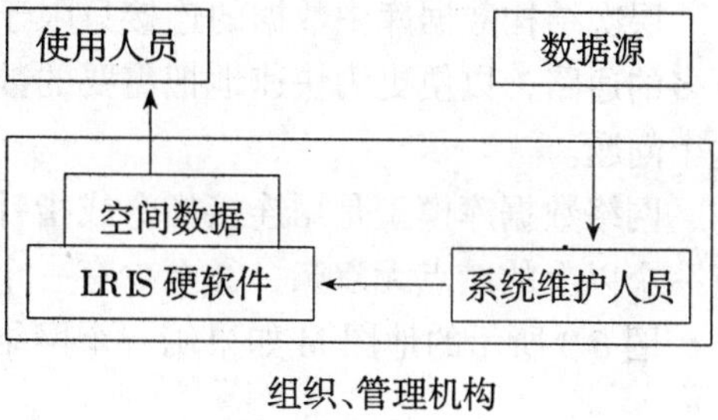

图 6-2 国土资源信息系统、管理与环境

第二节 国土资源数据库

1984 年，原国家计划委员会正式下达开展国土资源数据库的试验研究任务，并明确指出选择西南三省一市为试验区。经过一年多的时间，在微机上建成了西南国土资源数据库。十几年来，国土资源数据库已从最初的提供综合性信息的信息源发展为具有辅助决策功能的信息系统。国土资源信息系统与目前国际上通称的以地理信息系统（GIS）为代表的空间信息系统（SIS）以及国内所称的资源与环境信息系统（REIS）相比，虽然叫法不同，但从实质上看相互之间差别不大，只是各自侧重点不同。近年来 GIS 领域的研究取得了长足的进展，国土资源信息数据库的建立也应该积极吸收当今 GIS（SIS）领域的前沿思想和方法，主要包括面向对象技术以及网络技术在数据库中的广泛应用。

一、数据模型

这里主要介绍层次、网状和关系三种模型，它们是文件系统数据模型的继承和发展。从私有到共享，从孤立的文件到彼此互相联系的数据模式，从简单的文件操作发展为较复杂的数据库操作和相应的数据语言，这三种数据模型不但在数据库发展的历史过程中起了主要作用，而且现在仍然是商用数据库的主要数据模型。

1．层次数据库模型

层次数据库模型是将数据组织成一对多关系的结构，其特点为：①有且仅有一个结点无双亲，这个结点即树的根；②其他结点有且仅有一个双亲。例如：图 6-3 示地图 M，层次结构图形式为图 6-4 所示。

层次数据库结构的优点是存取方便且速度快、结构清晰、容易理解。但它的结构化较呆板，缺乏灵活性，同样一个属性数据要存贮多次，引起大量冗余数据。显然，这种数据结构不适合用于拓扑空间数据的组织。

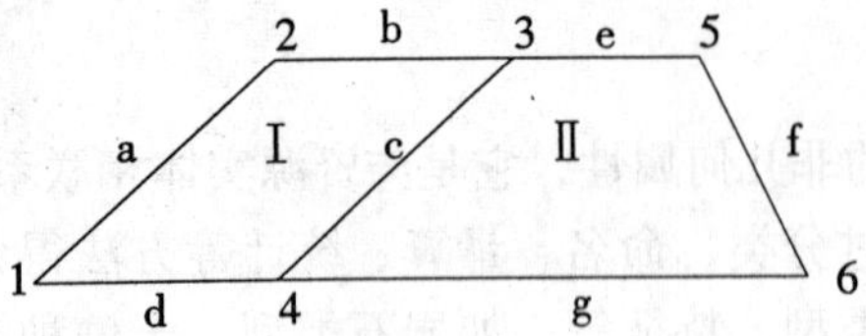

图 6-3 地图 M

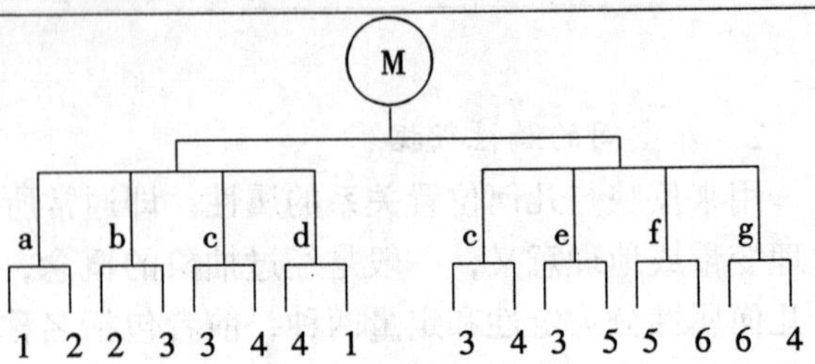

图 6-4 层次数据库结构

2．网络数据库模型

层次结构数据库中数据的连接只限于上下通路，许多情况下，图形数据库结构要求具有更多的通路，以便更为快速地把需要的数据组织起来，网络数据库结构能够比较有效地解决这个问题。

网络数据库模型是用连接指令或指针来确定数据间的显式连接关系，其特点为：①可以有一个以上的结点无双亲；②至少有一个结点有一个以上双亲。

图 6-3 所示的地图 M 如果用一个网络数据库来存贮，形如图 6-5 所示。

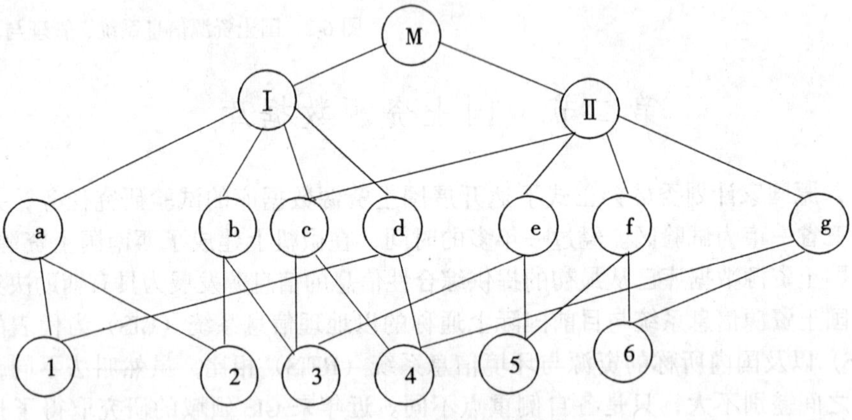

图 6-5 网络数据库结构

网络数据库结构的优点是能够明确而方便地显示数据间复杂关系，数据冗余小。但由于数据间联系要通过指针表示，指针数据项的存在使数据量大大增加，当数据间关系复杂时指针部分会占大量数据库存贮空间。另外，修改数据库中的数据时，指针也必须随着变化。因此，网络数据库指针的建立和维护可能成为相当大的额外负担。

3．关系数据库模型

关系数据库模型是一种数学化的模型，它指数据的逻辑结构归结为满足一定条件的二维表中的元素，这种表就称为关系表。一个实体由若干个关系组成，而关系表的集合就构成为关系模型。图 6-3 所示地图 M，可用图 6-6 所示的关系表表示。

此外，属性数据（与多边形有关的属性数据）也可用属性数据表表示。属性数据可能各种各样，例如，线段 a、b、c、…、g 可以表示道路、河流或巷道等，所有这些关系通过某种共同特征联系起来。

关系模型具有数据结构简单，能直接处理各对象关系，数据修改和更新方便，容易维护和理解等优点。对数据之间的联系不是用指针表示，而是由数据本身通过公共值隐含地予以

多边形号	边号
I	a b c d
II	e f g

(a) 多边形与边关系

边号	起结点号	终结点号
a	1	2
b	2	3
c	3	4
d	4	1
e	3	5
f	5	6
g	6	4

(b) 边结点关系

结点号	X坐标	Y坐标
1	X_1	Y_1
2	X_2	Y_2
3	X_3	Y_3
4	X_4	Y_4
5	X_5	Y_5
6	X_6	Y_6

(c) 结点坐标关系

图 6-6 关系表

表示，还可以用布尔逻辑运算和数学运算规则来操作。因此，关系模型是当前传统数据库中最常用的数据模型。

关系模型数据库的主要缺点是许多操作都要求在文件中顺序查找满足特定关系的数据，如果数据库涉及的目标很多，很复杂，将需要花费很多时间，影响效率；在程序交互、目标标识和模型扩充方面也存在一些不足。

上述三种数据库模型均可用来描述包括图形数据和属性数据在内的空间数据。但由于国土资源信息数据量庞大、数据间关系复杂，上述三种数据模型的应用显现出一定局限性和不足，主要可以概括为：

(1) 以记录为基础，不能很好地面向用户和应用

三种数据库模型基本结构均为记录。而人类对现实世界的认识往往以某个事、物或概念为单位，这些可以互相区别的事、物或概念统称为实体。实体与记录不一定相对应。

记录的属性以及每个属性的域都是在记录的类型中定义的。对于给定的记录，其水平方向（属性）和垂直方向（每个属性的域）都是均一的。在有些情况下基本上是可行的，例如，学生的花名册。但是在有些情况下是不适用的，例如，服装、家具的记录就难以满足水平方向的均一要求，因为各类服装、家具的属性不一定都一样。甚至在有些情况下，垂直方向均一性的要求也难以满足，例如，对于车主这样的属性，属性值可能是部门，也可能是个人。总之，记录不能实现以较灵活的方式来描述纷繁的现实世界。

(2) 不能以自然的方式表示实体之间的联系

数据库模型除对实体进行描述以外，对实体间联系的描述也是一个重要方面。层次和网络数据库模型虽然提供了显示的联系描述手段，但这些联系形式不是实体间联系的自然表示，而是联系的物理实现的描述。这种描述方式将物理实现细节呈现在用户面前，既不自然，又不便于用户理解和使用，而且还有损数据的物理独立性。关系数据库模型避免了这个缺点，实体间的联系用关系来表示。但实体间的联系很难从关系数据库模型中直接看出来。一个实体与哪些实体有联系，必须检查每个关系才能知道。现实世界中的实体联系被掩盖在记录、属性之中。总之，三种传统数据库模型都难以自然地表示实体间的联系。

(3) 语义贫乏

三种传统数据库模型都或多或少有一些语义，例如关系数据库模型的主关键字，层次数

据库模型中的父子关系。但就总体而言，它们的语义是贫乏的。记录各个属性之间的关系及其作用不够明确。

此外，它们对实体间联系的语义描述，也缺少必要的手段。“交互关系”、“从属关系”、“性质”、“组成”等都是语义不同的联系，却用同样的记录结构表示，在语义上无法区分。

(4) 数据类型太少，难以满足应用需要

上述三种数据库模型一般只提供最常用的一些简单数据类型，例如整数、实数、字符串等，而且不允许用户自定义新的数据类型。在有些应用中，希望属性值不直接给出，而是由公式、规则或过程推导而得。有时不但要知道数据的当前值，还要知道不同时间的数值。这些功能在传统数据库模型中都不支持。

由于上述三种数据库模型的缺陷，从20世纪70年代后期，陆续出现了各种其他的数据库模型，在这里将介绍目前比较流行和受重视的面向对象技术在数据库模型中的应用。

二、面向对象技术在数据库模型中的应用

面向对象（Object-Oriented，简称OO）的概念起源于程序设计语言，了解面向对象的方法必须要明确两个基本概念——对象和类。

对象是客观世界实体的抽象描述，由信息（数据）和对数据的操作组合而成。我们身边的一切事物，小至一粒米，大到一个人、一个学校，都是对象。消息是对象之间通信的手段，用来指示对象的操作。方法是对象接收到消息后应采取的动作序列的描述。对象具有封装性，对外部只提供一个抽象接口而隐藏具体实现细节，当要对对象的功能做完善和扩充工作而进行修改时，其影响仅限于该对象内部，而不会对外界产生影响。

类是对一组客观对象的抽象，它将该组对象所具有的共同特征集中起来，以说明该组对象的能力和性质。在扩充构成上，类则形成了一个具有特定功能的模块和一种代码共享的手段。类的确定方法是归纳，提炼所遇到对象的共同特征。例如，居民住宅、饭店、工厂可分别是一个类，也可以抽象为建筑物类。类具有继承性，体现在对象继承结构上，下层对象继承上层对象的特征，便于软件的演化和扩充。在实际工作中，单纯描述一个独立的对象如何工作是没有什么意义的，而描述一个类的工作是有效的，是对一类事物的概括。一个类一般来讲不做实际工作，它只不过是构造实例的模板，真正工作的是对象，也就是类的实例。这是对象与类之间关系的具体表现。

面向对象技术利用对象与类的概念对现实世界的描述可以这样理解，现实世界包括两大部分：物质和意识，映射到面向对象系统的解空间就是具体事物（对象）和抽象概念（类），如图6-7所示。

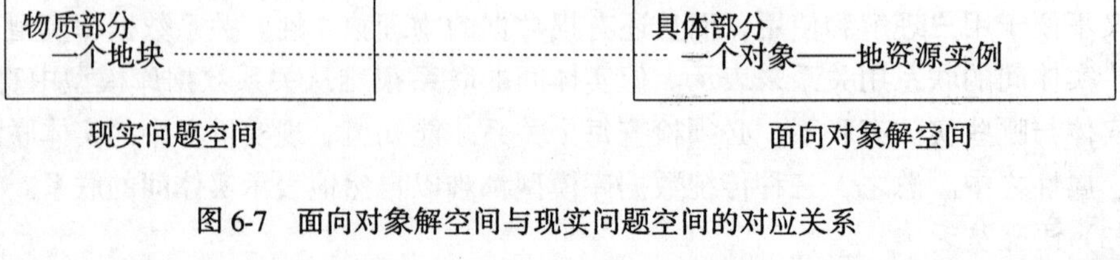

图6-7 面向对象解空间与现实问题空间的对应关系

由图 6-7 可以看出，面向对象技术更能反映人类解决问题的自然方法，它追求的是用户用最小的气力、最大程度地利用软件系统来解决问题。采用面向对象技术的设计方法有很多良好的特点，归纳起来有以下几点：

(1) 模块性

对象是一个功能和数据独立的单元，互相之间只能通过对象认可的途径进行通信，相互没有预料不到的影响，也可以较为自由地为各个不同的软件系统所用。

(2) 封装功能

为信息隐蔽提供具体的实现手段，用户不必清楚对象的内部细节，只要了解其功能描述就可以使用。

(3) 代码共享

继承性提供了一种代码共享的手段，可以避免重复的代码设计，使得面向对象的方法确实有效。

(4) 灵活性

对象的功能执行是在消息传递时确定的，支持对象的主体特征，使得对象可以根据自身的特点进行功能实现，提高了程序设计的灵活性。

(5) 易维护性

对象实现了抽象和封装，使其中可能出现的错误限制在自身，不会向外传播，易于检错和修改。

(6) 增量型设计

面向对象系统可以通过继承机制不断扩充功能，而不影响原有软件的运行。

1．面向对象数据库模型的优点

面向对象数据库模型将现实世界的实体都抽象成对象，即将模拟实体状态的数据和操作封装成相对独立的模块，然后进行分类和概括，以人们认识问题的自然方式将所有对象构建成一个分层结构来描述问题领域中各实体之间的相互关系和相互作用，从而建立起一个比较完整的结构模型，使得现实世界的构成与人们认识问题的方式直接对应。

面向对象数据库模型提供了复杂对象的表示能力，可在任意层次上嵌套各种类型构造符(数组、表、元组等)，同时可表示数据之间各种特殊关系。例如，它打破了关系数据库模型范式的限制，直接支持对象的嵌套和变长记录。

面向对象数据库模型吸收了语义数据库模型中概括、聚合和派生等概念。同时，传统数据库管理中持久性、二级存储管理、并行、数据恢复和查询语言等概念也被包含在面向对象数据库模型中，如图 6-8 所示。

2．面向对象数据库设计

目前，建立面向对象数据库有下列三种方法：

①在现有的面向对象系统或语言上加上数据库管理功能，以丰富系统的库管理能力，从而建立一个面向对象的数据库；反之，也可以在现有的数据库管理系统上引入面向对象的数据库模型，使其支持面向对象的设计方法而形成一个面向对象的数据库系统。

②在现有的面向对象和数据库系统之间建立交互联系，使两者之间互相补充，互相支持。

③另起炉灶，根据面向对象概念和数据库原理的要求，重新设计并实现一个面向对象的数据库系统。

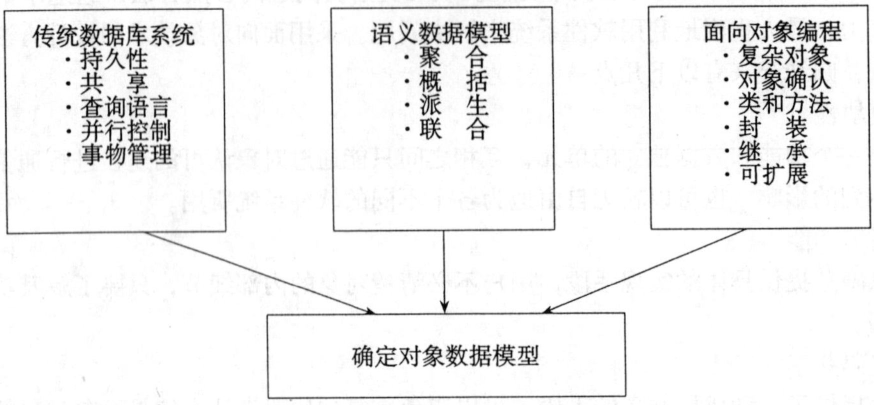

图 6-8 面向对象数据库模型

当前，用于空间信息管理的面向对象数据库模型一般都采用第一种方法，即几何数据用面向对象语言加数据管理功能方法，属性数据用 DBMS 加面向对象数据库模型方法。

(1) 几何数据库模型

无论是简单地物还是复杂地物，就其以几何性质而言不外乎四种类型，即点状地物、线状地物、面状地物以及由它们混合而成的复杂地物。因而，这四种类型可以作为各种地物类型的超类。由于空间信息系统功能和应用范围还处于发展之中，目前也无法对一些几何对象类型定义一个完整的操作集。因此，可将几何类型最基本的操作封装在类型中，而将大量的分析操作放在类型之外，并通过数据接口，将私有数据传递出来。

(2) 属性数据库模型

以在现有关系数据库系统Oracle上引入C++为例，实现属性数据的DBMS加面向对象建模方法，需要将属性数据库模型中各类的属性域转换成关系模式，各类操作用C++实现。其转换规则一般对每个类转换成一个关系模式，类的属性即为关系模式的属性，对象的标识号是关系模式的关键字。例如：建筑物（建筑物标识码、建筑日期、功能）、河流（河流标识码、总长度、源头）为相应转换后的关系模式。

3. 面向对象时空数据库模型

任何人类活动和自然现象的变化都需要经历一定的时间，记录国土资源过去发生的历史数据有时候是非常重要的。例如，地籍管理中的宗地可能经过许多次的买卖或变化。在处理土地纠纷中，人们需要详细的历史记录作为法律依据。对环境生态系统发展变化过程的分析研究，也需要考虑时间和空间两个方面的状况和变化。因此，实现时空复合操作，将空间分析的问题进一步拓展为时空分析的范畴，已成为当今空间信息系统研究的一个重要方向。时空地理信息系统是一种四维（X，Y，Z，T）或二维（S，T）信息系统，其中（X，Y，Z）或（S）表示空间系统，（T）表示时间，这是一种具有时空复合分析功能和多维信息视觉化的系统，是国土资源信息系统建立和完善的必要途径。

最初人们的研究兴趣是在二维空间信息系统中加入时态信息，通常把它们归结为历史数据库的问题。当前，人们把这一研究扩大到真三维、真四维。人们在研究历史数据库时，提出了两个概念，事件时间（World Time）和系统时间（System Time）。事件时间是指某一空间对象在现实时间中发生变化的时间，系统时间是数据库用来跟踪记录变化的时间。一般只考虑事件时间。有三种方法来表达空间对象在数据库中的变化。第一种是当一个或者若干个对象在一次事件中发生变化时，对这些对象涉及的关系表重建一个新的版本；第二种是对变化的对象给定一个新的版本；第三种仅仅对对象变化所涉及到的属性段增加一个新的值。显然，第一种方法冗余度是最大的。第三种方法最理想，它不仅数据的冗余度最小，而且在一条记录中记录了历史信息，便于查询。然而，第三种方法在传统的关系数据库模型中遇到了挑战。第三种方法要求在一个属性字段中要能够存放多个属性值，这显然不符合关系模型的基本范式要求。随着面向对象方法的推广应用，为第三种方法的使用带来了希望，也就产生了面向对象时空数据库模型的概念。面向对象数据库模型打破了关系模型范式的限制，直接支持对象的嵌套和变化记录，是一种解决空间信息系统时态问题的理想模型。

三、数据库管理

1. 关系数据库

对国土资源信息的组织与管理，关系数据库目前仍发挥着重要的作用。较常用、被推崇的国土资源信息数据结构是：采用关系数据库管理属性数据、文件结构管理空间数据，然后通过公共的数据项，实现两种数据的自动联接。下面以土地中土地资源利用现状信息为例介绍这种数据结构。土地利用数据库的构成关系如图 6-9 所示。

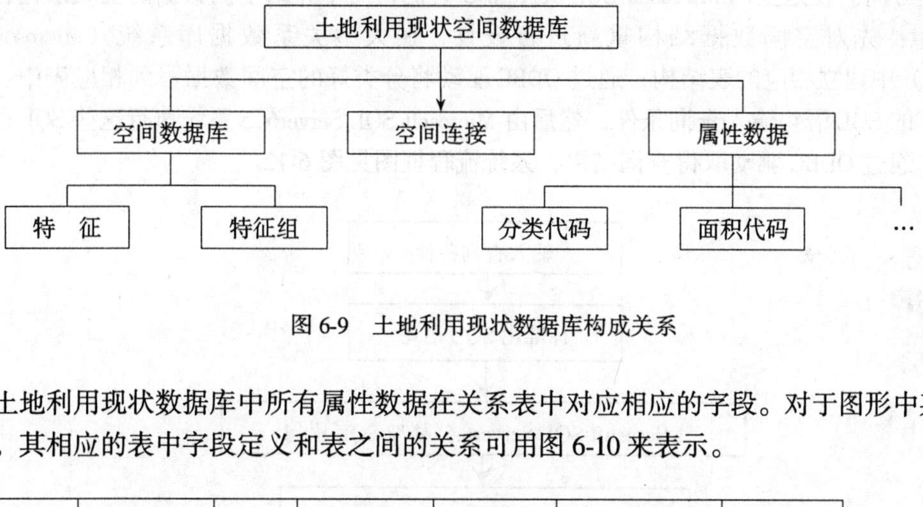

图 6-9 土地利用现状数据库构成关系

土地利用现状数据库中所有属性数据在关系表中对应相应的字段。对于图形中某一地块区域，其相应的表中字段定义和表之间的关系可用图 6-10 来表示。

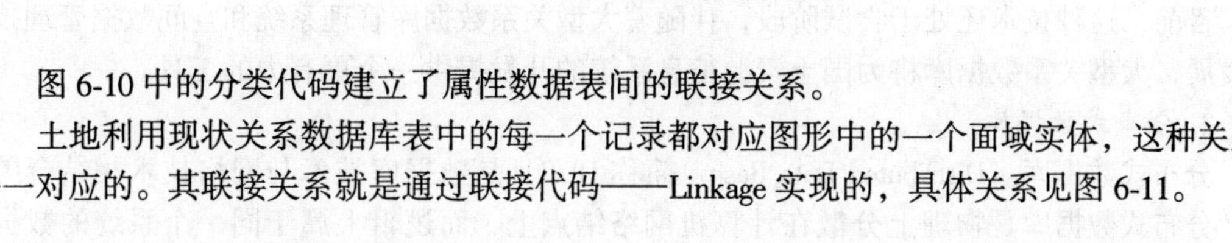

图 6-10 土地利用现状数据关系表

图 6-10 中的分类代码建立了属性数据表间的联接关系。

土地利用现状关系数据库表中的每一个记录都对应图形中的一个面域实体，这种关系是一一对应的。其联接关系就是通过联接代码——Linkage 实现的，具体关系见图 6-11。

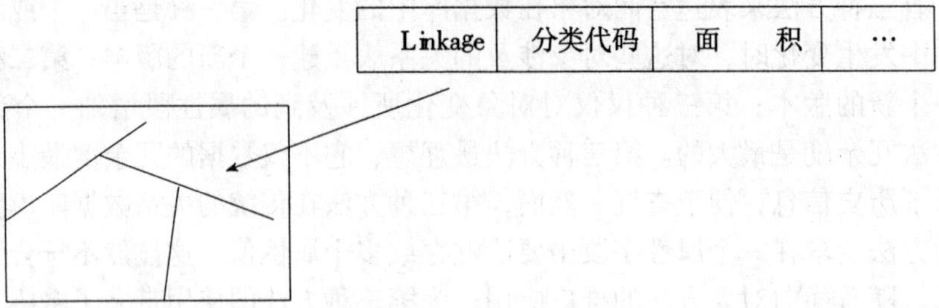

图 6-11 实体与记录关系

上述由文件结构管理空间数据、小型关系数据库管理系统（如 Foxpro2.6，Microsoft Access）来管理属性数据的管理模式目前的应用范围较为广泛。但是这种模式存在着一定的不足：对于信息量宠大、数据类型复杂的各种国土资源信息，处理好这些数据的相互兼容，提高多个子数据库之间协调工作的效率存在一定的问题；空间数据文件系统的检索能力差；小型关系数据库管理系统在数据完整性检查及安全保密功能方面工具贫乏等。

随着大型关系数据库技术的日益完善及其应用的日渐普及，如何充分利用大型关系数据库管理系统去管理复杂的国土资源信息系统的数据，将成为关系数据库技术在该领域应用的一个发展方向。在这里以 Microsoft SQL Server6.5 为例，简单介绍空间数据的全关系化管理系统的思想：先对空间数据结构重新进行设计，在大型关系数据库系统（Microsoft SQL Server6.5）中建立相应的表结构；通过 ODBC 驱动将分类好的空间数据写到相应表中。通过输入标准的 SQL 语句输入查询条件，然后由 Microsoft SQL Server6.5 系统执行这些 SQL 语句的操作，并通过 ODBC 驱动取得查询结果，系统流程框图见图 6-12。

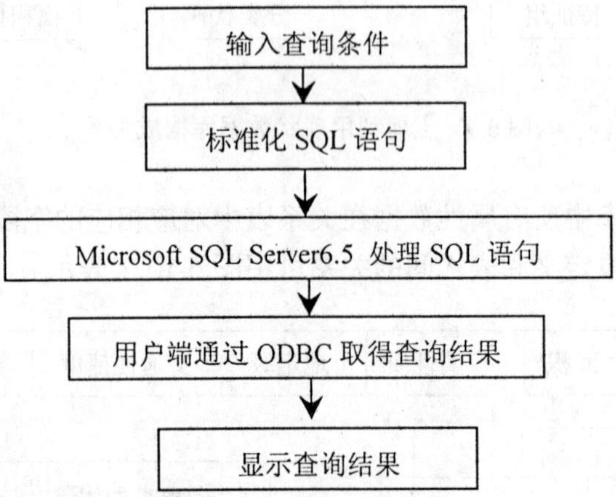

图 6-12 系统流程图

目前，这种技术还处于尝试阶段，伴随着大型关系数据库管理系统和空间数据管理技术的发展，大型关系数据库将为国土资源信息系统的开发提供一个更有力的工具。

2. 分布式数据库

分布式数据库（Distributed Data Base，简称 DDB）是数据库技术与网络技术相结合的产物。分布式数据库是物理上分散在计算机网络结点上，而逻辑上属于同一个系统的数据集合。

国土资源信息分布式数据库是一组存储在不同计算机（大型、小型、微型或工作站）存储设备上的数据库，通过计算机网络而组成一个逻辑上统一的数据集合。这一数据集合的特性是具分布性和逻辑协调性。所谓分布性，是说数据库中的数据不是存放在单一部门或机关的单个存储设备上，而是根据管理和应用的需要，将国土资源的整体数据划分为一定结构的子集分散存储在各个部门或机关，这一特点明显地区别于单一地点的集中式数据库。所谓逻辑协调性，是说各部门或机关的数据相互之间有严密的约束规则，在逻辑上是一个整体，这又明显地区别于分散在各站点上通过计算机联网可以远程存取的数据库或文件的集合，因为后者的各个分散的数据集之间没有内在逻辑联系。从这两个特性出发，可以认为分布式的数据库有全局数据库（逻辑虚拟的）和局部数据库（物理分散实际存在的）的概念。分布式数据库的结构如图 6-13 所示。

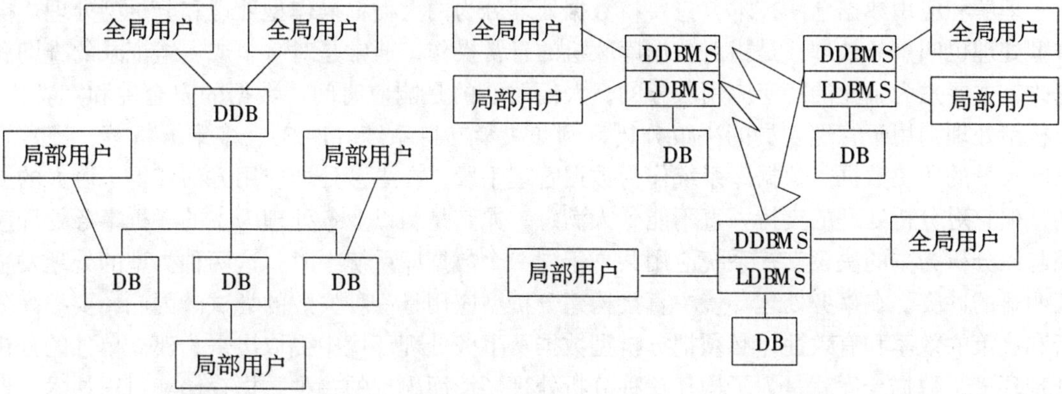

(a) DDB 的层次结构 (b) DDB 的分散控制结构

图 6-13 分布式数据库结构

分布式数据库具有如下特点：

(1) 可靠性

在 DDB 中，单一部件的失效，不一定使整个系统失效，而且分布式数据库可以通过在各个不同的场所冗余地存放数据来恢复失效的数据。

(2) 自治性

DDB 允许每个场所有各自的自主权，即可以对自己管理的信息加以控制，可以制定各自使用信息的策略。采用局部责任制，可以较少地依赖远程数据处理中心。

(3) 模块性和系统的价值能力

DDB 把一些功能较少的数据库结合成一个功能更强的数据库系统，用来满足任何一个单一数据库都无法满足的应用要求。

(4) 费用低

由于系统的模块性，从长远发展的观点来看，比相同功能的集中式数据库系统的成本要低。

(5) 灵活性

除了系统结构上的灵活性外，通过数据的动态传递与冗余，DDB 可以适应应用的不断变化。

(6) 分布透明性和冗余透明性

用户或用户程序在 DDB 上操作时，不知道数据的分布与冗余，对它来说，DDB 系统与单一的集中式数据库没有什么区别，分布式数据库的这个特点使它与集中式数据库具有相同的外部特征。

3. 数据仓库

(1) 从数据库到数据仓库

传统的数据库技术是以单一的数据资源，即数据库为中心，进行从事务处理、批处理到决策分析等各种类型的数据处理工作。然而，不同类型的数据处理有着不同的处理特点，以单一从数据组织方式进行组织的数据库并不能反映这种差异，满足不了数据处理系统的要求，随着计算机技术的飞速发展，数据仓库技术应运而生。

理解和应用数据仓库技术首先要将数据处理分为两大类：操作型处理和分析型处理。操作型处理也叫事务处理，是指对数据库联机的日常操作，通常是对一个或一组记录的查询和修改，主要是为企业的特定应用服务的，人们关心的是响应时间、数据的安全性和完整性。分析型处理则用于管理人员的决策分析，例如决策支持系统（DDS)、多维分析等，经常要访问大量的历史数据。数据库系统作为数据管理手段，在事务处理应用方面获得了巨大的成功，但它对分析处理的支持一直不能令人满意，尤其是当以业务处理为主的联机事务处理应用与以分析为主的决策支持系统应用共享于同一个数据库系统中时，这两种类型的处理发生了明显的冲突。在事务处理环境中直接构建分析型应用是一种失败的尝试。因此，要提高分析和决策的效率和有效性，必须把分析型数据从事务处理环境中提取出来，建立单独的分析处理环境，数据仓库就是为了构建这种分析处理环境而出现的一种数据存储和组织技术。

国土资源系统的构建，一方面要加强各类资源信息的规范化、科学化管理，为相应部门提供联机操作办公自动化等日常应用服务；另一方面，分析整理庞大的、多样化的、涉及多部门的信息，为高层领导和国家级部门提供全局性的决策依据显得尤为重要。在国土资源信息系统中应用数据仓库技术将为分析与决策提供有力的数据组织前提。

(2) 数据仓库及其特征

为了适应数据分析处理要求，可以将分析型数据也就是数据仓库数据的特点概括为四点：数据仓库的数据是面向主题的，数据仓库的数据是集成的，数据仓库的数据是不可更新的，数据仓库的数据是随时间不断变化的。

所谓数据仓库就是一个用以更好地支持企业或组织的决策分析处理的、面向主题的、集成的、不可更新的、随时间不断变化的数据集合。下面着重讨论数据仓库数据的四个基本特征。

①数据是主题与面向主题的：数据仓库中的数据是面向主题进行组织的。主题是一个抽象的概念，是在较高层次上将资源信息系统中的数据综合、归类并进行分析利用的抽象。在逻辑意义上，它是对应资源的某一宏观分析领域所涉及的分析对象。面向主题的数据组织方式，就是在较高层次上对分析对象的数据的一个完整、一致的描述，能完整、统一地刻画各个分析对象所涉及的资源的各项数据，以及数据之间的联系。

与面向主题相对应的是数据库面向应用的数据组织方式，面向应用数据组织是详细调查、收集数据库的基础数据及其处理的过程，着重反映某资源内部数据的动态特征，即资源管理部门内的数据流动情况以及部门间的数据输入输出关系。这种数据组织方式生成的各项数据库模式与资源管理中实际的业务处理流程中涉及的单据或文档有很好的对应关系。总的来说，面向应用来进行企业数据的组织，其抽象程度不够高，没有完全实现数据与应用的分离。

面向主题的数据组织应该分为两个步骤，首先是抽取主题，然后确定每一个主题所包含的数据内容。在从面向应用到面向主题的转变过程中，需要丢弃原来不必要的、不适于分析的信息，同时将分散在各信息子系统里面有关主题的信息集合成一个完整的描述，以使在此基础上针对这一主题进行分析处理。虽然这种数据组织方式使得主题之间有内容重叠，但需要强调的是：主题之间的重叠是逻辑上的需要，而不是同一数据内容的重复物理存储。主题本身是一个逻辑上的概念，每个主题在数据仓库中都是由一组关系表实现的，基于一个主题的所有表都含有一个称为公共码键的属性作为其主码的一部分。公共码键将各个表统一联系起来，体现它们是属于一个主题的。

②数据是集成的：数据仓库中的综合数据不能从原有的数据库系统直接得到。因此，在数据进入数据仓库之前，必然要经过统一与综合。要统一源数据中所有矛盾之处，如字段的同名异义、异名同义、单位不统一、字长不一致等等，此外还要进行必要的数据综合和计算。

③数据是不可更新的：数据仓库的数据主要供企业决策分析之用，所涉及的数据操作主要是数据查询，一般情况下并不进行修改操作。由于只提供查询的操作，所以数据仓库管理系统 DWMS 与 DBMS 相比要简单得多。DBMS 中许多技术难点，如完整性保护、并发控制等，在 DWMS 中几乎可以省去，只是相应地对数据查询提出了更高的要求，要求采用各种复杂的索引技术。

④数据是随时间不断变化的：数据仓库数据不可更新是针对应用来说的，随时间推移，数据仓库的数据是不断变化的。这一特征表现在以下三方面：第一，数据仓库随时间变化不断增加新的数据内容。第二，数据仓库随时间变化不断删去旧的数据内容。第三，数据仓库中包含有关大量的综合数据，这些数据中很多同时间有关，如数据经常按照时间段进行综合，或隔一定的时间段进行抽样等。

尽管数据仓库与传统数据库之间存在着较大的差异，但需要明确一点的是，数据仓库不是对原有数据库的替代，数据仓库的建设不完全是另起炉灶，而是利用现有的操作型数据，对其进行信息的集成，数据仓库与数据库同样都是国土资源信息系统和决策支持系统的基础设施。

第三节 数字国土信息获取

数字国土信息是指按照统一分类体系、规范和标准进行收集整理的、存储在计算机存储器中的数据信息，并用这些数据信息来表示国土资源各要素信息和相关信息的特征及其分布位置。获取数字国土信息的来源大致分为以下几种：

①基础图件：包含地形数据和人文景观数据，地形数据如等高线、离散点高程，人文景观数据如道路、河流、境界等。

②航空航天遥感资料。

③通过实地考察、试验取得的资料。

④国土资源法律、法规，文字报告，照片。

⑤调查统计资料。

⑥其他信息系统提供的资料。

针对不同的数据来源，数字信息获取技术也各不相同，下面首先对常用的空间数据输入方法加以介绍。

一、空间数据的输入

国土资源空间数据来源有多种，不论哪种来源的数据最终都被归结为图形数据和属性数据两大类，对应地要对图形数据和属性数据采用不同的方法输入信息系统。

1. 图形数据的输入

图形数据的输入过程实际上是图形数字化处理的过程，以下是几种普遍适用的输入方法：

(1) 手工键盘输入

手工键盘输入图形数据就是把点、线、面实体的地理位置（坐标），通过键盘输入到数据文件或程序中去。

手工键盘输入栅格数据则相对复杂，栅格图形数据是以一系列像元表示点、线、面实体。手工输入过程为：先选择适当的像元大小和形状并绘制透明格网；然后确定地物的分类标准，划分并确定每一类别的编码；最后将透明格网覆盖在待输入图件上，依格网的行列顺序用键盘输入，每个像元的属性值即各类别的编码值。

手工键盘输入方法简单，不用任何特殊设备，但效率低，需要做十分繁琐的笔标取点或编码工作。

(2) 手扶跟踪数字化仪输入

这是较常用的图形数据输入方式。数字化时，把待数字化的资料——地图、航片等固定在图形输入板上，首先用鼠标器输入至少四个控制点坐标和图幅范围，随后即可输入图幅内各点、曲线的坐标。

(3) 自动扫描输入

自动扫描输入方式速度快，不受人为因素的影响，操作简单；缺点是硬件设备昂贵，图形识别技术尚未完全成熟。这种方法是图形自动输入的发展方向。

(4) 解析测图仪法空间数据输入

解析测图仪利用航空或航天影像像对，建立空间立体模型，直接测得地面三维坐标（X，Y，Z），并直接输入计算机，形成空间数据库。这种仪器不仅能记录三维坐标，还能通过联网的计算机处理比例尺变形和其他图幅变形。这种输入方法在建立数字地面模型（DTM）时尤其重要。

(5) 已有数字形式空间数据的输入

这种方式用来接收已是数字化形式的信息数据，包括机载或星载多光谱扫描磁带等系统引进的信息。这些外来信息数据虽然已是数字格式，但其格式不一定与 GIS 数据库一致，还需作某些必要的预处理。

2. 属性数据的输入

属性数据即空间实体的特征数据，属性数据一般采用键盘输入。属性数据输入的一种常用方法是首先把属性数据输入一个顺序文件，经编辑、检查无误后转存到数据库的相应文件或表格中。

二、RS、GPS与国土资源信息系统的集成

数字信息的采集是建立国土资源信息系统的一项最基础性的工作，仅仅依靠上述的空间数据输入方式获取信息的周期长、工作量大，难以满足庞大的信息获取要求。因而，国土资源信息系统的建立与完善应加强同RS、GPS的集成，在保证数据获取的实时性、动态性的同时，加强对数据的处理、分析及应用。

遥感，广义地说，是在不直接接触的情况下，对目标物或自然现象远距离感知的一种探测技术，英文Remote Sensing（RS）。狭义而言，是指在高空和外层空间的各种平台上，运用各种传感器（如摄影仪、扫描仪和雷达等）获取地表信息，通过数据的传输和处理，从而实现研究地面物体形状、大小、位置、性质及其环境的相互关系的一门现代化应用技术科学。

国土资源信息系统是管理与分析国土资源空间数据的有效工具，而遥感是一种空间数据采集和分类的有效工具，它们的工作对象都是空间实体，彼此之间存在着密切的联系。遥感是国土资源信息系统的一个重要数据源和强有力的数据更新手段，它可以作为国土资源信息系统的数据采集子系统，为其提供及时、准确、综合和大范围的各种资源与环境数据；同时，遥感所具有的动态多时相特点，又为GIS空间数据库的更新或建立动态系统提供动态数据源。相应的，国土资源信息系统又可以为遥感提供一定的辅助信息和分析手段，从而提高遥感信息识别的精度和效率。经遥感技术获取的图像数据量十分庞大，例如Landsat卫星的TM图像，一幅图像数据量达230M字节数。如此庞大的数据若都存储于系统中，则系统无法正常工作。因此，对图像数据应进行适当的处理，主要是提取专题信息。提取后的遥感信息与其他空间信息的综合是十分必要的，因为通过单一遥感手段获取的图像，在几何、光谱和时间分辨率方面都存在着局限性。如果通过匹配处理将不同遥感手段得到的图像综合起来分析，并加入其他空间信息，则有利于专题信息分类和定量评价。国土资源信息系统将为遥感信息与其他信息的综合提供一个良好的环境。总之，两者的集成会相互填补缺陷，更加充分地发挥各自的优点。

GIS与RS各种可能的结合方式，包括分开但是平行的结合，即不同的工具库和不同的数据库；表面无缝的结合，如同一用户界面、不同的工具库和不同的数据库；整体的集成，即同一个用户界面、同一个工具库和数据库，见图6-14。

全球定位系统（GPS）作为当前最先进的定位工具迅速成为GIS产业十分重要的数据采集工具。近几年来，GIS型GPS接收机用于采集地面上的位置数据及详细的属性信息正日益发展。在国土资源信息系统中，GPS将被广泛应用于数据采集、数据更新及质量控制。此外，GPS的高动态精密三维定位，可以为遥感图像提供精确的实时数据，使得遥感图像的实时几何校正处理和遥感图像与国土资源信息系统数据的精确配准成为可能。GPS所采集的所有数据都可以通过GPS输出端与计算机串或并口连接后输入，因而应该将GPS与RS一起看作是国土资源信息的重要数据来源之一。

由于国土资源信息涉及部门多，地域广，系统建立过程中要充分利用已建立的各类专业空间信息。目前，RS、GPS与国土资源信息系统集成技术发展中需要解决的问题是：研究如何依托已建立的国土资源信息系统来实现航空、航天遥感影像的智能化全数字过程，并从中快速发现在哪些地区空间信息发生变化，进而实现国土资源信息系统数据库的自动（或半自动）快速更新。主要内容为：

①国土资源信息与现势的航空、航天影像复合。

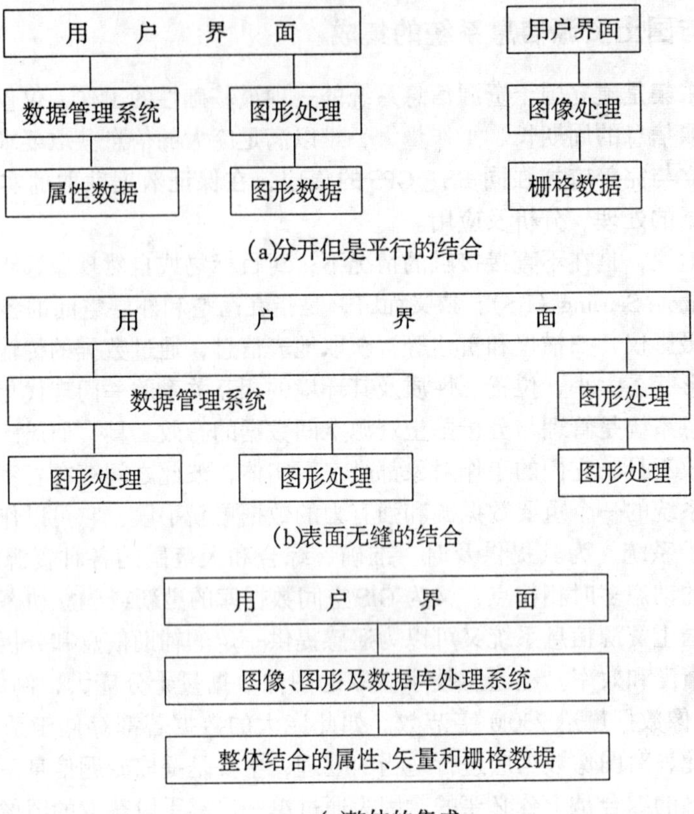

(a)分开但是平行的结合

(b)表面无缝的结合

(c)整体的集成

图 6-14 GIS 与 RS 结合的三种方式

②从国土资源信息与航空、航天影像之配准中，自动（或半自动）检测空间信息的变化和增加。

③由国土资源信息系统的属性数据以及它与现势影像配准之结果，自动（或半自动）提取语义信息与获取知识。

④国土资源信息自动（或半自动）更新。

应该说，上述集成技术同样是“3S”集成技术中需要解决的理论问题和关键技术。国土资源信息系统的建立应该紧跟当今“3S”集成研究领域里的新思路和新方法，使得高科技的低成本、高效率、高质量优势得以充分发挥。

第四节 国土资源信息系统的开发

地理信息系统（GIS）按其功能和内容可分为工具型地理信息系统和应用型地理信息系统，而国土资源信息系统作为应用型地理信息系统，主要是依托地理信息系统开发平台，根据自己的需要和系统的应用目的，在此基础上进行二次开发，建成解决单项资源或多项资源实际问题的信息系统。尽管国土资源类型多样，涉及内容各不相同，但系统本身所包含的内容大同小异。下面仅以土地资源信息系统为例，阐述国土资源信息系统的开发。

一、国土资源信息系统开发

(一) 开发方法

在计算机软件开发工作中，软件工程的方法是开发管理的基本方法，面向对象的程序设计方法则是目前软件系统编程实现的最优方法，从应用GIS实现的三种方式来看，国土资源信息系统的开发同样具有以下三种方式：

1. 独立开发

指不依赖任何GIS工具软件，独立进行国土资源信息系统开发。从空间数据的采集、编辑到数据的处理分析及结果输出，所有的算法都由开发者设计，然后选用某种程序设计语言，如C++、PASCAL等，在一定的操作平台上编程实现。与通用GIS工具软件相比，开发过程相似，只是在功能结构上更针对于应用目标。

2. 单纯二次开发

指完全借助于GIS工具软件提供的开发语言，进行国土资源信息系统开发。目前流行的GIS工具软件中，有许多提供了可供用户进行二次开发的宏语言，如美国环境系统研究所(ESRI)开发的ArcView提供了Avenue语言，美国MapInfo公司研制的MapInfo提供了MapBasic语言等等。用户可以利用这些宏语言，以原GIS工具软件为开发平台，开发出自己的针对国土资源的应用程序。

3. 集成二次开发

集成二次开发是利用GIS工具软件（如ArcView、MapInfo等）实现GIS的基本功能。以通用编程软件尤其是面向对象的可视化开发工具（如Delphi、Visual C++、Visual Basic、Power Builder等）为开发平台，充分发挥GIS工具软件在空间数据处理上的优势及可视化开发工具在应用程序开发上的强大功能，进行二者的集成二次开发。

集成二次开发又分两种方式：一是采用（对象连接嵌入自动化）OLE Automation技术或利用（动态数据交换）DDE技术，用软件开发工具开发前台可执行应用程序，以OLE自动化方式或DDE方式启动GIS工具软件在后方运行，实现应用程序中的地理信息系统功能；二是利用GIS工具软件生产厂家提供的建立在OCX技术基础上的GIS功能软件，如ESRI的MapObjects、MapInfo公司的MapX等，在Visual C++等编程工具编制的应用程序中将GIS功能嵌入。

(二) 开发应用实例

土地资源子信息系统是对某地区土地资源及其有关信息进行有效管理，实现数据的查询检索、复合处理、专题分析和模式评价，为土地资源的合理开发、利用、整治和规划提供科学的决策依据，该系统功能结构如图6-15所示。

该系统包括一个数据库模型子系统及土地生产潜力和土地适应性评价两个应用模型。先期建立的数据信息包括基础信息、土地信息、气候资源和社会经济信息等，系统的数学模型子系统包括简单的统计分析、回归分析、主成分分析、聚类分析、层次分析、时间序列分析、灰色系统模型、人口预测模型、数量化理论、非线性规划和系统动力学等。根据作物生产力形成的机理，考虑光、温、水、土等生态因子及高程、地形条件，对比上述因子的影响，按照光、温、水、土逐步衰减的方法，建立土地生产潜力分析模型，其分析流程如图6-16所示；根据土地适应性的经验指数法的原理，建立土地适宜性评价模型（图6-17）。

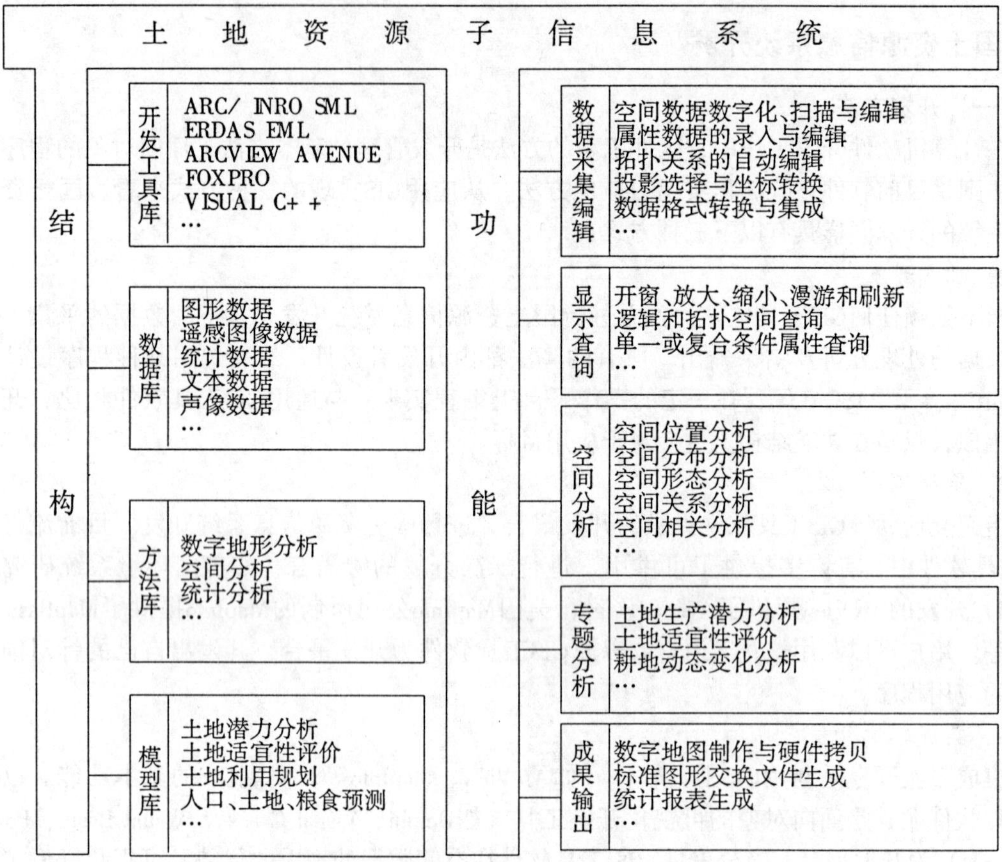

图 6-15 土地资源信息系统功能结构图

二、国土资源信息系统开发平台

工具型地理信息系统是一种通用的具有地理信息系统一般特点的外壳软件，用户可根据自己的需要和特定的应用目的在此基础上进行二次开发，从而建成具体的应用型地理信息系统。国土资源信息系统可根据用户的特定要求，也可依托不同的 GIS 软件为开发平台。但作为系统平台，对以下几方面的信息必须要有一定的了解和认识。

(一) 系统平台一般特征

1. 软件的一般信息

主要包括软件名称、运行环境、首次推出时间、目前用户数量、软件价格、售后服务等。

2. 软件所采用的数据结构

主要是指数据结构的类型，例如拓扑矢量结构、非拓扑矢量结构、四叉树结构等等，以及不同数据结构能否进行转换，系统在处理不同数据结构时用户界面是否统一等情况。

3. 软件所支持的数据库管理系统

包括系统通过哪种数据库管理系统（DBMS）来存储和管理属性数据，以及该 DBMS 与地理信息系统的接口情况等。

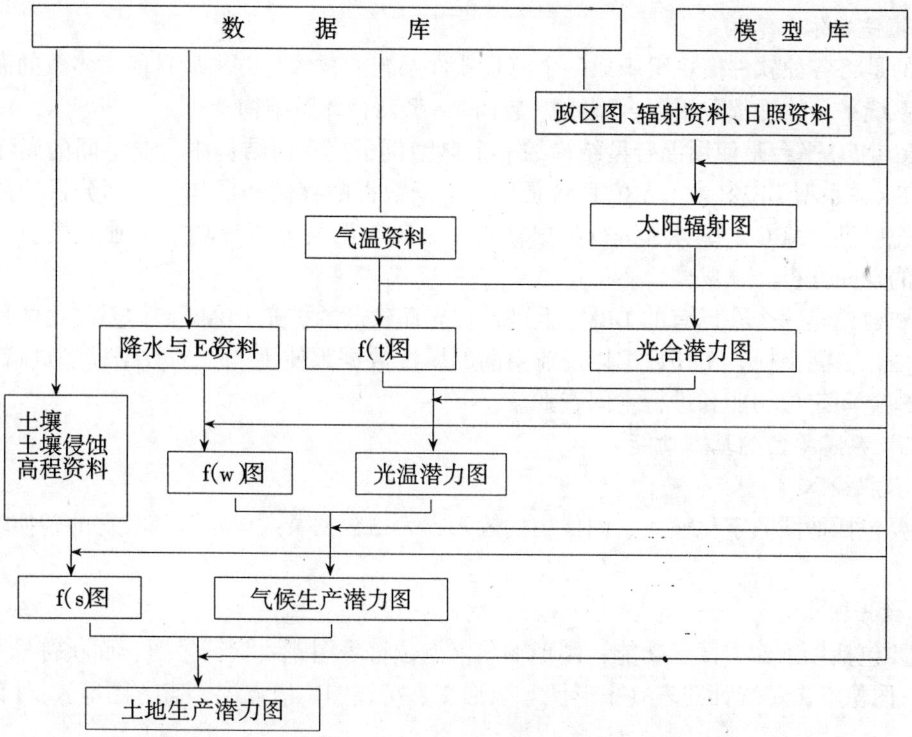

图 6-16　土地生产潜力分析流程图

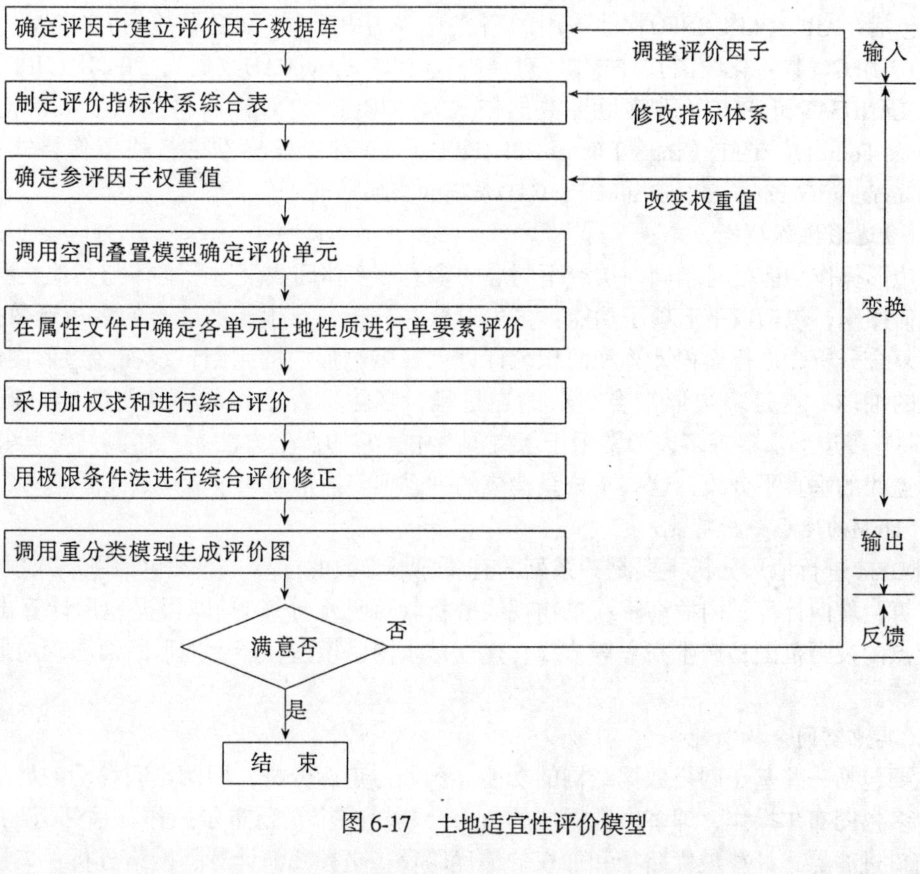

图 6-17　土地适宜性评价模型

4. 软件的体系结构

指的是将各种软件模块组织成一个完整软件系统的技术与方法。目前大多数的商业化地理信息系统平台软件都采用混合型或扩充 DBMS 型两种体系结构。

ARC/INFO 平台是使用混合型结构的一个典型例子。在该结构中，非空间的属性数据存储于 INFO 关系型 DBMS 中，ARC 系统提供了空间数据的存储和操作，空间分析功能则由工具箱结构提供。ARC 系统具有进行数据输入、编辑与网络分析等功能的独立模块，用以完成所需的空间分析。

SYSTEM9 是一个在已有的 DBMS 上进行扩充而建造的扩充 DBMS 型体系结构的例子。在该结构中，空间坐标、拓扑数据以及非空间的属性数据都使用统一的数据模型进行了扩充，用来处理空间定位功能和进行空间查询。

（二）系统平台的基本功能

1. 数据输入

主要包括地图数字化输入、图像扫描输入、表格数据录入以及外部数据的转换输入等子功能。

2. 数据输出

主要包括以下四方面子功能：图形输出（点位符号图、线状符号图、面状符号图、方体图等）、图像输出、统计图表（条形图、扇形图、折线图、散点图、直方图等）、外部数据输出。

各种商业化地理信息系统软件能够提供各不相同的输入、输出数据格式，目前主要的图形格式包括：ARC（ARC/INFO软件采用的格式）、AVHRR（气象卫星数据）、DEM（数据高程模式）、DLG（数字化线图）、DIME（双键码）、DXF（AutoCAD数据）、HPGL（HP图形命令语言）、LANDSAT和SPOT（遥感卫星数据格式）、TIGER（TIGER软件格式）、SIF（Standard Interchange Format）、TIFF（Tagged Image File Format，一种工业标准的栅格图像格式）、IGES（Initid Graphics Exchange Specification）、CAD系统的交换标准。

3. 多边形操作功能

多边形操作功能是对于同一层或不同层的多边形实体间或多边形实体与其他类型的实体间的几何操作，包括以下七项子功能：多边形合并分析，产生新的综合的多边形数据文件；多边形复合分析，进行面积计算和面积统计；点在多边形内的判断；线在多边形内的判断；多边形的抽取，这是多边形复合分析的逆过程；删除不合逻辑的多边形复合；产生泰森（Thiessen）多边形。泰森多边形常用于水文测量中，它的产生方法是：作测站与其邻近的周围测站连线的垂直平分线，这些平分线构成的一系列多边形就叫泰森多边形。

4. DEM的地形分析功能

用 DEM 进行地形分析主要是一系列的有关地形参数的计算，通常包括以下八项子功能：坡度计算；坡向计算；内插高程；景物视线分析（可见性计算），即根据地形计算出一个给定的视点的视野范围；产生高程等值线；建立排水网络模型；产生地形断面图；地形的挖与填方计算。

5. 其他空间分析功能

主要包括一些基于网络数据结构的功能。例如：走廊分析，即两点间移动的最小费用的计算；多幅图布尔操作，即多个数据层的复合分析；多个专题布尔操作；最邻近地物搜索；移动窗口过滤器；计算最优路径和加权的最优路径；坐标几何计算；网络分析；矢量与栅格格式相互转换等等。

6. 地图本身特征的操作功能

对地图本身的一些特征进行操作，通常包括以下五项功能：比例尺变换及地图综合能力，投影变换（投影方式的改变），几何变换（坐标的旋转、平移等），图例变换，字符、汉字及各种图饰变换。

下面的表 6-1 中给出了国外十种常用的商业化地理信息系统平台软件的核心功能，可供参考。

表 6-1　国外主要商业化地理信息系统平台软件的核心功能

功能 \ 系统名称		AEC/INFO 1	ER-DAS 2	GRASS 3	INFO MAP 4	Map Info 5	MOSS 6	SPANS 7	SYS-TEM9 8	MGE 9	TEG RIS 10
测量功能	直线距离	*	*	*	*	*	*	*	*	*	*
	曲线距离	*	*	*	*		*	*	*	*	*
	可近度分析	*	*	*	*	*	*	*	*	*	*
	面积测量	*	*	*	*	*	*	*	*	*	*
缓冲区功能	点周围	*	*	*	*	*	*	*	*	*	*
	多边形周围	*	*	*	*		*	*	*	*	*
	沿直线	*	*	*	*		*	*	*	*	*
	沿曲线	*	*	*	*		*	*	*	*	*
	加权缓冲区	*	*	*	*		*	*	*		
地图代数	加减常数	*	*	*	*	*	*	*	*	*	*
	乘除常数	*	*	*	*		*	*	*	*	*
	指数变换	*	*	*	*			*	*	*	*
	三角变换	*	*	*	*			*	*	*	*
	微分变换	*	*	*	*			*	*	*	*
多边形操作功能	多边形复合	*	*		*	*	*	*	*	*	*
	点在多边形内	*	*		*	*	*	*	*	*	*
	线在多边形内	*	*		*	*	*	*	*	*	*
	多边形合并	*			*	*	*	*	*	*	*
	删除多边形复合	*	*		*		*	*		*	*
	产生泰森多边形	*			*			*			

续表 6-1

功能	系统名称	AEC/INFO 1	ER-DAS 2	GRASS 3	INFO MAP 4	Map Info 5	MOSS 6	SPANS 7	SYS-TEM9 8	MGE 9	TEG RIS 10
DEM地形分析功能	计算坡度	*	*	*	*		*	*	*	*	*
	计算坡向	*	*	*	*		*	*		*	*
	内插高程	*	*	*	*		*	*	*	*	*
	可见性计算	*	*	*	*		*	*		*	
	高程等值线	*	*	*	*		*	*	*	*	*
	排水网络模型	*		*	*		*	*			
	地形断面图	*		*	*		*	*	*	*	*
	挖方与填方	*		*	*			*	*	*	*
其他功能	走廊分析	*	*	*	*	*	*	*	*	*	*
	地图布尔操作	*	*	*	*		*	*	*	*	*
	专题布尔操作	*	*	*	*		*	*	*	*	*
	邻近搜索	*	*	*	*	*	*	*	*	*	*
	移动窗口过滤		*	*			*	*			
	最优路径	*	*	*	*		*	*		*	
	加权最优路径	*	*	*				*		*	
	坐标几何	*			*		*		*	*	
	网络分析	*		*	*			*		*	
	矢量转网格	*	*	*		*	*	*		*	*
	网格转矢量	*	*	*	*			*		*	*
	投影变换	*	*	*	*		*	*	*	*	*

第五节　人工智能技术在国土资源信息系统中的应用

一、人工智能

从广义上讲，一般认为用计算机模拟的管理行为就属于人工智能的范畴，人工智能广泛应用于知识工程、专家系统、决策支持系统、模式识别、自然语言理解、智能机器人等方面。

专家系统（Expert System，简称ES）是其中应用最为成熟的一个领域。早在 20 世纪 60 年代，人们就开始应用人工智能技术解决实际问题。1965 年，Feigenbaum研制了第一个专家系统Dendral，从而开创了专家系统的研究。目前，专家系统的应用领域已扩展到各个领域，可利用各领域专家的经验和知识解决存在的实际问题，在资源环境中也有广泛应用。

专家系统与地理信息系统的结合具有非常重要的意义，专家系统在应用过程中，知识获取的“瓶颈”是最大障碍之一。地理信息系统建立的区域空间数据库是特定区域的定量反映，是个性和共性的统一，包含着大量的地球科学知识，可在此基础上探讨普遍性和特殊性的规律；对于已经明确的规律，可以直接应用于模型分析而不必经过繁琐的推理；对机理不清的现象，可以用专家系统的方法加以解决。同时，地理信息系统提供的空间分析功能也为地球科学专家系统提供了有力的工具。

另一方面，与其他信息系统的发展相类似，GIS也开始向决策支持系统发展，即空间决策支持系统（SDSS)。决策支持系统是人工智能在信息系统中的又一应用，与专家系统有密切联系。目前的SDSS多数还是数据模型结果的类型，未来的智能空间决策支持系统不仅具有传统的数据管理和模型分析的功能，还应包括人工智能和专家系统的许多方面，如人机接口、模型组织等，能够在人机结合的集成环境中解决复杂的资源和地球科学问题。

二、专家系统应用

专家系统是一种智能型软件，它采用一定的知识，模拟人的推理过程去解决通常需专家的知识和经验才能解决的复杂问题。因此，专家系统的最主要特征是具有知识库和推理机制，同时，人机界面应尽可能地拟人化。

一般专家系统通常由以下五个部分组成：知识库、资源数据库、推理机、解释接口、知识获取（如图6-18)，它可用于国土资源评价分类、规划和决策。

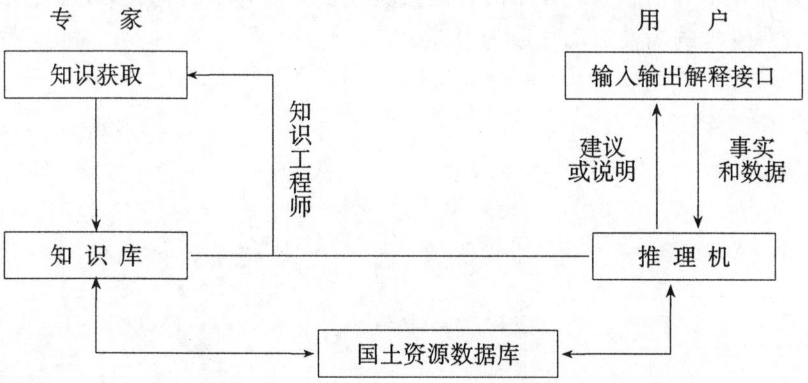

图6-18　国土资源专家系统的结构

专家系统是一门多学科的交叉学科，在系统建造过程中，尤其需要领域专家与系统设计人员的密切配合，相互合作。资源领域专家系统的设计与建造，目前还处于开创阶段，特别是资源研究涉及到三维空间和动态问题，有别于一般专家系统，但随着人工智能技术的不断发展和完善，其应用研究的不断深入，专家系统的性能将会不断扩大，实用性也会越来越高。可以预见，在国土资源研究领域，由于学科本身的特点存在大量复杂的、经验性的、难以用数学模型划分的问题，专家系统的应用必将蓬勃发展，前景广阔。

1. *在资源分类研究中的应用*

资源分类研究历史悠久，涉及面广。就国土资源而言，有土地利用分类、农地分类、森林分类、草场分类、土壤分类、土貌分类、土地分类、矿产资源分类等，这些分类研究都是建立在专家经验基础上的，尤其是在类型的辨识边界的确定等方面更是如此。在利用遥感方法进行类型自动划分时，受遥感技术本身的限制，其结果也不甚理想。通过专家系统的建立把专家的知识经验与遥感技术及计算机图像处理技术结合起来，将会有效地解决资源分类问题，大大提高了遥感图像自动分类精度，使得遥感信息处理、类型划分的高度自动化成为可能。

2. 在国土资源评价中的应用

国土资源评价是一项综合性很强的研究工作，牵涉到的范围很广，因素很多，有自然的，也有社会的、经济的；既要考虑到现状，也不能忽视历史的影响和未来的趋势。如土地资源评价，仅限土地质量评价（非综合评价），涉及到的因素就有气候、岩性、地形、地貌、植被、土壤、水文等。若为综合评价，尚需考虑交通运输、人口素质、管理水平、资金、市场等。这些因素相互联系，相互影响，绝非一般数学模型所能刻画。但可以相信，通过资源评价领域专家系统的研制，将会大大推动资源评价研究的进展，更快更好地利用资源，使之发挥出巨大的社会、经济和生态效益。

3. 在资源规划、决策中的应用

国土资源研究的根本目的就在于为政府部门的规划、决策提供科学依据，达到资源的合理配置和有效利用。规划决策专家系统的建造将会为决策者提供高级决策咨询，成为决策者的得力助手，使得决策更加科学化，避免盲目性。

专家系统技术与信息系统技术两者进一步相结合将会起到相互补充、相互完善的效果。遥感技术、人工智能技术和信息系统技术的发展及其在资源研究中的有机结合，使得资源信息系统的完善、资源管理的高度自动化成为可能。

第七章　国土资源管理与法规

第一节　国土资源管理

国土资源是国家社会经济发展的重要基础，国土资源的管理工作也越来越受到重视。但由于世界各国国土资源赋存条件不同，社会经济体制各异，因而国土资源管理体制、内容和手段也各有特点。一般概括为两类：一是多部门管理体制，即国土资源由多个部门管理，以英国、德国为代表。如在英国，中央政府没有设立国土管理的专门机构，而是通过农业部、环境事务部、林业委员会等政府部门分别对土地、矿产、水资源、森林、草地及环境保护等进行管理；二是相对集中管理，即国土资源由专门机构管理，以日本、美国为代表。如日本，由于国土面积较小，自然资源相对贫乏，为使有限的国土资源得到合理利用，并能综合地开展有关国土的行政事务，日本政府于1974年颁布《国土厅设置法》、《国土厅组织令》等一系列法规，成立国土厅，承担全国国土利用计划和履行国土行政的管理职能。我国国土资源管理的发展趋势表现为国家行为明显增强，国土资源管理将走向制度化和规范化；由分散管理转向统一管理；国土资源管理的体制由计划经济转向社会主义市场经济；以可持续发展为指导思想，以实施可持续发展战略、实现国土资源可持续开发与利用为根本任务；逐步形成更加良好的理论和经验积累。

一、国土资源管理概述

（一）国土资源管理的概念

国土资源管理，是指国家运用行政、经济、法律、科学技术等手段对影响国土资源的各种行为进行调整的行政管理活动。其目的是协调国土资源开发利用与经济、社会发展的关系，以保护和改善环境、保障人体健康、促进经济和社会的可持续发展。也就是说，国土资源管理，是指国土资源行政管理。我国的国土资源管理工作，逐步从以人治为主转变为以法治为主，从着重定性管理转变为注重定量管理，从适应计划经济的国土资源管理转变为适应社会主义市场经济体制的国土资源管理。国土资源管理与管理学、环境管理学、环境法学、资源法学的结合也日益紧密。

（二）国土资源管理的特点

1. 广泛性和综合性

国土资源管理的广泛性和综合性取决于国土资源工作的广泛性和综合性。具体表现在：国土资源行政管理机关一般包括各级人民政府以及相关的政府部门；国土资源行政管理对象包括一切与国土资源有关的活动和事项；国土资源管理是包括多种职能的综合管理，其手段既包括宏观的和微观的，也包括行政的、经济的、法律的、科学技术的和宣传教育的等多种形式；国土资源管理的依据包括各种有关的法律、法规、规章、计划、标准和其他政策文件；国土资源管理重视规划和协调，这两者的结合是实现综合国土资源管理的重要方面。

2. 科学性和技术性

现代国土资源管理是科学的管理，即有效的管理必须讲究科学，运用现代科学技术。国土资源管理的科学性、技术性主要体现在：国土资源管理的理论科学，即国土资源管理学是由现代管理科学分支形成的一门新兴学科；国土资源管理的前提、条件科学，即根据从科学预测、调查研究、影响评价、情报交流所获得的具有科学性、准确性的信息进行管理；国土资源管理的依据科学，即国土资源管理所依据的国土资源法、国土资源规划、国土资源标准一般都具有科学技术性；国土资源管理的手段科学，即运用现代通讯、遥感监测和计算机网络等现代科学技术进行管理。

3. 区域性和地方性

国土资源以一定区域范围为特征，故国土资源管理必须从当地环境、资源、人口状况和经济发展水平出发，贯彻区域性原则，因地制宜地进行管理。区域性和地方性主要体现在：国土资源规划、标准既有全国统一性，又必须具有地方差异性，不同的区域可以在国家统一管理的目标下制定地方性法规、规划和标准；注意和重视地方国土资源管理机关的作用，具体的、直接的管理以地方政府部门管理为主，即组织上以地方为主；国土资源管理的大量工作和重点集中在地方。

4. 法制性和民主性

现代国土资源管理必须是依法管理。国土资源法制是国土资源管理的支柱。国土资源管理不是自我监督，而是被管理者以外的力量实施的行为。它以法定的权力为后盾，是一种权力对另一种权力的约束。现代行政管理的基本形式是法治，基本内容是民主。管理者和被管理者关系的不对等性，被限制在法制和民主政治的范围内，即管理者和被管理者之间的不对等地位的存在，以双方对法律的平等遵守为前提。

（三）国土资源管理的地位

国土资源管理是现代国家的一项基本管理活动，它是市场经济条件下国家所担当的新的职能。之所以如此，是由于国土资源对于一国经济和社会发展的重要作用、市场机制对国土资源保护的软弱以及传统计划体制的缺陷所决定的。

一国所拥有的国土资源在数量上和品种上的有限性和分布上的地域性形成了该国的国土资源约束条件。丰富的国土资源客观上为一国经济发展提供了便利条件，但必须有一定的开发利用能力并达到一定水平，国土资源的优势才能充分发挥，因此，影响国土资源优势发挥的因素也是多方面的。国土资源管理正是通过运用法律手段对影响国土资源开发利用的各种社会因素进行调整，以实现充分发挥国土资源优势、促进经济和社会协调发展的宗旨。

市场经济条件下价值规律对国土资源保护的软弱是国家担当国土资源保护职能的重要原因。在市场经济条件下，社会的 - 切活动都要通过市场来进行，市场在资源的配置上起着基础性作用。市场机制通过价格信号来反映各类资源的相对稀缺程度，调节和实现社会资源的分配。但是，市场并非万能，它在国土资源保护方面显得软弱无力。国土资源不同于一般的私人物品，它在消费上不具有排他性，不是你用了，我就不能再用，而是只要它存在，你可以消费，我也可以消费。资源的这种特性，会引起需求与供给无法自动通过市场机制相互适应的问题。资源的消费者只顾追求自身利益而无暇顾及国土资源的保护。资源的盲目消费，最终导致资源的严重浪费而不能满足人类社会经济发展的需求，也就发生了资源配置的无效率。保护国土资源需要费用，并且要统一组织实施。实践证明，只能由政府来组织国土资源保护行动。

计划经济体制在国土资源保护方面显得不足。传统的计划经济体制中并未加入国土资源保护的内容，甚至认为毁坏资源是资本主义生产方式的必然产物，社会主义制度就不会产生毁坏资源的问题。在这种认识下，国土资源保护根本不可能纳入国家计划，政府也不会对国土资源加以管理。以后随着资源问题的严重和国土资源保护意识的提高，计划经济体制国家也逐步认识到要进行国土资源保护，要将国土资源保护纳入国民经济与社会发展计划，并为进行国土资源保护投入了大量的人力、物力和资金。但是国土资源保护只被认为是政府的职能，而与企业无关，与社会无关，故出现了一方面企业在生产过程中无所顾忌的破坏国土资源，另一方面是政府千方百计地保护国土资源的局面，其结果是政府防不胜防、破坏日趋严重。加之在计划经济体制下，国家经济实力不雄厚，不可能拿出很多钱用于保护国土资源，又很难调动市场主体保护国土资源的积极性与主动性，政府在国土资源保护方面的压力更为沉重。

因此，现代国家对国土资源的管理主要是通过经济、法律、规划等手段，是计划与市场的有机结合，是现代国家的一项基本职能。

二、国土资源管理体制

（一）国土资源管理体制的概念

国土资源管理体制，是指有关国土资源行政管理的组织结构、职责权限结构及其运行方式。其主要内容包括各级国土资源行政管理机构的设置及相互关系，各级国土资源行政管理机构的职责和权限划分、各种职责和权限的相互关系及运行方式。其中，国土资源管理机构是国土资源管理的组织形式和组织保证，职责权限是国土资源管理的职能形式和功能保证，运行方式则是国土资源管理组织形式和职能形式的动态反映和动态结合。我国国土资源管理体制的特点是统一管理与部门分工管理相结合，中央级的管理与地方分级管理相结合。

（二）国土资源管理机构

我国实行统一管理与分部门、分级管理相结合的国土资源管理体制。根据宪法和有关国土资源法律的规定，与国土资源管理有关的机关及主要部门如下：

1. 国务院和地方各级人民政府

国务院是最高国家行政机关，统一领导国务院各个国土资源管理部门和全国地方各级人民政府的工作，根据宪法和法律制定国土资源行政法规，编制和执行包括国土资源开发、利用与保护内容的国民经济和社会发展计划及国家预算。县级以上地方各级人民政府，依照法律规定的职责和权限管理本行政区域内的国土资源，领导所属各有关行政部门和下级人民政府的国土资源管理工作。

2. 国务院和县级以上地方人民政府的国土资源行政主管部门

国务院国土资源行政主管部门，对全国国土资源实施统一管理。县级以上地方人民政府国土资源行政主管部门，对本辖区的国土资源实施统一管理。

3. 国务院和县级以上地方人民政府与国土资源管理有关的其他行政主管部门

国家海洋行政主管部门、港务监督、渔政渔港监督、军队和各级公安、交通、铁道、民航管理部门，依照有关法律的规定对国土资源实施管理。县级以上人民政府的土地、矿产、林业、农业、水利行政主管部门，依照有关法律的规定对国土资源实施管理。国务院和县级以上地方人民政府的计划发展委员会、经济贸易委员会、科学技术委员会负责做好国民经济、社会发展计划和生产建设、科学技术中的国土资源开发与保护综合平衡工作。

(三) 国土资源管理机构的职责

1. 国务院国土资源行政主管部门的职责

国务院国土资源行政主管部门——中华人民共和国国土资源部，是对全国国土资源实施统一管理的部门，其主要职责如下：

①拟定有关法律、法规，发布土地资源、矿产资源和海洋资源等国土资源管理的规章；依照规定负责有关行政复议；研究拟定管理、保护与合理利用土地、矿产、海洋资源政策；制定土地、矿产、海洋资源管理的技术标准、规程、规范和办法。

②组织编制和实施国土规划、土地利用总体规划和其他专项规划；参与报国务院审批的城市总体规划的审核，指导、审核地方土地利用总体规划；组织矿产和海洋资源的调查评价，编制矿产和海洋资源保护与合理利用规划、地质勘查规划、地质灾害防治和地质遗迹保护规划。

③监督检查各级国土资源主管部门行政执法和土地、矿产、海洋资源规划执行情况；依法保护土地、矿产和海洋资源所有者和使用者的合法权益，承办并调处重大权属纠纷，查处重大违法案件。

④拟定实施耕地特殊保护和鼓励耕地开发政策，实施农地用途管制，组织基本农田保护，指导未利用土地开发、土地整理、土地复垦和开发耕地的监督工作，确保耕地面积只能增加、不能减少。

⑤制定地籍管理办法，组织土地资源调查、地籍调查、土地统计和动态监测；指导土地确权、城乡地籍、土地定级和登记等工作。

⑥拟定并按规定组织实施土地使用权出让、租赁、作价出资、转让、交易和政府收购管理办法，指导农村集体土地使用权的流转管理工作。

⑦指导基准地价、标定地价评测，审定评估机构从事土地评估的资格，确认土地使用权价格；承担报国务院审批的各类用地的审查、报批工作。

⑧依法管理矿产资源探矿权、采矿权的审批登记发证和转让审批登记；依法审批对外合作区块；承担矿产资源储量管理工作，管理地质资料汇交；依法实施地质勘查行业管理，审查确定地质勘查单位的资格，管理地质勘查成果；按规定管理矿产资源补偿费的征收和使用；审定评估机构从事探矿权、采矿权评估的资格，确认探矿权、采矿权评估结果。

⑨组织监测、防治地质灾害和保护地质遗迹；依法管理水文地质、工程地质、环境地质勘查和评价工作，监测、监督、防止地下水的过量开采与污染，保护地质环境；认定具有重要价值的古生物化石产地、标准地质剖面等地质遗迹保护区。

⑩组织开展土地、矿产和海洋资源的对外合作与交流。

2. 地方国土资源管理机构的职责

①贯彻、执行国家和本地区有关国土资源的政策和法规。

②根据本地区国土资源情况，组织编制地方国土资源开发利用总体规划，并会同有关部门有计划地组织本地区的国土资源开发工作。

③依法行政，落实土地、矿产和海洋资源规划；依法保护土地、矿产和海洋资源所有者和使用者的合法权益，协助调处重大权属纠纷，协助查处重大违法案件。

④实施地籍管理办法，组织本地区土地资源调查、地籍调查、土地统计和动态监测；开展土地确权、城乡地籍、土地定级和登记等工作。

⑤实施耕地特殊保护和农用地用途管制，组织本地区土地开发、土地整理、土地复垦和

开发耕地的工作，确保耕地面积只能增加、不能减少。

⑥按规定组织实施土地使用权出让、租赁、作价出资、转让、交易和政府收购管理办法，开展农村集体土地使用权的流转管理工作。

⑦依法报批或审批本地区矿产资源探矿权、采矿权的登记发证和转让登记；承担本地区矿产资源储量管理工作，管理地质资料汇交。

⑧组织开展本地区国土资源管理的科学研究、干部培训、宣传咨询等工作。

⑨完成同级政府和上级国土资源管理机构下达的各项任务。

三、国土资源管理的主要内容

（一）国土资源产权管理

国土资源产权管理是指以国土资源的产权为依托，对国土资源产权进行合理有效组合、调节，以实现资源的合理利用和有效配置的制度。主要包括国土资源产权关系及产权结构安排、国土资源产权主体权利与义务关系界定和国土资源产权关系的保证体系。

1. 国土资源产权关系

产权关系是产权主体之间，在财产占有、使用、收益、处分等行为中发生的各种关系的总和。如矿产资源产权关系主要可分为国家作为矿产资源的所有者与矿业权人之间出让矿业权的关系、探矿权人与探矿权人之间转让探矿权的关系、探矿权人与采矿权人之间转让探矿权的关系、采矿权人与采矿权人之间转让采矿权的关系；土地资源产权关系分为国家出让土地使用权的出让关系、土地使用权人的转让关系、土地使用权人的出租承租关系、土地使用权人的抵押关系等。

2. 国土资源产权主体权利与义务界定

我国宪法规定：“矿藏、河流、森林、山岭、草原、荒地、滩涂等自然资源，都属于国家所有，即全民所有。”《中华人民共和国矿产资源法》、《中华人民共和国土地管理法》也分别对矿产资源、土地资源的所有权作了进一步明确的规定。《矿产资源勘查区块登记管理办法》、《矿产资源开采登记管理办法》、《探矿权采矿权转让管理办法》、《中华人民共和国城镇国有土地使用权出让和转让暂行条例》、《确定土地所有权和使用权的若干规定》、《中华人民共和国担保法》等一系列法规、政策规定了国家、探矿权人、采矿权人、土地使用权人以及其他利害关系人的有关资源产权交易及产权关系中的责任、权利、义务和行为规范等。

3. 国土资源产权关系的保证体系

国家主要采用法律的手段来保证产权关系的规范、有序。除《中华人民共和国宪法》外，国家及国土资源管理部门还制定了一批法规、规定来保证、规范国土资源产权关系。

4. 我国国土资源产权制度特点

（1）所有制形式单一

我国国土资源所有制形式为单一公有制。矿产资源和海洋资源为国家所有，即全民所有，由国务院行使国家对矿产资源和海洋资源的所有权；我国实行土地的社会主义公有制，即全民所有制和劳动群众集体所有制。全民所有，即国家所有的土地的所有权由国务院代表国家行使，任何单位和个人不得侵占、买卖或者以其他形式非法转让土地。

（2）产权制度管理相对集中

我国对国土资源进行规划、管理、保护和合理利用，实行相对集中统一的管理，其行政主管部门为国土资源部。

(3) 所有权和使用权分离

矿产资源和国有土地的所有权归国家所有，不能买卖和转让，但其使用权，即矿业权和土地使用权则可以依法转让和进行市场交易。使用权通过一定的程序和形式与所有权相分离，归使用权人使用和支配。

(4) 不同资源的产权管理分离

依照我国有关法律规定：地表或地下的矿产资源的国家所有权，不因其所依附的土地的所有权或者使用权的不同而改变；国家实行城镇国有土地使用权出让、转让制度，但地下资源、埋藏物和市政公用设施除外。土地使用权人不因享有地面的使用权而享有地下物的所有权和使用权。

(5) 产权交易在国家行政管理下运行

由于国土资源是国民经济的基础，其产权的交易运作必须符合国家宏观规划和国民经济及社会发展的要求，其产权主体资格、交易方式、交易范围都受国家规定的限制。

(二) 国土资源配置管理

国土资源配置是指各种资源在各种不同使用方面上的分配，是一个动态的概念。国土资源配置在－定时刻是已定的、固定的、静止的，但在一定时期的不同时刻，又是未定的、流动的。它不断随价格升降调整自己的流向与数量，有一个随价格波动变化的机制，也就是说国土资源配置是国土资源在不同生产部门之间的必要的平衡和相互联系，是国土资源在不同生产部门之间的限度和比例的确立。在一定时刻建立的这种限制和比例经常被价格升降所打破，于是又会引起一种新的限制和比例的再建立，导致国土资源在不同生产部门间的再分配。

1. 国土资源配置方式

(1) 市场配置

这种资源配置方式突破了自然经济满足生产者自身需求的局限性，生产面向社会市场需求，可因有关市场的扩大而扩大生产规模，促进社会生产力的发展；市场配置资源以追求利润最大化为生产目的和动力，通过市场竞争促使生产者提高技术水平，提高劳动生产率，节约支付，降低成本，提高收益，增加积累，不断推动社会生产力的发展；市场配置资源以价格为信号进行资源配置，把社会生产与社会消费联系起来，把企业追逐最大利润的积极性与平衡性结合在一起，能够自动调节资源配置，优化生产结构。当然，市场配置资源不是万能的，它对有些社会问题也是无能为力的。虽然市场机制有利于提高效率，但必然会导致社会贫富分化，妨碍社会财富的公平分配，激化社会阶级矛盾，不利于社会安定团结，不利于一些非盈利性的企事业单位、国防、教育、环保及社会公益事业的发展；自由竞争必然引起生产的集中，而集中到一定程度必然走向垄断，然后再反过来抑制竞争。市场配置资源是通过微观配置到宏观调配，它的调节过程较长，所以，如果发生经济波动，想在短期内调整经济秩序是不可能的，必然会造成资源浪费和资源配置成本的增加。

(2) 计划配置

现代宏观经济主义认为：政府行政性计划配置资源是不可缺少的资源配置手段。在政府认为由市场对资源的配置未能按社会经济的发展目标将资源有效配置到各部门或各地区，或者说政府认为为了达到社会经济发展目标，通过市场配置资源的成本比通过政府配置的成本要高时，政府将采取计划配置资源的方式配置国土资源，以期用最小的成本达到社会经济发展目标。资源的计划配置能够兼顾效益与公平，对社会财富在各集团、各阶层间进行公平分配，防止贫富分化，或者把贫富分化的差距限制在一定的权力范围之内，有利于社会的安定团结；资源的计划配置对于一些非盈利性的公益性事业的建设，政府可进行统一安排，优先发展；资源的计划配置使国家能利用政府的强制性行政手段对经济生活进行干预，在短期内对经济进行较大幅度的调整，将资源分配到需要优先发展的部门或行业上去。

市场配置与计划配置是两种不同的资源配置方式，它们对资源配置的社会条件是产权的分散与集中，市场配置以产权的独立与分散为前提，而计划配置需要的是产权的集中统一管理。它们是对立统一、相辅相成的，各有所长，而它们所要达到的共同目标是实现国土资源的合理化配置，所以，在现代化的社会大生产条件下，采用计划与市场两种资源配置方式，具有客观的必然性，尤其是对广大发展中国家更是如此。

2. 国土资源配置的主要原则

(1) 均衡与增长的原则

经济均衡发展是指从总量上来说，总供给要与总需求相适应；从结构上来说，产业结构之间要在投入产出关系上和技术水平上相互适应。而经济增长则是指国民经济中提供的商品和劳务总量的增加；它不是指产量同期性的短期扩张，而是指实际生产能力的长期提高。均衡是保证经济持续有效增长的重要条件；失衡就是总供给与总需求达到严重不平衡的状况，必然会威胁整个国民经济的正常运行，使经济难以保持持续有效的增长。但均衡本身代替不了经济增长，经济增长相对于均衡来说则是宏观经济调控更直接的目标。总供给与总需求之间的矛盾是一种客观存在，均衡是相对的，而不均衡是绝对的。因此，均衡目标的实现应服从于增长目标的要求，短期宏观调控应服从于长期宏观调控目标的约束。

(2) 需求管理与供给管理原则

强调需求管理与供给管理并行，是宏观经济理论发展的一个趋势。在经济实践中，不仅需求管理而且供给管理也日益成为宏观管理的主要内容，强调供给管理与需求管理也越来越成为宏观经济管理的热点。现在，我国正处于经济转轨时期，仅仅强调需求管理是很不够的，这不是说市场需求作用强化后不能有效地引导供给，而是说需求在短期内迅速活跃，供给难以适应需求的变化。需求带动供给存在一个时延，由于我国市场机制不健全，这个时延将会更长，损失也更大，这就有必要从活跃供给入手进行调节。同样，单纯强调供给管理也难以有准备地实现宏观调控。因此，必须协调宏观需求管理与供给管理的关系。需求管理与供给管理是促进经济增长的两个因素，它们的作用并不是相互排斥和对立的，供给管理与需求管理的协调配合实施必将有利于促进经济的快速协调发展。

(3) 宏观经济措施的松紧原则

宏观经济调控措施主要是指财政调节与金融调节。具体地讲，财政政策包括财政支出、税种、税率等，而金融政策包括信贷支出、利息率等。凡是促使银根松动的措施，如减税、增加财政支出、降低利息率、扩大信贷支出等，都属于松的政策调节；而凡是促进银根抽紧的措施，如增税、减少财政支出、减少信贷支出、提高利息率等，都属于紧的政策调节。一般来讲，若社会总需求不足、需要刺激总需求扩大时，则需要采取松的调节措施；若需要紧缩总需求时，则需要采取紧的调节措施。

3. 我国的国土资源配置

一个国家或地区总体资源的特点和特征决定着本国或本地区资源配置、开发和发展的道路。我国国土资源的总体特征是：资源绝对量多，相对量少；资源分布的空间差异大，利用配置不甚合理；资源开发难度大，浪费严重；呆滞资源多，开发投资大。考察我国资源的特点，则可以得出我国资源开发利用的道路和方向应以区域国土资源合理配置为前提，以区域生产综合体的形式开发利用资源，形成国民经济发展区域推动中心，促进社会经济整体发展。具体应该包括四个层次：区域内部企业之间各种生产活动所需资源的配置、区域内部各产业之间的资源配置、区域之间经济发展的取向与资源配置、区域参与国际经济活动的资源配置。实行区域资源配置的目的，就是有效地开发区域内部资源和合理地利用区域外部资源，迅速而稳定地发展区域经济，进而为整个国民经济的发展作贡献。

（三）国土资源规划管理

国土资源规划是以全国的国土或国家的一定地域作为一个整体，按照自然特点和经济条件，制定一定时期内进行开发利用国土资源、治理和保护环境的总体规划方案，并在此基础上对地区生产力、城镇和人口提出合理配置的研究意见和建议，使社会和经济发展尽可能地符合自然规律和经济规律，为人们创造一个良好的生产和生活环境，使经济的发展与人口、资源、环境相协调。国土资源规划是从国土资源的合理开发利用和治理保护角度出发，围绕国家在一定时期的总目标和总任务，对国土资源开发和经济建设进行总体部署，提出重大国土整治的任务与要求，协调人口、资源、环境的关系，以取得好的社会、经济与生态效益。国土资源规划是国民经济和社会发展长远计划的重要基础工作，对长远计划的制定起一定的指导作用。

1. 国土资源规划的类型及主要内容

国土资源规划可分为全国国土资源总体规划、区域性国土规划和专项国土规划。不同类型、地域、时期的国土规划有不同的内容和重点，但一般包括以下几个方面：

①用全面、综合、发展的观点，通过与相关地区的对比分析，对国土资源的种类、数量、质量、地理分布特点及其开发利用现状进行综合评价。

②在摸清国土资源状况和搞清国土资源开发、利用、治理、保护的主要矛盾和问题的基础上，根据国民经济发展战略目标以及人口、资源、环境的特点，明确地区的优势和劣势，确定地区主要资源开发利用的方案和地区经济发展方向，以及重点综合开发区。

③根据国家已作出的经济建设的重大决策和战略部署，合理布局人口、城镇和经济建设，这是国土资源规划的重要内容。建设的合理布局可以大大促进资源的合理开发和经济的发展，建立协调的地区经济结构。

④统一安排能源、水利和交通等重大基础设施。综合分析能源资源的分布、地区能源消费结构、耗能用户的布局等，统一规划能源供应系统。在水资源综合评价和需水预测的基础上，制定水资源供应和供水设施的规划方案。在对客货流量、流向的现状分析和发展趋势预测的基础上，从合理运输的角度出发，制定出综合运输网的建设规划。

⑤制定国土资源综合治理与保护的规划。包括大江大河的治理、水土流失和土地沙化的防治、盐碱地的治理、环境污染的防治、重大自然灾害防治，以及改善生态环境、建立自然保护区的对策和方案等。

2. 国土资源规划编制的基本原则

①规划方案的制定要有科学的依据，遵循自然和经济两个规律，谋求经济、社会和生态三个效益的统一，注意长远利益与近期利益的结合。

②制定的规划目标和任务必须与国情和国力相适应，评价规划方案的优劣以实施的效果为准则。

③国土资源的开发利用与治理保护相结合，资源的开发要充分考虑保护资源和环境的要

求，坚持局部服从全局的原则，打破条块分割。

④遵循国家的有关法律和政策。

3. 国内外国土规划的态势

世界各国，尤其是发达国家和发达地区对国土规划特别重视，如日本的《新全国综合开发规划》、德国的《联邦德国综合开发指导大纲》、台湾的《台湾地区综合开发计划》等。20世纪90年代以来，由于国际环境发生了重要变化，如冷战的结束，经济的区域化、全球化，高科技的发展，人口的老龄化，生态环境的恶化，人们的价值观、发展观的转变等，促使世界上许多国家和地区对国土规划及国土开发的内涵进行了重新思考，并加强对国土规划的修改。

我国于1983年开始进行国土规划的试点工作，如湖北宜昌地区、吉林松花江地区和浙江宁波地区。1987年8月，经国务院批准，开始正式实行国土规划的编制办法。各省区市规划除了少数几个省区外，绝大部分完成了规划任务。国家计划发展委员会还在组织省区市和跨省市的国土规划，如京津唐、攀西—六盘山地区等。

（四）国土资源的保护管理

国土资源保护是指科学合理有效地利用国土资源，使之发挥最大的经济、社会、环境效益，服务于人类当前，同时注重后代人的需要，在时间配置上达到对社会最优。国土资源保护是社会、经济发展到一定时期所必须的，这是因为随着技术、经济的发展，人们对国土资源的使用、耗竭及破坏越来越严重，因而看到若想保持经济的长远、持续发展，就必须保护国土资源。国土资源保护和经济发展是互相依赖、彼此促进的。保护了国土资源，经济就可以持续稳定地发展；经济发展了，又可以为国土资源保护提供经济技术条件。把两者对立起来，认为发展经济，就必然要破坏资源和环境；而要保护资源、环境，就不能搞开发利用，都是不正确的，都不利于人类长久生存和不断进步。总之，我们要科学地解决好开发利用同合理保护的关系，既要考虑经济效益，又要考虑生态效益，从而促使国土资源与经济发展相互协调。

1. 保护与合理利用国土资源原则

（1）经济、社会和生态效益相结合的原则

国土资源的开发利用是一种社会经济现象，因此，必须考虑经济效益问题。开发资源要把经济效益、社会效益与生态环境效益结合起来，尽管经济效益高、社会效益大，但如果对生态环境影响较大的资源开发，也是不可取的；如果为了满足当代人的经济增长和社会需求，却破坏了子孙后代的利益，是得不偿失的。因此，资源的开发应遵循经济效益、社会效益和环境效益相统一的原则。

（2）当前利益与长远利益相结合的原则

开发利用国土资源要有长远观点，既要考虑资源的开发利用，又要考虑资源的保护。只利用、不保护，只顾当前、不顾长远的掠夺式开发利用，就会扩大资源供求之间的差距，导致资源变质、退化、灭绝，甚至出现恶性循环，给人类生存造成威胁，使之长期处于贫穷落后状态。相反，如果对资源合理利用，认真保护，大力改造，就能使整个环境不断改善，形成良性循环，提高人类利用资源进行生产的能力。

（3）因地制宜的原则

由于地域分异规律的作用和影响，各个地区所处的地理位置、范围大小、地质形成过程、开发利用历史等的不平衡性，使得每个地区资源的种类、数量、质量等，都有明显的地域性。因此，首先要按照本地区资源的实际情况，采取最适宜的政策、方式、途径和措施，来开发利用本地区的资源。

(4) 统筹兼顾、综合利用的原则

某个国家或地区的资源，都在一定范围内组成互相促进、互相制约的综合体，有些资源(如矿产资源)还有共生和伴生的特点(我国有1/4的铜矿伴生在其他矿体中，单独存在的钨矿仅占总储量的3%)。因此，对资源必须综合地开发利用，不能单打一。比如，土地资源是农业的最基本的生产资料，从物质交换和能量转化角度来看它的农业利用，应组成一个统一的整体。农业可以生产畜牧业所需的饲草料；畜牧业可以供给农业有机肥料；林业除本身能发挥综合作用外，还可以保护农牧业生产的顺利进行。因此，在开发某地区的土地资源时，不能仅考虑耕地资源的利用，而且要考虑林地、草地以及其他土地资源的开发，实现一业为主、农林牧多种经营的全面发展。

2. 国土资源保护的措施

(1) 加强国土资源宏观管理

通过制定国土资源规划、完善有关法律制度、加强管理，促使节约、合理利用国土资源，防止污染、破坏，保证可再生资源的动态平衡。

(2) 切实保护耕地

实现耕地总量动态平衡，除了挖掘现有用地潜力外，还必须采取十分严格的措施，解决机制、体制上的问题，切实加强对耕地的保护。

(3) 加强对矿产资源开发利用的保护

我国矿产资源保护的方式应由原来的直接保护向间接保护转移，要通过制定实施一整套完善严格的矿业法律制度来规范矿产资源开发利用活动；用矿业发展战略、矿业政策来引导矿产资源的管理开发利用；用以征收矿产资源补偿费为主的经济手段，促使矿山企业自觉地节约、合理利用矿产资源。我国目前矿产资源的保护重点：一是减少开发阶段对矿产资源的损失、破坏及浪费，提高开发回采率、选矿回收率；二是减少矿产资源开发发利用对矿产资源及其他资源造成的污染、破坏。

(4) 防治土地退化、沙化和水土流失

对于土地的退化和破坏，要采取预防和治理相结合的方针。一方面要积极治理已经退化的土地，另一方面要防止土地出现新的退化和破坏。根据土地利用总体规划，对破坏生态环境开垦、围垦的土地，要有计划、有步骤地退耕还草、还牧、还湖。

(5) 要防治土地污染和破坏

针对造成土地污染的三个主要原因，分别采取相应的对策：一是要控制和治理工业及城市“三废”的污染。当前要特别加强乡镇企业污染的防治，而且要按照国家规定的污水灌溉标准，进行科学的污水灌溉。二是要合理使用化学农药，推广高效、低毒、低残留量的农药。提倡推广生物防治和综合防治病虫害的措施。三是要合理使用化肥，尽量配合使用农家有机肥料。采掘工业要做好占地规划，对于因采矿而被破坏的土地，要及时进行复垦整治，恢复再用。

(6) 保护、扩建林区

主要是保护建设东北、西南两大林区，使它们既发挥木材生产，又发挥保护呼伦贝尔草原与高山草原和保护东北平原与成都平原农牧业生产的双重作用。同时，变集中过伐为全面开发、永续利用，对林区的剩余物积极开展综合利用，提高木材利用率。

(7) 建立水源保护区

水质的好坏直接影响供水的质量和数量，水质不合标准必然影响人们的健康和产品的使用价值。随着工农业生产的发展，废水、废气、废渣及农药、化肥的排放量和使用量将日益增加，如不及早治理，它们对水源和环境的污染也将与日俱增。为了防患于未然，确保安全供水，就要建立水源保护区，在水源地区易受污染的区域内严禁建立污染性企业，对已有的污染源要限期拆迁或根治，否则就得强令停产，追究法律责任，并赔偿经济损失。

(8) 加强海洋、海涂资源及其他国土资源的调查研究

我国海洋环境复杂，资源储量还不是很清楚。这给海洋的保护和利用带来一定困难。为此，应进一步加强海洋水文、气象、生物及地质等基础情况的调查研究。彻底查清海涂的面积、类型、特征以及资源的数量、质量、经济价值。在典型地区还应进行长期定位观测，研究海涂生态系统的结构、功能及人类活动对它们的影响，为合理开发提供科学依据。

(9) 提高国土资源开发利用科技水平

实行综合勘查、综合评价、综合规划、综合开发利用，使国土资源与经济发展相协调，实现国民经济可持续发展。

四、国土资源管理的方法

国土资源管理是多学科交叉渗透、综合运用的管理科学，要实现国土资源管理的根本目标，提高国土资源管理效率，除完善国土资源管理体制外，还要综合运用以下几种方法。

(一) 行政方法

国土资源管理的行政方法是指管理者运用行政权力，通过强制性的行政命令，直接指挥和控制管理对象，按照行政系统自上而下实施管理的方法。

行政管理系统通常采用命令、指示、规定、通知、条例、章程、指令性计划等方式对子系统进行控制。行政方法依靠行政权力，具有权威性、强制性、直接性、单一性和无偿性等特点。行政方法能使国土资源管理系统达到高度集中统一，可以发挥高层管理者的决策作用，充分依靠行政机关和管理者的权威，通过行政层次和行政手段，对下属管理机构的行政管理行为进行组织、指挥、协调和控制。科学的行政方法要以科学决策为依据，作出的指令，既要有利于整体目标的实现，又要协调好各部分的关系。

行政方法又有它的局限性，主要表现在：第一，管理效果受管理水平的限制，管理水平不高，容易产生盲目性。第二，横向信息交流困难，有时信息失真。第三，行政层次繁多，影响工作效率。第四，不利于发挥被管理者的积极性。

(二) 经济方法

国土资源管理的经济方法是指管理者按照客观经济规律的要求，运用经济手段，调节和引导国土资源的开发利用活动，以实现管理职能的方法。经济利益原则是经济方法的核心。管理者用经济利益鼓励、引导、推动被管理者，使其行为和利益与管理者所要实现的目标一致起来。这是一种社会主义市场经济条件下的间接控制方法。

经济手段是经济方法的工具，它在调节经济利益、实现管理目标方面起着重要的作用。在国土资源管理方面常采用以下经济手段。

1. 国家税收

它是国家按照税法的规定，凭借政权力量，无偿取得财政收入的一种手段。政府通过不同的税种（资源税等）、税率，指导国土资源开发利用。

2. 金融财政

它是国家金融机构通过银行信贷向国土资源开发单位提供资金，利用有弹性的利率，指导开发单位对国土资源合理利用。政府通过财政拨款来体现国家对国土资源开发利用的宏观控制，如国家对复垦土地、开采重要矿产、兴修大型水利工程、城市建设等的投资。

3. 地租地价

它是国家实行土地有偿使用，通过地租、地价调整土地供需矛盾，指导土地合理分配和利用，鼓励对土地的投入，以提高土地利用的集约度。

4. 资源补偿费

它是国家通过征收矿产资源补偿费，引导合理开采矿产资源，使国土资源与社会经济协调发展。

经济方法的局限性表现在：往往追求利益最大化而不利于保护资源，由于管理方式的间接性难以立即采取措施控制某种行为。

（三）法律方法

法律方法是指管理者通过贯彻执行有关国土资源的法规，规范人们在国土资源开发、利用、保护、整治过程中的行为的管理方法。

国土资源管理机构主要是运用立法和司法手段来巩固和调整各方面的国土资源关系。科学的制定法律是行使法律手段的前提，司法是行使法律手段的保证。制定法律仅能解决管理工作有法可依的问题，要保证法律的贯彻执行，还必须建立相应的司法机构和制度。国家司法机关依照法规，通过调解、仲裁、起诉和审判等手段，确保各种法规的实施。法律方法具有更大的强制性、严肃性和权威性。它是对行政和经济方法不足的必要补充。

（四）科学技术方法

科学技术方法是指管理者按照国土资源的自然、经济规律，运用现代科学技术手段来实现管理目标的方法。

科学技术方法注重在管理工作中广泛运用计算机技术、互联网技术、遥感技术等，实现管理手段现代化，为科学决策快速而准确地提供大量信息，提高国土资源管理的功效。

第二节 国土资源法规

一、国土资源法规概述

（一）国土资源法的概念及调整对象

国土资源法是调整人们在国土资源的开发、利用、保护和管理过程中所发生的各种社会关系的法律规范的总称。它由各部门资源法组成，主要包括土地资源、矿产资源、草原资源、森林资源、水资源、野生动植物资源等方面的法律、行政法规、规章和地方性法规。国土资源法所调整的对象是一切与开发利用和保护国土资源有关的社会关系及保证各种可再生资源的恢复和再生有关的社会关系。概括起来主要有下列几个方面。

1. 资源权属关系和资源流转关系

国土资源的所有权、使用权和其他权益等体现于人们在开发、利用、保护、营造国土资源的一切经济活动之中。国土资源法根据各种国土资源的具体情况特别设定了其财产权属和流转关系。

2. 资源管理关系

人们在开发、利用、保护、营造国土资源的经济活动中，形成了政府部门主管和辅助管理相结合的资源管理体系。主要框架为各级政府的管理、各级政府中各种资源行政主管部门的管理（包括资源行业管理关系和专项资源管理关系）、各级政府中各有关部门对资源的辅助管理。

3. 其他经济关系

人们在开发、利用、保护、营造国土资源的各种经济活动中，涉及到财政、税收、金融、劳动、环境保护等关系，其中有些内容是由国土资源法给以特别调整的。

（二）国土资源法的特点及体系

1. 国土资源法的特点

国土资源法依其调整的对象的特征，规定了自身的特点，主要有下列几个方面：

(1) 宏观性

国土资源法从宏观上研究人类经济活动与自然生态的关系，按照宏观上的要求规定人们在开发、利用和保护国土资源过程中的行为规则，这是国土资源法的重要特征。在自然界的生态系统中，各种生物相互依赖、彼此制约、协同进化，是一个协调整体。人们对国土资源的开发利用只有合乎生态规律，才能使资源得到不断的更新和循环，达到取之不尽、用之不竭的目的。反之，就会使资源趋向退化和枯竭。国土资源法就是以客观经济规律和生态规律对开发利用国土资源的行为进行调整，达到有效保护和合理开发利用国土资源的目的。

(2) 综合性

国土资源法是一部综合性很强的法律，既包括国家最高权力机关制定的法律，也包括国家行政机关颁布的行政法规、命令和决定，还有一些地方性法规。包含的专门法律有土地管理法、矿产资源法、草原法、森林法、水法、渔业法、野生动物保护法、自然保护区法等。在刑法、民法、行政法和其他经济法规中，也有保护国土资源的法律规范。

(3) 科学技术性

现代科学技术的发展，对国土资源法的影响是深远的。随着一批如国土经济学、系统生态学等新学科的产生，以及信息技术的广泛应用，促使人们加深对人类活动与自然生态关系的认识，不断用新的理论和方法制定了开发、利用国土资源的许多技术规范，并使之逐渐成为保护国土资源的法律规定。

(4) 一定的国际共同性

地球是人类共同的家园，地球表面是一个完整的生态系统。国土资源法所保护的对象，是人类共同赖以生存和持续发展的物质基础。人类负有对国土资源保护的共同国际义务。有关的国际组织、国际公约和各国的国土资源法规应相互借鉴、通力合作，以达到保护国土资源的共同目标。

2. 国土资源法的体系

我国国土资源法律体系的构架主要由国土整治法、资源行业法、专项资源法、资源保护法、资源政策法和国际国土资源法六个方面的法律组成。

(1) 国土整治法

它是规范国土整治规划、整体利用、综合开发的方式及其原则的法律。国土整治法是国土资源法律体系中的“基本法”。

(2) 资源行业法

某种资源的利用与某一行业的经济活动相联系，该资源的法律内容是资源管理和行业管理相结合，即称为资源行业法。矿产资源法、森林法等属于资源行业法。它是资源法系中“主干法”之一。

(3) 专项资源法

某种资源的利用与许多经济活动相关，该资源的立法，不含有行业管理的内容，主要是针对该资源的合理利用和保护，即称为专项资源法。如土地管理法、水法等属于专项资源法。它是资源法系中“主干法”之一。

(4) 资源保护法

其立法角度是国土资源的保护方面。如自然保护区法、野生动物保护法等。它是资源法系中“主干法”之一。

(5) 资源政策法

它是针对一定时期，为了资源行业的发展和资源的开发、利用、保护而制定的社会经济政策，即形成资源政策法。它是资源法系中的“特别法”。

(6) 国际国土资源法

它是我国与其他国家签订、缔结的有关国土资源利用和保护的国际条约、我国参加的有关国土资源利用和保护的国际公约，是我国资源法系中的国际法部分。

(三) 国土资源法的历史发展

国土资源法的形成历经沧桑和演变，其内容源远流长，人类社会早期的习惯法和最初的成文法中都有所体现。我国夏、商、周时期，国王对全国的土地拥有最高的所有权，只有国王才有权“授民疆土”；西周时期，已经有了蓄水、排水等农田灌溉设施，以及矿冶方面的禁令，并设专门官吏执掌其事。资本主义社会诸法分体以来，出现了单行的国土资源法规。如法国在1827年制定了《森林法》，美国于1866年实施了《矿业法》等。仅从个别内容和单行法规的意义上说，国土资源法是一门古老的法律。直到20世纪后半期，各单项资源法才归类于国土资源法的范围，并向相对独立的法律体系发展。国土资源法的发展大致经历了三个时期。

1. 19世纪以前的特别物权法时期

有关国土资源的立法，主要是以促进资源的开发、利用为目的。私有制产生以来，资源的开发利用成为私人经济的一部分，伴随着法律私有权的发达，资源物权是关于国土资源的主要法律内容。各种资源的特别物权一般是被包括在土地物权之中的，土地物权的内容又以特别条款的形式存在于民法之中，这是早期国土资源法的主要特点。

2. 19世纪初期到20世纪50年代的单行法时期

产业革命使社会分工进一步发展，某些资源的专门利用逐渐成长为社会经济中的独立行业，如林业、矿业等。由于资源利用方式的变化，资源物权从土地物权中分离出来，形成了新的资源物权，如林权、探矿权、采矿权等。资源物权与行业管理相结合，产生了资源行业法，如林业法、矿业法等。这一时期还出现了专门性的资源保护立法，如英国1869年的《保护野生动物的法令》。资源物权与资源管理相结合，形成了专项资源法，如土地法、水法等。这一时期的国土资源法以规范行业经济关系和单项资源利用关系为立法目的，以行业管理和资源管理为主要内容，以单行法律为主要形式。

3. 20世纪60年代以来的体系化发展时期

科学技术不断进步，社会经济迅速增长，人口恶性膨胀，人类对资源无节制的开发和滥用，产生了资源匮乏和严重的生态危机，资源问题令全球关注。社会对国土资源整体性、有限性、可变性的认识有了新的发展，各种国土资源之间的相互联系、共同性质及其有机统一性被更多的揭示出来，产生了整体意义的国土资源概念，即把各单行国土资源法联结起来，形成一种法群形态，由此推动了资源保护活动和资源合理利用方式的新进展。例如，以涵养水土、绿化环境、净化空气等为目的保安林制度，闭矿后的土地回复更新利用制度等。另外，以《世界自然资源保护大纲》等为代表的国际公约的签署，表明保护资源的国际合作逐步加强。这一时期的国土资源法以资源保护和资源合理利用为立法目的，以各种资源利用之间的制度化建设为主要内容，从法群形态向法律体系化方向发展。

二、土地管理法

（一）土地管理法的概念

土地管理法是指国家运用法律和行政的手段对土地财产制度和土地资源的合理利用所进行管理活动予以规范的各种法律规范的总称。土地管理关系是人们在对土地开发利用和管理保护中形成的以土地为要素的社会关系，包括土地的权属关系、土地征用和占用关系、土地的流转关系、土地的行政管理关系等。土地管理法也规定了违反本法的法律责任。

我国土地立法历史悠久，奴隶社会和封建社会中的土地立法就非常丰富。近现代国民党政府制定公布了《土地法》。新中国成立之初，颁布了《中华人民共和国土地改革法》。1986年6月25日第六届全国人民代表大会常务委员会第十六次会议通过了《中华人民共和国土地管理法》。1988年12月29日第七届全国人民代表大会常务委员会第五次会议重新修订并颁布施行《中华人民共和国土地管理法》。以这部土地基本法为核心，还制定公布了《土地管理法实施条例》等许多有关土地的行政法规。1998年8月29日第九届全国人民代表大会常务委员会第四次会议又一次重新修订并颁布《中华人民共和国土地管理法》（以下简称《土地管理法》），标志着我国土地资源管理工作进入了新的历史阶段。

（二）土地管理法的主要内容

1. 土地管理法的基本原则

我国政府将十分珍惜、合理利用土地和切实保护耕地确立为我国的基本国策，新《土地管理法》则贯彻这一指导思想，概括了土地管理的四项基本原则，即耕地总量只能增加、不能减少的原则，土地用途管制的原则，国家对土地实行集中统一管理的原则和加强土地执法监察的原则。

（1）耕地总量只能增加、不能减少的原则

耕地总量只能增加、不能减少既是土地管理法的重要原则，也是土地管理工作的主要目标。实现这一目标的关键，是转变土地利用方式，从粗放利用转变到集约利用，走内部挖潜的路子，努力提高土地的利用效率。充分挖掘原有建设用地的潜力，重视土地整理、整治，加强土地后备资源的开发利用。

（2）土地用途管制的原则

土地用途管制是指国家为保证土地资源的合理利用，经济、社会和环境的协调发展，通过编制土地利用规划，划定土地用途区，确定土地使用限制条件，并要求土地的所有者、使用者严格执行国家确定的用途利用土地的制度。土地利用规划是实行土地用途管制的基础，农用地转用审批是实行土地用途管制的关键。

（3）国家对土地实行集中统一管理的原则

土地利用具有全局性、长远性的特点，土地利用涉及的是民族的根本利益和长远利益。我国人口众多、人均土地少、人均耕地更少的基本国情，决定了必须保护土地资源，必须强化国家土地管理职能。

(4) 加强土地执法监察的原则

新时期土地监察工作的指导思想是：保证土地用途管制制度的实施，服从并服务于维护国有土地资产营运安全和土地市场的正常秩序。土地监察改革和发展的基本目标是：按照党的“十五大”关于健全社会主义法制，依法治国，建设法制国家的精神，建立起符合中国国情和适应社会主义市场经济体制要求的，能够体现土地由国家管理、用途管制原则的，集中统一管理、科学运用现代监管手段、独立行使监察职权的，具有高度影响力、约束力和管制力的现代地方政府监督体系。

2. 土地的所有权和使用权

土地所有权是指土地所有者依法对土地占有、使用、收益、处分的权利。土地所有权是土地所有制在法律上的体现。我国实行土地的社会主义公有制，具体表现为两种形式，即全民所有制和劳动群众集体所有制，反映在所有权上即国家土地所有权和农民集体土地所有权。国有土地属于全民所有，由国务院代表国家依法行使土地所有权。国家是国有土地唯一的、统一的所有者。唯一性和统一性是我国一切国家财产所有权主体的基本法律特征。集体土地所有权的主体只能是农民集体。

国有土地所有权的主体即依法使用国家所有土地的权利。国有土地使用权的主体非常广泛，任何单位和个人，包括外国单位和个人，符合依法使用我国国有土地的条件，都可以成为我国的国有土地使用者。

法律规定，城市市区的土地属于国家所有。农村和城市郊区的土地，除由法律规定属于国家所有的以外，属于农民集体所有；宅基地和自留地、自留山，属于农民集体所有。国有土地和农民集体所有的土地，可以依法确定给单位或者个人使用。使用土地的单位和个人，有保护、管理和合理利用土地的义务。农民集体所有的土地依法属于村民集体所有的，由村集体经济组织或者村民委员会经营、管理；已经分别属于村内两个以上农村集体经济组织的农民集体所有的，由村内各农村集体经济组织或者村民小组经营、管理；已经属于乡（镇）农民集体所有的，由乡（镇）农村集体经济组织经营、管理。农民集体所有的土地，由县级人民政府登记造册，核发证书，确认所有权。单位和个人依法使用的国有土地，经县级以上人民政府登记造册，核发证书，确认使用权。其中，中央国家机关使用的国有土地的具体登记发证机关，由国务院确定。依法改变土地权属和用途的，应当办理土地变更登记手续。依法登记的土地的所有权和使用权受法律保护，任何单位和个人不得侵犯。

3. 土地利用总体规划

土地利用总体规划是在一定区域内，根据国家社会经济可持续发展的要求和当地自然、经济、社会条件，对土地的开发、利用、治理、保护在空间上、时间上所作的总体安排和布局，是国家实行土地用途管制的基础。我国的土地利用总体规划由国家、省、地（市）、县（市）、乡（镇）五级组成，形成了完整的土地利用总体规划体系。土地利用总体规划由各级人民政府组织编制，报有批准权的人民政府批准实施。土地利用总体规划的编制原则是：严格保护基本农田，控制非农业建设占用农用地；提高土地利用率；统筹安排各类、各区域用地；保护和改善生态环境，保障土地的可持续利用；占用与开发复耕相平衡。

全国和省级的土地利用总体规划属宏观控制性规划，主要的任务是在确保耕地总量动态平衡和严格控制城市、集镇和村庄用地规模的前提下，统筹安排各类用地。上级土地利用总体规划通过规划指标和规划分区对下级土地利用总体规划和专项用地规划进行指导和控制。县、乡级土地利用总体规划属实施性规划，其主要任务是按照上级土地利用总体规划的指标和布局要求，划分土地利用区，明确各土地利用区的土地主要用途和区内土地使用条件，为单位和个人合理使用土地，进行土地开发、整理提供依据，为政府审批农地转用、划定基本农田保护区提供依据。

土地利用总体规划的编制是政府行为。通过土地利用总体规划，将土地分为农用地、建设用地和未利用地，确定了每块地的农用地使用权和建设用地使用权，国家将土地资源在各产业部门间进行合理配置。规划为耕地的，只能用于种植业；规划为林地的，只能用于林业。单位和个人只能在规划的建设用地区内进行非农业建设，而不能在耕地、林地、草地等农业用地内进行非农业建设。

国家建立土地调查制度。县级以上人民政府国土资源行政主管部门会同同级有关部门进行土地调查。土地所有者或者使用者应当配合调查，并提供有关资料。县级以上人民政府国土资源行政主管部门根据土地调查结果，规划土地用途和国家制定的同一标准，评定土地等级。

国家建立土地统计制度。县级以上人民政府国土资源行政主管部门和同级统计部门共同设计统计方案，依法进行土地统计，定期发布土地统计资料。土地所有者应当提供有关资料，不得虚报、瞒报、拒报、迟报。国土资源行政主管部门和统计部门共同发布的土地面积统计资料，是各级人民政府编制土地利用总体规划的依据。国家建立全国土地管理信息系统，对土地利用状况进行动态监测。

4. 耕地保护

耕地保护包括耕地数量（面积）的保护和耕地质量的保护。根据我国的实际情况和今后人口增长及生活水平提高的要求，我国耕地保护的目标是保证现有耕地面积不再减少，并通过各种措施，使耕地的质量有所提高。

(1) 耕地总量动态平衡制度

国家保护耕地，严格控制耕地转为非耕地，国家实行占用耕地补偿制度。非农业建设经批准占用耕地的，按照“占多少、垦多少”的原则，由占地单位负责开垦与所占用耕地的数量和质量相当的耕地；没有条件开垦或者开垦的耕地不符合要求的，应当按照省、自治区、直辖市的规定缴纳耕地开垦费，专款用于开垦新的耕地。省、自治区、直辖市人民政府应当监督占地单位开垦耕地或者组织开垦耕地并进行验收。省、自治区、直辖市人民政府应当严格执行土地利用总体规划，采取措施，确保本行政区域内耕地总量不减少。耕地总量减少的，由国务院责令在规定期限内组织开垦与所减少耕地的数量和质量相当的耕地，并由国务院国土资源管理部门会同农业行政主管部门验收。个别省、自治区、直辖市确因土地后备资源匮乏，新增建设用地后，新开垦耕地的数量不足以补偿所占用耕地的数量的，必须报经国务院批准减免本行政区域内开垦耕地的数量，进行易地开垦。

(2) 基本农田保护制度

划入基本农田保护区严格管理的耕地有：第一，经国务院有关主管部门或者县级以上地方人民政府批准确定的粮、棉、油和名、优、特、新农产品生产基地内的耕地；第二，高产、稳产田，有良好的水利与水土保持设施的耕地，正在实施改造计划以及可以改造的中、低产田；第三，城市蔬菜生产基地；第四，农业科研、教学试验田；第五，国务院规定应当划入基本农田保护区的其他耕地。基本农田应当占耕地的80%以上。基本农田保护的具体办法，由国务院规定。

(3) 耕地保护措施

非农业建设必须节约使用土地，可以利用荒地的，不得占用耕地；可以利用劣地的，不得占用好地。禁止占用耕地建窑、建坟或者擅自在耕地上建房、挖沙、采石、采矿、取土等；禁止占用基本农田发展林果业和挖塘养鱼；禁止任何单位和个人闲置、荒芜耕地。

5. 建设用地

建设用地是指建造建筑物、构筑物的土地，包括城乡住宅和公共设施用地、工矿用地、交通水利设施用地、旅游用地、军事设施用地等。建设用地的特点是：土地作为生活场所、操作空间和工程载体存在；可逆性差；土地利用价值高；区域选择性强。法律规定了建设用地的管理原则是：国家对建设用地实行统一管理的原则；强调了规划对建设用地的控制作用；以节约和合理利用每寸土地，保护耕地和提高土地利用率为前提；实行建设用地的有偿使用制度。

农用地转用是指现有的农用地按照土地利用总体规划和国家规定的批准权限报批后转变为建设用地的行为，又称为农用地转为建设用地。农用地转用是控制农用地转为建设用地的重要措施，是实现土地用途管制制度的关键环节。农用地能否转为建设用地的依据有土地利用总体规划、土地利用计划和建设用地供应政策。

农用地转为建设用地的审批权限概括如下。根据土地用途管制制度的要求，建设用地必须符合土地利用总体规划所确定的用途，并且严格控制农用地转为建设用地。建设占用土地，涉及农用地转为建设用地的，应当报省级以上人民政府批准。直辖市和省、自治区人民政府所在地的市以及其他建设区的市为实施城市规划而统一开发土地，省、自治区、直辖市人民政府批准的大型工程和大型基础设施建设项目、国务院批准的建设项目占用土地，涉及农用地转为建设用地的，由国务院批准。其他的建设项目占用土地，在土地利用总体规划确定的城市和村庄、集镇建设用地规模范围内，为实施该规划而将农用地转为建设用地的，按年度分批次由原批准土地利用总体规划的机关批准。在已批准的农用地转用范围内，具体建设项目用地可以由市、县人民政府批准。

征地审批权概括如下。根据宪法有关规定，土地征用权只能属于国家。征用下列土地，由国务院批准：基本农田、基本农田以外的耕地超过500亩的、其他土地超过1 000亩的。征用其他土地的，由省、自治区、直辖市人民政府批准，并报国务院备案。征用农用地的，应当先办理农用地转用审批。

乡村建设用地。乡（镇）村企业、乡（镇）村公共设施、公益事业、农村居民住宅等乡（镇）村建设，应当按照村庄和集镇规划，合理布局，综合开发，配套建设。建设用地，应当符合乡（镇）土地利用总体规划和土地利用年度计划，并依法办理审批手续。占用农用地的，要依照有关规定办理审批手续。农村居民一户只能拥有一处宅基地，其宅基地的面积不得超过省、自治区、直辖市规定的标准。农村居民建住宅，应当符合乡（镇）土地利用总体规划，并尽量使用原有的宅基地和村内空闲地。农村居民住宅用地，经乡（镇）人民政府审核，由县级人民政府批准。其中，涉及占用农用地的，依照有关规定办理审批手续。农村居民出卖、出租住房后，再申请宅基地的，不予批准。

6. 土地监督检查

土地监督检查是指县级以上人民政府土地行政主管部门按照法定程序和方式，依法对本行政区域内土地管理法律、法规的执行情况进行监督检查，并对违法者实施法律制裁的活动。土地监督检查是实现土地管理法制化的重要途径，是保证土地用途管制实施的重要手段，是提高公民和法人法律意识的有效手段。

土地监督检查的主要措施是：土地行政主管部门在履行土地监督检查职责时，有权依法要求被检查单位或者个人提供有关土地权利的文件和资料，进行查阅或者予以复制；要求有关单位或者个人就有关土地权利的问题作出说明。有权依法进入被检查单位或者个人非法占用的土地现场进行勘测，责令非法占用土地的单位或者个人停止违反土地管理法律、法规的行为。土地管理监督检查人员在履行监督检查职责时，必须严格依照法定程序办理，绝不能利用职权和法律赋予的手段，侵犯公民、法人或者其他组织的合法权益，谋取私利。

7. 违反土地管理法的法律责任

(1) 侵犯土地所有权和使用权的责任

土地使用过程中，会遇到下列侵权行为：第一，土地使用权被依法收回并注销土地使用证，但土地使用者拒不交还土地；第二，临时用地的使用期已满，但不归还土地；第三，以其他形式侵犯土地所有权、使用权。出现上述情形时，按规定责令交还土地，责令停止侵权，赔偿损失并处以罚款。构成非法转让土地使用权罪的，依照刑法有关规定追究刑事责任。

(2) 非法占用土地的责任

非法占用土地的行为主要有下列几种：一是全民所有制单位、城市集体所有制企业、乡（镇）村企业未经或者采取欺骗手段骗取批准，非法占用土地；二是农民、城镇居民未经批准或者采取欺骗手段骗取批准，非法占用土地建住宅；三是国家工作人员利用职权，未经批准或采取欺骗手段骗取批准，非法占用土地建住宅。对非法占用土地行为，按规定责令非法占用者退还非法用地，限期拆除或没收一切建筑物并处以罚款，对非法占地单位的主管人员或国家工作人员给予行政处分。

(3) 非法转让土地及非法侵占、挪用征地费的责任

买卖或以其他形式非法转让土地的，按法律规定没收非法所得，并对当事人处以罚款，对主管人员给予行政处分。上级单位或其他单位非法占用被征地单位的补偿费和安置补助费的，依法责令退赔并处以罚款，对主管人员给予行政处分；个人非法占用的，以贪污论处。

(4) 土地管理及保护的责任

在土地管理中，无权批准而批准或越权批准非法用地的，批准的文件无效，对非法审批用地的单位主管人员或者个人，给予行政处分；收受贿赂构成犯罪的，依刑法的规定追究刑事责任。依法改变土地权属和土地用途的，都应当办理土地变更登记；对不办理土地变更登记的，责令当事人在一定的期限内办理。国家土地行政主管部门的工作人员，在土地管理工作中玩忽职守、滥用职权，在地权变更登记或争议解决过程中收受贿赂、敲诈勒索、贪污、盗窃国家财物等，构成犯罪的，依照刑法有关规定追究刑事责任。违反法律规定，在耕地上挖土、挖沙、采石、采矿等，严重毁坏种植条件的，或者因开发土地，造成土地沙化、盐渍化、水土流失的，依法责令限期治理，并处以罚款。

三、矿产资源法

（一）矿产资源法的概念

矿产资源法是调整人们在勘查、开采、利用、保护矿产资源过程中所发生的各种社会关

系的法律规范的总称。其内容主要包括矿产资源的所有权、探矿权、采矿权、矿产资源管理、勘查、开采、利用、保护和法律责任的法律、行政法规、规章和地方法规等。在矿产资源勘查、开采、利用和保护过程中，中央政府主管部门和有关部门、矿山企事业单位、其他社会组织之间以及它们与公民之间所发生的各种社会关系，都是矿产资源法所调整的对象。矿产资源法是国家通过法律手段对矿产资源进行科学管理、合理利用、有效保护的主要工具，是我国国土资源法律体系的重要组成部分。

我国矿冶立法活动起源很早，在奴隶制周朝的国家官职中专设有管理矿冶事务的，封建社会的各个朝代也均有关于矿冶的立法。1930 年国民党政府颁布了《矿业法》。建国后，1951 年中央人民政府公布了《中华人民共和国矿业暂行条例》。1986 年 3 月 19 日第六届全国人民代表大会常务委员会第十五次会议通过了《中华人民共和国矿产资源法》，1996 年 8 月 29 日第八届全国人民代表大会常务委员会第二十一次会议修订了《中华人民共和国矿产资源法》（以下简称《矿产资源法》），从而进一步加强了我国的矿产资源管理工作。

（二）矿产资源法的主要内容

1. 矿产资源的所有权、探矿权和采矿权

矿产资源的所有权是矿产资源法律关系主体对矿产资源占有、使用、收益和处分的权利。按照我国矿产资源法的规定，我国的矿产资源实行单一的所有权制度，即矿产资源属于国家所有，由国务院行使国家对矿产资源的所有权。地表或地下的矿产资源的国家所有权，不因其所依附的土地的所有权或使用权的不同而改变。

探矿权，是指在依法取得的勘查许可证规定的范围内勘查矿产资源的权利。取得勘查许可证的单位或个人称为探矿权人。探矿权人依法享有的权利包括：按照勘查许可证规定的区域、期限及工作对象进行勘查；在勘查作业区及相邻区域架设供电、供水、通讯管线；在勘查作业区及相邻区域通行；根据工程需要临时使用土地；优先取得勘查作业区内新发现矿种的探矿权；优先取得勘查作业区内矿产资源的采矿权；自行销售除国务院规定由指定单位统一收购的矿产品之外的勘查中按照批准的工程设计施工回收的矿产品。

采矿权，是指在依法取得的采矿许可证规定的范围内开采矿产资源和获得所开采的矿产品的权利。取得采矿许可证的单位或者个人称为采矿权人。采矿权人享有的权利包括：按照采矿许可证规定的范围和期限从事开采活动；自行销售除国务院规定由指定的单位统一收购的矿产品之外的矿产品；在矿区范围内建设采矿所需的生产和生活设施；根据生产建设的需要依法取得土地使用权；法律、法规规定的其他权利。

探矿权、采矿权的取得必须是具备法定条件者经过申请和国土资源管理部门的审查和批准，并依法办理登记，取得矿产资源勘查许可证、采矿许可证。依法取得的探矿权、采矿权受法律保护。

国家实行探矿权、采矿权有偿取得制度。开采矿产资源，必须按照国家有关规定缴纳资源税和资源补偿费。

2. 矿产资源管理体制

我国的矿产资源保护实行主管与协管相结合的监督管理体制，即国务院国土资源主管部门主管全国矿产资源勘查、开采的监督管理工作，国务院有关主管部门协助国务院国土资源主管部门开展工作；省、自治区、直辖市人民政府国土资源主管部门主管本行政区域内矿产资源勘查、开采的监督管理工作。

设区的市人民政府、自治州人民政府和县级人民政府及其负责管理矿产资源的部门，依法对本级人民政府批准开办的国有矿山企业和本行政区域内的集体所有制矿山企业、个体采矿者以及在本行政区域内从事勘查施工的单位和个人进行监督管理，依法保护探矿权人、采矿权人的合法权益。

3. *矿产资源保护制度*

(1) 矿产资源规划制度

矿产资源规划是法定部门按照规定程序编制的国家对一定时期矿产资源勘查和开发利用整体安排的书面文件。矿产资源规划制度，则是关于矿产资源规划编制和实施的一整套程序、措施和方法，是矿产资源规划的法律化。它对于矿产资源的合理开发利用与保护有着重要意义。按照规定，全国矿产资源规划在国务院计划行政主管部门指导下，由国务院国土资源主管部门根据国民经济和社会发展中长期规划，组织国务院有关主管部门和省、自治区、直辖市人民政府编制，报国务院批准后实施。按其内容，可分为矿产资源勘查规划和矿产资源开发规划。

(2) 矿产资源勘查登记制度

国家对矿产资源勘查实行统一的区域登记管理制度。凡在中华人民共和国领域及其管辖海域内从事1:20万和大于1:20万比例尺的区域地质调查，金属矿产、非金属矿产、能源矿产的普查和勘探，地下水、地热水、矿泉水资源的勘查，矿产的地球物理、地球化学的勘查，航空遥感地质调查工作的，都必须申请登记，取得探矿权。矿山企业在划定或者核定的矿区范围内进行的生产勘探工作、地质踏勘及不进行勘探工程施工的矿点检查，不需要进行登记。矿产资源勘查登记工作由国务院国土资源主管部门负责，特定矿种的矿产资源勘查登记工作可以由国务院授权有关主管部门负责。

(3) 采矿许可证制度

采矿许可证是国土资源主管部门依法向符合规定条件的单位或个人发放的允许其开采矿产资源的证明文件。采矿许可证制度，则是关于采矿许可证的取得条件、申请、审核、发放和管理的一整套程序、措施和方法。凡在中华人民共和国领域及其管辖海域开采矿产资源的单位和个人，必须经过审查批准，方能取得采矿许可证。否则，不得进行采矿活动。不同区域、规模和不同种类的矿产资源，分别由不同的机构审批和发放采矿许可证。

(4) 矿产资源补偿费制度

矿产资源补偿费，是指采矿权人为补偿国家矿产资源的消耗而向国家缴纳的一定费用。矿产资源补偿费制度，则是关于矿产资源补偿费的征收对象、范围、费率、程序和使用与管理的一整套措施和方法。其目的是为了保障和促进矿产资源的勘查、保护与合理开发，维护国家对矿产资源的财产权益。除法律、行政法规另有规定外，凡在中华人民共和国领域和其他管辖海域开采矿产资源的采矿权人，都应当按规定缴纳矿产资源补偿费。矿产资源补偿费按照矿产品销售收入的一定比例计征。补偿费率由国家统一规定，最高为4%，最低为0.5%。矿产资源补偿费由国土资源主管部门会同财政部门征收。征收的矿产资源补偿费纳入国家预算，实行专项管理，主要用于矿产资源勘查。

4. *矿产资源保护措施*

(1) 对特定矿区和矿种实行计划开采

国家对国家规划矿区、对国民经济具有重要价值的矿区和国家规定实行保护性开采的特定矿种，实行有计划的开采；未经国务院有关主管部门批准，任何单位和个人不得开采这类矿区和矿种。

(2) 对具有工业价值的共生和伴生矿产实行综合勘探与综合开采

在完成主要矿种普查任务的同时，应当对工作区内包括共生或者伴生矿产的成矿地质条件和矿床工业远景作出初步综合评价；矿床勘探必须对矿区内具有工业价值的共生和伴生矿产进行综合评价，并计算其储量；在开采主要矿产的同时，对具有工业价值的共生和伴生矿产应当统一规划，综合开采，综合利用，防止浪费；对暂时不能综合开采或者必须同时采出而暂时还不能综合利用的矿产以及含有有用组分的尾矿，应当采取有效的保护措施，防止损失破坏。

(3) 要求采取合理的开采顺序、方法和工艺

开采矿产资源，必须采取合理的开采顺序、开采方法和选矿工艺；开采回采率、采矿贫化率和选矿回收率应当达到设计要求。

5. 集体和个体采矿

国家对集体矿山企业和个体采矿实行积极扶持、合理规划、正确引导、加强管理的方针，鼓励集体矿山企业开采国家指定范围内的矿产资源，允许个人采挖零星分散资源和只能用作普通建筑材料的砂、石、粘土以及为生活自用采挖少量矿产。矿产储量规模适宜由矿山企业开采的矿产资源、国家规定实行保护性开采的特定矿种和国家规定禁止个人开采的其他矿产资源，个人不得开采。同时，集体矿山企业和个体采矿应提高技术水平，提高矿产资源回收率。

6. 环境保护

开采矿产资源，必须遵守有关环境保护的法律规定，防止污染和破坏环境。在国家划定的自然保护区、重要风景区、国家重点保护的不能移动的历史文物和名胜古迹所在地，未经国务院授权的有关主管部门同意，不得开采矿产资源。勘查、开采矿产资源时，发现具有重大科学文化价值的罕见地质现象以及文化古迹，应当加以保护并及时报告有关部门；耕地、草原、林地因采矿受到破坏的，矿山企业应当因地制宜地采取复垦利用、植树种草或者其他利用措施。

7. 矿区范围争议解决

矿山企业之间的矿区范围的争议，由当事人协商解决，协商不成的，由有关县级以上地方人民政府根据依法核定的矿区范围处理；跨省、自治区、直辖市的矿区范围的争议，由有关省、自治区、直辖市人民政府协商解决，协商不成的，由国务院处理。

8. 违反矿产资源法的法律责任

(1) 违反矿产资源权属的责任

非法买卖、出租或者以其他形式转让矿产资源的，没收违法所得，处以罚款。情节严重构成犯罪的，依刑法有关规定追究刑事责任。

(2) 矿产资源勘查中的责任

国家保护取得勘查许可证的勘查单位合法的探矿权。对盗窃、抢夺勘查单位的矿产品和其他财物的，破坏勘查设施的，扰乱勘查作业区的生产秩序、工作秩序的，分别依照刑法有关规定追究刑事责任。情节显著轻微的，依照治安处罚条例规定予以处罚。

非法将探矿权倒卖牟利的，冒用、擅自印制或者伪造勘查许可证的，由登记管理机关吊销其勘查许可证或者没收其印刷、伪造的证件，并没收违法所得，处以罚款。

(3) 矿产资源开采中的责任

国家保护取得采矿许可证的矿山企业的合法采矿权。盗窃、抢夺矿山企业的矿产品和其

他财物的，破坏采矿设施的，扰乱矿区的生产秩序、工作秩序的，依照刑法规定追究刑事责任。情节显著轻微者，依法追究行政责任。

未取得采矿许可证擅自采矿的，擅自进入国家规划矿区、在对国民经济具有重要价值的矿区范围内采矿的，擅自开采国家规定实行保护性开采的特定矿种的，在超越批准的矿区范围内采矿的，采取破坏性开采方法开采矿产资源的，造成矿产资源严重破坏的，责令其停止开采，赔偿损失，没收非法所得，并处以罚款；情节严重构成犯罪者，依照刑法的有关规定，追究刑事责任。

非法将采矿权倒卖牟利的，擅自印制、伪造采矿许可证的，由登记管理机关吊销采矿许可证，没收伪证和非法所得；构成犯罪的，依法追究刑事责任。

（4）矿产资源监督管理及矿产品收购中的责任

以暴力、威胁方法阻碍从事矿产资源勘查、开采监督管理工作的国家工作人员依法执行公务的，依照刑法有关规定追究刑事责任。

负责矿产资源勘查、开采监督管理工作的国家工作人员和其他有关国家工作人员徇私舞弊、滥用职权或者玩忽职守，违反规定批准勘查、开采矿产资源和颁发勘查许可证、采矿许可证，或者对违法采矿行为不依法予以制止、处罚，构成犯罪的，依法追究刑事责任；不构成犯罪的，给予行政处分。

非法收购和销售国家统一收购的矿产品的，没收矿产品和违法所得，并处罚款；构成犯罪的，依法追究刑事责任。

四、其他几种专项资源法

（一）草原法

1. 草原法的概念

草原法是调整人们在草原开发、利用、建设、保护和牧业活动中所发生的各种社会关系的法律规范的总称。通常包括草原的权属、草原保护、草原建设和牧业管理内容。草原法是一部资源和资源行业法相结合的法律，不仅规范了草原作为一种国土资源的权属、行政管理关系，而且规范了牧业作为一项产业活动的规范。1985 年 6 月 18 日第六届全国人民代表大会常务委员会第十一次会议通过了《中华人民共和国草原法》（以下简称《草原法》），表明了我国草原资源管理迈入法制化轨道。

2. 草原权益和草原行政

草原权益是指一定社会主体依法享有的对草原利用的民事权益。通常包括草原所有权、草原使用权和其他草原权益。

草原所有权是指一定社会主体对草原享有的占有、使用、收益和处分的权利。国家草原所有权是指国家代表全体人民对草原享有的所有权，除法律规定属于集体所有的草原之外，草原属国家所有，即全民所有。中华人民共和国是国家草原所有权的唯一主体，集体草原所有权的主体为一定的集体经济组织，组织中的个人或一定单位不能成为集体草原所有权的主体。

草原使用权是指一定社会主体对国家所有或集体所有的草原占有、使用、依法收益和处分的权利。全民所有的草原，可以由全民所有制单位使用或固定给集体长期使用。全民所有的草原、集体所有的草原和集体长期固定使用的全民所有的草原，可以由集体或个人承包从事畜牧业生产。

其他草原权益，是指法律不禁止或应依其他法律取得的与草原利用有关的权益，主要为狩猎权、采集权和砍挖权等。

草原行政是指国家对草原及其牧业所进行的行政管理。草原行政主体是对草原行政负有一定职责的行政机构。各级人民政府是草原行政中的一般行政主体。国务院农业部门、各级地方人民政府的农牧厅、局等行政机构是草原行政中的专门行政主体。

3. 草原保护

草原法规定了草原资源保护的几方面内容：第一，国家鼓励草原畜牧业科学研究，提高草原畜牧业的科学技术水平。第二，严格保护草原植被，禁止开垦和破坏草原植被。第三，合理使用草原，防止过量放牧。第四，防治草原鼠虫害，保护捕食鼠虫的益鸟益兽。第五，防治草原地区牲畜疫病和人畜共患疾病。第六，加强草原防火等。此外，草原生态环境的改善和保护，防治草原污染，草原珍稀植物、珍贵动物的保护，草原自然保护区等也是草原保护的重要内容。

(二) 森林法

1. 森林法的概念

森林法是调整人们在森林保护、森林营造、森林的合理利用和林业经济活动中所发生的各种社会关系的法律规范的总称。通常包括森林权属、森林保护、森林采伐、森林资源管理和林业管理等内容。森林法是一部以资源保护为主的资源和资源行业法相结合的法律。1984年9月20日第六届全国人民代表大会常务委员会第七次会议通过了《中华人民共和国森林法》(以下简称《森林法》)。1998年4月29日第九届全国人民代表大会常务委员会第二次会议修正了《森林法》，使我国森林法制建设迈入新的发展阶段。

2. 林权和林政

林权是指一定社会主体对一定森林、林地、林木所享有的所有权、使用权、经营权或一定权益的组合。中华人民共和国是国家森林所有权的唯一主体。除法律规定以外，森林资源和国家、机关、学校等营造的林木属国家所有。集体经济组织可以成为集体森林所有权和林地所有权的主体。个人只能成为林木的所有权主体，而不能成为森林所有权的主体。

林政是指国家对森林资源和林业进行的行政管理。对森林资源和林业进行行政管理的国家机构为林政主体。各级人民政府及所属的林政专门管理部门，是林政的一般行政主体；对林政有一定职责的工商、税务、财政、土地管理等部门是林政的辅助行政主体；国务院林业主管部门是林政专门主体，主管全国林业工作。

3. 森林保护和森林采伐

森林法规定了保护森林的三方面内容：第一，森林防火，包括防火组织、火灾的预防、火灾的扑救；第二，森林病虫害防治，包括病虫害的预防、病虫害的除治；第三，禁止人为破坏森林，包括毁林行为、在一定林区内砍柴和放牧，严禁盗伐、滥伐、损坏移动林业服务标志。

森林法规定我国实行森林采伐许可证制度，严格控制森林年采伐限额；征收育林费，专门用于造林育林；建立林业基金制度，国家设立森林生态效益补偿基金用于提供生态效益的防护林和特种用途的森林起源、林木营造、抚育、保护和管理；保障林业发展走向良性循环的道路。

（三）水法

1. 水法的概念

水法是调整人们在水的开发、利用、管理、保护、除害过程中所发生的各种社会关系的法律规范的总称。水法主要包括水权、水资源管理、水资源的开发、利用、保护及兴利、除害措施等重要内容。我国重视水资源的立法工作，先后颁布了一系列有关水资源管理方面的行政法规。1988 年 1 月 21 日第六届全国人民代表大会常务委员会第二十四次会议通过了《中华人民共和国水法》（以下简称《水法》），使我国的依法治水工作翻开了新的一页。

2. 水权和水政

水权是指水的所有权和各种利用水的权利的总称。其主要内容有水的所有权、取水权以及与水利有关的其他权益等。水的基本属性决定了水权的特征，主要表现为水权设立的有限性、水权客体的不确定性和不稳定性、水权原理的公共性。

水资源属于国家所有，中华人民共和国是我国水资源所有权的唯一主体，水资源国家所有权包括国家对水资源统一调度和支配的权利，水资源的开发、利用和保护中的国家管理。这种所有权是通过有关部门、行业的全民所有制企事业单位的经营活动而实现的。水法，规定，农业集体经济组织所有的水塘、水库的水，属于集体所有。

取水权是指直接从地下、江河、湖泊等水资源中取水的权利。它是为必须改变自然状态下的水的空间位置，才可以对水进行利用而设立的重要权益，如农业灌溉、工业用水、生活用水和人工养殖的渔业等。法律规定取水权的取得方式有两种：第一是法定享有的取水权，主要为家庭生活、畜禽饮用取水和其他少量取水的，不需申请即可直接取水的权利；第二是取水许可证制度，国家实行取水许可证制度，从地下、江河、湖泊取水的，必须取得取水许可证，方能享有取水权。

水行政是指国家依法对水和水事关系所进行的行政管理。水法规定，对水、水事关系实施行政管理的国家行政机关是水行政主体。国务院水行政主管部门和县级以上地方人民政府的水行政主管部门是我国的水行政专门主体。国务院和县级以上地方人民政府的有关部门是我国的水行政辅助主体。

3. 水的管理和保护

水管理的三个基本要素是水政策、水法规和水规划。随着人口的增长和经济的发展，社会对水资源的需求越来越大，为了缓解水短缺，提高水的有效利用水平，水法规定要计划用水。

水保护是指对水的质量、功能、水与其他国土资源的相互关系以及水工程等方面的保护。水法规定的水保护，主要包括行洪、航运保护、地下水保护、水域保护和水工程保护等内容。

（四）渔业法

1. 渔业法的概念

渔业法是调整渔业经济活动中有关渔业生产的社会关系，以及与渔业生产有关的渔业资源的增殖和保护方面的社会关系的法律规范的总称。主要包括了渔业权、渔政渔港监督管理、渔业资源的增殖和保护等方面的内容。1986 年 1 月 20 日第六届全国人民代表大会常务委员会第十四次会议通过了《中华人民共和国渔业法》（以下简称《渔业法》），标志着我国渔业立法进入了新阶段。

2. 渔业权和渔政

渔业权是指进行渔业生产、经营的一定活动所应取得的权利。它主要包括水面、滩涂的养殖使用权和内水、海洋的捕捞权等内容。我国渔业捕捞，实行捕捞许可证制度。

渔政（渔业行政的简称）是指国家对渔业、渔业资源的增殖和保护所进行的行政管理。按照法律规定，在渔政中负有一定的行政职责的国家行政机关为渔政主体。国务院渔业行政主管部门主管全国的渔业工作。县级以上地方人民政府渔业行政主管部门主管本行政区域内的渔业工作。

3. 渔业资源的增殖和保护

县级以上人民政府渔政主管部门应当对其管理的渔业水域统一规划，采取措施，增殖渔业资源。县级以上渔政主管部门可以向受益的单位和个人征收渔业资源增殖保护费，专门用于增殖和保护渔业资源。

渔业法规定了有效保护渔业资源的措施：第一，禁渔事项，主要包括禁渔规定、制定禁渔规定的权限、特别捕捞的批准；第二，一定渔业活动的限制，主要包括建造人工鱼礁的限制、定置渔业的限制；第三，影响渔业资源的有关活动的限制和禁止，包括引水和用水的限制，建闸、筑坝的补救，最低水位线的确定，围垦的禁止和限制水下作业的义务；第四，渔业水域的环境保护，主要包括政府职责、渔业水域污染监测、拆船业的禁止。

（五）野生动物保护法

1. 野生动物保护法的概念

野生动物保护法是指调整人们在保护、拯救濒危野生动物，保护、发展和合理利用野生动物资源中的各种社会关系的法律规范的总称。主要包括野生动物的权属和野生动物利用的权益，与野生动物保护有关的狩猎、养殖业的管理，野生动物保护的政府职责和社会义务，野生动物拯救、发展和保护的有关措施等内容。野生动物保护法在法律内容和原理上属于国土资源法中专门的资源保护的种类。我国的野生动物保护立法，受到国家的高度重视，政府曾制定过许多有关野生动物保护的法规和政策。1988 年 11 月 8 日第七届全国人民代表大会常务委员会第四次会议通过了《中华人民共和国野生动物保护法》（以下简称《野生动物保护法》），体现了我国野生动物保护立法进入新的阶段。

2. 野生动物的权属及其利用权益

野生动物资源中生存于自然状态下的野生动物，尚未被人们合法获取时的所有权称为野生动物的所有权。野生动物资源属于国家所有，中华人民共和国是野生动物国家所有权的唯一主体。野生动物所有权是独立性权利，不因野生动物生存或进入的土地、森林、草原、水域的所有权、使用权的权属不同而改变。

野生动物的利用权益，是指以经济利用或其他利用为目的，依法对野生动物资源享有的权益。主要包括狩猎权和驯养繁殖权等内容。我国实行特许猎捕证、驯养繁殖许可证、狩猎证等制度。

3. 野生动物的管理与保护

国务院林业行政主管部门是陆生野生动物管理的专门行政主体，主管全国陆生野生动物；国务院渔业行政主管部门是水生野生动物管理的专门行政主体，主管全国水生野生动物。

我国应保护的野生动物主要分为三类：第一类，珍贵、濒危的野生动物；第二类，有益的野生动物；第三类，有重要经济价值、科学研究价值的野生动物。

我国法律规定的保护野生动物的措施有：第一，政府保护野生动物的职责，主要包括制定规划和措施职责、划定地方范围内自然保护区、拯救职责、防害职责和补偿义务。第二，专门行政主体保护野生动物的行政职责，包括划定全国范围内自然保护区、环保职责、定期调查和建档。第三，野生动物利用中的禁止和限制，主要包括禁猎捕事项，出售、收购的禁止和限制，运输、携带和进出口的限制。第四，严厉打击违反野生动物保护法的各种犯罪行为，并依刑法追究刑事责任。

（六）野生植物保护法

1. 野生植物保护法的概念

野生植物保护法是调整人们在野生植物的保护、发展和利用过程中所发生的各种社会关系的法律法规的总称。我国十分重视野生植物资源的保护，先后制定了《野生药材资源保护管理条例》等法规。1996 年 9 月公布了《中华人民共和国野生植物保护条例》（以下简称《野生植物保护条例》），进一步加强了我国野生植物资源管理与保护工作。

2. 野生植物管理

法律规定全国林区内野生植物和林区外珍贵野生树木的监督管理工作由国务院林业行政主管部门主管。全国其他野生植物的监督管理工作由国务院农业行政主管部门主管。国务院其他有关部门依照职责分工负责有关的野生植物保护工作。我国实行采集野生植物采集证制度。

3. 野生植物保护

野生植物保护条例规定了保护野生植物的主要内容有：第一，政府职责，主要包括建立自然保护区，划定野生植物保护等级，开展保护野生植物的宣传，普及野生植物知识，提高公民保护野生植物的意识；第二，生长环境的保护，禁止任何单位或个人非法采集野生植物或破坏其生长环境，消除建设项目对生长环境的不利影响；第三，组织野生植物资源调查，建立资源档案；第四，禁止出售、收购国家一级保护野生植物等。

参 考 文 献

边馥苓,地理信息系统,北京:测绘出版社,1997.
辞海编辑委员会,辞海,上海:上海辞书出版社,1980.
陈远生、封志明,资源科学研究的理论与实践回顾,资源环境与农业发展,北京:中国科学技术出版社,1992.
陈健飞,"3S"技术与资源可持续利用,资源科学,1998,6.
承继成、李 琦、易普桢,基础设施与数字地球,北京:清华大学出版社,1999.
方如康,我国的自然资源及其合理利用,北京:科学出版社,1985.
封志明、王勤学,资源科学论纲,北京:地震出版社,1994.
高冠民、谢庭生、朱发庆,国土学概论,北京:中国环境科学出版社,1992.
高广生,"九五"计划和2010年长远规模基本思想,资源开发与环境保护,1995.
国土经济概论编写组,国土经济概论,西安:陕西人民出版社,1986.
甘理明等编,新兴非金属矿产的开发利用及市场现状,武汉:中国地质大学出版社,1989.
郭 跃、张述林主编,旅游资源概论,重庆:重庆大学出版社,1998.
郭达志、盛业华、余兆平、谢储辉,地理信息系统基础与应用,北京:煤炭工业出版社,1997.
何贤杰、邓国平,资源与发展,武汉:湖北教育出版社,1998.
何希吾、姚建华,中国资源态势与开发方略,武汉:湖北科学技术出版社,1997.
黄杏元等,地理信息系统概论,北京:高等教育出版社,1990.
霍治国等,中国气候资源,北京:科学普及出版社,1993.
江 美,自然资源与人类发展,自然资源研究的理论与方法,北京:科学出版社,1985.
姜文来,水资源价值论,北京:科学出版社,1998.
金鉴明主编,自然保护概论,北京:中国环境科学出版社,1991.
李文华等,自然资源科学的基本特点及其发展的回顾与展望,自然资源研究的理论与方法,北京:科学出版社,1985.
李万亨等编著,矿产资源经济学,武汉:中国地质大学出版社,1995.
李万亨等,矿产经济与管理,武汉:中国地质大学出版社,2000.
李广贺等,水资源利用工程与管理,北京:清华大学出版社,1998.
李金昌,试论资源可持续利用的评价指标,中国人口资源与环境,1997,7(3).
李 元、鹿心社,国土资源与经济布局,北京:地质出版社,1999.
刘 汉,自然资源学概论,西安:陕西人民教育出版社,1988.
刘培哲,可持续发展理论与《中国21世纪议程》,地学前缘,1996,3(1~2).
刘天齐主编,环境保护概论,北京:高等教育出版社,1988.
刘再兴,区域经济理论与方法,北京:中国物价出版社,1996.
连亦同,自然资源评价利用概论,北京:中国人民大学出版社,1985.
连亦同编著,自然资源利用概论,北京:中国人民大学出版社,1993.
林 培、梁学庆、朱德举,土地资源学,北京:中国农业大学出版社,1997.
卢金凯等,中国水资源,北京:地质出版社,1991.
倪绍祥编著,土地类型与土地评价,北京:高等教育出版社,1992.
吕忠梅主编,环境资源法,北京:中国人民政法大学出版社,1999.
吕炳金、孙志国,海洋环境与地质,上海:同济大学出版社,1997.
陆红生等,土地管理学,北京:农业出版社,1993.
励以宁,环境经济学,北京:中国计划出版社,1995.
骆灿鹏等,福建天地资源信息系统试验研究,福建师范大学学报,1997,增刊.
郎一环,全球资源态势与对策,北京:华艺出版社,1993.
马 勇主编,旅游学概论,北京:高等教育出版社,1998.

马建文、阎积惠,地理信息系统及资源信息综合,北京:地质出版社,1994.
牛文元,自然资源开发原理,开封:河南大学出版社,1989.
庞规荃,中国旅游地理,北京:旅游教育出版社,1998.
潘永强,经济效益与生态效益关系浅谈,中国环境管理,1998,6.
全国人民代表大会常务委员会法制工作委员会,中华人民共和国常用法律大全,北京:法律出版社,1996.
孙九林主编,国土资源信息系统的研究与建立,北京:能源出版社,1986.
孙九林,自然资源信息系统的研究与应用,自然资源研究的理论与方法,北京:科学出版社,1985.
世界资源研究所编,世界资源,北京:北京大学出版社,1990.
尚守忠等,水资源及其开发应用,北京:科学普及出版社,1993.
寿嘉华,国土资源管理理论与实践,北京:经济管理出版社,1999.
寿嘉华主编,国土资源知识800问,北京:地质出版社,1999.
苏文才、孙文昌,旅游资源学,北京:高等教育出版社,1997.
沈通生等,矿产资源经济研究,北京:中国矿业大学出版社,1994.
邰赤平等,资源环境与发展,武汉:中国地质大学出版社,1998.
田　里主编、薛群慧副主编,现代旅游学导论,昆明:云南大学出版社,1994.
王　波等编,中国中部资源环境与可持续发展对策,武汉:中国地质大学出版社,1999.
王卫平,矿产资源人口承载力研究,中国人口资源与环境,1998,8(3).
王宗廷主编,简明法学,武汉:中国地质大学出版社,1998.
王　珊等,数据库技术与联机分析处理,北京:科学出版社,1998.
王　颖,中国海洋地理,北京:科学出版社,1996.
王敬国等,资源与环境概论,北京:中国农业大学出版社,2000.
汪洪清,综合自然资源学的初步探讨,自然资源及评价与决策研究,北京:科学出版社,1990.
吴文桂、洪世华主编,城市水资源评价及开发利用,南京:河海大学出版社,1988.
徐　强,区域矿产资源承载能力分析几个问题的探讨,自然资源学报,1996,11(2).
肖乾刚主编,自然资源法,北京:法律出版社,1992.
肖沫香主编,大学法学,北京:东方出版社,1993.
袁见齐等编,矿床学,北京:地质出版社,1979.
袁艳斌、刘　刚、韩志易等,数字国土在“数字地球”中的地位及模型探讨,地质科技情报,1999.3.
杨桂华、陶　犁,旅游资源学,昆明:云南大学出版社,1998.
杨文士等主编,管理学原理,北京:中国人民大学出版社,1994.
张坤民,可持续发展论,北京:中国环境科学出版社,1997.
张天曾,中国水利与环境,北京:科学出版社,1990.
张文星、纪有奎,专家系统原理与设计,武汉:武汉测绘科技大学,1999.
朱德举、刘友兆、王秋兵,土地资源学教程,北京:海洋出版社,1999.
朱海滨,面向对象技术原理与设计,合肥:国防科技大学出版社,1992.
郑易生、钱意红等,深度忧患——当代中国的可持续发展问题,北京:今日中国出版社,1998.
郑魁治、李树琮主编,中国国土经济学,北京:三秦出版社,1989.
中国自然资源丛书编撰委员会,中国自然资源丛书,综合卷,北京:中国环境科学出版社,1995.
中国自然资源丛书编撰委员会,中国自然资源丛书,矿产卷(4),北京:中国环境科学出版社,1995.
中国自然资源丛书编撰委员会,中国自然资源丛书,水资源卷,北京:中国环境科学出版社,1995.
中国自然资源丛书编撰委员会,中国自然资源丛书,森林卷,北京:中国环境科学出版社,1996.
中国自然资源丛书编撰委员会,中国自然资源丛书,海洋卷,北京:中国环境科学出版社,1995.
中国自然科学丛书编撰委员会,中国自然资源丛书,矿产卷,北京:中国环境科学出版社,1996.
中国地质矿产信息研究院,跨世纪的地学态势——调查与科技,矿产信息,1998.
Sinha, R.K. and Sharma, N.L., Mineral Economics, Oxford & TBH Publishing Co., 1980.